"十四五"职业教育国家规划教材

物流案例与实训
第三版

李联卫 主编

WULIU ANLI YU SHIXUN

化学工业出版社
·北京·

内 容 简 介

本书主要内容以物流业务流程为主线，结合经典案例系统地介绍了物流管理的相关基础知识及其应用，包括现代物流认知、物流客户服务、物流系统的规划与实施、采购与供应、包装与装卸搬运、仓储管理与库存控制、运输管理、流通加工、配送与配送中心管理、物流信息系统、第三方物流和现代物流的发展趋势，同时为每个项目设计了相应的实训活动并提供了相关的电子资源，帮助读者练习实际操作技能并了解现代物流业的前沿知识，内容丰富，具有较强的实用性。

本书在介绍专业知识的同时，有机融入了"发展绿色物流、推进清廉采购、厉行勤俭节约、弘扬北斗精神"等课程思政元素，有利于培养学生的家国情怀，提高道德素养。

本书以二维码链接的形式配套了视频和PDF文件等资源，方便读者学习和理解相关的知识。

本书提供了诺思第三方物流教学软件的免费下载地址。本教学软件以连锁行业为样本，模拟订单、采购、入库、出库、配送及报关等实际物流过程中的核心流程，有助于学生了解并熟悉整个物流的业务流程。

本书配套的电子教案、诺思第三方物流教学软件等相关电子资源，可登录 www.cipedu.com.cn 免费下载。

本书除作为高职高专物流管理专业教材以外，还可作为普通高等院校选修课的辅导教材和教师参考书、各类成人教育培训机构和各类现代物流培训机构的培训教材，也可供对现代物流感兴趣的人士阅读使用。

图书在版编目（CIP）数据

物流案例与实训/李联卫主编．—3版．—北京：化学工业出版社，2020.9（2024.6重印）
"十二五"职业教育国家规划教材
ISBN 978-7-122-37078-5

Ⅰ.①物… Ⅱ.①李… Ⅲ.①物流管理-高等职业教育-教材 Ⅳ.①F252.1

中国版本图书馆CIP数据核字（2020）第085951号

责任编辑：蔡洪伟　　　　　　　　　文字编辑：王　芳
责任校对：宋　玮　　　　　　　　　装帧设计：张　辉

出版发行：化学工业出版社（北京市东城区青年湖南街13号　邮政编码100011）
印　　刷：北京云浩印刷有限责任公司
装　　订：三河市振勇印装有限公司
787mm×1092mm　1/16　印张18¼　字数468千字　2024年6月北京第3版第7次印刷

购书咨询：010-64518888　　　　　　售后服务：010-64518899
网　　址：http://www.cip.com.cn

凡购买本书，如有缺损质量问题，本社销售中心负责调换。

定　价：43.00元　　　　　　　　　　　　　　　　　　　　版权所有　违者必究

前言

本教材自 2015 年再版发行以来，继续得到广大读者的认可，较好地适应了高职高专物流管理专业的人才培养需求，成为高职高专物流管理专业教学的主要教材之一，取得了良好的社会效益。同时，有关院校高职高专的师生在进行物流案例与实训的教学活动过程中，对本教材的体例和内容等方面提出了不少中肯的意见和有价值的建议。借本教材修订出版之际，我们谨向选用本教材的全国高职高专院校师生表示衷心的感谢。

本书于 2023 年被立项为"十四五"职业教育国家规划教材，书中每个项目设置了"思政小专栏"，如在项目六"仓储管理与库存控制"中强调了中华民族勤俭节约的优良传统，在项目十"物流信息系统"中介绍了新时代北斗精神——"自主创新、开放融合、万众一心、追求卓越"，通过这些专栏，弘扬爱国情怀，树立民族自信，厚植社会主义核心价值观，其他项目也通过"思政小专栏"和典型案例，将党的二十大报告中体现的新思想、新理念、科学方法论与专业知识、技能有机融合，帮助学生在学习专业技能的同时，提高道德素养，树立正确的世界观和价值观。

本次教材修订，我们根据新时代对高职教育发展的新要求，继续按照产教融合、校企合作的人才培养模式，在与深圳市中诺思科技股份有限公司和山东海进国际货运代理有限公司深入合作的基础上，进一步落实理实一体化的教学理念，充分体现以学生为中心的教学理念，激发学生的学习兴趣、拓展学生的学习内容，以二维码链接的形式重点补充了电子教学资源，并对部分案例和一些文字表述进行了订正、补充。此外本书配有电子教案和诺思第三方物流教学软件等资源，可登录 www.cipedu.com.cn 免费下载。

本次修订的具体分工如下：项目一、项目三、项目四和项目八由李联卫编写；项目二、项目五、项目九由陆春华编写；项目六和项目七由沈清文编写；项目十和项目十一由朱惠君编写；项目十二由张婷婷编写；郭其训负责所有实训活动的审核；王建宇、童水生编写第三方物流教学软件。全书最后由李联卫审核定稿。

新时代的高职教育对教材的编写提出了更高的要求，教材质量的提升永无止境。由于编者水平有限，书中难免存在不足之处。我们恳请广大师生和读者朋友在使用过程中继续对本教材给予批评指正，以便将来做出更适当的修改，进一步提高教材质量，促进物流管理专业人才培养质量的不断提升。

编者

第一版前言

21世纪以来，我国现代物流业从起步到快速发展，已成为我国经济发展的重要产业，一批新型的社会化、专业化、网络化的现代物流企业不断成长，在国民经济和社会发展中发挥着重要作用。

随着科学技术的迅猛发展和经济全球化趋势的增强，现代物流业的发展也面临着前所未有的机遇与挑战。2009年3月，国家出台了《物流业调整和振兴规划》，强调必须加快发展现代物流，建立现代物流服务体系，以物流服务促进其他产业发展，而加快物流人才培养就是其中的一项重要政策措施。

物流人才、特别是高技能物流人才的短缺严重制约着现代物流业的发展。高等职业教育以服务为宗旨、以就业为导向，在培养高技能人才方面发挥着重要作用。在物流管理专业人才培养方案中，《物流案例与实训》是一门总结性的专业课程。通过该课程的学习，可以使学生通过案例分析和实训活动，系统地回顾总结所学习的物流管理专业课程，进一步熟悉应该掌握的物流专业技能，为走向工作岗位打下坚实基础。

本书是按照"校企合作、工学结合"的高职教育特点，组织有丰富教学实践经验的高职高专教师、联合深圳市中诺思科技股份有限公司（简称"诺思科技"）共同编写的高职高专规划教材之一。诺思科技是一家物流领域的高新技术企业，长期专注于物流技术研究、物流企业咨询与信息化建设、现代物流实训室的建设等高端物流领域，致力于为国内外客户提供专业化、一体化的物流解决方案。

本书共分十二章，由李联卫担任主编，王建宇、卢建君任副主编。具体分工如下：李联卫编写第一章、第二章和第四章；王建宇编写第三章和第十章；卢建君编写第六章、第八章和第十一章；朱惠君编写第九章和第十二章；李轶编写第五章、第七章；王建宇、童水生编写第三方物流教学软件（附录一）。全书最后由李联卫审核定稿。

本书参阅吸收了大量物流文献资料，参考了很多专家学者的研究成果，列于书后的参考文献中，对相关作者表示衷心感谢。同时，非常感谢诺思科技公司无偿提供了第三方物流教学软件，还要特别感谢王建宇和童水生先生的大力支持。此外，在本书编写过程中，李学波、薛世森、王勤和李燕慧等给予了大力协助，在此一并表示感谢！

由于时间仓促和水平有限，欠妥之处在所难免，恳请读者批评指正。

编者

2009年6月

第二版前言

本教材自 2009 年出版发行以来，较好地适应了高职高专物流管理专业教学需求，成为高职高专物流管理专业教学的主要教材，得到广大读者的认可，实现了良好的社会效益。与此同时，有关高职高专院校师生在进行物流案例与实训的教学活动过程中，对本教材的体例和内容等方面提出了不少中肯的意见和有价值的建议。借本教材修订出版之际，我们谨向选用本教材的全国高职高专院校师生表示衷心的感谢。

本次修订，我们根据高职教育的发展需要，继续按照工学结合的人才培养模式，进一步与深圳市中诺思科技股份有限公司和山东海进国际货运代理有限公司合作，重点落实理实一体化的教学理念，对教材的整体思路、内容体系和风格特色进行了较大调整和完善，主要体现在以下几个方面。

一、采用"项目载体、任务驱动"的教学理念对教材内容进行了重新编排。

二、每个项目增加了"学习目标"，并分列出"知识目标"和"技能目标"，便于学生更全面地明确学习目标和任务。

三、每个项目增加了"导入案例"，并为每章中引用的案例增加了"案例点睛"，对案例进行了简要分析。

四、对每个项目的"实训活动"进行了充实和完善。

五、对一些文字表述和资料数据进行了订正、补充。

本次修订补充和完善了电子教案、实训视频、学生工作手册、资料库等电子资源，具体信息可登录 www.cipedu.com.cn 免费下载。

本次修订的具体分工是，项目一、项目三和项目四由李联卫执笔；项目二、项目五、项目九由陆春华执笔；项目六和项目七由沈清文执笔；项目八由逯苗执笔；项目十和项目十一由朱惠君执笔；项目十二由张婷婷执笔；郭其训负责所有实训活动的审核；王建宇、童水生编写诺思第三方物流教学软件（附录一）。全书最后由李联卫审核定稿。

教材的修订及其质量的提高是一个需要不断完善的过程。由于笔者水平有限，加之时间紧迫，书中难免存在不足之处。我们恳请广大师生和读者朋友对本教材继续给予批评指正，以便将来做出更适当的修改，从而进一步提高教材的质量，更好地适应教学需求。

编者
2014 年 12 月

目 录

项目一　现代物流认知 ··· 1
　任务一　了解现代物流的发展历史 ··· 2
　　　［案例1-1］中国物流业70年：向"物流强国"目标坚实迈进 ············· 5
　　　［案例1-2］擘画现代物流发展新蓝图 ··· 8
　　　［案例1-3］更好服务"一带一路"建设　加快物流业产业化发展 ········· 10
　任务二　掌握物流管理的相关知识 ··· 12
　　　［案例1-4］经销商生产运营中的物流管理漏洞 ······························ 17
　　　［案例1-5］奥运村背后的可视化物流管理 ··································· 18
　　　［案例1-6］走进京东商城幕后：一次商品的神奇之旅 ····················· 20
　　　【实训活动】 ·· 22

项目二　物流客户服务 ··· 24
　任务一　掌握物流客户服务的基本内涵 ··· 25
　　　［案例2-1］"高铁＋电商"赋能现代物流发展 ······························· 29
　　　［案例2-2］麦当劳物流供货商阿尔法的服务秘诀 ··························· 31
　　　［案例2-3］美国经济的主干架——联合包裹公司 ··························· 32
　　　［案例2-4］企业服务标准两例 ··· 34
　任务二　熟悉提高客户满意度的措施 ·· 35
　　　［案例2-5］心怡科技物流——如何做让客户依赖和信任的好客服 ······· 39
　　　［案例2-6］客户服务热线的投诉处理 ··· 40
　　　［案例2-7］中储智运"货物保障服务"彰显专业服务水平 ················ 42
　　　【实训活动】 ·· 43

项目三　物流系统的规划与实施 ·· 46
　任务一　掌握物流系统的相关知识 ··· 47
　　　［案例3-1］临沂商城，向现代物流迈进 ······································ 50
　　　［案例3-2］宜家家居的物流系统 ··· 52
　　　［案例3-3］逆向物流的隐藏价值 ··· 54
　任务二　了解物流系统的构成要素 ··· 56
　　　［案例3-4］皇家加勒比海巡航有限公司的物流活动 ······················· 59
　　　［案例3-5］"双十一"物流新鲜事儿 ··· 59
　　　［案例3-6］亚马逊在物联网时代的智慧系统解密 ··························· 61
　　　【实训活动】 ·· 62

项目四　采购与供应 ··· 63
　任务一　掌握采购的基本流程 ··· 64
　　　［案例4-1］三种"采购现象"背后的观念对碰 ······························ 68
　　　［案例4-2］S汽车制造公司的采购流程 ······································ 70
　　　［案例4-3］华为公司巴西代表处的本地化和全球化协同策略 ············ 72

任务二　了解供应链管理模式下的采购控制 …… 74
　　　　［案例4-4］解析戴尔的"零库存" …… 76
　　　　［案例4-5］千亿医药物流市场大角逐 …… 79
　　【实训活动】 …… 81

项目五　包装与装卸搬运 …… 82
　　任务一　掌握包装合理化的措施 …… 83
　　　　［案例5-1］包装引发的国际商务纠纷 …… 87
　　　　［案例5-2］泡沫填充袋保障运输 …… 88
　　　　［案例5-3］快递包装如何变"绿"？ …… 89
　　　　［案例5-4］某食品公司对产品的多重包装处理 …… 92
　　任务二　熟悉装卸搬运的组织实施 …… 93
　　　　［案例5-5］楼层库装卸搬运系统设计分析 …… 97
　　　　［案例5-6］联合利华的托盘管理 …… 99
　　　　［案例5-7］适合装卸作业的货物仓库布局方式 …… 100
　　【实训活动】 …… 100

项目六　仓储管理与库存控制 …… 103
　　任务一　掌握仓储的相关知识 …… 104
　　　　［案例6-1］华为松山湖智能仓管物流中心 …… 107
　　　　［案例6-2］晋亿公司的自动化立体仓库 …… 108
　　任务二　掌握仓储作业流程 …… 110
　　　　［案例6-3］仓储的未来是什么？自动化并不是终局 …… 113
　　　　［案例6-4］德国邮政零件中心仓库的建立与管理 …… 115
　　任务三　熟悉库存控制策略 …… 117
　　　　［案例6-5］新华公司的库存管理 …… 119
　　　　［案例6-6］雀巢公司的VMI管理系统 …… 121
　　【实训活动】 …… 122

项目七　运输管理 …… 124
　　任务一　掌握运输管理的相关知识 …… 125
　　　　［案例7-1］日本花王公司的复合运输体系 …… 127
　　　　［案例7-2］顺丰揭秘枇杷运输保鲜的独特秘技 …… 128
　　任务二　掌握运输方式的选择方法 …… 129
　　　　［案例7-3］运输方式的选择以及运输决策 …… 133
　　　　［案例7-4］强生集团怎样做物流？ …… 135
　　　　［案例7-5］铁路货物运输业务管理流程 …… 137
　　任务三　熟悉运输合理化对策 …… 139
　　　　［案例7-6］韩国三星公司合理化运输 …… 141
　　　　［案例7-7］江苏物流——动能澎湃成色足 …… 143
　　【实训活动】 …… 145

项目八　流通加工 …… 147
　　任务一　掌握流通加工的相关知识 …… 147
　　　　［案例8-1］钢铁物流之流通加工 …… 151
　　　　［案例8-2］来自厄瓜多尔的玫瑰花 …… 154
　　　　［案例8-3］决胜新物流 风起"场景"时 …… 155
　　任务二　熟悉流通加工合理化的措施 …… 157
　　　　［案例8-4］直击物流痛点，居然之家"智慧"破局 …… 159
　　　　［案例8-5］松江出口加工区物流发展优势分析 …… 161

【实训活动】 163

项目九　配送与配送中心管理　164

任务一　掌握配送中心的作业流程　165

　　[案例9-1] 沃尔玛的配送中心 169

　　[案例9-2] 完善县域物流 推动电商兴农 171

　　[案例9-3] 上海联华生鲜食品加工配送中心物流配送运作 174

任务二　熟悉配送合理化的措施　176

　　[案例9-4] 冷链物流迎来黄金机遇期 178

　　[案例9-5] 7-11便利店的物流管理系统 180

　　【实训活动】 183

项目十　物流信息系统　186

任务一　了解物流信息的相关知识　187

　　[案例10-1] 物流代管：快运兔物流的商业模式创新 189

　　[案例10-2] 华联超市腾飞的双翼——物流技术与信息技术 191

任务二　熟悉物流信息系统运作流程　194

　　[案例10-3] 浙江省烟草公司杭州分公司的物流信息系统 197

　　[案例10-4] 智慧物流，让生产更高效、生活更便利 200

　　[案例10-5] 纯净水突破了瓶颈 202

　　【实训活动】 204

项目十一　第三方物流　206

任务一　掌握第三方物流的相关知识　207

　　[案例11-1] 从制造业到物流业 传化智联的物流之路 210

　　[案例11-2] 冠生园集团的物流外包 212

　　[案例11-3] 联邦快递发展之路 213

任务二　了解第三方物流的发展趋势　215

　　[案例11-4] 顺丰集团——产前物流一体化服务 218

　　[案例11-5] 某箱包企业的物流管理 219

　　[案例11-6] 宝供集团发展第三方物流的做法 220

　　【实训活动】 222

项目十二　现代物流的发展趋势　224

任务一　了解绿色物流的实施策略　225

　　[案例12-1] "绿链"物流：打通城市发展与绿色运输的"任督二脉" 228

　　[案例12-2] 让公路水路走上"环保路" 229

任务二　认识电子商务与现代物流业　230

　　[案例12-3] 亚马逊为何物流促销纵横天下 233

任务三　了解供应链管理的相关知识　235

　　[案例12-4] 日日顺供应链引领行业发展新方向 238

　　[案例12-5] 供应链管理：苹果公司的"大杀器" 239

　　[案例12-6] 北京奥运食品物流冷链里程碑 242

　　【实训活动】 244

附录　245

　　附录一　诺思第三方物流教学软件 245

　　附录二　2019年国家物流枢纽建设名单 248

　　附录三　推进运输结构调整三年行动计划（2018—2020年） 249

　　附录四　实训活动参考资料 254

参考文献　279

二维码资源目录

序号	资源名称	资源类型	页码
1	现代化物流配送中心自动分拣	视频	4
2	仓储与货物分拨系统	视频	58
3	招标采购案例	PDF	67
4	麦德龙超市装卸作业	视频	94
5	世界先进大型物流中心	视频	106
6	港珠澳大桥建设进程中的震撼瞬间	视频	130
7	流通加工作业	PDF	158
8	快速分拣系统	视频	167
9	京东上海亚洲一号物流中心内景	视频	177
10	大型物流中心货物自动分拣系统	视频	189
11	货物跟踪技巧与运输异常处理	PDF	196
12	绿色物流基本内容	PDF	225
13	某超市的外卖配送	视频	231

项目一 现代物流认知

【学习目标】

◆ **知识目标**

1. 了解物流和物流管理的发展过程。
2. 掌握现代物流和物流管理的概念。
3. 理解现代物流和传统物流的区别。

◆ **技能目标**

1. 能熟练应用物流管理原理优化企业物流流程。
2. 能根据企业实际情况制订物流合理化的具体措施。
3. 能灵活运用专业知识对本地区物流业发展现状进行调研与分析。

◆ **素养目标**

1. 树立合作意识、社会主义生态文明观和社会责任感。
2. 坚定中国特色社会主义制度自信。
3. 培养物流人员的职业素养和职业精神。

【导入案例】"双11"背后的物流对决

2018年天猫"双11"迎来了它的第十年,"新零售和全球化,是2018年天猫'双11'的两个核心关键词。它们正是过去十年中国商业变化最生动的写照",天猫总裁靖捷说。在他看来,2018年的"618"成为天猫"双11"的预演,不仅用13天完成上年18天的目标,更见证了传统零售全面转向新零售——全国线下有超过70个新零售商圈、10万家天猫智慧门店、20万个品牌、7000万人同步参与其中,再次见证了中国商业史上的新纪录。十年来,阿里巴巴首创的"双11"将年轻人庆祝单身的11月11日变成了零售史上最大规模的消费狂欢。天猫的高速增长见证了中国商业能量的大爆发,成为中国经济最大的引擎之一。"双11"更是成为中国商业过去十年绕不开的核心关键词。

2017年天猫"双11"再创新纪录:24小时成交金额1682亿元!全天支付总笔数达到14.8亿,全天菜鸟物流订单达8.12亿,交易覆盖全球225个国家和地区。大数据公司星图数据统计显示,今年"双11"全网总销售额达2539.7亿元,产生包裹13.8亿个。星图数据对20家B2C电商平台进行监测,在"双11"销售额方面,天猫销售额占全网比例66.23%,京东占比21.41%,苏宁易购占比4.34%,唯品会占比3.43%,亚马逊占比1.95%,其他电商平台占比2.64%。各平台海外购销售额占比,亚马逊为7.3%,天猫为5.4%,京东为4.9%,唯品会为3.7%,苏宁易购为0.6%。

每年"双11"之后,货物的运输、配送都是难题。2018年13.8亿个包裹,又是一个天文数字。国家邮政局监测数据显示,2017年"双11"当天,全天各邮政、快递企业共处理3.31亿件,同比增长31.5%,这已接近2006年中国全年的包裹量。但与此同时,在"双

"11"之前,各部门都行动起来,铁路部门开启了高铁配送,各物流公司拿出了最好的方案,"双11"物流的订单和速度纪录不断在打破:天猫第一个包裹在零时20分就送达,天猫的8.12亿个物流订单只用了一周时间就基本配送完成;1亿个订单的送达时间已经从9天减少到2.8天;"双11"当天,仅用16个小时,全国就有340个地级市消费者收到当天购买的包裹。据国家邮政局数据,2006年全国快递业务量10.6亿件,而到2016年达到313亿件,10年增长近30倍,业务量约占全球40%,已连续三年稳居世界第一,对世界快递业务量增长的贡献率达60%。

"双11"大战几乎调动了国内一切可以动员的物流、社会资源,组成了一支集自动化、智能化、信息化和无人化为一体,堪称世界之最的中国"物流天团"。这其中,承担阿里"双11"最大份额包裹运送量的当属拥有庞大加盟网络的"通达系"(申通、圆通、中通、韵达)快递企业以及阿里系百世快递,阿里旗下智慧物流菜鸟网络则主要从大数据、智能仓储等各方面赋能合作伙伴,并协同全行业超过300万的快递人员,组织的干线车辆、航空包机等资源将增长30%。

据报道,在2017年天猫"双11"全球狂欢节前夕,菜鸟网络公布了全球领先的超级机器人旗舰仓,上百台机器人单日发货可超百万件,截至11日晚21时,2017年天猫"双11"的物流订单量就超过了7亿件,相当于2006年全年包裹量的2.6倍。报道称,11月12日相关负责人表示,根据历年"双11"的经验,今天的峰值就是明天的常态,"双11"是面向未来的新物流练兵场,是一场科技、数据协同的战役,高成交额、高交易峰值、高物流单量——"双11"除了这些意料之中的数据变化外,其幕后更多的是依托人机协同的发力、智慧物流的大举应用。

与此同时,京东则主要依靠自建10年之久的物流军团。目前,京东已拥有中小件、大件、冷链、B2B、跨境和众包(达达)六大物流网络。这支军团的战斗力在今年首次突破千亿交易额的"京东618"中已经得到检验。"双11"期间京东自建物流也成为其千亿成交额的重要支撑。数据显示,在北京、上海、广州、武汉等地的13个京东"亚洲一号"智慧物流中心,以及全球首个全流程无人仓、昆山无人分拣中心、全自主研发的武汉无人仓等全面投用,有效缓解了订单高峰的压力。

此外,"双11"的"物流天团"还囊括了点我达、达达等即时物流平台,以及线下数万家快递代办点,他们分别与阿里、京东合作,作为末端配送的有效补充,集体迎战"双11"。

近年来,菜鸟网络所做的事情紧密围绕着提升中国物流的效率、做好数据大中台这件事情,大方向是标准、数据,数据里包括底层的算法,以及怎么把生态链上的企业协同起来,让所有环节在一个正向的生态圈中运转。实际上,以"双11"为代表的中国物流生态,是任何一家公司都无法依靠自营去解决的问题,只有依托于菜鸟的生态才能够完成如此艰巨的任务。而正是有了这样的生态系统,消费者才可以在家随心所欲地购物、愉悦地欣赏晚会,而不再担心物流的时效性与准确性,享受真正的电商节日。

(来源:亿欧网,2018-11-20.)

【思考题】

在电子商务和物流业互动成长的过程中,物流业发生了哪些变化?发挥了哪些作用?

任务一 了解现代物流的发展历史

一、物流概念的发展历程

现代物流是人类进入信息经济时代而适应全球经济一体化的产物,可以说现代物流是现代社会经济正常运行的主动脉。它是泛指原材料、产成品从起点至终点伴随相关信息有效流动的全过程，包含了产品生命周期的整个物理性位移的全过程。现代物流将运输、包装、仓储、装卸、加工、整理、配送与信息等方面有机地结合起来，形成完整的供应链，为用户提供多功能、一体化的综合性服务。

从20世纪初到50年代，物流概念处于孕育与产生阶段。对物流这种经济活动的认识，在理论上最初产生于1901年John. F. Crowell在美国政府报告《农产品流通产业委员会报告》中第一次论述了对农产品流通产生影响的各种因素和费用，从而揭开了人们对物流活动认识的序幕。1915年，美国市场学者阿奇·萧（Arch. W. Shaw）在他的由哈佛大学出版社出版的《市场流通中的若干问题》（Some Problem in Marketing Distribution）一书中提出物流的概念，叫做"Physical Distribution"。1933年行业团体美国市场营销协会（AMA）最早给物流（Physical Distribution，简称PD）下定义的是，"物流是销售活动中所伴随的物质资料从产地到消费地的种种企业活动，包括服务过程。"

第二次世界大战期间，美国根据军事上的需要，率先采用了"后勤管理"（Logistics Management）一词。战后"后勤管理"的概念被引入到商业部门，被人称之为商业后勤（Business Logistics）。1927年Ralph Borsodi在《流通时代》一书中，用Logistics来称呼物流，为物流的概念化奠定了基础。

1963年美国物流（PD）管理协会成立，从管理的角度定义物流。经过20多年的实践，物流向一体化方向发展，美国物流管理协会于1985年更名，将PD更换为Logistics，并对物流重新定义：物流是对货物、服务及相关信息从起源地到消费地的有效率、有效益的流动和储存进行计划、协调和控制，以满足顾客要求的过程。在物流实践中，20世纪80年代末和90年代初期，市场经济的快速发展、欧美和日本等国家运输管制放松、信息技术日新月异、质量理念不断创新、合作伙伴和战略联盟等的新型市场组织形式的发展推动了物流的发展，使物流管理发展到供应链管理的新阶段。

目前国内讲的这个"物流"概念，是从日本引进并直接使用了日文中的"物流"。

物流热在日本的兴起是在1955年末到1965年，这是第二次世界大战战后日本经济从复苏转向高度发展的时代。当时的日本组团赴美国调查"流通技术"(Distribution Techniques)，他们把Physical Distribution（PD）的概念带回日本，向政府提出了重视物流的建议，并在产业界掀起了PD启蒙运动。20世纪60年代，日本物流专家把Physical Distribution译为"物的流通"，1970年以后简称为"物流"，沿用至今。

1987年，在李京文教授等主编的《物流学及其应用》一书中，物流被定义为："物质资料在生产过程中各个生产阶段之间的流动和从生产场所到消费场所之间的全部运动过程。"1995年，王之泰教授在《现代物流学》一书中，将物流定义为"按用户（商品的购买者、需求方、下一道工序、货主等）要求，将物的实体（商品、货物、原材料、零配件、产成品等）从供给地向需要地转移的过程。这个过程涉及运输、储存、保管、搬运、装卸、货物处置和拣选、包装、流通加工、信息处理等许多相关活动。"1996年，吴清一教授在《物流学》一书中，将物流定义为："指实物从供给方向需求方的转移，这种转移既要通过运输或搬运来解决空间位置的变化，又要通过储存保管来调节双方在时间节奏方面的差别。"1997年，何明珂教授在《现代物流与配送中心》一书中，定义物流是"物质实体从供应者向需要者的物理性移动，它由一系列创造时间和空间效用的经济活动组成，包括运输（配送）、保管、包装、装卸、流通加工及物流信息处理等多项基本活动，是这些活动的统一"。

2007年5月1日实施的《中华人民共和国国家标准物流术语》（GB/T 18354—2006），

将物流定义为:"为物品及其信息流动提供相关服务的过程。"这个定义是对 2001 年 8 月起实施的第一版《中华人民共和国国家标准物流术语》(GB/T 18354—2001)中物流定义的进一步凝练:"物品从供应地向接收地的实体流动过程。根据实际需要,将运输、储存、装卸、搬运、包装、流通加工、配送、信息处理等基本功能实现有机结合。"

二、现代物流与传统物流

近一个世纪以来,无论是美国,还是后来居上的日本,物流的内涵和外延都在不断放大,物流领域获得了持续创新。

1. 现代化物流配送中心自动分拣

所谓现代物流(Contemporary Logistics)是军队的后勤学理论(Logistics)被广泛应用于民用产业,继而深入商业化和职业化的结果。现代物流的兴起,与产业发展史上的运输成本上升、生产效率饱和、库存理念变革、产业组织一体化、规模经济和计算机与信息技术的广泛使用密切相关。

传统物流一般指产品出厂后的包装、运输、装卸、仓储等的单项功能,而现代物流提出了物流系统化或叫总体物流、综合物流管理的概念,并付诸实施。具体地说,就是使物流向两头延伸并加入新的内涵,使社会物流与企业物流有机结合在一起,从采购物流开始,经过生产物流,再进入销售物流,与此同时,要经过包装、运输、仓储、装卸、加工配送到达用户(消费者)手中,最后还有回收物流。可以这样讲,现代物流包含了产品从"生"到"死"的整个物理性的流通全过程。

传统物流与现代物流的区别主要表现在以下几个方面。

① 观念不同:传统物流以物流企业为中心,现代物流以客户为中心。

② 目的不同:传统物流只提供简单的位移,现代物流则提供增值服务,以降低物流成本并满足客户需要为目的。

③ 管理重点不同:传统物流是单一环节的管理,侧重点到点或线到线服务,现代物流是整体系统优化,构建全球服务网络。

④ 服务标准不同:传统物流无统一服务标准,现代物流实施标准化服务。

⑤ 运作手段不同:传统物流使用相对落后的物流设施设备,主要实行人工控制,现代物流则最大限度地使用先进的搬运机械和基础设施并实施信息化管理。

⑥ 业态不同:传统物流是被动服务、相对静态,现代物流是主动服务、强调动态。

三、物流的职能与分类

(一)物流的职能

1. 克服供需之间物资的空间距离

通过运输、配送等方式,将供应者手中的物资转移到需求者手中,创造物资的空间效用。

2. 克服供需之间物资的时间距离

通过储存、保管等方式,将供应者手中的物资转移到需求者手中,创造物资的时间效用。

3. 克服供需之间物资形状性质的距离

通过流通加工的方式,将供应者手中所具有的形状性质的物资改造成具有需求者所需要的形状性质的物资,创造物资的形质效用。

(二)现代物流的分类

目前的分类尚未形成统一的看法,为了研究的需要,这里按照物流系统的作用、属性及作用的空间范围的不同,进行不同的分类。

① 按照物流系统涉及的领域分类,可分为:宏观物流、中观物流、微观物流。

② 按照物流系统的作用分类,可分为:供应物流、销售物流、生产物流、回收物流、废弃物物流。

思政小专栏

践行"双碳"战略 发展绿色物流

2022年"618"促销期间,不少消费者发现,快递包裹更"绿"了:有的原箱直发,有的使用拉链箱、循环箱发货,有的包装盒是由可回收、再利用材料制成的牛皮纸箱。在包装的"减量"和"循环"上做文章,这是我国绿色物流加速发展的一个缩影。

为响应"碳达峰""碳中和"战略,落实绿色发展,需瞄准重点环节,推动流通全过程降耗减排。在包装环节,引导电商企业、快递企业优先选购、使用获得绿色认证的快递包装,促进快递包装绿色转型。鼓励使用商品和物流一体化包装,大幅减少物流环节二次包装。推广应用免胶纸箱、可循环配送箱等快递包装新产品,鼓励通过包装结构优化,减少填充物使用。在运输配送环节,扩大新能源车使用规模,加快探索发展无人仓、无人分拣、配送机器人、智能配送站等全流程无人配送业务,大幅节约资源能源。

作为一名大学生,要通过专业知识学习和实际行动践行"双碳"战略,为绿色物流快速成长助力,更好地推动生产生活方式向绿色低碳转型。

资料来源:人民日报

---

③ 按照物流系统的空间范围分类,可分为:国内物流、国际物流、区域物流。

④ 按照物流系统性质分类,可分为:社会物流、行业物流、企业物流。

[案例1-1] 中国物流业70年:向"物流强国"目标坚实迈进

新中国成立70多年来,特别是改革开放以来,中国经济发展成就斐然。作为支撑国民经济发展的基础性、战略性、先导性产业,物流业实现了从无到有,从无序到有序,从一路追赶到部分超越的历史性变革,为国民经济的健康发展提供了有力支撑。

回顾70多年来中国物流业发展的历程,经历了萌芽、起步发展、快速成长、提质增效几个时期。追寻着一路发展的轨迹,能够发现中国物流业在几十年来实现了跨越式发展,在我国经济迈入高质量发展阶段,中国物流业发展也将更强更大更优。

初显生机、起步发展

新中国成立后到改革开放以前,中国处于传统的计划经济体制下,国家对生产资料和主要消费品实行计划生产、计划分配和计划供应,计划部门管指标、物资部门管调拨、交通部门管运送。这一时期,我国初步建立了以铁路和水运为骨干,其他运输方式为补充的运输体系。

与现代物流业围绕"运输、储存、装卸、搬运、包装、流通加工、配送、信息处理"八大职能要素展开不同,我国在这一时期只有传统的储运活动,即传统的物资运输、保管、包装、装卸、流通加工等活动,参与主体均为公有制企业,实行政府定价,专业化分工不强,物流运作具有"大而全""小而全"的特点,基本满足这一时期经济恢复与社会主义建设需要。这时候的物流活动还不算是真正意义上的现代物流活动。

1978年,国家有关部门赴国外考察学习后,首次将"物流"概念引入国内。在此基础上,中国物流研究会等研究组织相继成立,物流专业期刊开始创办,一些高校先后开设物流本科和研究生课程。这一时期的物流知识启蒙和理念传播，为中国物流发展发挥了重要的引领作用。

通过引进、借鉴国外物流理念，物流实践开始起步。1978年以后，我国实行"搞活企业、搞活流通、培育市场"的一系列改革，逐步突破"计划分配、统一定价"的管理体制，扩大企业自主权。1988年设立了物资部，推进了物资配送的专项行动。经国务院同意，在石家庄、沈阳开展物资流通和物流发展的一个重大的举措，流通和物流引导生产和消费的作用开始发挥。

1992年邓小平同志发表"南巡讲话"，党的十四大确定建立社会主义市场经济体制。打破之前"大而全""小而全"模式，扩大物流外包，改善物流管理，外资物流进入中国物流市场，带来先进的物流理念、技术和模式。同时民营物流企业开始大量地涌现，并加速成长，国有物流企业向现代物流企业转型发展，出现了国有、民营、外资三足鼎立的局面。地方在物流实践上也有了重大发展。深圳、上海、天津等地把物流列入支柱产业或新兴产业，积极推动发展。

1999年11月国家经贸委与世界银行召开的"现代物流发展国际研讨会"提出，"要把现代物流作为国民经济的重要产业和国民经济新的增长点。"

快速成长、提质增效

进入新世纪，随着我国经济的快速发展和改革开放的推进，特别是中国加入世界贸易组织，进出口贸易大幅增长，中国物流行业进入快速发展期。2001年，国家经贸委等六部委出台《关于加快我国现代物流发展的若干意见》，成为我国政府部门就物流发展发出的第一个专题文件。2004年，国家发展与改革委员会等九部委又出台《关于促进我国现代物流业发展的意见》。2005年"全国现代物流工作部际联席会议"组建。同年全国现代物流部际联席会议在青岛召开，评出科技进步奖，为物流产业确立和物流跨越式发展奠定了坚实的基础。2006年3月，十届全国人大四次会议通过的《"十一五"规划纲要》将"大力发展现代物流业"单列一节，标志着物流业的产业地位正式确立。2009年3月，国务院发布第一个物流业发展专项规划《物流业调整和振兴规划》，纳入当年"十大调整和振兴规划"。

随着国家有关物流业发展政策的不断出台，各省、市、自治区纷纷制定物流发展规划，物流园区、物流中心、配送中心广泛成立。一系列专业物流发展规划和政策，为物流业快速发展营造了良好环境。企业也通过制定物流规划开始现代物流系统的建设。

这一时期我国社会物流总费用、物流业增加值的增长速度都在20%左右，涌现了一批做大做强的物流企业，我国实现了从物流弱国到物流大国，从传统物流到现代物流的跨越式转变。

党的十八大以来，党和政府从国家战略高度对物流业发展提出明确要求。2014年，国务院发布《物流业发展中长期规划》（2014—2020年），系统提出物流业的发展重点、主要任务和重点工程，明确了一段时期内物流业的发展方向和目标，把物流业的产业地位提升到基础性、战略性的高度。

2015年十八届五中全会提出了"创新、协调、绿色、开放、共享"五大发展新理念。同年，国务院把"互联网+"高效物流列入"互联网+"重点行动之一，物流互联网平台成为投资热点。2016年以来，国务院办公厅及政府有关部门以"降本增效"为核心支持物流业发展，出台物流业降本增效实施方案，启动物流降本增效综合改革试点等。

党的十九大报告提出，要加强"物流等基础设施网络建设"，要在"现代供应链等领域培育新增长点、形成新动能"，进一步明确了物流的基础性和准公益性地位，为新时代物流业发展指明了方向。

2018年，国务院大督查把物流业降本增效作为督查工作的重点之一。物流业的产业地位逐步提升和营商环境持续改善，为物流业供给侧结构性改革创造了条件。同年，国务院常务会议审议通过《国家物流枢纽布局和建设规划》，该规划提出"到2035年，基本形成与现代化经济体系相适应的国家物流枢纽网络"，在127个城市布局建设212个国家物流枢纽，打造"通道＋枢纽＋网络"的物流运行体系。

2019年2月，国务院24个部门和单位联合出台《关于推动物流高质量发展促进形成强大国内市场的意见》，明确将物流高质量发展作为当前和今后一段时期物流工作的总目标。

硕果累累、成绩斐然

70年来，随着中国经济快速发展和改革开放不断深化，中国物流业取得了辉煌的成绩。

交通基础设施实现了跨越式发展。到2018年末，全国铁路营业总里程较1949年增长5.0倍，年均增长2.6%；全国公路总里程是1949年的60.0倍，年均增长6.1%；全国港口拥有生产用码头泊位是1949年的148.6倍，年均增长7.5%；内河航道通航里程达12.7万公里，其中等级航道占比52.3%；定期航班航线总条数是1950年的412.1倍，年均增长9.3%，定期航班航线里程由1950年的1.1万公里增至2018年的838万公里，年均增长10.2%。

同时，全国营业性通用仓库面积超过10亿平方米，冷库库容约1.3亿立方米，规模以上物流园区超过1600家，快递末端公共服务站达到7.9万个，智能快件（信包箱）超过40万组，基本形成了覆盖国内、联通国际的物流基础设施和服务网络。

现代物流服务体系基本建立。据行业协会统计，全国A级物流企业达5000多家，5A物流企业超过300家，一批物流领军企业发展壮大。供应链物流、快递物流、冷链物流等专业物流发展迅速，物联网、大数据、云计算、人工智能等新兴技术在物流领域推广应用，无车承运、甩挂运输、多式联运等先进运输组织方式加快发展，社会化、专业化物流服务水平和质量显著提升。

物流服务能力有了较大提升。统计数据显示，全社会货运量由1949年的1.6亿吨增长到2018年的515亿吨，社会物流总额达到283万亿元，实现了跨越式发展，走出了一条中国特色的物流发展道路。

其中，快递业异军突起，市场规模不断扩张。20世纪80年代中国邮政先后开办国际、国内特快专递业务，开启了快递业务先河。之后伴随着经济快速发展，居民物品传递需求增长和交通运输的快速发展，快递业迎来了前所未有的机遇和挑战。快递业务量自2014年首度超过美国后，持续保持世界第一。到2018年末，快递业务总量由1988年的153万件激增至507亿件，年均增速高达41.5%；2018年完成快递业务收入6038亿元，占邮政业务收入的76.4%。

在快递业务量迅速增长的同时，如何保证物流的效率和体验成为关键。大数据、云计算、物联网、智能分拣等一批行业发展关键技术加快应用，自动化分拣覆盖快递骨干企业，快递服务时效性和稳定性不断提高。到2018年末，国内快递专用货机116架，快递服务汽车23.9万辆，分别是2013年的2.1倍和1.5倍，年均增长16.5%和8.8%。

物流人才培养体系不断完善，人才队伍不断壮大。目前，我国物流业从业人员超过5000万人，占全国就业总人数的6%以上，成为服务业就业的主渠道之一。截至目前，全国已有610多所本科院校和近2000所中、高职院校开设了物流专业，形成了从中职、高职、专科、本科到硕士、博士、博士后全系列物流人才的教育培养体系。同时，在职培训同步推进，通过参加物流、采购等职业能力等级培训与认证，多层次、全方位、高素质的物流人才队伍不断成长壮大，也在支撑着物流产业的发展。

新时代、新任务

如今,我国物流业多项指标排名世界前列,论规模我国已经成为世界"物流大国",但是不容忽视的是,与发达国家相比,我国物流业还面临诸多不足和挑战。

社会物流总费用与 GDP 的比率有了一定降幅,2012 年到 2017 年我国社会物流总费用占 GDP 的比率从 18% 下降至 14.6%,实现五连降,但中国物流业在整体效率上距离发达国家尚有很大的差距。

同时,行业之间、地区之间物流运行能力和效率还存在不平衡的现象。统计数据显示,2018 年,全国社会物流总额为 283.1 万亿元,从构成看,工业品物流总额 256.8 万亿元,按可比价格计算,同比增长 6.2%;进口货物物流总额 14.1 万亿元,增长 3.7%;农产品物流总额 3.9 万亿元,增长 3.5%;单位与居民物品物流总额 7 万亿元,增长 22.8%;再生资源物流总额 1.3 万亿元,增长 15.1%。

此外,物流供需衔接较弱、基础设施网络配套还不够,物流企业和从业人员素质有待进一步提高,物流市场治理体系和能力还有待加强。据了解,中国公路货运的行业集中度只有 1.2%,铁海联运占比仅有 1.5%,公铁联运占比仅有 2.9%,而物流园区则绝大部分难以达到规划营收目标。

随着我国经济迈入高质量发展阶段,全社会物流需求亟待不断优化结构,区域之间、行业之间发展更加均衡,同时,全球范围内新一轮产业革命将深刻改变传统物流运作方式,世界经济不稳定、不确定因素增多,"一带一路"建设也期待物流发展的国际空间拓宽。

现代物流业和现代供应链是现代化经济体系的重要组成部分,是新时代中国特色社会主义建设的重要支撑。新时代面临新挑战和新任务,内外部环境对我国物流行业进一步深化改革、扩大开放、打造"物流强国"提出了新的要求。

中国物流业正走在新时代的康庄大道上,积极推进高质量发展,努力建立和完善现代物流服务体系,由"物流大国"迈向"物流强国"未来可期。

(来源:赵碧,中国产业经济信息网)

【案例点睛】

通过回顾新中国成立 70 多年来,特别是改革开放 40 多年来中国物流业的发展历程,可以清晰地了解中国物流业发生的巨大变化,也能够对比传统物流与现代物流的显著区别。传统物流往往只注重仓储或运输,而现代物流具有系统化特性,只有把保管、运输、配送、分拣、包装、加工、装卸、信息服务等系统环节加以考虑,才能使物流活动达到效率化、快速化和整体最优。改革开放后,物流业发展迅猛,这取决于改革开放的两个关键点:一是把高度集中的计划经济体制转变为以市场为导向的社会主义市场经济体制,二是实行对外开放政策,逐步引入外资和外企,物流业也同步开始逐步向市场经济和对外开放过渡,从而取得了显著发展。党的十八大以来,中国物流业发展取得了辉煌成就,我们有信心通过坚持改革开放、加强统筹推进,将中国建设成为物流强国。

【思考题】

1. 请问改革开放以来,中国从哪几个方面完成了从传统物流到现代物流发展的转变?
2. 请结合案例分析现代物流的基本特征。

[案例 1-2] 擘画现代物流发展新蓝图

暖春二月,走进位于蒙自市北京路南延西侧的御风城乡高效配送园,满载货物的物流车辆先登记检查,再经消毒,方可将货物送到仓储区分拣,快递员正忙着派件。同样忙碌的还有西北勒乡苹果电商冷链物流分拣中心，工人们熟练地将一个个红彤彤的苹果套上保鲜袋后装箱，再放到传输带上准备装车运往外地……一座座物流园、一个个仓储配送中心展现出蓬勃发展的生机与活力。

近年来，蒙自市主动服务和融入国家"一带一路""长江经济带"建设，抢抓建设"数字云南"机遇，立足区位优势，抓住市场机遇，加快推进现代物流产业发展，全力打造集物流、商流、信息流、资金流"四流合一"的现代物流枢纽聚集区。

完善基础设施织密物流网

"各位网友，看看我手上拿的这个枇杷，不仅个头大，味道也很甜，在今天的直播活动中，我们还有优惠哦！"日前，在蒙自市电子商务产业园内，主播们忙着直播带货。"这段时间，蒙自枇杷、生姜、洋葱、土豆很受欢迎，订单量可观。得益于高速发展的物流业，我们蒙自的好东西不仅能销往全国各地，还能走出国门，摆上外国人的'餐桌'。"整理货物的空档，蒙自市电商协会会长李跃说道，物流业的良好发展不仅拓宽了本地农特产品的销路，更为电商企业节省了近30%的物流成本。

回首曾经，蒙自市因路途不便，物流业发展严重受限。现如今，按照省委、省政府"一中心、三支点、四通道"的通道物流网目标，蒙文砚高速公路、弥蒙高铁、红河蒙自机场等大通道项目快速推进，蒙自市形成了公路、铁路、航空多式联运物流网，构建起了"通道＋枢纽＋网络"现代物流体系，物流业呈现出良好发展态势。截至2020年年底，全市拥有载重量4.5吨以上运输车辆3735辆，总货运量达824万余吨。

"除此而外，蒙自市不断抢抓新基建政策红利，完善智慧物流基础设施建设，为发展现代物流搭建起了数据桥梁。"蒙自市工业商务和信息化局局长孙静介绍，到目前为止，全市已建设5G基站434座，率先在州内实现主城区5G覆盖率100%，成为全省第二批5G商用城市。

基础设施的完善，也带动了"物流＋电商"的发展。随着"互联网＋""数字云南"及大数据的广泛应用，新兴业态不断涌现，服务产品不断创新，助推了蒙自市现代物流业快速发展。

截至目前，蒙自市有登记注册的电商企业518家、个体商户56家、合作社31家、协会2家。2020年，全市电子商务交易额达20.46亿元，同比增长21%。全市新型电商模式正日益壮大，市级有园区、乡镇有站库、村级有网点的电商服务体系基本建成。

搭建园区平台赋能产业链

2018年成功签约并落地实施的蒙自御风城乡高效配送物流园项目，是一个集仓储、运输、分拨、配送、信息、交易等功能为一体，整合零担长途干线运输"落地配"与城市配送资源的同城现代物流城。目前，共有11户商家入驻，为蒙自市创造就业岗位近350个。

"项目共分3期建设，去年10月，一期项目即红河州（蒙自）智慧物流产业园建设工作已完成。二期的规划设计工作已启动。整个园区建成后，将有效降低城乡物流运输成本，促进城乡物流高效集聚与发散，实现城市与农村物流的双向流通。同时，我们将依托互联网、物联网、大数据、云计算等先进信息技术，打造具有国内先进水平的同城现代物流园。"蒙自御风物流管理有限公司副总经理董燕凌指着园区的规划图说道，当下，公司正在加快智慧物流管理平台开发建设，以"御风TMS"智慧物流系统为载体，推进新一代信息技术与物流全场景融合运用，实现物流链上资源协同共享与优化配置、物流全程可视与可控，推动车辆、网点、用户、货物、信息等数据精准对接，加快物流数字化发展。

大平台引领大发展。物流平台对于物流业发展的引领作用毋庸置疑。"建设智慧物流产业园和电子商务产业园，用'数据'为物流赋能，发展'互联网＋'城乡高效配送、智能仓储等新业态新模式,将有效降低城乡物流成本。"孙静说,发挥园区设施联动、功能联动、片区联动的效应,集聚物流资源要素,推进物流降本增效,推动物流产业集群发展意义重大。

据悉,目前,蒙自市已建成云南新亚太物流港、天马医药物流园、蒙自智慧物流产业园,滇南中心空铁数字物流园、蒙自大物流园正在谋划建设中。

强化规划引领搭建供应链

作为"滇南中心·国家门户"的蒙自市,资源丰富,物流货运总量占全省第二,拥有120余条国内省内物流专线,随着铁路、公路、空运、水运立体化的交通网络雏形初现,物流发展优势越发明显。

然而,物流配送设施薄弱、效率较低、成本较高,城市共同配送率不足10%,各物流快递企业间信息交流不畅等问题也成了蒙自物流业发展面临的"阵痛"。

"发展现代物流业,最根本的是培育支柱性产业、加快配套建设、提升服务水平,以此撬动产业结构大调整和经济社会大发展。"孙静介绍,为实现物流业高质量发展,蒙自市编制了《蒙自市现代物流业中长期发展规划(2018—2025年)》,并出台《蒙自市建设滇南物流中心的实施意见》等文件,同时,大力推进物流领域简政放权,落实降费清税。积极统筹国内国际两个市场两种资源,建设城市商圈、集群交易市场,大力发展城乡高效配送、电商物流、冷链物流、数字物流,构建智慧供应链体系,拓展物流融入产业链、价值链的广度和深度。

翻开蒙自市今年的政府工作报告,"加强商贸物流发展,增强物流枢纽功能,推动蒙自大物流园区、蒙自市滇南中心空铁数字物流园建设。依托红河州(蒙自)智慧物流产业园,蒙自市电子商务园区,西北勒、芷村冷链物流中心等项目,升级改造智能仓储中心和消费品配送中心,健全冷链仓储体系。打造物流、商流、信息流、资金流'四流合一'的现代物流枢纽聚集区……"一字一句,擘画出了物流业的发展蓝图。一个畅通红河、连接省内外、通达南亚、东南亚的区域性物流枢纽示范区正在蒙自这块土地上萌芽生长。

从东到西、从南向北,从农村到城市,蒙自市物流业正朝着"更大更优更强"的目标迈进。

(来源:红河网)

【案例点睛】

现代物流业的发展对于区域经济的发展具有重要意义。蒙自市结合国家发展战略,以打造集物流、商流、信息流、资金流"四流合一"的现代物流枢纽聚集区为目标,系统规划、积极推进现代物流产业发展,取得了显著成效。下一步,为实现物流业高质量发展,在进一步提升服务水平、开拓物流市场的同时,要围绕实现物流系统合理化开展建设或改造,以保证物流系统达到最佳运行状态。

【思考题】

1. 蒙自市如何打造现代物流枢纽聚集区?
2. 制约蒙自市物流业发展的问题有哪些?如何破解?

[案例1-3] 更好服务"一带一路"建设 加快物流业产业化发展

物流业为原材料、产成品等的流通搭建通道,具有显著的发展乘数效应,被喻为经济发展的加速器。产业化发展是现代物流业发展的大方向。当前,随着"一带一路"建设深入推进,相关区域产生更大的物流需求。这为我国物流业产业化发展既提供重大机遇,又提出新的更高要求。推动物流业产业化发展，使其更好融入"一带一路"建设、更好促进我国与"一带一路"建设相关国家和地区共同发展，亟须做好以下几方面工作。

发挥政府引导作用。加强对物流业产业化发展的整体引导，建立健全政府部门间综合协调机制，统筹规划物流设施空间布局、服务体系及政策体系，提升主要枢纽和节点城市的辐射带动能力。规划构建统一、高效的现代物流产业发展体系，构建全球化供应链体系。

加快完善物流产业基础设施。结合我国国土、产业和人口等情况，从保护环境和合理利用能源、运力的角度出发规划布局复合联运交通体系，加快多式运输网络建设，重点发展高速公路网、沿江港口设施、铁路运输网。着力推进渝昆、泛亚高铁建设，加快形成渝昆泛亚铁路大通道，对接渝新欧、义新欧等国际班列，推动完善国际铁路运输网络。

加快物流产业管理创新。广泛采用标准化操作和专业化管理方式，切实规范物流产业工艺流程，提高物流的安全性和管理水平。加强物流产业的供应链管理，强调"链"的作用及其衔接，采取"零库存管理"和"准时制生产"等先进物流管理模式，优化物流产业各环节运行方案，提高从原材料供应采购到产成品销售直至送达用户的全过程物流效率。

加快物流产业平台建设。充分利用自由贸易区、国家级新区、各类开发区和保税港区、综合保税区（保税仓库）等的有利条件，大力发展物流产业延伸业态。采取要素多元化、股权化等投入方式，建立一批规模化、规范化、现代化的物流园区（基地），实行一体化运营管理，集中统一使用设施资源，实施物流资源的集团化运营模式，构建物流产业平台体系。

完善通道枢纽物流网络。更好适应"一带一路"建设和我国经济发展空间格局调整，密切物流与产业布局的关系，打造通道化、枢纽化物流网络。根据国际国内双向辐射的需要，联通国际物流通道，实现物流枢纽与物流通道有机串接，建立沿线沿路通道化、枢纽化国际物流网络与一体化市场，形成贯通能力强、涵盖多种物流服务的综合物流体系，为产业和产品"走出去"提供具有枢纽集聚能力和通道承载能力的低成本、高效率物流走廊。

发挥好铁路货运的基础和主体作用。推进铁路货运市场化，可以进一步释放多式联运体系的巨大潜力。为此，要深入推进铁路货运市场化改革，创新铁路货运管理和经营组织模式，提高全程物流组织的协同性、运输服务的时效性和市场经营的自主性。发展多式联运，畅通转运衔接，健全法规标准体系，把不同运输方式的标准和规则统一起来，促进中长距离的公路货运更多转向铁路货运。

完善物流产业促进政策。推动口岸管理部门和查验单位及相关部门监管模式和管理体制创新，构建促进物流产业开放发展的口岸管理新体制。确立产业技术标准，积极推动资本、技术、品牌、专利等要素的市场化运作。创造条件推进物流产业专项立法，加快制定实施促进物流产业发展的相关政策。

（来源：人民网）

【案例点睛】

"一带一路"是"丝绸之路经济带"和"21世纪海上丝绸之路"的简称，2013年9月和10月由中国国家主席习近平分别提出建设"新丝绸之路经济带"和"21世纪海上丝绸之路"的合作倡议。随着"一带一路"沿途经济的迅速发展，国际物流也随之迅速发展。从空间范围看，物流系统可以分为国内物流、国际物流和区域物流。现代物流的重要功能之一就是通过克服供需之间空间距离创造物资的空间效用，这就需要及时安全地通过运输、配送等方式，将供应者手中的物资转移到需求者手中。对于国际物流，需要克服的空间距离更加复杂、多变，因此需要从政府引导、管理创新、基础设施完善、平台建设、物流网络构建等方面统筹协调、共同推进，才能够不断完善国际物流体系建设，为我国的国际贸易发展做出更大的贡献。

【思考题】
1. 国际物流体系有哪些构成要素?
2. 请结合案例分析国际物流的主要功能。

任务二 掌握物流管理的相关知识

一、物流管理的发展历程

(一)物流管理的概念

总的来说,物流活动可以分成物流作业活动与物流管理活动两大类(见图 1-1),物流作业活动又可以分为运输、储存、流通加工、包装、装卸搬运、配送、信息处理共七种,它们分别属于动、静、静动状态三种类型,并且按不同目的实行不同的集成,分别组成不同的集成化的物流活动。

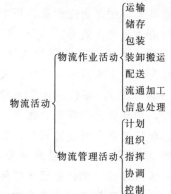

图 1-1 物流活动

管理是指一定组织中的管理者通过实施计划、组织、人员配备、指导与领导、控制等职能来协调与他人的活动,使别人同自己一起实现既定目标的活动过程。因此,物流管理是对物流作业的管理活动,是为了以最低的物流成本达到用户满意的服务水平,根据物质资料实体流动的规律,应用管理的基本原理和科学方法,对物流作业活动进行计划、组织、指挥、协调、控制和监督。被国内教材广泛引用的美国物流管理协会(Council of Logistics Management,CLM)对物流的定义是:为满足顾客需要,对商品、服务及相关信息从产生地到消费地高效、低成本流动和储存而进行的规划、实施与控制过程。这实际上是对物流管理的定义。

《中华人民共和国国家标准物流术语》(GB/T 18354—2006)将物流管理定义为:"为以合适的物流成本达到用户满意的服务水平,对正向及反向的物流过程及相关信息进行的计划、组织、协调与控制。"

(二)物流管理的发展历程

1. 欧美国家学者的三阶段说

西方国家,包括美国,一般将物流的发展过程划分为以下三个阶段。

(1)第一阶段,实体分配阶段(20 世纪初~20 世纪 60 年代,PD)

对物流的研究局限于销售领域,随着市场由卖方市场变为买方市场,促使生产企业开始把注意力集中到产成品的销售上。在这一阶段,物流管理的特征是注重产成品到需求者的物流环节。

(2)第二阶段,综合物流阶段(20 世纪 70~80 年代,Integrated Logistics Management)

20 世纪 70 年代以后,国际经济一体化的进程加快,国际间的竞争加剧,企业逐渐认识到把物流系统中的各个环节统一为一个连续的过程,可以有效地进行运作,大大提高物流的效率。

(3)第三阶段,供应链管理阶段(Supply Chain Management,SCM)

20 世纪 80 年代后期,许多企业特别是大型的跨国公司开始把注意力放在物流活动的全过程，即不仅着眼于本企业自身的物流合理化，还把眼光延伸到了上游的原材料供应商和下游的产品分销商的物流活动。从而形成了所谓的供应链的概念。对物流活动的全过程的有机整合是这一阶段的特点。

以上三个阶段中，第一阶段基本上只是创造降低单个节点中物流活动成本的机会，忽略了整个物流活动各个环节之间的联系。第二阶段把顾客服务和订单处理明确地整合起来，并能够方便地提供综合性服务。服务的改进最终能导致收入的增加。尽管到了第三阶段增加利润的余地扩大了，但是第三阶段主要是具有战略利益，因为它包括存货和资产的减少等，资产的生产率和利用率都提高了，因此，对投资的回报产生积极的影响。

2. 我国学者的五阶段说

外国专家学者关于物流发展进程阶段划分的观点各有特点，但都局限于对本国物流发展进程的分析，还不能从世界范围内把握物流发展的过程。我国学者翁心刚教授在其所著《物流管理基础》中对物流发展历史阶段的划分，从总体上介绍了物流管理发展的过程和趋势。

从发达国家企业物流管理发展的历史来看，物流管理的进程可以划分为以下 5 个阶段，如表 1-1 所示。

表 1-1 物流管理发展阶段（物流概念的演变）

阶段	特征
第一阶段	物流功能个别管理（Transportation and Warehousing）
第二阶段	物流功能系统化管理（Physical Distribution Management）
第三阶段	管理领域扩大（介于 PD 和 Logistics）
第四阶段	企业内物流一体化管理（Logistics Management）
第五阶段	供应链物流管理（Supply Chain Logistics Management）

第一阶段，物流功能个别管理阶段（Transportation and Warehousing）

在这个阶段中，真正物流意义上的管理意识还没有出现，仅仅是设法降低运输成本和保管成本等个别环节上，所采用的办法和途径局限于要求降低运价或仓库价格上，无论企业对物流的认识程度还是物流在企业中的位置都还很低。

第二阶段，物流功能系统化管理阶段（Physical Distribution Management）

进入这一个阶段的主要标志是，物流概念开始出现，在企业内专门建立了物流部门，通过设立物流管理部门，跨越物流功能个别管理阶段成为可能，因而物流管理进入系统化管理阶段。物流管理部门一般设在企业内部，各种物流合理化对策开始出现并付诸实施，从而大大提高了物流的效率和合理化的程度。但上述合理化对策只是由于物流管理部门在可能的范围内推行，对生产和销售并没有产生什么影响。

第三阶段，管理领域扩大阶段（介于 PD 和 Logistics）

在这个阶段，物流部门在企业中的位置有所提高，作用有所加强。物流管理部门可以出于物流合理化的目的向生产和销售部门提出自己的看法，而这些看法会影响到生产和销售计划或方式的重新考虑、调整。需要指出的是，在这个阶段，物流部门对生产和销售部门提出的合作要求实现起来有一定的限度。因为企业考虑问题的先后顺序首先是销售，其次才是物流。

第四阶段，企业内物流一体化管理阶段（Logistics Management）

在企业内物流管理一体化的特征，简单地讲就是为了实现"只生产、采购移动在市场上能够销售得出去的商品"的目标。为了满足消费者需求的个性化和多样化、解决生产和销售的矛盾，关键是要尽可能准确地把握市场销售动向，尽可能按照销售动向来安排生产和采购，改变原来的按照预测进行生产和采购的方法，Logistics 是正式建立在这样一种思考上的物流管理方式。

第五阶段，供应链物流管理阶段（Supply Chain Logistics Management）

企业内物流管理一体化系统实现的前提条件是准确地把握市场需求的动向，然而，做到这一点是十分困难的，因为 Logistics 的范围仅限于个别企业的内部。供应链物流系统是一个将交易关联企业整合在一起的系统，即将从制造商到零售商所有供应链上的关联企业作为一个整体对待的系统结构。物流系统到了这个阶段就进入了最为完整的阶段。

上述对物流管理阶段的划分，既可以清晰地反映出物流管理的发展进程，也为判断企业物流的先进性提供了一个标准。

二、企业物流管理的三个层面

根据企业物流活动的特点，企业物流管理可以从三个层面上展开。

1. 物流战略管理

企业物流战略管理就是站在企业长远发展的立场上，就企业物流的发展目标、物流在企业经营中的战略定位以及物流服务水准和物流服务内容等问题做出整体规划。

2. 物流系统设计与运营管理

企业物流战略确定以后，为了实施战略必须要有一个得力的实施手段或工具，即物流运作系统。作为物流战略制订后的下一个实施阶段，物流管理的任务是设计物流系统和物流网络，规划物流设施，确定物流运作方式和程序等，形成一定的物流能力，并对系统运营进行监控，及时根据需要调整系统。

3. 物流作业管理

根据业务需求，制订物流作业计划，按照计划要求对物流作业活动进行现场监督和指导，对物流作业的质量进行监控。

三、现代物流管理的特征

1. 现代物流管理以实现顾客满意为第一目标

在现代物流中，顾客满意目标的设定优先于网络其他各项活动。在物流体系的基本建设上，要求物流网络、信息系统、作业系统和组织结构等的设立必须围绕"使顾客服务能有效地开展"这一基本出发点。具体来讲，物流体系必须做到：物流网络的优化；信息系统的优化；物流作业的优化；物流组织的优化。

2. 现代物流管理的范围包括整个社会再生产过程

以往我们认为物流存在于企业生产阶段和产品销售阶段，也就是说，物流管理的主要对象是"分销物流（即 Physical Distribution）"和"企业内物流"，而现代物流管理的范围不仅包括生产和流通过程，还包括消费过程。例如，从零售商到消费者家庭的末端物流，已成为某些物流企业的目标市场。现代物流不仅关注资源开采商—制造商—分销商—用户的正向物流，也关注退货物流、废弃品物流、回收物流等逆向物流。

3. 现代物流管理的对象除了物品还包括服务和信息

物流的名称易使人误以为只针对实物运动。现代物流的对象，早已超越了实物商品。美国物流管理协会对物流的定义也反映了这一变化。20 世纪 60～70 年代的定义只涉及实物（原材料、零配件、成品、废弃物），而到 80 年代以后，扩大到服务及其相关信息。

4. 现代物流是效率和效果的统一

在经济学和管理学上，有效率（Efficient）指的是能够低成本地达到目标，而有效果（Effective）指的是达到目标的程度。就物流而言，有效率是指以最低的物流费用满足顾客的要求，而有效果则是以物流的速度（订货周期）、可获得性、准时性、差异化等来反映服务的水平。显然，在许多场合，效率与效果是有矛盾的，如运输速度与运输费用、标准化（实现低成本）与差异化（导致较高的顾客满意度但会提高成本）等。解决办法是战略匹配，即针对顾客的不同偏好或优先顺序，提供不同的物流战略，求得效率与效果的统一。

5. 现代物流管理是对商品、服务及相关信息的一体化管理

现代物流并不是运输、储存、搬运、包装、流通加工、配送和物流信息等要素的简单集合，而是从供应方开始到最终顾客整个流通过程发生的商品实物运动及相关服务的一体化管理。在实践中人们发现许多问题无法通过单一功能的改进得到解决，而必须将包装、运输、储存、搬运等相关要素结合起来，进行整体设计和处理。如传统水泥以纸袋包装，产生诸多问题，从整个物流过程考虑，提出散装水泥的解决方案，就彻底解决了水泥袋破损问题。因此，局部问题仅从局部考虑无法得到根本解决，必须从物流全过程出发，进行一体化管理和设计，才能得到彻底地解决。

四、物流合理化

物流管理的目的，是实现物流的合理化。物流合理化就是要使筑构物流活动的运输、储存、装卸、搬运、包装、配送、流通加工、信息处理等各种活动实现合理化，使其以各环节的合理化，最终构成物流的合理化。

（一）物流合理化的目标

物流合理化目标是使物流系统最优化，从而使整个物流最优化，主要包括以下6个方面。

1. 距离短

物流是物质资料在空间上的移动，这种移动最理想的目标是距离短。因为移动的距离越长，成本费用就越高，移动的距离越短，成本费用就越小，所以物流合理化的目标，首先是距离短。

2. 时间少

时间少在这里是指产品从离开生产单位到达最终使用者手中的时间，包括从原材料生产单位到加工的这段时间，即产品在途中的时间少。

3. 集合好

物流系统是一个整体性的概念，是物流过程中运输、仓储、包装、装卸搬运、流通加工、配送以及信息服务的有机整体。物流系统强调的是其综合性和整体性。只有这样，才能充分发挥物流系统的优化作用，降低费用成本，提高效益。

4. 质量高

质量高是物流系统合理化目标的核心，应包括：运输、仓储、包装、装卸搬运、配送和信息各个环节本身的质量高，既包括为客户服务的质量高，也包括物流系统管理的质量高。

5. 省费用

在物流合理化目标中，既要求距离短、时间少、质量高，又要求省费用。既要高效率、服务好，又要降成本、出效益，这才称得上是一个合理化的物流系统。一个最优化、合理化的物流系统完全能够做到高效率、低成本。

6. 安全、准确、环保

安全、准确是物流过程中的一个基本要求，在物流过程中必须保证安全，不能出现货物被盗、被烧、被冻、被晒、被雨淋的现象，不能发生任何交通事故。保证货物准时、准地点、原封不动地送到目的地，送到客户手中。在安全、准确的同时，在物流过程中，不论是

装卸搬运、仓储运输还是包装加工各个作业环节，都不能给周围环境带来不良的影响，必须尽量减少废弃、噪声、震动等影响，符合环境保护的要求。

（二）实现物流合理化的原则

对物流系统合理化的建设或改造物流系统，是使其达到最佳运行状态的根本保证。在建立和设计物流系统时应遵循计划化、大量化、短距离化、共同化、标准化、信息化和社会化的原则。

1. 计划化

计划化是实现物流合理化的首要条件，也是提高物流服务质量的一个重要标志。在物流活动中，特别是在交通拥挤的大城市，要做到合理化，就必须有目的的实现订货、送货的计划化。

2. 大量化

通过一次性处理大批量货物，可以提高设备设施的使用效率和劳动生产率，以达到降低物流成本费用的目的。大量化还有利于采用先进的作业技术，实现自动化和省力化。

3. 短距离化

短距离化就是在物流作业中，以有效的配送，尽量减少中间环节，特别是注意减少在物流系统中流程环节，以最短的线路完成商品的空间转移。这就需要在物流系统中以最优化的方法规划运输路线，选择最短距离，制订最优的运输方案，以达到节约运输吨公里，降低运输费用。

4. 共同化

共同化是指物流作业中，进行物流作业的合作，提高单个企业的物流效率，就是一些配送中心和运输企业，把发往同一地区、同一方向的货物，在计划的基础上，通过企业之间的协作，实施共同物流，即协作混装进行集中配送，这样可以提高运输工具装载效率，降低物流成本。

> **思政小专栏**
>
> **打造共同配送体系　助推乡村振兴战略**
>
> 国家邮政局在《快递进村三年行动方案》中，明确提出"到2022年底符合条件的建制村基本实现'村村通快递'"的要求。农村物流具有体量大、货物重、单价低、频次少、收发地点分散等特点。所以为了打通农村物流"最后一公里"，需对农村寄递物流体系进行优化，实施共同配送。
>
> 一方面，通过配送中心统筹配载、派发，有效提高末端配送效率，通过集中作业、动态协同，实现农村配送的规模化，从而降低配送成本；另一方面，通过资源整合充分利用各物流企业的现有物流资源，降低物流资源的闲置浪费，促进企业间资源共享。
>
> 通过因地施策、科学管理、统筹布局，基本实现乡乡有网点、村村有服务，农产品运得出、消费品进得去，为美好生活增亮添彩，推动乡村振兴。
>
> 资料来源：学习强国

5. 标准化

物流系统是一个有效运行的有机整体，要确保物流系统的高效率运行，标准化问题就是一个重要的问题。物流系统的标准化，应包括信息的标准化、作业的标准化以及相关作业工具设备的标准化等。物流涉及多个部门和多个环节，标准化是物流系统中各个环节相互衔接、相互配合的基础条件。

6. 信息化

运用现代化计算机技术、信息网络技术和数字通信技术，构筑起能够对物流活动相关信息进行高效率地搜集、分析处理和高速传输的物流信息系统，通过信息的顺畅流通，将物流系统与采购、生产、销售系统密切联系起来，有效地控制物流作业活动，是今天高科技发展的必然要求。物流信息使物流各环节能够工作更加协调，更有利提高效率，改善服务质量，增进同客户的关系，并且能够为企业的决策者提供参考与支持。

7. 社会化

物流社会化是指第三方物流的产生与发展，是物流专业化水平的提高，是物流服务范围延伸和物流高级化的产物。依靠第三方完成物流活动，使得生产企业专心于核心业务，集中精力，强化主业，降低物流成本，扩大企业业务能力。第三方物流对于企业自身开展物流来说，具有专业、服务质量、信心、管理和人才五大优势。

[案例 1-4] 经销商生产运营中的物流管理漏洞

一个企业在生产运营过程中不可避免地接触现金流、物流、人力资源、信息流四个系统。这也是经营管理工作中非常重要的组成部分。很多企业都在理顺和管理好这几个系统方面狠下功夫。我在和经销商朋友谈起这方面的系统管理的时候，有些经销商朋友会说，"我的企业很小，没那么多事，什么事一眼望到底。人力资源、信息流咱没有那么专业，不好控制，现金有老婆管，肯定没问题。物流？送货呗，送到就行。别给我耽误事就行，简单。"

物流真的简单吗？

前几天我走访市场，正好搭上了经销商去郊县连锁店送货的车。等把货送完已经是下午了，我也把该了解的市场情况收集上来了，想尽快回去，但司机说，不着急，歇会。后来我才知道，如果这个时候回去，再有出车任务的话，就要加班，不可能准点下班。这时一个人过来问，有点东西帮忙捎回市里行吗？"到哪？""到××"。我一听离经销商的公司很远，而且很绕道。司机开始回绝，后来经过讨价还价，那人给了 160 元小费，司机便去另外一个地方拉上了十几件货。这样，最少要比正常时间回公司多用了一个半小时，多跑了很多路。

还有一次，我跟经销商的车去走访市内 C 类终端，同车的除了司机还有一名业务主管。途中，业务主管竟然让司机开车到了一个废弃的工厂，让司机教他开车。可以看出，司机教得非常认真，结果他整整练了 2 个小时的车！

这两件事情我碍于情面都没有向经销商说起。但肯定有老板怀疑自己的司机去趟县城怎么这么长时间？为什么拉着 10 件货也能在市里转一天？真的是"将在外君命有所不受"吗？为什么老板不问一问？表示对下属的信任？为什么老板问了，他们也总能有很充足的借口搪塞？

有些老板意识到这个问题，便对用车制度进行了改革。如物流对外承包，按配送件数提成等。但前提是要有一定的配送量，业务量相对较少的经销商还是做不到。难道真的没有办法了吗？

实际上，造成物流成本增加、费用流失的主要原因有以下几种：①时间无管理，出车多少时间没有人管理；②目的无管理，为出车而出车，没有明确的目的；③效果无管理，出车带来的利益什么；④成本无管理，每次出车的费用是多少无规定；⑤效率无管理，工作效率是高是低？是否可以再提升？没人知道。

根据管理目的应该制订一些物流管理方案。很重要的一条就是，《出车登记表》的使用。

《出车登记表》的主要作用就是收集历史数据、观察工作效率、实施成本监督、反映工作问题、提供提升依据。

一个经销商在使用《出车登记表》的初期，为了数据的详尽准确，利用半个月的时间亲自跟车把公司所有的配送路线走了一遍，可见他对物流费用流失问题的深刻认识。实践证明，现在这位经销商的出车表格管理非常成功。所以《出车登记表》的使用成功前提是：详尽准确的配送资料！

其实，把司机或配送人员的工资和配送成本结合起来，会取得不错的效果，但是当配送增加的收益小到不能激发司机和配送人员的"公司利益第一"的思想认识的时候，结合《出车登记表》的管理，就非常有必要了。

当然，还有很多制度、管理方法，正所谓，寸有所长，尺有所短。要让任何一种管理方法真正发挥它的积极作用，要结合自身情况加以融会贯通，并要求不懈的坚持。把制度执行成习惯，才能达到无为管理的至高境界。

（来源：物流天下网．）

【案例点睛】

由于物流管理的复杂性，很容易造成物流成本增加、费用流失。通过理顺和管理好企业生产运营过程中的现金流、物流、人力资源、信息流四大系统，对企业的经营管理具有重要作用。

【思考题】

1. 请问案例中如何解决企业经营中的物流成本失控问题？
2. 请结合案例，分析传统物流中存在的弊端。

[案例1-5] 奥运村背后的可视化物流管理

在任何一届奥运会中，奥运物流对成功举办奥运会有着举足轻重的作用。奥运村客户群体比较复杂，物资需求品种多、数量大，奥运村内的空间单元多、物资进出频繁、作业集中程度高、运行周期长等诸多因素使得该项工作变得并不是那么轻松。

从第25届西班牙巴塞罗那奥运会开始，历届奥运会的主办者就在不断加大对物流的管理力度。但是，单纯地增加管理人数并不能从本质上简化这一烦琐的任务，因此在北京奥运会上，为保证奥运村物流项目的高效有序运行，做到物资进入、移动、运出的准确、高效、有序，库存的合理控制和管理。北京奥组委采用一种全新的数字化的方式来对奥运村的物流和空间规划进行管理，帮助奥组委后勤保障部门能够最快速的响应，满足来自各个国家运动员、官员的要求和需求，并且提供更好的服务体验。

一、奥运村物流管理更具挑战性

奥运村共有42栋公寓楼、1万多间客房，它要在奥运会期间接待来自204个国家接近16000名运动员和官员，而这204个国家的近16000名运动员和官员，因为他们的宗教信仰、生活习惯不同，对很多房间具体的布置都有一些特定的要求。

奥运会结束之后，整个奥运村要从奥运会居住环境转移到适合残奥会使用的环境，而残奥会运动员因为不同的身体情况，他们的要求更加复杂。这就意味着整个奥运会后勤保障部门要在规定的时间内对客房实现快速的转换，进行物资的移入和移出。

运动员整个入住的时间其实是非常短，在这个过程中，他们的需求也是实时地变化。他们一旦提出更改需求之后，后勤保障部门要能够根据他们的要求快速地响应。比如说房屋内设备的变更、移入移出，这后面将产生大量的人力物力的投入，大量物资变更的要求。

另外，各个职能部门在奥运村里面的空间需求不一样，布局、物资需求也不一样。各代表团和运动员的需求是多种多样的，这些信息怎么把握？这是一个难题，要把它记录下来，如果需要修改也可以修改更新，并且能够实时地反映到数据库资料里，就节省了大量的人力物力做录入和统计工作。这些情况在每届奥运会都能够遇到，无论悉尼也好，雅典也好，他们的转换期都不低于一周，而北京却只用了 26 个小时。

北京奥运村管理的挑战还在于，参与各方面的项目的人很多，工作人员的构成来自各行各业，所以需要一个非常直观、非常简单的信息交流系统。

二、全新的数字化体验

整个奥运村有 12 个居民服务中心，各个代表团和运动员有了需求就到居民服务中心去提。村里设有一个后勤客户服务中心，负责收集由各居民服务中心上传到客户服务中心的需求信息并向后勤各运行团队下达工作单指令。

当某个运动员发现房间的桌子坏了需要维修时，到居民服务中心告诉工作人员，居民服务中心的工作人员再电话通知后勤客户服务中心；接到电话后，后勤客户服务中心工作人员录入一个工作单，并自动的发送到相关的职能部门，职能部门会派人做服务，服务完之后在工作单里会销掉。

这一看似简单的过程，但是奥运会这种环境下，要确保"零投诉"背后却有很多复杂的工作要做。面对复杂的奥运村物业管理的需要，奥运村空间规划和物资信息管理系统采用了 Autodesk 最新的 3D 设计及数据库技术和协同作业技术，将奥运村空间规划及设施以 3D 图形方式创建 BIM（建筑信息模型技术）数据，实现了在虚拟的世界中进行现实的奥运村的物流管理，显著提升了庞大物流管理的直观性，降低了操作难度，得以让奥运村物流管理在物资品种多、数量大、空间单元复杂、空间单元及资产归属要求绝对准确、物资进出频繁、作业集中度高的情况下高效、有序和安全地运行。

这个系统的核心功能是图形与数据库同步连接，自动生成数据表。比如前期的移入工作，一万多个空间单元、几十万件家具电器，这些物件需要一个完备的信息和方案，这就是通过这个系统完成的。每个空间单元一图一表，每一张图都是三维立体图，对应一张数据单，然后安排人粘在相应的空间单元上，家具供应商据此做移入的工作，后面的核查也按照这个查，统计数据自然生成。

这些工作单不是简单示意图，而是根据真实环境模拟的三维模型图。三维信息模型核心点是，所有的数据都是数字化导入的，比如房间的格局、房间的模型、所有物资器材信息都是数字化导入进去。如 A 厂商生产的办公桌和 B 厂商生产的写字台在这里面体现是不一样的，所有的物资都被数字化地导入到真实的基于真正奥运村房间布局和楼宇布局的三维模型中去。这里有一个协同的平台，他们需要协同完成，不同的管理方，比如水电的、设备的、其他后勤部门，不同的管理方必须通过这个平台交换数据，通过各个部门的协作，最终让这房间从各个方面都符合代表团官员和运动员的要求。

三、奥运"遗产"可以复制

奥运村空间规划和物资信息管理系统已经不是所谓传统意义上的信息管理系统，它可以让非专业人员非常直观、可视化地看到服务目标的各种变化带来的影响和要求。

由于数据中心、建筑规划信息、建筑模型的信息都数字化地在这个系统当中整合在一起，可以根据对这个活动或者整个物业的要求去模拟它，模拟动态情况。例如，运动员大概会提什么样的要求，如果提出这样的要求能否应对，怎样调整后面物资的配比，如何安排物资的分布、物资的配送,等等。奥运村服务人员在可视化的界面下,根据模拟出来的结果做实时的分析,大大提高了判断的能力和响应的速度。

奥运村可视化物流管理是一次性项目,但是这种需求应该是一个普遍性和广泛性的,特别是在城市化越来越普遍的时候,有大量的商业活动、居民活动都会与此相关,其运用面非常广泛,其成功的经验可以复制到目前面临的各种相关需求中。

(来源:汪兴洋,物流天下网.)

【案例点睛】

现代物流管理进入到供应链物流管理阶段,需要满足消费者需求的个性化和多样化、解决需求和供给的矛盾,关键是要运用现代化信息手段,尽可能准确地把握市场需求,建立能够快速反应的供应链物流系统。北京奥组委通过采用现代信息技术手段对奥运村的物流和空间规划进行管理,实现了奥组委后勤保障部门的最快速响应,满足了奥运村复杂客户群体的需求、提供了更好的服务体验。复制北京奥运会的成功经验,对于组织好大型的商业活动具有积极的作用。

【思考题】

1. 请分析北京奥组委对奥运村物流管理的核心是什么?
2. 请说明奥运物流的复杂性表现在哪几个方面?

[案例1-6] 走进京东商城幕后:一次商品的神奇之旅

冬季的清晨颇为清冷。但京东商城物流园区内却是一派车水马龙的景象,入库组的工作人员忙得不亦乐乎,接听预约电话、打印单据、商品核对、数量清点、扫码……紧张有序地进行着,热火朝天的景象瞬间把冬日的清冷融化。此时,正值"双11"促销的第3天,各大电商平台此前纷纷展开大规模促销,消费者也迎来一波又一波的网购狂欢。不过,对普通用户来说,电商的浏览商品、下订单等前端体验看得见、摸得着,但下单后,商品如何历经千山万水送达到用户手中,则更像是一个"黑匣子"。面对坊间诸多"暴仓"新闻,我们走进京东商城幕后的物流中心、分拣中心,试图揭开电商物流的"黑匣子"。

京东商城订单履行流程如下图所示,从用户下单的那一刻起,京东提供的不只是商品,而是服务。

京东商城订单履行流程图

一、入库：商品进入京东的第一道关卡

入库是进入京东商城仓储的第一个环节，供货商按照采购协议，将商品运送到京东的指定收货仓库，收货员会根据采购单验收，严格核对商品的品种、数量、规格、型号等信息。这一步表面看起来无关紧要，但事实上却与用户体验直接相关。京东商城南五环物流园区的收货员小王告诉记者，"京东入库组员工需要有火眼金睛，把好第一道关，不放过任何一件瑕疵品，并最终完成上架工作；除此之外，日常还要做好理货和盘点工作。"

二、拣货：商品的海洋里准确捞"针"

当用户按下确认订单付款按钮后，订单的信息会直接下传到京东的物流信息系统，由拣货员从浩如烟海的商品货架上，将订单上的商品准确无误地放到扫描台上。记者观察到，京东商城每个拣货员都配备无线数据采集设备（RF），他们在扫描完集合单的批次号后，会逐一核对订单及货架上的商品信息。据一位刚刚工作不久的拣货员介绍，他们每天都会穿梭于工作台和货架之间，奔跑与速度最能诠释拣货员的工作。开始，挑战极限和创造单日出库记录是一件有趣的事，但满头大汗的背后更是对顾客的一种责任。

三、复核扫描：确保商品出货 100% 准确

作为商品出库前的关键一步，复核扫描环节任务艰巨，需要复核员拥有耐心、细心、责任感，复核每一个订单对应的商品型号、颜色，以及对应的面单、发票等出库单据，以确保出库商品和单据的准确性。这里大多都是女孩子"把关"，记者了解到，由于经常站立工作，刚开始腿和脚容易水肿，但为顾客体验负责，所有复核扫描岗位上的人，即使在燥热的夏日里，也没有一个叫苦和退缩的。她们高峰期日均处理订单 8 万以上，并要求商品出货 100% 的准确率，她们说这是对用户购物体验的最好保障。

四、打包：把好商品出库前最后一关

打包工作是商品出库前的最后一个环节。打包员的操作过程令人眼花缭乱，可谓"粗中有细"，在完成包装并贴好包裹标签后，商品就被依次放到输送线，等待出库的旅程。其实，仔细观察每一件打好包的商品不难发现打包员的态度和细致，从再次校验商品订单，到完成一个独立的包装，他们对包装质量和完美程度有着极致的追求。"给客户一个好包裹，还客户一次好体验"，是京东仓储人对客户不变的承诺。

五、分拣发货：一场与时间的赛跑

对已打包好的商品进行分拣，是配送体系中很重要的一个环节。京东商城拥有自动化的分拣机，可对商品送达站点的不同进行自动归类，从传送带滑轨上下来的商品，分拣员会按照站点装进橙黄色的周转箱内，为了保证商品不受挤压，商品摆放很有讲究，要做到大不压小，重不压轻，不仅考验分拣员的眼力还考验他们的判断力。

分拣完成后，发货员将商品通过车辆运送到指定的配送站，为了坚持承诺，这是一场与时间的赛跑。

六、配送员：最后一公里体验保障

在商品到达配送站点后，京东商城配送员们便可整装待发了。他们先用 PDA 对商品进行扫描认领，然后麻利地将商品按照大小件和配送地址的远近，整装进送货箱，这种做法，不仅可以保证每件商品到站时有条不紊地取放，还可大大提升配送效率。送货途中，一位配送员告诉记者，每件商品除了原本的使用价值外，还寄托着用户的情感诉求，因此对配送速度要求很高，比如用户过生日，我们一定要在吹蜡烛之前把花、礼物送到，一定要确保用户"最后一公里"的满意。

七、京东坚持的背后

一直以来，支付、信用和物流是阻碍电子商务发展的"三座大山"。如今，随着支付的便利性、信用度的提升，以及消费者网购习惯的形成，支付与信用方面的压力正逐步缓解，但物流的瓶颈却日益严峻，"最后一公里"几乎成为众多电商网站最为头痛的问题。消费者从浏览、选择商品，下订单，到签收商品，用户体验的好坏覆盖了整个购买周期，物流配送环节时不时地"掉链子"，逼迫电商开始走上自营物流的道路。

近日国内首次发布的《网购快递满意度监测》报告显示，网购快递的服务整体满意度仅为39.8%，而在电商投诉的数万起案例中，物流引起的诟病最为突出，尤其是第三方的快递公司的服务态度和商品保障上，扯了电商网站提升用户满意度的"后腿"。在近距离接触了京东的物流体系之后，才能真切地体会到，京东投资百亿元自建物流体系，绝不是概念炒作，是当下中国国情下，电商配送最后一公里的解决之道。

（来源：白苏，速途网，2012-11-21.）

【案例点睛】

企业有效实施物流管理能够降低物流成本、增加利润，因此物流被称为企业的"第三利润源"。京东商城能够在竞争激烈的电子商务大战中占有一席之地，其物流管理策略发挥了重要作用。经过多年的发展，电商行业已进入"用户体验为先"的发展阶段，京东通过自营物流，提升配送效率，解决"最后一公里"配送难题，物流服务质量不断改善，有效弥补电商行业的物流"短板"，有效提高了用户满意度，保持了稳定的市场竞争力。

【思考题】

1. 请问京东商城的物流运作体系有什么优势？
2. 请结合案例分析物流服务在电商企业中的地位。

【实训活动】

一、本地区物流业现状调研

[实训目的]

通过实地调查当地物流企业的发展现状，分析本地区物流业的发展趋势。

[实训内容]

调查相关区域的物流企业，按照现代物流的特点分析其优势和不足，并提出发展建议。

[实训要求]

1. 学生分组，每组5~6人。
2. 将本地区划分为5~6个区域，每组负责调研一个区域。每组实地考察该区域有代表性的3家以上的物流企业。
3. 制订调查方案，内容包括调查目的、调查对象、内容、方式、组织安排、调研步骤等。
4. 设计调查表，每个小组根据调查目的设计出物流企业发展情况问卷，包括企业性质、企业规模、客户分布、运输服务收费标准、运输方式选取、企业信息系统的组建等相关内容。
5. 实施调研，每组学生合理分工，协调合作，可以采取实地调查、电话调查等方式对区域内运输业进行调查。
6. 完成调查资料的整理和分析，对搜集的调查问卷进行整理分析，形成整理表和分析表。

7. 以小组为单位撰写调研报告，各组上交调研报告应附有附录，包括调研实施计划、调研问卷、整理表和分析表等。

8. 对各组上交的调研报告进行评比，在班级开展调研工作的心得体会交流座谈会，提出对所在区域物流业发展的认识和建议，并对本次调研工作做出评价。

9. 时间要求：一周。

二、分组案例分析

[实训目的]

通过课后对相关案例资料的搜集分析、课堂演讲，训练学生自主学习、综合分析、团队合作和语言表达等能力。

[实训内容]

学生根据教师提前布置的案例内容，在课外搜集、充实、整理与案例有关的资料并制作成电子课件，然后在教学活动中进行分享、展示。

[实训要求]

1. 学生建立学习小组，每个小组在5~6人。确定组长，负责组织学习讨论活动以及小组演讲代表的确定。

2. 教师提前布置案例到每个学习小组，明确实训要求，并将学生案例演讲纳入到教学活动环节中，每次抽取2~3个小组由小组代表进行演示。

3. 学生案例演讲后，教师需要从专业知识和演讲技巧等方面进行点评，以帮助学生循环提升学习和演讲能力。

项目二　物流客户服务

【学习目标】

◆ 知识目标
1. 了解物流服务人员在物流各环节的主要职责。
2. 掌握客户服务的含义、内容及构成要素。
3. 理解客户服务的标准。
4. 了解物流客户服务的层次、作用。

◆ 技能目标
1. 能通过调查了解现有的客户服务水平并提出针对性的初步改进方案。
2. 能灵活地与客户沟通并建立客户档案。
3. 能灵活处理不同类型客户的抱怨及投诉，维护客户关系。
4. 能制订提升物流客户服务水平的措施。

◆ 素养目标
1. 树立服务人民、奉献社会的人生观。
2. 培育社会主义核心价值观。
3. 树立忧患意识，增强危机观念。

【导入案例】永不满足的顾客

这是一个晴朗的周三下午，但是 Doug 的心里却很混乱。奥林巴斯北美地区的市场主管 Diane Merideth 走进他的办公室，Doug 从她脸上可以看出她不是很高兴。她对 Doug 说："Doug，我们遇到问题了，我刚刚和 Goliath 的全球副总裁 Sarah Hartley 通过电话，我们似乎错过了给他们在达拉斯的交叉货仓送货的时间。我知道货物准时离开了我们的仓库，但我没法追踪货物，Goliath 是我们最大最重要的顾客，Sarah 跟我提到这些，她对我们的服务非常不满意。"

Doug 让信息系统小组的 Tameka Williams 检查一下奥林巴斯整体的送货表现，Tameka 统计了送货数据，确认奥林巴斯的送货准时率达到 98%，接近刚刚订下的 99% 的目标。他补充道："我们正在线路和调度软件上面的投资已经开始获得回报，效率得到了提高，服务水平也相应提高了。"

Diane 对 Doug 和 Tameka 的评估结果并不是十分满意。她说："你可能在平均水平上改善了绩效，但是我们并没有满足 Goliath 的要求，惩罚条款让我们为此付出了很高的代价。我们在服务上的失败也破坏了我们的运作联盟。Sarah 提醒我说我们公司并不能满足 Goliath 的要求，而且我们其他的顾客也是很挑剔的。他们会跟随着 Goliath 一起要求更高的服务水平。你应该知道，在 1 月份，Goliath 会将他们的送货时间限定得更紧，他们也希望我们在具体的货物的促销包装、可入库标签以及订单标注方面负起责任。而且我们持续改进的条款规定下一年他们只给我们他们订单的不到5%。"

Doug承认必须要将服务水平提高到更高层次，我们最好的顾客需要的越来越多，但是支付的却越来越少，他们需要我们的服务满足他们的要求，但是他们看上去并不愿意和我们进行有意义的合作。我们需要重新考虑我们和顾客之间的关系，并改造我们的设置以支持这种新的关系。我们需要知道他们会问什么问题并知道怎么回答。

（来源：[美] Stanley E. Fawcett. 供应链管理从理论到实践 [M]. 蔡临宁，译. 北京：清华大学出版社，2009.）

【思考题】
1. 为什么客户的需求一直在变化？什么样的服务才是客户满意的服务？
2. 我们需要什么样的服务流程和系统来达到较高的服务水平？

任务一　掌握物流客户服务的基本内涵

一、客户服务的含义

客户服务是企业致力于满足顾客的需要，并超越顾客期望的活动过程。

服务（service）指满足顾客的需要，供方和顾客之间接触的活动以及供方内部活动所产生的结果。包括供方为顾客提供人员劳务活动完成的结果；供方为顾客提供通过人员对实物付出劳务活动完成的结果；供方为顾客提供实物实用活动完成的结果（《中华人民共和国国家标准物流术语》GB/T 18354—2006）。

客户服务是企业与客户交互的一个完整过程，包括听取客户的问题和要求，对客户的需求作出反应并探询客户新的需求。客户服务不仅仅包括了客户和企业的客户服务部门，实际上包括了整个企业，即将企业整体作为一个受客户需求驱动的对象。

1. 客户服务的目的

① 通过提供更多满足顾客需要的服务，扩大与竞争对手之间的差距，从而通过销售额的增大来获得企业的利益。

② 取得社会公众的理解和支持，为企业的生存、发展创造必要的内部与外部环境。

客户服务能够帮助市场营销策略的成功实施，通过有效地获取并保留客户，满足企业长期利润和投资收益的目标。创造需求并获取客户，通常被认为只与促销、产品和价格等项目有关，但实质上客户服务对创造需求也具有重大影响。

2. 客户服务的原则

（1）视客户为亲友　企业与客户交往中，不能单纯将企业与客户的关系视为"一手钱、一手货"的金钱交换关系，而应该认识到企业和客户之间还存在相互支持、相互促进、相互依赖、相互发展的非金钱关系。现代企业只有用高质量的情感服务来对待每一位客户，才能使客户以更大的热情购买更多的服务来回报企业。

（2）客户永远是对的　"客户永远是对的"的服务思想，不是从一时一事的角度界定的，而是从抽象意义上界定的。具体实践中，企业要把"客户"作为一个整体来看待，为整体的客户服务，不应该挑剔个别客户的个别言行，更不能因为个别客户的个别不当言行影响到企业对整体客户的根本看法。

（3）客户是企业的主宰　企业把客户作为企业主宰，既是企业经济属性决定的，同时又是企业的社会性质决定的，是奉献与获取经济利益相统一的服务理念的具体体现。具体实践中，应将尊重客户权利作为企业的天职，认真履行应尽的义务；根据客户的需要决定企业的经营方向，选择企业的经营战略；建立客户满意的服务标准，并依据标准增加服务投入，增加服务项目，改善服务措施，建立全面服务质量保证体系，使企业各部门都围绕"使客户满意"这个目标开展工作，最终保证企业服务质量得以全面提高。

3. 客户服务的方式

客户服务的方式，是"内外结合、双向沟通"。客户服务管理，一方面要吸取社会公众的意见，以不断完善自身；另一方面，要有效地与外界沟通，使客户认识、了解自己，最后获得客户的信任和喜欢。

二、物流客户服务

（一）物流客户服务的含义

物流客户服务是以客户的委托为基础、按照货主的要求，为克服货物在空间和时间上的间隔而进行的物流业务活动。从本质上讲，物流业属于服务业。物流客户服务解决的是如何把产品和服务有效地传递到客户手中的流程的问题。物流客户服务是一种过程，它以高效、低廉的方法给供应链提供了增值的利益。

物流客户服务的宗旨是满足货主的要求，保障供给、降低成本，即在适量性、多批次、广泛性上，安全、准确、迅速、经济地满足货主的要求。现代物流客户服务的核心目标是在物流全过程中以最小的综合成本来满足顾客的需求。

> **思政小专栏**
>
> **客户服务成为物流行业的重中之重**
>
> 物流中的客户服务是物流企业与客户交互的一个完整过程，包括听取客户的问题和要求，对客户的需求作出反应并探询客户新的需求。客户服务不仅仅与客户服务部门有关，而是涉及整个企业，即将企业整体作为一个受客户需求驱动的对象。目的是为客户创造比客户所需的核心服务更多的价值，提高客户满意度。
>
> 物流企业要始终秉持"服务至上"的企业精神，将重点放在每个客户的个人生活方式和需求上，珍视与客户的每一次合作，为客户规划合理的物流方案及仓储配送方式，降低客户营运成本，为客户提供定制化的供应链综合服务，全力以赴、使命必达。
>
> 资料来源：搜狐网

（二）物流客户服务的内容

物流客户服务是实现客户利润可能性的保证，包含着备货保证、输送保证与品质保证，其最终目的是使顾客满意。

物流客户服务的基本内容主要包括包装、装卸搬运、运输、储存与配送、订单履行、物流信息、存货预测等以及相联系的活动。

1. 包装

商品包装是为了便于销售和运输保管，并保护商品在流通过程中不被毁损，保持完好。企业所选择的运输方式会影响运送商品时的包装要求。

2. 装卸搬运

装卸搬运是伴随运输和储存而附带产生的物流客户服务活动。装卸搬运对有效地储存操作是很重要的，装卸搬运在运输、保管之间起到桥梁作用。

3. 运输

运输是物流系统非常重要的组成部分。由于商品生产者与消费者在空间距离上的相互分离，需要通过运输完成商品在空间的实体移动。可以说，没有运输，就没有物流，也就没有物流客户服务。

4. 储存与配送

储存和运输是一种效益背反关系。如果企业选用速度相对慢的运输方式，就不得不保持较高的库存水平；如果要减少仓库的数量及其所储存存货的数量，企业就得考虑选用较快的运输方式。库存管理是物流客户服务的一项重要的内容。同时，配送中心的建立，能够根据客户的需要为终端提供配送服务。

5. 订单履行

物流客户服务的一个重要内容就是订单履行，包括与完成客户订单有关的活动。有效的订单管理是有效运营和客户满意的关键，企业的订单管理能力将有助于产生竞争优势。订单管理主要得益于计算机和信息系统的发展。

6. 物流信息

在物流客户服务过程中，产生大量的数据，通过不断传输和反馈，形成信息流。利用计算机进行物流服务数据的搜集、传送、储存、处理和分析，迅速提供正确和完备的物流服务信息，有利于及时了解服务进程，正确决策，协调各业务环节，有效地计划和组织物资的实物流通。

7. 存货预测

物流的另外一个重要活动是存货预测，准确预测存货要求（原材料和零部件），对有效控制存货十分重要。尤其对使用 JIT 和物料需求规划（MRP）方法来进行存货控制的企业来说就更为重要，此时，物流管理人员应当通过预测来确保准确、有效的控制。

在以上的内容中，运输、储存与配送是物流客户服务的中心内容，其中运输与配送是物流客户服务体系中所有动态内容的核心，而储存则是唯一的相对静态内容。它们的有机结合构成了一个完整的物流客户服务系统。

三、物流客户服务的因素

（一）交易前要素

物流客户服务的交易前要素倾向于非日常性、与政策有关，是指将产品从供应方向客户实际运送过程前的各种服务要素。交易前客户服务的具体要素包括以下内容：

① 制订关于客户服务政策的书面陈述；
② 创建实施客户服务政策的组织机构；
③ 制订应急服务计划，保持系统的灵活性；
④ 提供管理服务，为客户提供培训和技术手册等。

（二）交易中要素

交易中要素是指将产品从供应方向客户实际运送过程中的各项服务要素。主要包括以下内容。

1. 缺货水平

缺货水平是对产品供应情况的一种测度。当缺货出现时，企业可以通过安排合适的替代产品，或当产品已入库时，可以通过加速发货来维持与客户的良好关系。

2. 订货信息

订货信息是指为客户提供关于库存情况、订单状态、预期发货和交付日期以及延期交货情况的快速和准确的信息能力。企业可以利用延期交付的订单数量以及相关的订货周期来评估系统的绩效水平。

3. 订货周期

订货周期是指从客户开始发出订单到产品交付给客户过程的总时间。订货周期的各个组成部分包括：订单传递、订单输入、订单处理、订单分拣和包装、交付等。

4. 加急发货

加急发货是指那些为了缩短正常的订货周期而需要得到特殊处理的货物。尽管其成本比标准处理的成本高得多，但它可能比失去客户的成本要低。

5. 转运

转运是指为避免缺货，产品在地区之间的运输。运输通常是根据客户订单的预测来进行的。

6. 系统的准确性

系统的准确性（包括订货数量、订购产品和发票的准确性）对制造商和客户来说都是很重要的。误差应该被记录和报告，并作为系统处理订单数据的一个依据。

7. 订货的方便性

订货的方便性是指一个客户在下订单时所经历的困难的程度。一个比较合适的绩效衡量指标是，与方便性有关的问题数占订单数的百分比。这些问题可以通过对客户进行现场采访的方式来识别、减少或消除。

8. 产品的替代性

当一个客户所订购的产品被同一种但不同尺寸的产品或另一种具体同样性能更好的产品所代替时，产品替代就发生了。为了发展一个合适的产品替代政策，制造商应该与客户密切合作，为他们提供信息或征求他们的同意。一个成功的产品替代计划需要制造商与客户之间的良好沟通。

（三）交易后要素

交易后要素是指产品销售和运送后，根据客户要求所提供的后续服务的各项要素。主要包括以下内容。

1. 安装、质量保证、变更、修理和零部件

2. 产品跟踪

产品跟踪是客户服务的一个要素。为了避免诉讼，企业必须能够在发现问题时就收回存在潜在危险的产品。

3. 客户赔偿、投诉和退货

企业政策应规定如何处理索赔、投诉和退款。企业应保留有关赔偿、投诉和退货方面的数据，从而为产品开发、市场营销、物流和其他企业职能部门提供有价值的客户信息。

4. 临时性的产品替代

客户服务的最后一个要素是临时性的产品替代。当客户在等待接受采购的物品或等待先前采购的产品被修理时，为客户提供临时性的产品替代。

四、物流客户服务标准

确定物流客户服务标准是构建物流系统的前提条件。制订合理或企业预期的物流客户服务标准是企业战略活动的重要内容之一，以确保企业收益的稳定和长期发展。

在制订客户服务标准时，应确定明确的目标，客户服务的标准必须是具体的、可衡量的、可实现的，如"所有订货的完成率和准确率必须达到 97%，货运必须在 24 小时内送达"。

1. 客户服务标准
① 从顾客递交订单到顾客获得订货的期限。
② 顾客订货可以直接从库存中得以完成的百分比。
③ 收到订货单据到订货装载运往客户的时间。
④ 正确提取和送达客户订货的百分比。

2. 常见的客户服务量度标准
① 订单完成及时率。
② 订单完整率。
③ 送达货物完整无缺的比率。
④ 订单完成的准确率。
⑤ 账单的准确率。

3. 制订客户服务标准的注意事项
① 谨防采用易于实现的绩效指标，标准过低无实际价值。
② 100%代表了一种态度，制订一个100%的质量标准会鼓励更好的绩效。
③ 应当通过咨询客户来制订客户服务政策和标准。
④ 应当设置衡量、监督和控制客户服务质量的程序。

[案例2-1] "高铁+电商" 赋能现代物流发展

涌泉蜜橘、景德镇绿壳鸡蛋、赣南脐橙等新鲜农产品坐上高铁动车发往全国各地；拉林铁路沿线的林芝、山南等车站增办快运业务；与医药企业开展合作，医药健康类冷链运输服务进一步拓展——2021年"双11"电商黄金周期间，中国国家铁路集团有限公司深耕"高铁+电商"市场，精准投放运力资源，主动拓展特色服务项目，在为人民群众提供高品质物流服务的同时，坚决打赢"两坚守两实现"攻坚战，确保铁路"十四五"开好局。

据统计，2021年铁路"双11"电商黄金周快件运输共发运快件7万吨，249个车站搭建起高铁快运服务网络，其中"高铁极速达"覆盖115个车站、97个城市。

精准投放运力，高铁快运"朋友圈"扩大

2021年"双11"电商黄金周网络购物高峰期，铁路部门根据市场需求和铁路快运对适运货物的要求，充分运用载客动车组上的高铁快运柜、预留的不售票车厢和普速客车上的行李车、无旅客的高铁确认列车、铁路特快货物班列，更加精准地投放运力。

铁路部门提前制订运力计划：日均安排利用车厢富余空间及高铁快运柜存放快件的高铁载客动车组1135列，其中，同时预留不售票二等座的动车组35列；日均安排清晨开行、全列无旅客、可装运快件的高铁确认列车32列；日均安排运用行李车装运快件的普速旅客列车240至320列；日均安排在京广、京沪等干线铁路上运行的北京、上海、广州等城市间特快货物班列8列。

11月11日13时25分，载有藏装、藏药和糌粑等3批快件的C893次列车从拉萨站缓缓驶出，17时09分抵达林芝站，中铁快运股份有限公司青藏分公司林芝站营业部对接人早已等候在站台。46分钟后，快件全部送至客户手中。今年"双11"电商黄金周，高铁快运的"朋友圈"进一步扩大。铁路部门在拉林铁路沿线的林芝、山南等站增办快运业务，全国铁路办理快运业务的车站遍布31个省区市。

据中铁快运青藏分公司拉萨站营业部经理扎西罗布介绍，拉萨至林芝、山南、日喀则的高铁快件可实现当日达，营业部还推出特色冷链运输服务，承接发往全国各地的冷链药品、西藏特产等，客户可根据需求办理"站到站""站到门""门到门"一站式铁路运输业务，部分城市可当日达、次日达、隔日达。

拓展特色服务，多模式赋能经济发展

产地直供模式的甘肃苹果一上线就被一抢而空，虫草、枸杞、花胶等滋补品类深受欢迎，各大平台的成交数据保持增长势头。一年一度的"双11"电商黄金周激起百姓的消费热情，也对运输服务品质提出了更高要求。

人民有期待，铁路有行动。国铁集团抢抓这一有利契机，紧贴市场需求，通过与不同领域开展合作，积极打造"高铁＋电商""铁路冷链＋医药""高铁＋农产品"等模式，促进增运增收，助力乡村振兴，赋能经济发展，满足人民群众对于美好生活的向往和生活品质的追求，发挥出1＋1＞2的叠加效应。

受交通不便的影响，陕西勉县出产的魔芋、茶叶、土蜂蜜、木耳等山货外运困难。"双11"电商黄金周期间，中铁快运西安分公司积极与中国铁路西安局集团有限公司和驻村工作组联系，通过"公路带货＋高铁"的运输方式，让大山深处的优质农产品既走得出又走得好。

"双11"电商黄金周恰逢赣南脐橙销售旺季。铁路部门积极构建"产地＋高铁＋消费者"的服务方式，进一步助力赣南脐橙等赣闽特色农产品运输。G5050次高铁列车以及T212次、Z104次、Z186次旅客列车行李车累计运输赣南脐橙75吨。

铁路部门全面加强与医药行业的战略合作，打造铁路医药冷链"定温达""定时达"产品体系，助推社会医药物流高质量发展。目前投入使用的医药专用蓄冷箱具有自主知识产权，可在35摄氏度和零下20摄氏度恒定环境温度下，保温100个小时以上。如北京某医药企业的药品今年搭乘高铁快运列车发往江苏、河北、山西、内蒙古、吉林、辽宁、安徽等地区，发货范围进一步扩大。

筑牢安全防线，收货开心更放心

11月10日18时，1000多公斤来自内蒙古草原的牛羊肉"坐着高铁去北京"。经调查发现，工作人员对检疫标进行认真检查后，将其装入专用保温箱，每个保温箱有专属编码，可全程追踪轨迹。上车前，他们要对货品进行3次消杀，并由专人护送上车。

今年"双11"期间，铁路部门筑牢安全防线，对动车组、普速客车行李车运送的货物，严格执行"收货验视、实名登记、过机安检"安全保障要求，运输完毕后，严格按照列车疫情防控要求进行消毒；对铁路特快货物班列运送的货物，加强全过程货物进货验收、安检、装卸组织和疫情防控消杀作业，确保货物和环境安全，让客户买得开心、取得放心，旅客坐得安心。

安全有保障的背后，是无数铁路人的辛苦付出

11月11日凌晨，中铁快运北京南站营业部灯火通明，"快运管家"们正有条不紊地忙碌着：有的拿着电话耐心地与客户对接信息，有的紧盯电脑填写着相关数据，一阵阵"啪嗒啪嗒"的键盘敲击声不停地在办公区响起……最忙的时候，他们全天只能休息1小时至2小时。尽管没时间购物，但能帮助客户快速安全地收到货物，大家认为这个"双11"过得很有意义。

创新思路、科学组织，坚守岗位，奋力拼搏。奋战在"双11"一线的铁路干部职工聚焦"两坚守两实现"，为每一份快件包裹保驾护航，以负责任的态度交出安全快速的答卷。

（来源：北京青年报）

【案例点睛】

客户服务是现代物流的基本特征之一，物流客户服务是实现客户利润可能性的保证，包含着备货保证、输送保证与品质保证,其最终目的是满足客户需求、达成目标。中国铁路货运市场化改革取得一系列重要成果,铁路发展动力和经营活力不断增强,为广大客户提供了越来越便捷、越来越优质的服务。优质客户服务的关键是满足客户的个性化需求,中国国家铁路集团有限公司积极响应市场需求,创新服务模式,为不同领域的客户提供特色化服务,取得了良好的经济效益和社会效益。正是基于广泛的需求调研、深入的模式开发、全面的组织协调,中国高铁提供的优质客户服务获得了广泛赞誉。

【思考题】
1. 中国国家铁路集团有限公司的"高铁+电商"市场模式有哪些特点?
2. 请结合案例分析物流客户服务的主要内容。

[案例2-2] 麦当劳物流供货商阿尔法的服务秘诀

麦当劳集团能雄踞欧洲市场三十多年,背后作支持的物流服务供货商实在功不可没。欧洲31国共3900间麦当劳餐厅中所有的货品及服务,是由德国阿尔法集团旗下的WLS GmbH公司中23个配送中心、超过2600名员工所提供,负责管理麦当劳集团泛欧洲市场整个物流配送系统,并发展全球网络。究竟阿尔法集团有什么秘诀,让集团及麦当劳同时在物流服务及饮食市场上稳占领导地位。

一、顾客永远是第一

阿尔法集团所提供的服务,客户范围牵涉广泛,并非单单是物流。集团旗下的信息科技公司包括阿尔法软件公司及MDIS,便为集团及麦当劳集团处理复杂的信息科技项目。另外,S.T.I.货代公司则负责组织泛欧洲地区的卡车运输,为麦当劳于欧洲的连锁餐厅提供每月3500车次的配送和货运服务。而国际推广物流GmbH公司主要为麦当劳发放相关的广告及推广物料,并与S.T.I.货代公司紧密合作,组织海陆两路的货运服务。阿尔法集团就是依靠能提供不同种类的服务范围,加上与客户间彼此建立信任、携手合作的优势,让客户及集团同时在市场中屹立不倒。

现时WLS GmbH公司不但可满足麦当劳集团的物流要求,更已全权控制全德国甚至国际性层面上。在需求评估的研究方面,必须对食品如汉堡包、牛肉、鸡肉等做出非常准确的预测。阿尔法集团的工作,便是要管理整个欧洲地区的麦当劳餐厅供应链中,管理层间的信息流通、产品及资金流动,当中包括由个别餐厅至原材料供货商,再由供货商至餐厅内部的整个物流过程。

二、提供高水平服务

麦当劳餐厅需要混合冷冻、冷藏及恒温的货品,因此在阿尔法集团配送中心内的仓库亦因应不同货品而划分为三大区域:冷冻储存(−23~−20℃);冷藏储存(−3~1℃);干货储存(5~25℃)。集团以客户可负担的价钱,为不同的货品特别修改卡车设计,在整个运输过程中可调节及控制温度,令货品在运途中仍能保持质量。从麦当劳集团角度而言,为降低经营成本,货品交收时间及人手调配必须调度得宜。因此阿尔法集团提供可控制温度的卡车,便可减少运载次数、降低燃油成本开支。此外,集团更将各间餐厅的付运距离列入考虑之列。例如100公里的短距离路程,使用短拖车较公路汽车更为经济,因为可节省重新接驳或解开拖车的时间,从而降低客户的经营成本。

三、不断创新客户受惠

自2002年4月起,WLS GmbH公司已采用双层挂接拖车负责运载货品。虽然这些新式货车并非首次应用于物流服务,但这种货车与传统挂接车辆不同之处是其车轮不是焊接在主车轴上,而是每个车轮独立装置在货车底盘,因此在每个车轮间有更多额外储存空间,运载更多货物。阿尔法集团创新之处还表现在货车上层内置冷冻库,使货车在上层运载冷冻货物的同时,下层仍可运载干货。另外,利用遥控机械货车,以加快及简化货车下层的装卸作业,提高货运效率。

现时阿尔法集团不同部门积极发展新方向,保证让麦当劳集团及其他客户均可享受更多新物流服务及高价值高质量的配送系统。

[来源:市场周刊:新物流.2003(7).]

【案例点睛】

WLS GmbH公司深谙客户服务之道,深知"顾客永远是第一"的客户服务原则,为客户提供满意服务,乃至成功探索、挖掘到客户的潜在需求,使其业务能绵延不断。在交易前期、中期、后期各项客户服务要素中,WLS GmbH公司始终坚持稳定且高水平的服务,节约了客户的时间、降低了客户成本。

【思考题】

1. 阿尔法集团为麦当劳提供了哪些有特色的物流服务?
2. 创新服务是客户服务的"生命之源"吗?

[案例2-3] 美国经济的主干架——联合包裹公司

1907年,美国人吉米·凯西创立了联合包裹公司(UPS)。创业初期仅有一辆卡车及几部摩托车,主要为西雅图百货公司运送货物。现在,联合包裹公司已发展到拥有15.7万辆地面车辆,610架自有或包租飞机,33万多名全球员工,年营业额270亿美元的巨型公司。它每个工作日处理包裹130万件,每年运送30亿件各种包裹和文件。

联合包裹公司提供的服务已经成为美国人日常生活中离不开的东西,成为"美国经济运行中一只几乎无处不在的手",每年装载了美国国民生产总值的6%。1997年,联合包裹公司卡车司机罢工事件不仅使得这一"美国经济的主干架"几近瘫痪,对当年美国经济的打击也很大。据说,当年美国国民生产总值曾因此下降几个百分点。

1997年的罢工风潮使联合包裹公司的国内竞争对手美国国家邮政和联邦快递坐收渔利:罢工的15天内便抢去了3.5亿美元的营业额,而且联合包裹也因此损失了至少2亿美元,并丢掉了大批老客户。但联合包裹公司并没有就此一蹶不振,相反它自此励精图治,不仅努力修补与卡车司机工会及客户的关系,并打破百年封闭式经营的保守传统,1998年在华尔街上市(上市金额高达55亿美元,创下了美国历史最高纪录),同时涉足电子商务领域,大踏步向以知识为基础的全球性物流公司迈进。

过去10年,联合包裹公司共投资了110亿美元,用于采购主机、PC、手持电脑、无线调制解调器,建立蜂窝无线网络,雇佣4000名电脑程序员和技术人员。这一浩大的投资活动不仅使得联合包裹公司实现了对包裹运送每一步的紧密跟踪,而且使之在电子商务大潮中占据了有利地位。

如果说,联合包裹公司过去是一家拥有技术的卡车运输公司,那么现在,它是一家拥有卡车的技术型公司。如果联合包裹公司是一家纯粹的电子商务公司,那么它可能只是徒有虚名,净利润为零;但强大的物质实力使得它赢利状况十分可观。1999年和罢工前的1996年相比,联合包裹公司的净利润翻了一番,达23亿美元,营业额也增长了21%。

联合包裹公司的电子跟踪系统,跟踪每日130万件包裹的运送情况。公司的卡车司机(同时也是送货人)人手一部如手持电脑大小信息获得器,内置无线装置,能同时接收和发送送货信息。客户一旦签单寄送包裹,信息便通过电子跟踪系统传送出去。客户可以随时登录联合包裹公司网站,查询包裹运抵情况。有时当他上网查询到包裹已经送达收件人手中时,卡车司机可能还没有回到车座上呢!电子跟踪系统有时还随时发送信息给卡车司机,告诉他将经过的路段路况,或者告诉他某位收件人迫切需要提前收取包裹。联合包裹公司还使用全球定位卫星,随时通知司机更新行车路线。

实际上,联合包裹公司的服务还不止于此。它在新泽西和亚特兰大建立了两大信息神经中心,1998年还成立了联合包裹金融公司(联合包裹拥有流通现金30亿美元),提供信用担保和库存融资服务,所有这些使得联合包裹公司在电子商务活动中同时充当中介人、承运人、担保人和收款人四者合一的关键角色。

目前联合包裹为Gateway公司运送包裹,从收件人那里收取现金,然后这笔款项将直接打入Gateway公司的银行账号。这种业务现已占到该公司业务的8%。Gateway公司毕竟是已经建立起市场信誉的公司,如果客户从某个拍卖网站或者电视广告中看中某件商品,尽管价格十分具有诱惑力,但还没有见到实物前,让他掏钱毕竟有所顾虑。联合包裹公司的担保业务恰好解决了电子商务活动中现金支付和信用问题。

联合包裹公司的这种技术手段在国际贸易中更显示出威力。比如,它可以直接到马来西亚的一个纺织原料厂收取货物并支付现金,然后将这些原料运给美国洛杉矶的制造商,并从这家公司手中收取费用。这远比信用证顶用。因为联合包裹公司既提供了马来西亚原料厂急需的现金,又保证了美国洛杉矶的商人得到了更可靠的货物运送。

联合包裹公司最近宣布准备增加机队数量,年内将有7架空中客车A300交货,同时投资10亿美元扩建其设立在肯塔基州路易斯维尔的航空枢纽。所有这些,将为联合包裹公司的物流业务奠定了扎实基础。路易斯维尔航空枢纽附近的物流部门正在为惠普等计算机公司提供这种服务:每天晚上在3~4小时的时间内,一共90架飞机降落在占地面积500公顷的这一航空枢纽。从这些飞机上卸下有故障的电脑部件以及笔记本电脑等,并以最快速度运到离枢纽只有几英里远的物流部门。在那里,60名电脑修理人员能利索干完800件活,并赶在联合包裹公司的头班飞机起飞前完工。

通过物流业务,联合包裹公司还顺势跨上了网络零售业的快车。据调查公司统计,1998年圣诞节期间,联合包裹公司几乎垄断了美国网络零售公司的承运业务,美国人在此期间网上订购的书籍、袜子和水果蛋糕大约有55%是由这家公司送去的。

耐克公司注册的网上零售公司Nike.com成了联合包裹公司的最大客户。联合包裹在路易斯维尔的仓库里存储了大量的耐克鞋及体育用品,每隔一个小时完成一批订货,并将这些耐克用品装上卡车运到航空枢纽。联合包裹设在圣安东尼奥的电话响应中心专门处理Nike.com的客户订单。这样,耐克公司不仅省下了人头开支,而且加速了资金周转。而联合包裹公司的另一公司客户——最近刚成立的时装网站Boo.com甚至连仓储费都不用掏:联合包裹公司将这家公司的供应商的货物成批运到物流中心,经检验后,打上Boo.com的商标,包装好即可运走。

联合包裹公司在1976年即进入欧洲,耐心等待了22年之后,它的国际业务方开始赢利。在欧洲,它收购了不下几十家地面及空中运输公司。每天,全欧洲有300架次的联合包裹货运班机降落,有1.7万辆卡车来回穿梭。

联合包裹的企业形象可以从卡车司机的形象看出来。联合包裹公司的卡车司机(兼送件人)不能留长发、蓄胡须,外套只能打开最上方的第一个纽扣。在客户面前不能抽烟。送件时只能疾行,不许跑步。皮鞋只能是棕色或黑色,而且必须始终光可鉴人。他必须始终用右手尾指勾住钥匙串,以免满口袋找钥匙时耽误时间。登车后,必须用左手系安全带,同时马上用右手将钥匙插入油门发动引擎。司机每天工作前必须经过三分钟的体能测试，这一传统从公司创始人开始保留至今。飞行人员头一天工作完毕必须清理桌面，以免第二天凌晨登机时耽误时间。高层经理人员每人工作桌下常备擦皮鞋用具。所有这一切细枝末节，都将保证公司的高运营效率，在客户面前树立值得信赖的良好形象。

联合包裹公司的员工队伍相当稳定，稳定率保持在90%以上，许多人一干就是几十年。高层管理人员有的就是从司机、装卸工一步步升上来的。公司首席执行官凯里的衣橱里至今还挂着28年前在联合包裹兼职当司机时穿的棕色套装。联合包裹上市后，一下造出了数百名百万富翁，这就更增强了员工对公司的向心力。

（来源：中国物流与采购网，2007-5-17.）

【案例点睛】

随着信息的获取变得越来越容易，客户都变得越来越聪明和挑剔，现代的物流客户服务如果只是停留在传统业务上，只会使企业故步自封失去活力。联合包裹公司的成功既是传统业务的成功，也是信息化条件下物流服务创新的成功，不得不使人深思。企业的竞争力取决于企业满足客户需求的能力，客户不仅是购买产品和服务，他们还购买的是一系列通过购买、使用产品以及售后服务所带来的满足感，这也是为什么那么多消费者会选择联合包裹公司的原因。

【思考题】

1. 联合包裹公司能为客户提供哪些物流服务？
2. 联合包裹公司的企业形象是如何通过卡车司机来体现的？

[案例2-4] 企业服务标准两例

一、佛山市好来客食品有限公司农产品配送服务标准

（一）服务承诺

1. 任何时候不出售假冒、伪劣、过期变质产品，如发现假冒伪劣产品以一罚五十。若所送货物引起食物中毒事件，属我公司责任的，由我公司承担所有经济和法律责任。

2. 保证送货品种齐全、数量准确，所有送货数量以客户验收为准。

3. 每天的供货时间由客户指定，如超过规定时间30分钟罚款当次金额10%，超过1小时罚款当次金额的30%。

4. 在尊重市场实际行情以及良性竞争规则下，明码实价，双方协商定价，保证最优惠的价格。

5. 我方可以派专车和专人，提供全天候的跟踪服务，保证客户的任何需要都得到即时的落实。

6. 每个客户配备专职客户服务代表，全天候受理各类咨询、投诉，并上门服务，第一时间解决业务往来中出现的各种问题。

（二）食品运输与控制

1. 运输车辆内外必须清洁干净、无污渍、无异味、保持通风良好。
2. 肉类、鱼类、熟食类、半成品类必须包装严密，与蔬菜及其他副食品隔离。
3. 送货器具（菜筐、油桶）保持干净，无污渍。
4. 运输冷藏食品及易腐食品，应当采取保鲜措施。
5. 运送熟食类制品及糕点类制品，应用带盖的专用密封箱盛装。
6. 运输车在运输食品前，必须进行消毒。

（来源：佛山市好来客食品有限公司网，http://www.haolike.com.）

二、联想电脑售后服务标准

1. 售后服务特点

（1）报修方便　热线电话，在工作时间内为客户提供一条专线电话作为报修及咨询热线。7天×24小时电话支持，为最大程度保证客户报修顺畅。

（2）专人专业　联想承诺在服务期内安排资深工程师提供客户日常的维护、维修及咨询服务。工程师均接受过系统、严格的培训、考核和认证，并长期从事IT服务工作，经验丰富，服务规范、热情。

（3）内容丰富　客户在使用过程中出现任何困难，都可拨打热线电话寻求帮助。

2. 服务实施标准

（1）服务方式　除电话可以解决的软件问题外，均提供现场服务。

（2）现场服务时间　每周五天（星期一～星期五），每天8小时（8:30～17:30）。

（3）电话咨询服务提供时间　每周五天（星期一～星期五），每天8小时（8:30～17:30）。

（4）修复标准　故障排除后，保证机器能正常运行，正常上网；在承诺的服务范围内的软件均可以正常使用。

（5）备件标准　联想承诺临时更换的全部备件均为业界使用的通用标准备件，性能不低于原设备所配部件性能。

3. 特殊紧急事件处理措施

（1）紧急情况分析　和用户共同分析紧急情况出现的方式，制订相关方案，做到心中有数。

（2）事前准备　对客户所使用的设备储存备件、备机。

（3）预先通知　客户在举行重大活动时，提前通知工程师对可能出现的异常情况做好准备工作，尤其做好人员的储备工作。

（4）及时响应　对客户提出的服务请求，电话响应<30分钟，2小时内到现场，4小时内修复故障，用最快的速度排除故障，否则提供备机服务，保证客户正常工作。

（来源：联想集团有限公司网．）

【案例点睛】

标准是衡量目标的标尺，是目标的具象体现，也是目标本质特性的显现。标准化就是制定标准、实施标准并进行监督管理的过程。标准化的作用体现在方方面面：底线作用、规制作用、引领作用、支撑作用、通行证作用。物流企业如果要保持良好的客户服务水平，就必须制定完善的客户服务标准。好的客户服务标准是吸引客户的重要举措，它既体现了对客户的尊重也体现了物流企业的自信以及对服务的承诺。标准的执行在实施层面往往会受到突发事件的干扰，如果没有相关的处理机制再好的标准也将会是一纸空文，制定好突发事件的处理预案也是制定服务标准非常重要的一环。

【思考题】

1. 案例中两家企业的服务标准各有什么特点？
2. 制订物流企业的服务标准应该注意哪些问题？

任务二　熟悉提高客户满意度的措施

物流客户服务的本质是达到顾客满意。服务作为物流的核心功能，直接使物流与营销相联系，为用户提供物流的时空效用，因而衡量标准只能看顾客是否满意。

一、物流客户服务的层次

物流客户服务有三个层次，即基础服务（初级层次）、延伸服务、高级服务。物流供应商首先从提供基础物流客户服务开始，展示他们有能力把这些服务做得最好，随后才开始提供高附加值的服务。即使基础服务的利润率比较低，但只有通过把这些服务做好，才能说服客户外包更复杂的整合的供应链管理。

1. 基础服务（初级层次）

这一层次是将物流客户服务作为企业满足客户需求必须完成的特定任务。如订单处理、收款、开票、产品返回及索赔处理都是这一层次的服务。它仅仅是满足客户需要的一种处理、是一项活动。这种层次的服务为客户增加价值的机会是有限的。

2. 延伸服务（中级层次）

这一层次是初级层次的延伸。它强调利用绩效指标衡量服务情况。关注物流客户服务的绩效指标是非常重要的，因为它提供了物流系统运行情况的评价方法。如完成订单及时运送的百分比、在可接受的时间限制内订单处理数量等。这种评价提供了测量改进的基准，企业必须检查绩效指标以确保服务工作取得客户的满意。

3. 高级服务（高级层次）

这一层次的服务不再仅仅把服务看成是某一项活动，而是将其上升为整个企业的活动，它渗透于整个企业及其所有活动中。企业能够通过提供较高水平的物流客户服务取得竞争优势。John Coyle、Edward Bardi 及 John Langley 在"The Management of Business Logistics"一书中将满足客户要求提供客户服务定义为"客户服务是为了使最终用户的总价值最大化而提供竞争优势并增加供应链价值的方法"。

二、物流客户服务的作用

（一）对经济增长的促进作用

1. 降低流通成本，提高流通效益

从生产过程来说，随着生产规模化和现代科学技术的发展，生产环节的成本大大降低，而流通环节的成本居高不下。因此，物流领域被称为是经济增长的"黑暗大陆"，是"降低成本的最后边界"，是企业继降低生产成本、扩大销售额之后的"第三利润源"。据有关资料显示，在我国目前工业企业生产中，直接劳动成本占总成本的比例不到10%，而物流费用占总成本的比例约为40%。我国全社会物流费用支出约占GDP的20%，美国则为10%左右。可见，发展现代物流在降低流通成本方面的潜力相当可观。

2. 加快流通速度，提高流通效率

发展现代物流，可以使生产企业实现订单驱动的准时生产模式（JIT），有效地加快流通速度，提高流通效率。在商品整个生产销售中，用于加工制造的时间仅为10%左右，处于物流过程所占用的时间几乎为90%。1999年我国国有独立核算工业企业流动资本周转速度平均每年为1.2次；国有商业企业平均为2.3次。而建立了现代物流体系的日本制造业流动资本年平均周转15~18次，一些跨国连锁企业如沃尔玛、麦德龙、家乐福等公司甚至能达到20~30次。因此，发展现代物流对缩短流通时间，加快资金周转，具有极大的潜在经济意义。

3. 满足客户日益多样化、个性化的物流需求

随着消费多样化、生产柔性化、流通高效化时代的到来，社会和客户对物流客户服务的要求逐渐向多样化、个性化发展。物流成本已不再是客户选择物流客户服务的唯一标准，人

们更多地注重物流客户服务的质量。因此,"一切为客户服务"成为现代物流企业最重要的经营理念。五个准确(right)服务,即把准确的商品(the right product)、在准确的时间(at the right time)、准确的地点(in the right place)、以适当的数量(in the right quantity)、合适的价格(at the right price)提供给客户,已成为物流企业优质服务的共同标准。

(二) 在企业经营中的作用

物流客户服务主要是围绕着顾客所期望的商品,所期望的传递时间,以及所期望的质量而展开的,在企业经营中有相当重要的地位;特别是随着网络的发展,企业间的竞争已淡化了领域的限制,其竞争的中心将是物流客户服务的竞争。

1. 在细分市场营销时期,物流客户服务成为企业销售差别战略的重要一环

长期以来,物流并没有得到人们的高度重视。在大众营销阶段,物流从属于生产和消费。但是,进入细分市场营销阶段,市场需求出现多样化和分散化,只有不断迅速、有效地满足各种不同类型、不同层次的市场需求,才能使企业在激烈的竞争和市场变化中求得生存和发展。而差别化经营战略中的一个主要内容是顾客服务上的差异。所以,物流客户服务成为差别化营销的重要方式和途径。

2. 物流客户服务方式的选择对降低流通成本具有重大的意义

低成本战略历来是企业营销竞争中的重要内容。合理的物流方式不仅能够提高商品的流通效率,而且能从利益上推动企业发展,成为企业利润的第三大来源。特别值得注意的是,最近由于消费者低价格倾向的发展,使一些大型的零售企业为降低商品购入和调低物流成本,改变原来的物流系统,转而实行由零售主导的直供配送、JIT 配送等新型物流客户服务,以支持零售经营战略的展开。这显示了物流客户服务的决策已成为企业经营战略不可分割的重要内容。

3. 物流客户服务是有效连接供应商、批发商和零售商的重要手段

现代企业的竞争优势不是单一企业的优势而是一种网络优势。因此,企业经营网络的构造是当今竞争战略的主要内容,物流客户服务作为一种特有的服务方式,一方面以商品为媒介,打破了供应商、厂商、批发商和零售商之间的隔阂,有效地推动商品从生产到消费全过程的顺利流动;另一方面,物流客户服务通过自身特有的系统设施(POS、EOS、VAN 等)不断将商品销售、库存等重要信息反馈给流通中的所有企业,并通过知识、诀窍等经营资源的蓄积,使整个流通过程能不断、有效地适应市场的变化,进而创造出一种超越单个企业的供应链价值。

三、物流客户服务中的客户满意度

客户满意度是客户对所购买的产品和服务的满意程度,以及能够期待他们未来继续购买的可能性,它是客户满意程度的感知性评价指标。

在物流中,顾客的满意主要表现在及时交货、准时发货、库存配备完全、收费低廉等方面。

(一) 影响客户服务水平的因素

事实上,客户服务水平直接影响了顾客的满意程度。影响客户服务的因素有很多,从物流的角度看,影响客户服务水平因素主要有:时间性、可靠性和灵活性。

1. 时间性

从买方的角度,时间因素通常以订单周期表示;而从卖方的角度则是备货时间或是补货时间。影响时间因素的基本变量如下。

(1) 订单传送时间　订单传送包括订单从客户到卖方传递所花费的时间。

计算机和互联网的普及使订单发生了革命性突破，通过买卖双方的计算机连接，卖方可以登录到买方的计算机上，了解买方的销售情况和库存情况，提前备货；在实时系统中，买方可以知道有关产品供货的可能性、可能的装运日期等信息。买方也可以通过计算机挑选所需要的商品，并通过电子信息交换（EDI）传递给卖方。

（2）订单处理时间　卖方需要时间来处理客户的订单，使订单准备就绪和发运。这一功能一般包括调查客户的信誉、把信息传送到销售部做记录、传送订单到存货区、准备发送的单证。这里的许多功能可以用电子数据处理同时进行。

（3）订单准备时间　订单的准备时间包括订单的挑选和货物的包装发运时间。不同种类的物料搬运系统以不同方式影响着订单准备工作，物料搬运系统可以从简单靠人力操作的系统到复杂的高度自动化的系统。

（4）订单发送时间　订单发送时间是从卖方把指定货物装运至运输工具开始到买方卸下货物为止的时间。当卖方雇佣运输公司时，计算和控制订单发送时间是比较困难的。

2. 可靠性

对有些客户来说，可靠性比备货时间更为重要。可靠性内容如下。

（1）可靠的周期时间　备货时间的可靠性直接影响客户的存货水平和缺货成本，因此提供可靠的备货周期时间可以减少客户面临的不确定性。

（2）安全交货　安全交货是所有物流系统的最终目的，如果货物到达时受损或丢失，客户就不能按期望使用，从而加重客户的成本。

（3）订单的正确性　不正确的订单会发生重新订货，或者会使企业失去顾客，所以订单的可靠性应该包括订单的正确性，保证正确送货。

3. 灵活性

从物流作业的角度看，仅有一个或少数几个对所有客户的标准服务最为理想，但是客户的要求是多种多样、千差万别的，所以在物流作业中要认识并尽量满足客户的不同要求。

（二）增加客户满意度的措施

1. 树立客户服务意识

要增强顾客的满意度，必须以客户为中心，提高为物流客户服务的水平。

（1）理解顾客要求　要使顾客满意，首先要知道他们需要什么，想要什么，这样才能通过提供合适的产品和服务满足他们的需要。以下三个步骤可以确定顾客需求。

① 理解顾客的业务、买方和用户。

② 确定顾客的需求和期望。

③ 与顾客探讨需求和期望的变更性，测定顾客对支持服务的愿望。

（2）提供针对性服务满足顾客的特定需要　了解顾客需要的服务和服务水平以后，就可以根据顾客的要求提供针对性服务。比如有的顾客要活很急，就可以实行当天送货；有的顾客希望收到的产品以稻草包装，就可以在箱子里填充稻草。

（3）在顾客要求的基础上创造服务　为了满足顾客需求，并超出他们的期望，物流运作中应该提供增值性服务。供应商要着眼于顾客对价值的认识，力图提供增值性服务，从而创造竞争优势。

2. 建立客户关系管理机制

随着供应链管理的发展，客户服务逐步向客户关系管理转变。从狭义角度可以将客户关系管理（Customer Relation Management，CRM）定义为企业在政策、资源和流程的基础上，应用信息技术获取并管理客户知识、创造客户忠诚度和客户价值的所有活动，从而产生并保持长期成本和利益优势以及可持续竞争优势。

（1）CRM 的作用　客户关系管理更多地体现为一种功能，通过以客户为中心管理思想的渗透，充分挖掘客户信息，建立有效的、快速反应的客户服务网络，获得更具竞争优势的客户份额。客户关系管理通过对客户资料数据的搜集、整理和挖掘，能够实现如下 4 种功能。

① 挽回已流失或将要流失的客户。
② 提高现有客户的忠诚度。
③ 实现交叉销售和深度销售。
④ 有效地发展新客户。

（2）实施客户关系管理战略的步骤

① 明确业务计划。企业在考虑实施 CRM 系统实现的具体业务目标，即企业要了解 CRM 系统所能产生的价值。

② 建立 CRM 组织。为了成功地实现 CRM 方案，管理者还必须对企业业务进行统筹考虑，并建立一支有效的 CRM 组织。

③ 评估销售和服务过程。在评估一个 CRM 方案的可行性以前，使用者需要详细规划和分析自身具体业务流程，评估销售和服务过程。

④ 明确实际需要。在充分了解企业业务运作状况的基础上，从销售、服务人员的角度，分析 CRM 的实际需要，确定需要完成的功能。

⑤ 选择方案提供者。确保所选择的方案提供者能充分理解企业所要解决的问题，并及时与方案提供者交流，了解其解决方案。

⑥ 进度安排。CRM 方案的设计，需要企业与提供者的密切合作，并按项目管理的要求，精确安排项目计划进度。

[案例 2-5] 心怡科技物流——如何做让客户依赖和信任的好客服

一、不断积累日常客服档案，尽可能熟知客户，尽可能挖掘客户信息和需求

在此基础上总结经验，吸取教训，以灵活应万变，灵活处理客户的每一个需求。

当我们回访某一个客户时，电话接通后，在听到客户"喂……"时，我们就能说出"您好，吴小姐或林先生"，这样可以拉近与客户的距离，让客户愿意跟我们聊，愿意跟我们反映问题，哪怕只是小问题，哪怕是与物流服务不相关的问题，而不是等到问题一发不可收拾时由客户投诉出来。这里我可以举一个例子：2012 年 6~7 月深圳某客户，公司因刚刚更换供应商，送货不是很及时，当时客户打电话投诉货物没有按时送达。经过深入了解得知，是因为客户的儿子高考，他要赶回珠海陪儿子。得知这一情况后，我就将客户的情况记录下来存档，提醒自己。后来，我又专门打电话询问了客户儿子高考的情况（成绩不错），并送上祝福，客户很高兴。在去深圳拜访他时还跟他聊了他儿子。这样做使客户觉得我们很关心他。所以从那之后虽然客户的货物偶尔也有延迟的时候，但是他基本上没有主动投诉过我们。

二、让客户知道我们的存在，并信任我们，有问题时第一时间愿意找我们

记得好像是 2011 年，某客户货物延迟送达，且货物破损严重，送货人员态度恶劣。当时客户投诉给客服人员，后来客服人员帮助处理此问题，在沟通过程中相关客服人员将自己手机号码告诉客户，特别是只要有该客户的订货，客服人员都专门跟进，特别询问一下最近服务情况，随时整改。这样一来二去，客户特别信任客服人员，有什么事情都喜欢跟客服人

员联系,愿意找客服人员帮忙,一直到现在都是这样,有事没事会联系一下。
(来源:心怡科技物流.)

【案例点睛】

在日常工作中,建立客服档案,积累客户资料,熟悉客户的同时,不断积累客户服务技巧,这样经过自己总结出来的经验、技巧,要比经过别人培训来的深刻得多。所以,要想轻松应对客户的需求,提高客户满意度,那就从建立客服档案,积累客户资料开始吧!此外,良好的客户回访制度是联系、维护客户的重要手段,也体现了物流客户服务的水平。

【思考题】

1. 心怡科技物流提供的是哪一种层次的客户服务?
2. 心怡科技物流的客服措施为企业运营带来了什么好处?

[案例2-6] 客户服务热线的投诉处理

一、成功处理的投诉

日前,某储运公司客户投诉管理部门接到一老客户打来的投诉电话,称:在近期储运公司运送来的货物中存在货物毁损问题,该批货物价值总额为30万元,商品完好率为70%,缺损商品价值为9万元,客户要求赔偿。客户投诉管理部门受理投诉,登记客户投诉记录表,然后将投诉记录交货运部;货运部收到投诉记录后马上开展调查分析,并获得两方面的资料。

第一,缺损货物中有10%货物因轻微碰撞而变形,修理后不影响使用和销售,预计修理费用为3000元;其余部分毁损严重,无法恢复其价值和使用价值,这部分货物的价值总额为8.1万元。第二,货物毁损原因查明,是因为储运公司对货物的包装强度过低,导致货物在运输途中出现事故。

经有关管理部门研究,并征得客户的同意,提出如下解决问题的方案。

第一,支付商品的维修费用,赔偿经济损失,共计4000元。第二,补发毁损货物。

储运公司相关部门按要求支付赔款和发运货物;客户投诉管理部门定期回访该客户,了解到货情况,赢得了客户的信任。

这是一起由储运公司对货物包装不当造成的客户投诉案例。在这一事件中,储运公司应该对货物的损失承担全部经济责任,并赔偿客户的经济损失。整个事件处理过程中,储运公司客户服务人员的工作态度、工作效率、赔偿的主动性直接关系到对客户的挽留与客户的回头率。

二、处理不当的投诉

某配送中心为当地某超市(简称客户)配送一批价值50万元的货物。日前配送中心客户投诉部接到客户的投诉,称近日配送中心送来的货物中存在着诸多问题。

第一,货物毁损。缺损商品价值为20000元,客户要求赔偿。第二,部分货物的品种规格与合同要求不符,因这部分货品是用来做赠品促销的,所以要求配送中心承担因此造成的主产品销售损失50000元。第三,送货时间不正确,影响了超市的正常工作。

客户投诉部受理投诉后,记载客户投诉内容,将投诉记录交货运部;货运部展开调查分析,调查结果如下。

第一,货物损坏直接责任不在配送中心。原合同约定的到货时间为×月5日下午14:00,后因故要求到货时间提前两个小时;而客户的装卸员工人手不足,导致货物在卸货过程中出现散落、损伤。经分析,损坏的货物中一半无严重的质量损害,重新整理后不影响销售,预计整理费用为 2000 元；其余部分货品的损失无法挽回，损失金额 10000 元。第二，部分货物确实存在品种、规格与合同要求不符的现象，这部分货物的价值为 1000 元。

配送中心管理部门根据调查结果，与客户反复磋商后，提出以下解决意见。

第一，因货物损坏的直接责任不在本公司，所以无法承担其经济损失；但考虑到客户关系的维持和自身的过失，本公司愿主动负担货品的整理费用，或直接从货款中扣除整理费用 2000 元，或代其整理，或派出员工协助整理。第二，错发的货物，有两种解决办法，其一，补发货物，并按合同规定承担损失 200 元；其二，不再补发货物，直接从其货款中扣除该货物价款及赔偿金 1200 元。至于主产品的销售损失，其合同中并未指明货物的用途，也未明确相关损失的赔付问题，所以不予赔偿。

客户投诉部将配送中心的最后意见转达客户，但客户坚持认为货物损坏的直接原因是配送中心的违约和超载，拒不接受配送中心的协商意见，并意欲诉诸法律。

这一起客户投诉的原因有两个：第一，因超市对货物的装卸搬运操作不当造成投诉。其主要责任在超市；但超市将之归咎于配送中心送货时间的不合理。第二，配送中心配货出现差错，导致客户投诉。

在这一事件中，配送中心本着友好协商、风险（损失）均担的原则，主动承担责任的姿态，提出了解决纠纷的意见和方法，负担了部分本不该承担的损失。但客户仍坚持己见，拒不接受对方意见，并意欲诉诸法律，由此可见该客户是十分挑剔的。在整个事件的处理过程中配送中心的真挚、诚恳的工作态度固然重要，但保护自身利益，积极应对诉讼也是必要的。

三、案例比较

两个案例的处理步骤相同，但后一个案例与前一个案例相比所不同的地方如下。

第一，面对客户的不合理要求，要保持冷静，体谅客户的心情，体会客户的感受，表现出更大的耐心、热情和诚意。

第二，面对纠纷，要能够提出多种处理纠纷的方案，同时做一点必要的牺牲和让步，以赢得客户的理解和信任。

第三，必要的防范。面对极端利益注意着，企业也不可一味退让，合理的防范也是必需的。

总之，客户投诉是企业拓展业务、发展创新的源泉，客户投诉处理应遵循预防原则、及时原则、责任原则和记录原则；客户投诉的处理应及时、稳妥，应尽力消除客户不满、平息客户愤怒、弥补服务之不足，才能稳定客户资源，重塑企业信誉，赢得客户的满意。在顾客服务的日常工作中，要注重与客户的沟通。沟通是客户服务的第一步，是人与人之间交流意见、增进感情的重要方式，也是经济组织之间在销售商品、提供劳务过程中互通信息的主要形式。沟通在形式上表现为企业服务人员与客户的语言交流。在沟通中服务人员是企业形象的代言人，要想树立良好的社会形象和获得最佳的沟通效果，就要注重客户服务人员形象的整合和服务语言的规范；沟通的基础是倾听，倾听应该做到：专心致志、听与分析相结合、持续倾听和积极回应。

（来源：郑彬. 物流客户服务［M］. 北京：高等教育出版社，2005.）

【案例点睛】

正确合理的投诉处理是在企业可能失去客户前赢得客户的信任、挽留客户、争取客户回头的重要手段。储运公司客户服务人员的工作态度、工作效率、赔偿的主动性都证明了这一次投诉处理的成功。客户的要求有时是挑剔甚至是不合理，但是作为客服部门与客户之间的良好沟通至关重要,投诉问题的解决都应在沟通中化解。配送中心客服的意见不能谓之错,但是导致客户由投诉上升为诉讼,这样的结果令人深思。

【思考题】

1. 结合案例,分析如何才能成功地处理客户投诉?
2. 请总结处理客户投诉的一般步骤有哪些?

[案例 2-7] 中储智运"货物保障服务"彰显专业服务水平

日前,一封来自青岛陆洋畅通集装箱运输有限公司的感谢信,对网络货运平台中储智运在一起货物自燃事故中,通过及时、专业的货物保障服务挽回 43.4 万元损失给予了高度评价。

所谓货物保障服务,就是中储智运平台针对客户的货物运输安全推出的增值服务,一旦出事故,平台会安排专人协助处理。毫无疑问,货主在运输过程中,最担心的就是货物安全,尤其是大宗货物运输涉及货值较高,货物保障服务就显得至关重要。青岛陆洋畅通集装箱运输有限公司就是基于中储智运提供的货物保障服务,从而在货物发生火灾后将损失降到了最低。

为何得到感谢信?响应及时+服务专业

如何确保服务能够落地高效执行,这在很大程度上考验着事故发生后平台工作人员的临场处置能力,由于事故发生的起因各不相同,处理过程非常复杂,每一个环节都是对平台及工作人员专业水平的考验。

此次感谢信中提及的事故,是由长绒棉在运输途中自燃引发的。中储智运理赔员在第一时间就通过电话对事故车辆做出处理指引,并提醒司机多角度拍摄现场照片、视频,当地市场中心同事立即赶赴现场,协调火警和地方应急办等人员积极展开救援,同时安抚事故司机并保留现场等待保险公司查勘。同时,理赔员也立即向保险公司报了案,并请保险公司以远程视频查勘的方式对现场影像资料进行取证。

此外,这次的赔付尤其复杂,它不仅产生了垃圾清扫等额外费用,致使赔付率超过了 100%,而且还面临第三方代位追偿情况,此外对于没烧完的长绒棉残值认定也存在争议,这对理赔员和平台的专业性提出了极高的要求。出于对平台的信任,货主选择了由中储智运理赔员全权代表其与保险公司对接。在理赔员经过与各方的多次沟通后,货主、承运人、保险公司顺利达成一致意见,核损金额 43.4 万元,最大程度避免了货主的损失,货主和承运人均表示满意。

所以感谢信中才有了这样的表示,"中储智运是一个能够为我们提供多方位、多维度、多层面服务的公司;也让我们对中储智运员工素质的专业性、规范性、创新性有了更深层次的认识。"

为何收获好口碑?未雨绸缪+事前管理

事实上,类似的案例还有很多,从中不难看出中储智运货物保障服务为客户带来的超值体验。妥善、有效的应急处理,实地考察进行风险规避,赢得了货主的高度评价。更让人点赞的是,中储智运还一直在思考如何帮助客户今后杜绝类似隐患。他们未雨绸缪,主动排查事故原因,帮助客户强化事前安全管理,这也为其赢得了良好的声誉和口碑。

比如,2021 年 5 月份,平台司机向平台反馈,他运输的乌海市某公司玻璃棉货物,因轮胎抱死摩擦起火造成车辆及货物受损。在赔付完成后,中储智运质控经理带队赶赴乌海,实地考察了货主的生产车间、仓库、装车现场及事故车辆,在考察中了解到玻璃棉由玻璃高温拉丝制成，具有防火怕水的特性。事实上，本次事故，火灾本身对玻璃棉的影响较小，但由于消防喷水灭火将损失进一步扩大。

同时，在装车现场，质控团队还发现货主在货物装车过程中有篷布破损且未覆盖到位的情况，致使部分货物与空气直接接触，而且货物底部未使用防水垫布进行底部保护。针对以上情况，中储智运质控团队与货主、司机召开安全会议，对其进行了相应的安全培训，并提供了详细的途中管控方案，有效避免了类似事故的再次发生。

如何打造有战斗力的货物保障服务团队？先发优势＋高效协同

作为网络货运领域头部平台之一，中储智运无论是技术研发、平台功能、运营模式，还是服务体验、网点建设都具有领先优势。不仅如此，中储智运用服务补齐网络技术场景，用网络技术提高场景服务的效率，实现了线上线下的深度融合。

货物保障服务，就是中储智运专门为货值较高的货主企业设置的，帮助货主规避风险、减少损失。这项服务提供货主自行购买、转嫁承运方、司机购买等多种方式，货主企业要是有个性化需求，中储智运还能够提供定制方案。

中储智运的货物保障服务不仅收费低，具有极高的性价比，而且所保障的范围也很广泛。可以保障各种自然灾害、运输工具发生碰撞、火灾等意外事故，保障的货物也涉及多种类型，比如煤炭及制品、钢铁、机械设备、电器、化工原料及制品、粮食等多个品类。

同时，为了保证给客户提供高水平的货物运输服务，中储智运各部门形成了高效协同的服务链条，全面保障客户利益。其中，质控部负责平台的货物保障服务申报、平台承运货物的出险理赔、重卡租赁车辆的理赔以及突发应急事件处理，如果运输途中出了事故，中储智运则会第一时间派驻专业理赔专家全程协助处理，并对事故原因进行风险规避指导，为客户提供及时高效服务。

（来源：中国网）

【案例点睛】

物流客户服务的本质是获得客户满意，其最高层次是通过提供高水平的物流客户服务帮助企业取得竞争优势。作为网络货运领域头部平台之一，中储智运平台为客户提供的货物保障服务解决了货主最关切的货物安全问题。中储智运不仅从技术研发、平台功能、运营模式、服务体验、网点建设方面取得领先优势，还用服务补齐网络技术场景，用网络技术提高场景服务的效率，实现了线上线下的深度融合。科学的客户服务方案设计需要多部门的高效协同才能够实现，中储智运采取的全方位客户服务措施值得借鉴。

【思考题】

1. 为什么说中储智运平台为客户的货物运输提供了增值服务？
2. 请结合案例分析，物流企业如何增加客户满意度？

【实训活动】

一、顾客满意度调查

［实训目的］

通过模拟顾客满意度调查，加深对物流客户服务内容的认识和理解。学会制作调查问卷，使学生掌握获取真实、准确信息的一种有效的方法，熟悉问卷问题的提出方法，注重提出问题的实用性和价值性。

［实训内容］

1. 参照附录四中"客户满意度调查"中的资料，要求学生以角色扮演的方式进行顾客满意程度调查。

2. 调查主题假设为学生对学校餐饮服务的满意度调查。

3. 教师指导学生提出问题，引导学生考虑如何获得真实准确的信息。

4. 汇总所有问题，筛选有价值的问题，调换问题的先后次序，调整问题的语气，整理制作成调查问卷，可以每个学习小组制订一份。

5. 发放调查问卷，并汇总分析，形成调查报告。

[实训要求]

1. 要求学生积极参与、发散思维，提出真实、有价值的问题，并提出建设性的改进意见。

2. 说明满意或不满意的具体原因，并提出改进建议。

3. 完成《客户满意程度调查表》和《客户满意程度分析表》。

4. 时间要求：一周。

二、制作物流客户回访方案

[实训目的]

通过制作物流客户回访方案，加深对物流客户回访步骤及回访要求的理解。

[实训内容]

（一）制订客户上门拜访方案

1. 制订客户回访计划

① 遵循《客户开发初审委托单》完成全部初审任务，由相关部门经理同意将审核结果上报。

② 记录每次回访的时间、回访的内容、回访的客户意见及客户服务需求汇总等内容。

2. 回访前的准备及要求

① 确定顾客姓名与工作职务。

② 客户回访记录表。

③ 我们会向顾客提供哪些增值的服务。

④ 对沟通过程中可能遇到的协调问题做应有的准备。

⑤ 公司部门通讯录（方便顾客找到所需的部门如客服热线、区域主任电话、区域经理电话等）。

3. 回访记录整理和归档

① 对老顾客提出的问题、建议记录并分析、总结并提交相关部门。

② 在回访结束后，及时整理《客户开发初审委托单》。

③ 对回访情况进行整理，按要求提报部门经理，交由部门经理转市场部，如有特殊需要可直接转公司高层。

④ 部门经理对回访记录和客户资料应门安排专人保管。

4. 客户回访注意事项

① 注意自己的音质、语音清晰优美、语音清晰、保持嘴与话筒之间的距离。

② 传递给顾客的情绪要饱满热情、充满关切。

③ 说话语速尽量放慢、语气温和。

④ 多听少说、多让顾客说话。

⑤ 不要占用顾客太多时间，以免引起反感。

⑥ 注意电话回访时间、尽量避开顾客休息时间。

⑦ 如遇本人不在，则应向其家人或同事询问并保持同等的尊重和礼貌。

⑧ 结束时务必有祝福语。

⑨ 及时记录回访内容,并加以总结提高。
(二) 制订日常电话例行回访方案
1. 电话回访流程
① 按重要程序整理电话内容并记录。
② 确认对方姓名、电话。
③ 自报公司名称及本人姓名。
④ 寒暄问候。
⑤ 商谈有关事项,确认注意事项。
⑥ 礼貌地道别,轻松放好电话听筒。
2. 制订和企业业务相关的客服话术

[实训要求]
1. 完成两个方案的制作和填制《客户档案》。
2. 通过角色扮演模拟实训,要求制作的方案能禁得起教师和同学的提问考验,是可实施的方案。

项目三　物流系统的规划与实施

【学习目标】
◆ 知识目标
1. 了解系统和物流系统的概念。
2. 掌握物流系统的特征和管理要点。
3. 掌握物流系统的构成要素。

◆ 技能目标
1. 能运用物流系统知识系统规划企业物流流程。
2. 会分析物流子系统存在的主要问题并制订解决措施。

◆ 素养目标
1. 培养系统化思维，树立大局意识。
2. 培养爱国主义精神和民族自豪感。
3. 树立积极探索、勇于创新的科学精神。

【导入案例】企业大了，物流该怎么管理？

广东某一知名的大型电器制造企业，每天产品的销售量在3000～4000件，目前企业的销售物流的运作模式是业务员和客户自己找运输企业或找车完成运输任务，运费有厂里代付的，也有货到之后客户付的。即只要是客户下了订单之后，企业就不负责从产品出仓库后到客户的仓库这段距离所存在的风险，都由客户自己承担风险。近年在运输途中屡次出现的事故，许多运输企业和车主对小事故的赔偿都能解决，但对比较大的事故（损失货物价值在几十万或上百万），有些运输企业和车主往往就没有承担的能力，在一定程度上给客户造成了损失，客户心中对此意见较大。由于企业对物流缺乏统一管理，不仅对客户造成了影响，同时也对企业本身的管理造成了难度。

这种的销售物流运作状况，存在着很多隐患，如由于运输途中事故造成货物的损失无法得到理赔或者客户的订货周期不稳定致使客户的丢失。由于企业对物流缺乏管理，企业无法直接掌握客户对物流服务反馈直接的信息，对客户的实时需求，企业无法直接了解，也就无法知道客户丢失的真正原因。同时订货周期的不确定性造成了库存的积压，库存的积压就造成了资金的积压，银行利息负担增加，同样也就减少了资金利用效率。从总体来看，这种物流运作模式，不仅影响了企业效益，而且无形中也增加了客户的成本，如果遇上行业的不景气，这种的负效应就会放大，严重阻碍了企业的发展。

针对上述情况，企业的管理层决定成立物流管理部门，对销售物流进行统一管理。其目的是通过对销售物流的统一管理，减轻销售部门的负担，方便客户，同时最重要的是通过对企业的内部和外部的资源的整合利用，为企业、为客户降低成本。现代企业间的竞争，要求企业须具有很强的优化配置资源的能力。

企业的物流管理部门，对企业的内外部的物流运作情况进行分析，形成以下不同意见。

A方认为应把企业的销售物流发包给大型的一家第三方物流，这样自己的物流管理部门，在人员与管理成本上都能减少。B方认为企业的销售物流应按区域分包给具有不同区域优势的10家不等的第三方物流企业，这样虽然人员与管理成本增加了，但产品的物流费用差异远远超过了人员与管理成本的增加，同时也能规避外包潜在的风险。

面对计算机技术与互联网等信息技术的飞速发展，企业要适应目前消费者不断变化的需求与外部市场环境的变化，我们必须对消费者的需求作出快速的反应，这就要依靠企业强有力的现代化的物流系统来支撑，而要企业有现代化的物流系统，我们就要对企业的各物流环节进行科学的统一的管理，特别是企业的销售物流，是企业物流管理的重点内容。

（来源：锦程物流网，2008-6-11.）

【思考题】
你赞成哪一方的观点？为什么？

任务一　掌握物流系统的相关知识

现代物流系统是以信息系统为中心构成的一个综合性有机整体。物流系统内部是由若干相互联系、相互依赖、相互作用和相互制约的各部分要素组成的。在各要素的综合作用下，形成一个具有特定结构、功能与性质的有机整体。因此，在整体物流系统中，要做到各要素的最优化，从而实现整体物流系统的合理化和高效化，进而提高系统的服务水平，降低整体物流系统的成本，增强竞争力。

一、系统概述

1. 系统的概念

所谓系统是指由两个以上有关联的单元组成，根据预先编排好的规则工作，能完成个别单元不能单独完成的工作的有机综合体。

"系统"一词来源于古希腊语Systems一词，有"共同"和"给以位置"的含义。在系统中，每一个单元都可以称为一个子系统，系统与系统之间的关系是相对的，一个系统可能是另一个系统的组成部分，而一个子系统也可以分成更小一级的系统。在现实中，一个工厂、一个部门、一个项目、一套规章制度等，都可以看成是一个系统。

2. 系统的特征

系统无论大小，都具有以下特征。

① 由两个或两个以上的要素组成。
② 与其他要素之间相互联系，使系统保持相对稳定。
③ 具有一定的结构，保持系统的有序性，从而使系统具有特定的功能。

3. 系统的一般模式

系统是相对外部环境而言的，并且和外部环境的界限往往是逐步模糊过度，所以严格来说系统是一个模糊的集合体。

外部环境向系统提供劳力、手段、资源、能量、信息，成为"输入"。系统具有特定功能，将"输入"进行必要的转化处理，使其成为有用的产成品，供外部环境使用，此过程称之为系统的输出。输入、处理、输出是系统的三要素。如一个工厂输入原材料，

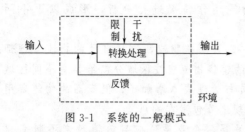

图 3-1 系统的一般模式

经过加工处理,得到一定产品作为输出,这就成为生产系统。

外部环境因资源有限、需求波动、技术进步以及其他各种变化因素的影响,对系统加以约束或影响,称为环境对系统的限制或干扰。此外,输出的结果不一定是理想的,可能偏离预期目标,因此,要将输出结果的信息返回给输入,以便调整和休整系统的活动,称为系统反馈,如图 3-1 所示。

4. 系统工程

系统工程就是用科学的方法组织管理系统的设计、建立和使用,通过有效地组织人力、物力、财力,选择最优途径,从而使工作在一定期限内收到最合理、最经济、最有效果的成果。系统研究就是以科学的方法从整体观念出发,通盘筹划,合理安排整体中的每一个局部,以求得整体的最优规划、最优管理和最优控制,使每一个局部都服从一个整体目标,做到人尽其才,物尽其用,以发挥整体的优势,力求避免资源的损失和浪费。

系统工程综合了工程技术、应用数学、社会科学、管理科学、计算机科学、计算机技术等专业学科的内容,它以多种专业学科技术为基础,为研究和发展其他学科提供共同的途径。系统工程不是孤立地运用各门学科的技术内容,而是把它们横向联系起来,综合利用这些学科的基础理论和方法,从而形成一个新的科学技术体系。

二、物流系统的含义

(一)物流系统的概念

物流系统由两个或两个以上的物流功能单元构成的,以完成物流服务为目的的有机集合体(《中华人民共和国国家标准物流术语》GB/T 18354—2006)。

物流系统的目标可以归纳为如下几点。

① 将商品按照规定的时间规定的数量送达到顾客手中。

② 合理的配置物流中心,维持适当的库存。

③ 实现装卸、仓储、包装等物流作业的省力化、效率化。

④ 维持合理的物流成本。

⑤ 实现从订货到出货全过程信息的顺畅流动。

尽管物流系统的目标可以归纳若干条,但最重要的有两点,首先,物流系统必须按照市场的需要保证商品供应。物流系统的作用是将市场所需要的商品,在必要的时候按照必要的数量供应给市场,保证这个作用的发挥就是物流系统最根本的目标。其次,对物流系统的概念要明确的是构成要素的有机结合体。物流系统的构成要素分为两大类,一类是节点要素,另一类是线路要素。也就是说,仓库、物流中心、车站、码头、空港等物流据点以及连接这些据点的运输线路构成了物流系统的基本要素,这些要素为实现物流系统的目的有机结合在一起,相互连动,无论哪个环节的哪个要素的行为发生了偏差,物流系统的运行就会发生紊乱,也就无法达成物流系统的目的。

(二)物流系统的特征

1. 物流系统构成的多单元性

物流系统的构成单元包括:信息、运输、包装、装卸、加工等,这些单元可以成为子系统,这些子系统当中任何一个或几个结合起来都可以构成一个物流系统,而且,这些子系统往下又可以按空间或者时间划分成更小的子系统单元,这些不同的单元共同构成物流系统不同的具体内容和功能。

2. 构成单元的关联性

物流系统中的不同层次的单元既是不同的单元，又彼此相互联系着。由于它们的相互区别性，可以各自发挥自己的特长。由于它们的相互关联性，又可以起到相互协作，互相补充的效果。这样共同构成物流系统，就可以发挥系统协调整合的优势。

3. 物流系统功能的特定性

每个物流系统的结构不同，功能也就不同。这些功能，可以是信息、运输、储存、包装、装卸、加工等单个专业化功能，也可以由他们的几个或者是全部结合起来的综合功能。

4. 每个物流系统不是一个组合体，更不是一个凑合体

系统各单元之间是一种相互联系，不可分割的关系，只有这样才能互相协调提高效率，使系统的整体功能大于各个单元功能之和。

5. 物流系统结构的层次性

每一个物流系统从结构上看都是一个等级层次，相互之间以其相关性互相联系起来，形成一个既各自发挥作用，又相互约束的功能共同体。

6. 物流系统都处在一个更大的环境系统中

每一个物流系统所处的更大的系统就是物流系统的环境。因此，每一个物流系统都像一般系统一样，都具有一个系统环境。物流系统的环境是物流系统赖以生存发展的外部条件，物流系统必须适应外部环境才能够生存、发展。

思政小专栏

"柔性化、数智化"新一代物流系统乘风起航

近年来，随着物流业务模式不断变化，客户的需求日趋多样化、个性化、定制化，极具柔性化的智慧物流系统，成为全面协助客户解决生产线、工厂仓储物流建设瓶颈的优秀方案。2022年8月，举行了汉诺威LET中国（广州）国际物流装备与技术展览会，多家优质企业展示了物流领域智能制造创新成果。

作为一家基于新一代智能物流系统的优秀服务商——福玻斯（上海）物联网科技有限公司，自进入市场以来，始终深入洞察发展需求，聚焦智能仓储物流改造升级，以物联网IoT和云端控制技术实现物流设备的"即插即用"，深受市场信赖。福玻斯携智能仓储物流解决方案及带有物联网基因的新一代物流"i系列"核心产品亮相展会，助力中外物流仓储提升运营效率，降低仓储运营及综合管理成本，加速仓储管理"数字化"和"智慧化"转型。

资料来源：MM现代物流网

（三）物流系统管理的五个要点

① 物流系统管理的关键是关注输出的"结果"。
② 物流系统要素之间必须按照顺序进行管理。
③ 物流系统操作和过程必须在有需要的时候。
④ 物流系统管理受空间因素的约束。
⑤ 物流系统各要素之间实行权衡管理。

[案例 3-1] 临沂商城，向现代物流迈进

临沂是全国著名的革命老区，临沂也因商贸物流名扬天下。

在革命战争年代，军民水乳交融、生死与共铸就了伟大的沂蒙精神。新中国成立后，临沂采取了多种措施努力发展城乡经济。改革开放以来，临沂人民传承和弘扬沂蒙精神，解放思想、敢闯敢干，主动调整市场结构，大力培植新兴业态，使临沂发展成为中国规模最大的市场集群、重要的物流周转中心和商贸批发中心，临沂获得"中国市场名城""中国物流之都""中国食品之都""中国板材之都""中国木业生态科技城""中国工程机械名城""中国会展名城""中国快递示范城市"等荣誉称号，承担着首批国家物流枢纽城市、国家供应链创新与应用、国家级市场采购贸易方式等重要试点任务。

智慧商城数字化

临沂市深入贯彻落实国家"互联网＋"发展战略，大力实施"智慧商城"建设计划，加快推进"电商换市"战略，着力完善电商全产业链，打造"网上临沂商城"。齐鲁E谷电商产业园、临沂商城国际电子商务产业园被商务部认定为"国家电子商务示范基地"。新明辉安全科技有限公司被商务部认定为"国家电子商务示范企业""首批线上线下融合发展数字商务企业"。

临沂市兰山区聚焦行业发展扶持力度不够等问题，出台人才发展、扶持激励办法，组建直播电商行业党委，整合政银企服务资源进园入企，助力行业健康发展。目前，临沂市已建成各类电商园区 38 处，各类电商和信息平台 40 个，发展网商商户 11.79 万户，电商从业者 12 万人。快手商家注册量稳居全国第一，去年直播交易额达 286 亿元，全网卖货头部主播前 50 名中临沂就有 5 名，徐小米、超级丹、陶子家等均实现单次直播销售过亿元。顺和直播小镇、临谷电商产业园等项目建成运营，使临沂商城成为中国北方最大的短视频直播电商基地。

临沂商城抓住数字山东建设机遇，构建了临沂商贸物流大数据平台。在商贸物流最发达的兰山区，总投资 125 亿元的 12 个智慧物流、现代物流项目集中落地，300 万平方米智能云仓加快布局，引领现代物流加快发展。

向现代物流迈进，促使临沂物流实现了当日收货、配货、发货，成本低，速度快，使其价格比全国均价低 20%～30%。连胜体育董事长宋连胜介绍：一张乒乓球台，从上海直接发往新疆需要 15 天，运费 320 元；而从上海经临沂再发往新疆只需要 10 天，运费 120 元。

国际贸易新丝路

近年来临沂积极融入"一带一路"建设，在沿线国家布局海外临沂商城，促进了临沂商城国际贸易的大幅增长，实现了商城由"买全国卖全国"到"买全球卖全球"的突破性跨越。

山东省将临沂列为全省三个"一带一路"中欧班列集结中心之一。开行了临沂至莫斯科（明斯克）、临沂至中亚的国际货运班列，以及至成都、重庆等方向的国内货运班列，2020 年欧亚班列实现到发 111 列。临沂航空口岸开通至缅甸曼德勒、泰国曼谷、越南芽庄、韩国仁川国际航线，开通至韩国首条全货机航线。

2016 年 5 月，中国临沂商城项目在巴基斯坦瓜达尔港自由区奠基，成为临沂跨国设立的首个区域性国际商贸物流中心。临沂布局 9 处海外商城、海外仓，海外营销网络不断完善。其中，首个国家级境外商贸物流型经贸合作区——匈牙利中欧商贸物流合作园区入驻企

业180多家。

为了方便业户开展国际贸易，政府搭建起临沂港和综合保税区等多个平台。临沂实施"商、仓、流"一体化发展战略，加快临沂快递物流中心、国际空港物流中心、高铁物流中心建设，全力打造"一带一路"东方商都、国际陆港，公铁空海多式联运成为"向现代物流迈进"的独特优势。

一系列对外开放的政策促进了外贸增长。2020年，临沂市场采购贸易方式出口实现较快增长，市场采购出口343.3亿元、增长84.4%，出口国家和地区185个。

培优扶强铸航母

为提升临沂商城的综合竞争力，临沂市按照"整合一批、提升一批、搬迁一批"的总体思路，推动市场向集约化、现代化发展，把城区123处专业批发市场按照功能和品类整合成八大市场集群，铸造临沂商城航母群。

近年来，临沂市兰山区全面启动占地3.4平方公里的"临沂商谷示范区"和占地28.5平方公里的"国际陆港"片区建设，引进落地申通快递、圆通速递、中通快递、百世汇通、韵达快递等最顶尖的互联网物流企业，引导本地物流企业转型升级，大力发展智能仓储、标准仓储、共享仓储，让兰山成为新一代商贸市场转型发展的"引领者"和现代物流发展的"领跑者"。

集约化发展让临沂商城成为了全国知名的教育用品、体育用品、厨具用品等行业采购基地。2016年4月，临沂家电厨卫城被中华全国工商业联合会评为中国厨具用品采购基地。2016年6月，中国体育用品城被中国商业联合会评为中国体育用品采购基地。

临沂国际商贸城正倾力打造为国际贸易综合改革试验区项目，建筑面积530万平方米。项目建成后将成为世界级国际商贸中心城市的核心区、全球有影响力的生产资料交易与展贸中心、我国北方地区知名的生活资料交易与展贸中心、我国重要的物流基地和领先的现代示范区。

双创打造新引擎

"创新是社会进步的灵魂，创业是推动经济社会发展、改善民生的重要途径。"临沂商城的发展，不仅直接吸引了20多万人从事市场经营，带动了30多万人围绕市场从事餐饮、运输、旅店等服务业，而且还有数百万人依托商城从事加工生产，为"双创"搭建了广阔的平台，提供了创业基地，培育了创新人才。大众创业、万众创新为商城发展注入了新活力，打造了新引擎。

2015年9月，《临沂市人民政府关于推动大众创业万众创新的意见》出台，提出降低准入门槛、实施创业补助、加大融资支持、加强创业指导、优化中介服务、建立创业基地、鼓励科技创新等十大举措。

在政府政策推动下，各类产业园区、创业园区蓬勃兴起，成为双创人才的孵化基地。山东创众空间国际电子商务产业园，成为山东省最大的跨境电子商务产业园。临沂软件园项目，成为国家火炬计划软件产业基地。

山东绿爱食品有限公司，通过大数据实行"小单、快速、极致"的独特定制模式，消费者通过DIY定制平台系统可自行设计包装图案及信息排版，实现了"糖果+互联网+精准传媒"，成为山东省唯一一家小微企业工业4.0旅游工厂的示范工厂。

临沂商城不断提升经营业态，大力发展品牌代理、会展经济，促进商城转型升级。会展经济已成为临沂商城新的经济增长点。2020年临沂商城举办各类展会项目124个，展览面积 136.7 万平方米，观众 165.3 万人次，成交额 195.5 亿元。连续举办 11 届的中国（临沂）国际商贸物流博览会，荣获"改革开放四十年中国品牌展会金奖""中国十佳品牌展览会"殊荣。

2020 年，临沂市兰山区在做好疫情防控的基础上，先后承办了首届山东（临沂）体育用品博览会、首届中国（临沂）进口博览会等一大批展会活动。

截至目前，临沂商城拥有金兰、天源等知名的大型现代化物流园区 23 处，拥有 123 个专业批发市场，货运车辆 2 万辆。2020 年，临沂商城实现市场交易额 4403.5 亿元，物流总额 6847 亿元。2021 年一季度，兰山区实现市场交易额同比增长 163%，物流总额同比增长 100.4%，网络零售额同比增长 50.6%。

进入新发展阶段，临沂党委政府提出了率先发展、走在前列的远大目标，积极正确发挥市场作用和政府作用，通过商贸、物流、产业空间的合理布局、推动商贸物流园区升级改造等措施，推动建设国际商贸名城，为临沂商城再创辉煌绘就宏伟蓝图。

（来源：求是网）

【案例点睛】

现代物流系统是一个综合性的有机整体，只有做到各要素的最优化，才能够实现整体物流系统的合理化和高效化，进而提高系统的服务水平，增强整体的竞争实力。临沂商城的发展，正是临沂市政府运用系统思维，统筹规划、整体设计、全面推进，将全国著名的革命老区建成了名扬天下的商贸物流名城。数字化城市建设、国际贸易拓展、市场集群发展、双创引擎打造，都为现代化物流商城建设奠定了坚实基础，也为临沂商城的现代物流发展提供了不竭动力。

【思考题】

1. 作为内陆城市，临沂市建成商贸物流名城的秘诀是什么？
2. 为什么说信息系统是现代物流系统的中心？

[案例 3-2] 宜家家居的物流系统

宜家家居（IKEA）一直以质量可靠、价格适中、服务周到而享誉全球。从 1943 年创始，宜家家居发展到如今遍布 13 个国家和地区，近 150 家分店和 20 家宜家商场为宜家集团之外授权特许经营店，员工达到 44000 人，成为国际知名的家具公司。

宜家家居目前在全球 55 个国家和拥有约 2000 家供应商，在 33 个国家设立了 40 所贸易代表处（TSO），2000 家供货商为宜家生产宜家目录册和宜家商场内的所有产品。其中，大部分产品及大部分生产商来自环境工作发展较高的国家和地区。同时，宜家也在一些环境工作尚处于起始阶段的国家进行部分产品的采购。在 2000~2003 财政年度期间，宜家环境工作的一项主要任务就是帮助改善部分供货商的生产环境条件。目前，这些厂商的生产活动对于环境造成的影响是最迫切得到降低和改善的。具体措施是宜家向他们提供有关基本要求的文件材料，然后对执行情况进行跟踪检查。

目前宜家供货商的数量在不断增加，主要在欧洲，一部分在亚洲。生产厂家对制作材料和生产工艺的选择在相当大程度上取决于宜家提供的产品规格文件。文件内容包含了所有有关限制性规定，例如，对某种化学成分、金属材料或其他原材料的指定使用。此外，宜家同时对环境管理制度做了简化修订。

宜家家居具有鲜明的产品物流特色，如全面采用平板包装好，组装分开计价等。宜家家居在降低物流成本方面采用新的物流理念，可以分为以下 3 个方面。

一、减少仓储设备

宜家家居要求供货厂商把大多数的货物直接送到自选商场，省略中间的仓储存放和搬运工作，目前这个比例已经达到了 60%～70%，未来的一年里将达到 90%，针对必须转运的货物，处理次数可以达到 8 次，目标降低到 2.5 次。同时，宜家家居加大力度提高家具超市的面积，降低仓储面积。

二、采用密集运输以降低成本

2000 年，宜家货物运输量达 2100 万立方米，船舶运输占其中的 20%，铁路运输占其中的 20%，公路运输占其中的 60%。宜家经过考察后发现改变送货方式可以降低物流成本。以德国境内的宜家为例，它共有 1600 个供应商，其中 1500 个分布在远东、北美、北欧和东欧，这些供应商将货物直接送到 Werne 和 Erfurt 的集中仓库，其余 100 个供应商把货物直接送到展销中心。按照货物的体积计算，约有 50% 的货物是由供应商送到集中仓库中心，从那里每星期再分送到展销中心，另外 50% 的货物由供应商直接送到展销中心，例如大型床垫，或者是长木条等体积较大的货物。主要的送货方式有以下 3 种。

（1）快速反应　根据展销中心的需要，直接在计算机上向供应商下订单，货物会在 1～2 周内由集中仓储中心送到展销场地。

（2）卖方管理存货　供应商每天收到其所产生的货物的存货情况，决定补货时间、种类和数量。

（3）直接通过网络向国外的供应商订货，用 40 英尺的集装箱集中海运到汉堡，然后由码头运输到各展销中心。宜家所有产品都采用平板包装，可以最大限度地降低货运量，增加货运能力。目前，宜家不仅关注货品的单位包装数量，同时竭力多采用船舶和火车作为货运方式。因此，所有宜家仓库现在已连接于直通铁路网或货运港口。

三、降低整体运作成本

宜家家居针对特殊订单，成立地方性的服务中心。货物集中到离顾客最近的服务中心，然后再送到顾客手中。宜家没有自己的车队，其运输全部由外包负责，由外部承运代理负责运输。所有宜家承运代理必须遵从环境标准和多项检查，如环境政策与行动计划、机动车尾气排放安全指数等，必须达到最低标准要求。为了减少公路运输尾气成分二氧化碳的排放，宜家设法增加了产品的单位包装数量，并采用二氧化碳排放量少的货运方式。目前，宜家已建立铁路公司，以确保铁路承运能力，提高铁路货运比例。增加产品单位包装数量是宜家的一项永无止境的工作，不仅是在集装箱内增加单位装箱数量，同时考虑提高产品集合包装的数量。

高效的外包物流系统和不断优化的运输方式，使宜家家居的物流能够顺应业务的发展，从而使得宜家的发展欣欣向荣。

（来源：何倩茵．物流案例与实训［M］．北京：机械工业出版社，2008．）

【案例点睛】

物流系统的重要特征是构成的多单元性和构成单元的关联性。每个物流系统的结构不同，功能也就不同，可以是信息、运输、储存、包装、装卸、加工等单个专业化功能，也可以由他们的几个或者是全部结合起来的综合功能。在整体物流系统中，要做到各要素的最优化，从而实现整体物流系统的合理化和高效化，进而提高系统的服务水平，降低整体物流系统的成本，增强竞争力。宜家家具通过对企业物流系统的整体优化和不断改进，不仅大大地降低了物流成本,而且帮助改善了部分供货商的生产环境条件,有效改善了企业形象。

【思考题】
1. 宜家的物流系统有哪些特点?宜家对其供应商在环保方面有哪些要求?
2. 宜家的仓储和运输系统有什么特点?
3. 宜家在包装系统、运输系统的环境管理方面采取了哪些措施?

[案例3-3] 逆向物流的隐藏价值

随着线上购物、循环经济、绿色发展成为主流趋势,建立逆向物流体系,促进产品回收和再制造发展,显得尤为重要。

所谓逆向物流,是指物品从供应链下游向上游的运动所引发的物流活动。具体地说,是由于顾客的不满意而导致的退货,或由于一些物品的使用价值降低或丧失,但这些物品依然存在再利用的价值,为再利用这部分物品而设计的一个回收系统。总之,逆向物流是为了回收价值和适当处理的目的,往最后目的地移动货物的过程。逆向物流有三个细分领域:电池回收,跨境电商,鞋服零售。

电池回收:重构利润模式

在"双碳"政策下,新能源汽车的持续发展,废旧电池的回收及利用,将成为汽车物流领域新的增长点,从而重构汽车物流利润模式。

政府出台了一系列法律法规,要求企业加大对废旧电池的回收及利用力度,控制其对环境及人体健康的影响。

另一方面,新能源汽车将在五年内占有超过20%的汽车市场,至2025年,新能源汽车的物流市场预计规模将超1500亿元。而新能源车的核心部分,是电机、电池、电控的"三电"技术,其中以电池为主导。动力电池退役也将迎来爆发期,废旧动力电池回收产业被寄予厚望。

2020年我国动力电池累计退役量约25万吨,2025年这一数字将上升至近100万吨,市值超过400亿元,2030年,或将形成千亿级市场规模,目前,仅宁德时代旗下的湖南邦普年回收处理的电池总量已经超过6000吨。

因此,随着电池报废的高峰期来临,逆向物流——电池回收利用,不言而喻将进入爆发期。千亿"蓝海"市场引来新能源车企、环保公司、各路资本争相涌入。

目前市面上大部分新能源的电池在保证续航能力的情况下,寿命一般在3~5年左右,因此旧车报废与电池系统的更换需求将会催生出对于逆向物流海量需求,推动形成电池回收产业链,主要组成部分包括但不限于回收点的建立,区域集货,区域仓分拣,分品类/品牌物流运输等。

新能源汽车的崛起正在重构产业链的利润分配模式,新能源汽车三电系统制造商的回收逆向物流等方面未来的利润空间十分可观。新能源汽车逆向物流逻辑的改变,也带来了汽车物流利润分配模式的改变。电池回收,存在巨大经济和环境效益。

电池回收,也是解决资源不足的重要手段,预计到2030年,电动汽车将占所有新车的55%。然而,锂离子电池所需的金属矿物元素(如钴、锂)的供应量届时将不能满足未来的市场需要,因此电池回收的重要性,不仅在于残余价值的利用,更是稀缺资源的补充。

从国家角度说,动力电池作为新能源汽车的核心,其退废的动力电池能否得到有效回收利用,将深刻影响着新能源汽车的可持续发展和人民生活质量。从企业角度说,伴随着新能源汽车的崛起，逆向物流行业在动荡的市场中却不乏新的机会。做大做强动力电池回收利用产业，则是新能源汽车可持续发展的坚实底座，未来，电池回收将成为很多企业提升竞争力的新战场。

跨境电商：助力全球买卖

最初，大部分跨境电商只重视正向物流，忽略了逆向物流，其实逆向物流对于最终利润的保留，品牌建设以及客户的体验，都扮演着重要的角色，随着跨境电商的发展，逆向物流越来越受到人们重视。

对于跨境电商卖家来说，有出单可能就会有退货，旺季单量暴增，退货也会随之增长，所以退货物品的安排，对于跨境物流也是非常重要的一环。

随着跨境电商日益兴盛和企业"走出去"步伐不断加快，不少出口企业在出海产品的退换货、召回、维修、清理库存及后续服务等方面面临难题，这也是中国出海企业供应链体系中的服务痛点，而跨境逆向物流是唯一的选择。

跨境电商企业逆向物流不外乎是这么几种：顾客的退换货物流；滞销产品的退货物流；供应商召回返厂物流；以旧换新的回收物流等。

目前，跨境电商企业逆向物流市场化程度较低，影响了其逆向物流服务的准确性与时效性，成为跨境电商绊脚石。和传统的正向物流相比，逆向物流更具复杂性、分散性和不确定性，跨境逆向物流更是如此，所以在构建逆向物流系统时所采用的模式要综合多种因素来决定，综合考虑跨境电商企业逆向物流的特性。

逆向物流提高跨境电商客户的黏度，在跨境电子商务的发展过程中，由于距离遥远，消费者看不到实物，所以无论购物网站设计的多么富有吸引力，如果不能处理退货问题，消费者只能是好奇的看客而绝非忠诚的客户。

逆向物流是促进跨境电商发展的一个主要途径。我国跨境电商产业还处于兴起初期，跨境逆向物流很多在政策上还处于空白摸索阶段，完善行业规则和法律政策，进而促进中国跨境电子商务以及跨境物流的可持续性发展，优化逆向物流过程，降低物流成本，在市场竞争中处于有利地位，成为当前首要任务。

现代物流与跨境电商行业发展相辅相成，正向物流与逆向物流，实现跨境电商物流完美闭环。对物流行业本身而言，逆向物流可以衍生物流的新盈利模式，促进物流业进一步发达和繁荣。

打造逆向跨境物流，建立融通发展的全球化贸易服务协同生态链，打造逆向供应链集群式服务贸易中心，助力实现"卖全球"和"服务全球"。毫不夸张地说，逆向物流是跨境电商的宝藏。

鞋服零售：践行包退包换

在鞋服物流中，逆向物流一直是不容忽视的细分领域。鞋服零售行业正处于一个快速且深刻变化的外部环境中，对鞋服供应链提出更高要求，鞋服电商渠道的发展带来了库内逆向物流的操作压力。消费者收货试衣后存在普遍的退换货习惯，带来了库内激增的逆向物流。

在消费升级和新零售的大环境下，退换货承诺被鞋服、电商等企业视为增加客户黏性、提升营业额的重要手段。

相关数据显示，一般鞋服品牌的退货率在20%～30%，有的品牌甚至会高达50%，如何快速高效处理退货，加快商品流通，成为鞋服物流发展过程中绕不开的难题。

退货是长期困扰鞋服企业的一个问题，因为涵盖鞋服企业各种流通渠道的逆向货品回收、处理、再供应的整体流程，处理时间大约是正向物流的3～5倍。

全渠道下的逆向物流，可直接影响客户体验的好坏进而波及最终销售，也对企业进行合理的货物调拨、二次销售起着重要作用，而且影响着企业整体物流成本的高低。尤其来自电商渠道的退换货，其分散和不确定性，以及促销活动后的退换货高峰，都使逆向物流的难度极大增加。

逆向物流与正向物流相比更加复杂，尤其是线上逆向物流订单。对核对、质检、包装及分拣、再上架等一系列操作增加了难度，形成了挑战。鞋服企业要提高逆向物流处理效率，需整合资源、规范流程、加强信息系统建设及自动化投入。

电商及网络购物的快速发展催生了"无理由退货"的市场需求。在当下"买买买"的时代，鞋服行业电商退货的常态化为商家带来了巨大的经济成本。打通逆向供应链内的多个环节，不仅帮助企业尽量回收商品价值，提高处理退货的效率，还能避免退货商品利用率低导致的资源浪费及环境问题，进而帮助客户建立可持续的商业模式。

我国很多企业逆向物流成本占总成本20%以上，远高于发达国家企业4%的平均水平，在有高频次退货的鞋服市场更是如此，因此做好鞋服逆向物流，不仅践行包退包换承诺，更是降本增效，提高客户黏性的重要途径。

（来源：水运网）

【案例点睛】

物流系统的一般运作模式是由资源输入、转换处理、服务输出构成，但在实际的物流运作中，逆向物流也构成物流系统的重要内容。建设逆向物流体系顺应了新时代循环经济、绿色发展等主流发展趋势，对于促进经济的可持续发展、不断提高人民生活质量具有重要意义。本案例重点分析了逆向物流的三个细分领域：电池回收、跨境逆向和鞋服逆向，其具体运作比正向物流更加复杂，这对企业物流运作提出了更大的挑战，也是企业降低物流成本、提高客户服务水平和利润率的重要机遇。

【思考题】

1. 为什么说逆向物流存在隐性价值？
2. 逆向物流与正向物流相比，其系统运作的复杂性体现在哪些方面？

任务二　了解物流系统的构成要素

物流系统同其他的任何系统都一样，是由人、财、物等相关要素构成的。在物流系统的构成基本要素中，首先人员的要素是核心要素，也是系统的第一要素，提高人员的素质是建立一个高效化、合理化物流系统的根本条件。其次，资金要素也是非常重要，资金是所有企业系统的动力，没有有力的资金支持，则无法保证物流过程的有效实现，同时物流服务本身也是需要以货币为媒介。再次，物的要素包括物流系统的劳动对象，即各种实物，是物流系统目标实现的基础条件，现代化的运输是物流系统效率实现的保证。此外，还包括信息要素，即物流系统所需要处理的信息——物流信息。

以上要素是构成物流系统的基本要素，在此基础上，物流系统由各个子系统构成，这些子系统是物流系统中相互联系、相互作用的各个环节。按照它们各自的功能区域划分，可以分为以下7个子系统。

一、包装子系统

包装子系统在整个物流系统中，是一个很重要的环节。因为包装在整个物流过程中是确保货物储运安全，并能够产生价值的一个重要环节。包装在物流中根据货物的不同可分为工业包装和商业包装。而在运输、配送过程中，为了保护商品，对商品进行拆包再包装过程中，使用包装机械、包装技术和包装方法时应注意考虑到以下问题。

① 选择适用的包装机械，提高包装质量，使包装做到方便顾客使用。
② 加强包装技术的研究和开发，改进包装方法，使包装标准化、系列化。
③ 注意节约包装材料，降低包装费用，提高包装效益。

二、装卸搬运子系统

装卸搬运子系统是物流系统中的一个不可缺少的环节，装卸搬运是各项物流过程中不可缺少的业务活动。特别是在运输与仓储工作中，时刻都离不开装卸搬运工作。在物流过程中，装卸本身虽然并不能产生价值，但是货物装卸质量的高低直接影响到货物的使用价值，并能够对节省物流费用造成很大的影响。所以装卸搬运系统应根据作业场所、使用机具及对物流量多少，考虑注意以下问题。

① 选择最适用的装卸搬运机械器具，以保证装卸搬运的效率与质量。
② 努力提高装卸搬运的机械化程度，减小劳动强度，使装卸搬运更安全、更省时、省力。
③ 制订装卸搬运作业程序，协调与其他子系统的作业配合，节省费用。

三、运输子系统

运输子系统是实现物流的运输功能，衍生物流的空间效益，运输是物流业务的中心活动。运输过程不改变物品的形态，也不改变其数量，运输子系统通过运输解决物品在生产地点与消费地点之间的空间距离问题，创造商品的空间效用，实现商品的使用价值，满足社会需求。由此可以说，运输子系统在物流系统中是一个极为重要的环节。运输子系统应根据其负担的业务范围，货运量的多少以及同其他各子系统的协调关系，注意考虑以下问题。

① 选择最佳的运输方式和最优化的运输路径，配备适当的运输工具，缩短运输时间，提高运输效率。
② 制订有效的运输计划，减少运输环节，保证运输作业的连续性，节约运输费用。
③ 提高服务水平，保证运输安全与运输质量。

四、仓储子系统

仓储是物流活动的一项重要业务，仓储子系统是实现物流的储存功能，通过仓储解决供应与需求在时间上的差异，保障物品不受损害，以创造物流的时间效益。仓库是物流的一个中心环节，是物流活动的基地。储存系统应根据仓库所在地理位置、周围环境以及物流量的多少、进出库的频度，充分考虑以下问题。

① 仓库建设与布局要合理，以有利于储存与运输。
② 最大限度地充分利用仓库的容积，尽可能发挥其仓库效用。
③ 货物码放、保存一定要科学合理，既充分利用空间，又确保储存期间的物品的养护，保证质量不受损害。
④ 加强入库的验收和出库的审核工作，以保证入库物品的质量合格，出库物品与数量符合要求。

⑤ 进出库尽量方便，以加快出、入库时间，提高工作效率。
⑥ 加强库存管理，做到储存合理，防止缺货与积压。
⑦ 降低仓库费用，保证仓库安全。

2. 仓储与货物分拨系统

五、配送子系统

配送子系统在物流系统中是一个接触千家万户的重要的作业，直接接受各类顾客的检查。其效率的高低，质量的好坏，都会对物流企业产生很重要的影响，配送与运输不同的地方在于，运输的距离多数较远，批量较大。品类复杂，可以说是物品生产后的第一运输。配送则属于物流的第二次运输，是物品的终端运输。配送系统应根据其配送的区域范围、服务对象以及物流的大小，注意考虑以下问题。

① 选择最佳的配送中心地址，配送中心的作业区要布置合理，有利于收货验货、货物仓储以及加工包装，分拣选货和备货配送。
② 配置各类需要的配送车辆和装卸搬运机械及辅助器具。
③ 规划出最优的配送路线，以提高服务水平，节省路上时间使配送及时。
④ 判断合理化配送作业流程，使配送作业更合理化，提高工作效率。

六、流通加工子系统

流通加工子系统是物流过程中的加工作业，为了销售或运输，以及提高物流效率而进行的加工。在物流过程中，由于通过了加工使物品更加适应消费者和使用者的需求，如大包装改小包装，大件物品改为小件物品，以及为满足客户需求，促进销售而进行的简单的组装、剪贴、贴签、分装、打孔、检量等。流通加工子系统应根据加工物品、销售对象和运输作业的要求，注意考虑以下问题。

① 制订加工场所，配备相应的加工机械。
② 制订加工作业流程，提高加工质量，降低加工成本费用。
③ 加强对加工技术的研究、开发、提高加工技术水平。
④ 及时注意加工产品试销情况的反馈，及时调整加工策略与加工作业中的问题。

七、物流信息子系统

物流信息子系统在物流系统中与其他子系统有所不同，物流信息子系统既是一个独立的子系统，又是一个为物流系统整体服务的辅助系统。其功能贯穿于物流各子系统业务活动之中，物流系统的各个子系统都需要物流信息系统支持其各项业务活动。无论是运输、储存、包装，还是装卸、搬运、配送和流通加工，这些子系统的各项业务活动，都必须靠信息系统的经济效益。物流信息系统也可以从其作用上分出若干子系统，如运输信息系统、储存信息系统、销售配送信息系统等。物流信息系统应根据物流系统的整体需要，注意考虑以下问题。

① 物流信息系统的内容。
② 物流信息系统的作用。
③ 物流信息系统的特点。

信息系统是物流活动的基础，信息的处理是物流管理活动的基本内容。信息作为企业管理的重要组成部分，在物流系统中被誉为企业的神经系统。企业的经营管理活动都离不开信息的支持，而在物流系统中信息的作用更表现得极为重要。信息是灵魂，没有物流信息子系统的有效运用，就谈不上物流的现代化。

[案例3-4] 皇家加勒比海巡航有限公司的物流活动

美国皇家加勒比公司拥有17艘巡航船,其中12艘由皇家加勒比海公司国际部经营,另外5艘交给名誉巡航部经营,皇家加勒比公司的物流部门为所有的船只提供物流服务。成千上万种商品,从新的亚麻床到发动机部件,到易腐食品,都必须迅速在截止日期之前送到相应的船只上。

由于巡航船的设计者一直强调旅客的身心愉悦和超过仓储空间的船舱空间,所以船只的供给日期规定为14天,这样,物流部门必须在各个对外港口对船只进行补充。巡航船在规定的港口会停留6～8小时,物流部门则要确保所有商品在这个时间范围内送到船上。

每一艘皇家加勒比船只都是提前两年安排旅程计划的,根据现有的数据,物流部门印刷了一份装箱装运表,规定了6个月中每艘船各种商品的发运日期,并根据旅客数量预测每种商品的发送数量。每艘船都有专门的运送日期用于发送冷藏产品、冷冻食品、烘干食品、成捆的海运商品、礼品和住宿用品。物流部门将安排运送从冰块到女士礼服和男士礼服的所有物品、食品、雷达设备、航海设备、船只动力系统和机器的备用件甚至是植物等。由于不同的商品是通过不同的舱门和舱口装运到巡航船上的,物流部门要将这些商品集中起来,根据船只和服务项目进行分类,为每一个部门安排货盘,并进行标签分类。皇家加勒比公司的巡航船以40货盘/小时的速度装货,并在5～6小时内装运200件货盘,同时至少2000名旅客在其他入口登船。

皇家加勒比公司向400家供应商定期订货,该公司通过与供应商制订合同,要求供应商保持库存数量,保证准时供货,而公司就保持尽可能少的现存库存,以节省仓库和保管方面的费用。

(来源:何倩茵. 物流案例与实训[M]. 北京:机械工业出版社,2008.)

【案例点睛】

物流系统是为企业高效运行服务的,要根据企业的发展需求进行系统规划、统筹协调。美国皇家加勒比公司巡航船要为旅客提供优质的服务,一方面要拥有超过仓储空间的船舱空间以保证旅客的身心愉悦,另一方面还要以有限的仓储空间满足旅客的各种商品需求,这就需要深入分析、克服各种困难。通过本案例可以看到,加勒比海巡航有限公司通过对物流系统的精心规划设计和良好的调度管理,有效完成了所需商品的供应,为提供优质客户服务奠定了坚实基础。

【思考题】

皇家加勒比海公司的物流部门从事哪些物流活动?

[案例3-5] "双十一"物流新鲜事儿

2020年的"双十一"比以往来得早了10天,11月1日零点30分,各"双十一"预售商品就可以开始支付尾款了,一时间与"双十一"有关的尾款人、快递等词条,席卷了微博热搜榜单。消费盛宴,购物狂潮,本来以为是等快递等到"地老天荒",没想到前一分钟还是"尾款人",后一分钟已是收货人。

5分钟收到包裹,6分钟收到口红,10分钟快递到了菜鸟驿站;顺丰,11分钟时间,上海区首单签收成功;申通,第一单仅仅用时10分钟;张女士12点付完尾款,12:05快递小哥敲门送货;甚至有人尾款都没付,快递先到了……更有人调侃道:"本来想退款,没想到快递已经发出来了。""11月1日不是自然醒,居然是被快递员电话叫醒的。"

那如此大的业务量,是如何做到这么快送达的?

物流本来是不快的,但在电商的带动下,物流企业的信息化水平这几年得到了很大提高,大数据预测、电子面单、驿站、快递柜、快递及电商的高效率自动化仓库在快递行业已经普遍使用,这些变化大大提升了快递的送货速度。

其一,爆品提前打包:商家"双十一"主打产品相对平时要简单,也就是传说中爆品,或者爆品组合,根据预售情况和预测,这部分爆品在1号之前就已经完成包裹的复核打包,只等零点一过,根据实际购买决定,仓库迅速反应,完成出库作业。通过快递站、城市配送等方式及时派件到消费者手中。

其二,多仓发货:大的品牌全国各地自建仓储就近发货,或者入驻第三方仓储,让大仓储代为发货,平台下载好的订单直接由 ERP 系统智能推荐到最短路径仓储发货。这里就不得不提到一个概念,云仓。何为云仓?就是利用云计算以及现代管理方式,依托仓储设施进行货物流通的全新物流仓储体系产品。具体一点的解释就是物流公司在中转部旁边建立一个仓库,电商客户租借仓库,提前将货物放在仓库里面,当买家下单之后,直接从仓库将包裹送到隔壁中转部发走。很多上午下单,下午就能送达的情况,大概率就是通过云仓达成的。例如华夏龙云仓2020,通过强大的智能分拣系统和全国仓储网络布局,让每一个包裹及时出库,安全送达消费者手中。

其三,仓储自动化建设:最近几年,自动贴单、流水线分拨机器广泛运用于仓储作业中,自动化作业不再是菜鸟、京东等大型仓储专属的高科技。以华夏龙供应链为例,作为专业的仓配一体化供应链服务商,一直在加强自身物流系统的信息化建设,不断与时俱进。

电商总仓、前置仓、网格仓、驿站备货仓、门店仓……现在各种仓层出不穷。电商为了增加消费者的消费体验,促进销售,让仓库、配送,让货品离消费者越来越近,这也让消费者感觉快递越来越快。

快递速度的不断加快,除了信息化的功劳外,还得益于快递行业运输组织和运输工具的变化,过去传统快递干线运输环节是以单一的货车运输为主,后来空运力量加入,让一些贵重物品快递做上了包机,让很多快递件可以隔日达;而在运输组织上,快递公司自有运输车辆比例这几年一直在增加,加上更多专门为快递服务的大车队出现,而现在甚至专线公司已加入了快递运输行列,这一切都是为了实现一个"快"字。

2020年"双十一"期间,铁路部门更是加大了铁路的投入,除了各铁路局开出了多趟高铁客货运混装的快递列车外,还首次开行了汉口至北京西高铁快运全列货物列车,这是对高铁货运的又一次升级和尝试,高铁货运专列大大提高了载货量,定时定点发车,还能保证水果、海鲜等生鲜的运输时间。高铁货运运输相比汽车和航空运输在中长途上优势明显,可以实现全天候、不受天气影响,批量运输,准时抵达。

在航空运力方面,顺丰除自有的60架全货机悉数服务"双十一"运输高峰外,还增加无人机运输模式。在一些岛屿、偏远山区等交通不便的地区,顺丰的收派件时间将至少提前24小时。在高铁运力方面,顺丰在"双十一"期间使用863条高铁线路,部分高铁线路最高运载能力可达4吨。同时顺丰将投入首条全货列移除座椅装快件动车组,为华东"电商快递之乡"和华南"小商品之乡"之间,搭建一条绿色环保、方便快捷的电商物流运输通道。

(来源:人民交通网)

【案例点睛】

配送子系统是现代物流系统的重要组成部分。对配送合理化与否的判断,是配送决策系统的重要内容。随着近几年物流企业的信息化水平不断提升，借助数字化手段，大数据预测、电子面单、驿站、快递柜、快递及电商的高效率自动化仓库得到大面积应用，有效促进了配送合理化水平的不断提高。近几年的"双十一"，借助运输组织和运输工具，通过产品提前打包、多仓发货、仓储自动化运作，使运力与整个配送系统实现合理衔接，极大提升了消费者的物流体验。

【思考题】
1. "双十一"物流速度提升的原因是什么？
2. 请结合案例分析，提升配送效率的具体措施有哪些？

[案例 3-6] 亚马逊在物联网时代的智慧系统解密

据说亚马逊有着快递行业最健全最具效率的仓储物流系统。

亚马逊物流基地。近期，亚马逊又推出了很多创新又快捷的服务，比如在美国西雅图推出了 Fresh 的杂货超市类服务，当地的用户可以在下订单的第二天早上喝到新鲜的牛奶；在日本和法国，亚马逊将仓储物流服务与 LBS（定位服务）结合起来，顾客可以通过手机或无线设备中输入所在地信息，利用终端设备 GPRS 定位寻找距离最近的送货点，比如亚马逊可以将商品送到离顾客最近的 7-11 便利店，让用户去那里提货。系统也可以看到顾客的位置，亚马逊可以据此提供就近的服务……

亚马逊仓储物流系统。答案就在这里，在亚马逊全球的任何一个仓库，都采用自主研发的仓储物流系统，每个角落都布满无线信号。"它们有自己的 IT 队伍，根据业务需求研发系统。"亚马逊全球高级运营副总裁 Marc Onetto 说。在亚马逊精密计算的仓储物流系统下，工作人员仅仅是系统的执行者而不是操作者。比如在包装的作业地点，工人只需拿起商品对着扫描枪一扫，系统会根据这件商品的尺寸、重量，算出所需的包装盒大小，而这位工人只需从面前的两三种包装盒里抽出系统的包装盒即可。

人们所熟知的传统物流行业，每天 500 万辆货运车辆在运行途中，用电话来调度和监控，现金交易结算。如果你想随时知晓货物究竟在哪里，或许你需要联动成千上万个业务点，翻动抽屉里的账本和纸条才知道每一笔运输的费用到底是如何发生的。信息的不对称构成了一个巨大的黑洞，不确定性让基础物流环节费用不可控。在这个信息的黑洞中，信息只有进，没有出。还有就是绝大多数的快递运营商都是采用人工拣货，人工包装，人工小批量送货的方式，效率和所需时间可想而知。一遇到大型的节日或电商集体促销，往往都会引起"暴仓""囤件"等大规模问题。

那么在面临种种困境的物流行业中，如何才能摆脱现在的状况？2009 年，温家宝总理在无锡提出了"感知中国"的口号，随着物联网产业的逐步建立，快递物流行业也搭上了物联网的顺风车，智能物流的初步提出和完善会大大提升物流产业的自动化、智能化、高效化和低成本化，可以推动物流服务各环节的有效整合，对物流产业的发展将具有重大的积极意义。

物联网专家委员会陈骥表示："物联网智慧仓储物流管理系统"可以帮助企业对仓库和物流中心更快、更好、更敏捷地面对当前新经济的诸多挑战。智能技术在物流领域的创新应用模式不断涌现，成为未来智能物流大发展的基础，极大地推动行业发展。智能物流的理念开阔了物流行业的视野，将快速发展的现代信息技术和管理方式引入行业中，它的发展推动着中国物流业的变革。

从"双 11"人们的大肆采购，到物流行业的囧状，从物联网的初步发展，到智慧物流概念的普及，我们有理由相信，未来的物流领域绝不会再像现在的状况一样。在不久的将来随着物联网的普及，智能物流也会引发物流业的狂潮……

（来源：中国物联网，2012-11-20.）

【案例点睛】

电子商务的爆炸式发展越来越凸显了物流的瓶颈。智能技术在物流领域的创新应用模式不断涌现，成为未来智能物流大发展的基础，比如物联网智慧仓储物流管理系统，这将极大地推动行业发展，可以帮助企业加强对仓库和物流中心的管理，更快、更好、更敏捷地面对当前新经济的诸多挑战。

【思考题】

1. 亚马逊仓储物流系统是如何运作的？
2. 为什么说智能物流对物流产业的发展将具有重大的积极意义？

【实训活动】

物流岗位职责分析

[实训目的]

通过学习、分析物流岗位职责，加深对物流系统的认识，并了解未来工作岗位所需要掌握的职业素质。

[实训内容]

参照附录四中"物流岗位职责"，选择自己感兴趣的物流岗位进行学习，然后实际调查1~2家物流企业的相关岗位，比较岗位职责的异同。

[实训要求]

根据调查结果，总结自己的感受。

项目四 采购与供应

【学习目标】

◆ 知识目标
1. 采购物流与企业物流系统的关系。
2. 掌握采购的概念和采购基本流程。
3. 掌握供应链管理环境下采购的特点。

◆ 技能目标
1. 能制订企业采购流程。
2. 能熟练运用招标采购的具体方法。
3. 能制订供应链环境下有效实施采购管理的具体措施。

◆ 素养目标
1. 树立命运共同体意识和合作共赢理念。
2. 培养采购人员的爱岗敬业精神。
3. 培养与时俱进的创新精神。

【导入案例】美国洛杉矶市政府不头疼了

洛杉矶市是美国最大的地方政府,每年要从 25000 家投标者中购买价值 6500 万美元的货物。

原来,所有这些采购都是使用纸张表格完成的。大量文书工作总是造成混乱、低效益和巨额的仓储费用。每一项采购任务,都会包括令人头疼的大量项目和供应商。如果一件货物存放在仓库中,想要比较它的价格并作出合理的决定,是根本不可能的。

在这种情况下,洛杉矶市决定利用 Internet 来解决这些问题。在解决方案供应商 Commerce one 的帮助下,洛杉矶市采用 Microsoft site server 3.0 commerce edition 创建了基于 Web 的采购系统。

现在洛杉矶市政府可以通过 Internet 查询供应商的产品目录,比较价格,检查可靠性,发送订单,最后支付货款。洛杉矶市政府的采购系统已成为美国国家 ERP 的一部分。

该系统使洛杉矶市政府定购周期大幅缩短,文书工作减少,中小企业的机会更多,且降低了存货成本。

洛杉矶市已关闭了中央仓库,为其在今后 5 年内节省大约 2900 万美元。通过将 85% 的采购工作自动化,该市期望能够节约 5% 的货物采购开销。

(来源:袁长明. 物流管理概论 [M]. 北京:化学工业出版社,2007.)

【思考题】

洛杉矶市政府是如何解决采购问题的?这样做带来了哪些收益?

任务一 掌握采购的基本流程

一、采购与物流

1. 采购的地位

在过去的物流研究中,采购是被忽视的一个领域。物流系统的功能要素中,如运输、储存保管、包装、装卸、搬运、流通加工、配送、物流信息等,离开了采购,物流系统运行就失去了一个前提和基础。因为,无论从生产企业角度,还是从流通商贸的企业角度分析,采购物流都是企业物流过程的起始环节。

采购物流和销售物流是一个问题的两个方面。假如从生产企业的角度分析,生产企业从供应商手中采购物资,运回企业,验收入库,这一过程发生的物流活动称为"采购物流";而从供应商角度分析,企业物流可以分为四种物流形式:①供应商为生产企业提供原材料、零部件或其他物品而产生的物品在提供者与需求者之间的实体流动,称为供应物流;②从生产企业到进入市场销售之前发生的物流,称为生产物流(内部物流);③产品进入市场送到顾客手中发生的物流,称为销售物流(市场物流);④生产商接受包装容器或退货等发生的物流,称为回收物流。

采购物流在整个生产企业物流系统中处于基础性地位,离开了采购物流,生产企业制造、销售过程就无法正常进行。同样,对流通商贸企业,采购物流仍然是一个关键的环节。

2. 采购物流与企业物流系统的关系

现代采购是从企业的角度研究采购的,而不是从人们生活的角度研究购买活动。因此,采购物流构成了企业物流系统的重要组成部分,是生产物流、销售物流的前提和基础。无论是生产企业的物流系统,还是流通企业的物流系统,采购物流对整个企业物流系统而言是一个基础物流。离开了采购,生产企业的生产供应就会中断,生产活动就会无法进行;流通商贸企业就会出现缺货,造成机会损失。由于生产物流和销售物流是采购物流的实现途径,要保证企业物流系统的良性运行,就必须加强和重视采购物流,使它们之间相互联系、相互制约、共同发展。

二、采购的概念

一般认为,采购是指单位或个人基于生产、销售、消费等目的,购买商品或劳务的交易行为。根据人们取得商品的方式途径不同,采购可以从狭义和广义两方面来理解。

狭义采购,顾名思义,就是买东西,是一个购买的过程。扩展开来就是企业根据需求提出采购计划、审核计划、选择供应商、经过商务谈判确定价格、交货及相关条件,最终签订合同并按要求收货付款的过程。

广义采购是指除了以购买的方式占有物品之外,还可以通过租赁、借贷、交换、征收等各种途径取得物品的使用权,以达到满足需求的目的。

综上所述,所谓采购是指单位或个人为了满足某种特定的需求,以购买、租赁、借贷、交换等各种途径,取得商品及劳务的使用权或所有权的活动过程。日常经营活动中,主要指购买方式。

从上述定义中,可以看出采购包含了如下几个要点:①采购是一种交易行为;②采购的实现必须具备一定的条件;③采购的过程是一个选择的过程;④采购的目的是满足自身需求;⑤采购过程是商流、物流、信息流的有机统一。

三、采购的基本流程

对企业采购来讲,虽然单个企业之间的采购流程略显差异,但大体上来讲都有一个共同的模式,完整的采购流程大致包括以下几个过程。

1. 确认需求——收到采购请求、制订采购计划

具体来讲,确认需求的过程就是采购部门发出采购请求,计划制订者审查通过,把要采购的物资汇总,授权采购部门制订和签发采购订单。采购部门分配到各个采购员,给其下达任务。通常采购请求包括的信息有:申请者名称、主管方审查同意的意见、应计入的成本项目、物料说明书、需求数量和计量单位、要求的送货时间和地点及其他应包括的信息。

采购员在接到采购任务单之后,要制订具体的采购计划,具体包括:采购市场调查,供应商分析,确定采购方法,以及支付款项等内容。

2. 选择、确认供应商

选择、确认供应商的过程,如果将其简化,可直接打开客户联系地址簿,选择多个邮件地址,发送采购意向。但是如果操作复杂点,它涉及很多方面,首先要审阅投标建议书,就相关采购资本项目与投标供应商洽谈,然后对每个投标者的标书进行评估,最后选择供应商。

3. 洽谈合同

这是采购工作的核心步骤。当确定了采购的供应商之后,采购部门要与供应商进行反复的谈判和磋商,确定采购价格以及其他采购条件:质量、运输条件、服务、风险赔付等,最后以书面合同的形式确定下来。

4. 签发采购订单

签订合同后,就是履行合同。对外发出正式的采购订单,一般在发送给供应商的同时,还同时报送本企业会计部门、用料单位、收货部门等,并保留订单原件备查。

5. 跟踪订单、进行进货控制

采购部门有责任督促供应商按时供货。采购员要督促、监督进货过程,确保按时到货。一旦发现问题,必须及时采取行动,采购部门还负责就任何关于送货要求的改变与供应商进行协商。

6. 接收、检验货物、入库

到货后,采购员要督促有关人员检验、入库,以确保所收到货物的质量、数量与定购要求相符,必要时要确定货物的破损情况。之后,通知结算部门,进行货物结算。

7. 核对发票,划拨货款

结算部门核对采购订单、收货报告、发票,支付货款。

以上只是一个大概的采购流程,不同类型的企业,在采购时有不同的特点,因此具体的步骤和内容会有所不同。

思政小专栏

筑牢廉洁采购防线 打造清廉学校

"这 3 家投标供应商列入学校黑名单。"这是义乌工商职业技术学院纪委办、采购中心、计划财务处召开的部门商议会上做出的决定。近年来,学校以"清廉采购"项目为载体,每年组织开展专项检查,发现共性问题 23 个,挽回经济损失 48817 元,共 11 家投标供应商列入学校黑名单。

据悉,"清廉采购"是义乌工商职业技术学院推进"清廉校园"建设 12 个清廉专项

中的重要一环。该校始终坚持底线思维和问题导向，不断建立健全采购工作制度体系，借助现代信息化手段规范采购流程，在采购需求立项审批、组织实施、履约验收等各个环节中压实采购主体责任，实现全过程数字化痕迹管理，做到可监督、可追溯、可还原，设置多重防线，全面把控廉政风险隐患，真正把"清廉校园"建设融入日常管理的全过程。

资料来源：浙江省纪委省监委网站

四、采购方式

采购方式是采购主体获取资源或物品、工程、服务的途径、形式与方法。当采购战略及计划确定后，采购方式的选择就显得格外重要。它决定着企业能否有效地组织、控制物品资源，以保证其正常的生产和经营以及较大利润空间的实现。采购的方式很多，划分方法也不尽相同，比如：台湾地区的企业将采购方式分为招标、比价、议价采购；世界贸易组织的《政府采购协议》将政府采购方式统一规范为公开招标采购、选择性招标采购和限制性招标采购；而国内许多学者在此基础上又特别强调二阶段采购、谈判采购、询价采购、单一来源采购等。

（一）集中采购与分散采购

1. 集中采购

集中采购是指企业在核心管理层建立专门的采购机构，统一组织企业所需物品的采购进货业务。集中采购的特点：①量大、过程长、手续多；②集中度高，决策层次高；③付条件宽松，优惠条件增多；④专业性强，责任加大。

2. 分散采购

分散采购是由企业下属各单位，如子公司、分厂、车间或分店实施的满足自身生产经营需要的采购。这是集团将权力下放的采购活动。分散采购的特点：①批量小或单件，且价值低，开支小；②过程短、手续简、决策层次低；③问题反馈快，针对性强，方便灵活；④占用资金小，库存空间小，保管简单、方便。

（二）现货采购与远期合同采购

从生产企业或其他经济组织对物品的交割时间来划分，采购者的经济活动又可划分为现货采购与远期合同采购，这一采购方式在其他方式的支持与合作下完成企业对外部资源的需求。

1. 现货采购

现货采购是指经济组织与物品或资源持有者协商后，即时交割的采购方式。这是最为传统的采购方式。具有即时交割、责任明确、灵活、方便、手续简单，易于组织管理、无信誉风险、对市场的依赖性大的特点。

2. 远期合同采购

远期合同采购是供需双方为稳定供需关系，实现物品均衡供应，而签订的远期合同采购方式。通过合同约定，实现物品的供应和资金的结算，并通过法律和供需双方信誉与能力来保证约定交割的实现。这一方式只有在商品经济社会，具有良好的经济关系、法律保障和企业具有一定的信誉和能力的情况下才能得以实施。

（三）招标采购

1. 招标采购概述

招标采购是现代国际社会通用的采购方式，它能做到过程的公开透明、开放有效、公平竞争，有利于促进企业、政府降低采购成本；同时，也能促进人类社会文明、进步、健康的发展。《联合国采购示范法》《WTO 政府协议》《世界银行采购指南》等均主张或倾向于采用招标采购这种采购方式。

招标是一种特殊的交易方式，按照订立合同的特殊程序。招标是指招标人发出招标公告或通知，邀请潜在的投标商进行投标，最后让招标人通过对各投标人提出的规格、质量、交货期限及该投标企业的技术水平、财务状况等因素进行综合比较，确定其中最佳的投标人为中标人，并与之签订合同的过程。狭义的招标是指招标人根据自己的需要提出一定的标准或条件，向指定投标商发出投标邀请的行为，即邀请招标。

根据招标范围可将采购方式统一规范为公开招标采购、选择性招标采购和限制性采购，世界贸易组织《政府采购协议》就是按这种方法来对政府采购方式进行分类的。

2. 招标运作程序

公开招标的运作程序并不因国别、区域和组织的不同而有所特别的差异。

（1）资格预审的内容　资格预审包括两大部分，即基本资格预审和专业资格预审。基本资格是指供应商的合法地位的信誉。专业资格是指已具备基本资格的供应商履行拟定采购项目的能力。

（2）资格预审程序

① 编制资格预审文件。

② 邀请潜在的供应商参加资格预审。

③ 发售资格预审文件和提交资格预审申请。

④ 资格评定。

（3）招标采购程序

策划→招标→投标→开标→评标→决标→签订合同

3. 招标采购案例

五、企业采购战略

（一）企业采购战略的含义

企业采购，包括生产企业采购和流通企业采购。所谓企业采购战略，是指企业采购所采用的带有指导性、全局性、长远性的基本运作方案。一个采购战略，应当包含以下 5 个方面的基本内容。

（1）采购品种战略　包括品种种类、性质、数量、质量等选择。

（2）采购方式战略　包括采购主体、采购技术、采购途径、联合方式等选择。

（3）供应商选择战略　包括招标方式、考核方式、评价方式、使用方式等选择。

（4）订货谈判战略　包括采购的品种规格、数量、质量、价格、服务和风险分摊、责任权利和义务等。

（5）采购进货战略　包括运输方式、运输路径、运输商等选择。

（二）采购战略的分类

企业采购战略有多种，不同的分类标志有不同的分类方法。按照采购技术的不同，可以分为以下几类。

1. 传统采购

企业传统采购的一般模式是，每个月末，企业各个单位报下个月的采购申请计划到采购部门，然后采购部门把各个单位的采购申请计划汇总，形成一个统一的采购计划。根据这个采购计划，分别派人出差到各个供应商订货。然后策划组织运输，将所采购的物资运输回来并验收入库，存放于企业的仓库中，满足下个月对各个单位的物资供应。

这种采购以各个单位的采购申请计划为依据，以填充库存为目的，管理比较简单、粗糙，市场反应不灵敏、库存量大、资金积压多、库存风险大。

2. 订货点采购

订货点采购，是由采购人员根据各个品种需求量的大小和订货提前期，确定每个品种的订货点、订货批量或订货周期、最高库存水准等。然后建立起一种库存检查机制，当发现到达订货点，就检查库存，发出订货，订货批量的大小由规定的标准确定。订货点采购包括两大类采购方法，一类是定量订货法采购，另一类定期订货法采购。

定量订货法采购，是预先确定一个订货点和一个订货批量，然后随时检查库存，当库存下降到订货点时，就发出订货，订货批量的大小每次都相同，都等于规定的订货批量。

定期订货法采购，是预先确定一个订货周期和一个最高库存水准，然后以规定的订货周期为周期，周期性地检查库存，发出订货，订货批量的大小每次都不一定相同，订货量的大小都等于当时的实际库存量与规定的最高库存水准的差额。

3. 物料需求计划采购

物料需求计划（Material Requirement Planning，MRP）采购，主要应用于生产企业。它是由企业采购人员采用 MRP 应用软件，制订采购计划进行采购的。

MRP 采购的原理，是根据主产品的生产计划（MPS）、主产品的结构（BOM）以及主产品及其零部件的库存量，逐步计算求出主产品的各个零部件、原材料的投产时间、投产数量，或者订货时间、订货数量，也就是产生出所有零部件、原材料的生产计划和采购计划。然后按照这个采购计划进行采购。

4. JIT 采购

JIT 采购，也叫准时化采购，是一种完全以满足需求为依据的采购方法。需求方根据自己的需要，对供应商下达订货指令，要求供应商在指定的时间，将指定的品种、指定的数量送到指定的地点。

JIT 采购的特点：①与传统采购面向库存不同，准时化采购是一种直接面向需求的采购模式，它的采购送货是直接送到需求点上；②用户需要什么，就送什么，品种规格符合客户需要；③用户需要什么质量，就送什么质量，品种质量符合客户需要，拒绝次品和废品；④用户需要多少，就送多少，不少送，也不多送；⑤用户什么时候需要，就什么时候送货，不晚送，也不早送，非常准时；⑥用户在什么地点需要，就送到什么地点。

5. 电子商务采购

电子商务采购是在电子商务环境下的采购模式。它的基本原理，是由采购人员通过上网，在网上寻找供应商、寻找所需品种、在网上洽谈贸易、网上订货甚至在网上支付货款，但是在网下送货进货，完成全部采购活动。电子商务采购扩大了采购市场的范围、缩短了供需距离；简化了采购手续、减少了采购时间，减少了采购成本，提高了工作效率，是一种很有前途的采购模式。但是它要依赖于电子商务的发展和物流配送水平的提高。而这二者几乎都要取决于整个国民经济水平和科技进步的水平。

[案例 4-1] 三种"采购现象"背后的观念对碰

从 20 世纪 80 年代开始，为了顺应国际贸易高速发展的趋势，以及满足客户对服务水平提出的更高要求，企业开始将采购环节视为供应链管理的一个重要组成部分，通过对供应链的管理，同时对采购手段进行优化。在当前全球经济一体化的大环境下，采购管理作为企业提高经济效益和市场竞争能力的重要手段之一，它在企业管理中的战略性地位日益受到国内企业的关注，但现代采购理念在中国的发展过程中，由于遭遇的"阻力来源"不同，企业解决问题的方法各异等原因，就被给予了不同的诠释。

一、胜利油田

在采购体系改革方面，许多国有企业和胜利油田境遇相似，虽然集团购买、市场招标的意识慢慢培养起来，但企业内部组织结构却给革新的实施带来了极大的阻碍。

胜利油田每年的物资采购总量约 85 亿人民币，涉及钢材、木材、水泥、机电设备、仪器仪表等 56 个大类，12 万项物资。行业特性的客观条件给企业采购的管理造成了一定的难度，然而最让中国石化胜利油田有限公司管理者头痛的却是其他问题。

胜利油田目前有 9000 多人在做物资供应管理工作，庞大的体系给采购管理造成了许多困难。胜利每年采购资金的 85 个亿中，有 45 个亿的产品由与胜利油田有各种隶属和姻亲关系的工厂生产，很难将其产品的质量和市场同类产品比较，而且价格一般要比市场价高。例如供电器这一产品，价格比市场价贵 20%，但由于这是一家由胜利油田长期养活的残疾人福利工厂，只能是本着人道主义精神接受他们的供货，强烈的社会责任感让企业背上了沉重的包袱。同样，胜利油田使用的大多数涂料也是由下属工厂生产，一般只能使用 3 年左右，而市面上一般的同类型涂料可以用 10 年。还有上级单位指定的产品，只要符合油田使用标准、价格差不多，就必须购买指定产品。在这样的压力下，胜利油田目前能做到的就是逐步过渡，拿出一部分采购商品来实行市场招标，一步到位是不可能的。胜利油田的现象说明，封闭的体制是国有企业更新采购理念的严重阻碍。采购环节漏洞带来的阻力难以消除。

二、海尔公司

与大型国有企业相比，一些已经克服了体制问题，全面融入国际市场竞争的企业，较容易接受全新的采购理念，在这类型的企业中，海尔走在最前沿。

海尔采取的采购策略是利用全球化网络，集中购买。以规模优势降低采购成本，同时精简供应商队伍。据统计，海尔的全球供应商数量由原先的 2336 家降至 840 家，其中国际化供应商的比例达到了 71%，目前世界 500 强企业中有 44 家是海尔的供应商。

对供应商的管理方面，海尔采用的是 SBD 模式，即共同发展供应业务。海尔有很多产品的设计方案直接交给厂商来做，很多零部件是由供应商提供今后两个月市场的产品预测并将待开发的产品形成图纸，这样一来，供应商就真正成为了海尔的设计部和工厂，加快开发速度。许多供应商的厂房和海尔的仓库之间甚至不需要汽车运输，工厂的叉车直接开到海尔的仓库，大大节约运输成本。海尔本身则侧重于核心的买卖和结算业务。这与传统的企业与供应商关系的不同在于，它从供需双方简单的买卖关系，成功转型为战略合作伙伴关系，是一种共同发展的双赢策略。

1999 年海尔的采购成本为 5 个亿，由于业务的发展，到 2000 年，采购成本为 7 个亿，但通过对供应链管理优化整合，2002 年海尔的采购成本预计将控制在 4 个亿左右。可见，利益的获得是一切企业行为的原动力，成本降低、与供应商双赢关系的稳定发展带来的经济效益，促使众多企业以积极的态度引进和探索先进、合理的采购管理方式。

三、通用公司

与从计划模式艰难蜕变出来的大型国有企业相比，通用的采购体系可以说是含着银匙出世，它没有必要经历体制、机构改革后的阵痛，全球集团采购策略和市场竞标体系自公司诞生之日起，就自然而然地融入了世界上最大的汽车集团——通用汽车的全球采购联盟系统中。相对于尚在理论层次的众多国有企业和民营企业而言，通用汽车的采购已经完全上升到企业经营策略的高度,并与企业的供应链管理密切结合在一起。

1993年,通用汽车提出了全球化采购的思想,并逐步将各分部的采购权集中到总部统一管理。目前,通用下设四个地区的采购部门:北美采购委员会、亚太采购委员会、非洲采购委员会、欧洲采购委员会,四个区域的采购部门定时召开电视会议,把采购信息放到全球化的平台上来共享,在采购行为中充分利用联合采购组织的优势,协同杀价,并及时通报各地供应商的情况,把某些供应商的不良行为在全球采购系统中备案。

在资源得到合理配置的基础上,通用开发了一整套供应商关系管理程序,对供应商进行评估。对好的供应商,采取持续发展的合作策略,并针对采购中出现的技术问题与供应商一起协商,寻找解决问题的最佳方案;而在评估中表现糟糕的供应商,则请其离开通用的业务体系。同时,通过对全球物流路线的整合,通用将各个公司原来自行拟定的繁杂的海运线路集成为简单的洲际物流线路。采购和海运路线经过整合后,不仅使总体采购成本大大降低,而且使各个公司与供应商的谈判能力也得到了质的提升。

面对三种在中国市场并存的"采购现象",直接反映出在不同的市场机制和管理模式下,企业变革需要面对的一些现实问题。从不同"采购现象"背后,可以看到"采购理念"在中国发展遇到的现实问题,不仅在于企业对先进思维方式的消化能力,更重要的是在不同的体制和文化背景下的执行是否通畅。

从20世纪80年代开始,为了顺应国际贸易高速发展的趋势,以及满足客户对服务水平提出的更高要求,企业开始将采购环节视为供应链管理的一个重要组成部分,通过对供应链的管理,同时对采购手段进行优化。

(来源:中国物流与采购网,2008-6-5.)

【案例点睛】

无论是生产企业的物流系统,还是流通企业的物流系统,采购物流对整个企业物流系统而言是一个基础物流。要保证企业物流系统乃至企业整体的良性运行,就必须加强和重视采购物流,使他们之间相互联系、相互制约、共同发展。在当前全球经济一体化的大环境下,采购管理作为企业提高经济效益和市场竞争能力的重要手段之一,它在企业管理中的战略性地位日益受到国内企业的关注。通过3家企业在采购策略方面的对比,我们对采购管理的重要性有了更深刻的认识。

【思考题】

1. 请分析胜利油田现象说明了什么问题?
2. 案例中三种"采购现象"的本质区别是什么?请阐述如何在我国推进采购观念的改革。

[案例4-2] S汽车制造公司的采购流程

第一步 潜在供应商评审

是指现场评估供应商是否能达到对管理体系的最基本要求。具体程序:采用根据QS 9000制订的潜在供应商评审文件形式,必须在选定供应商之前完成。

第二步 选定供应商

是指供应商评选委员会批准合格厂商的程序。由S汽车制造公司的供应商开发及供应商质量部门,对全球范围内的供应商审核潜在供应商评审结果,评估各候选供货来源,批准或否决建议——在必要的情形下批准整改计划,签署决议文本。

第三步　产品质量先期策划和控制计划

是指为确保产品能满足客户的要求而建立一套完整的质量计划。要求所有为S汽车制造公司供货的供应商都必须针对每一个新零部件执行"产品质量先期策划和控制计划"程序。具体程序是根据客户的要求和意见，按以下各阶段进行：计划并制订步骤；产品设计与开发；工艺设计与开发；产品及工艺验证；反馈，评估及整改措施。

第四步　投产前会议

是指与供应商进行交流以明确零件质量合格及持续改进的要求。具体程序是通过供应商与客户有关人员在产品开发小组会议上进行密切的交流以对质量、生产能力和进度等要求进行研讨并取得认同。

第五步　样件审批或工装样品认可（OTS）样件审批

是指S汽车制造公司规定的样件审批规程。适用于需提供新样件的所有供应商。具体程序：由客户提供对样件的检验清单；供应商得到有关提供样件要求的通知；供应商得到相关要求；供应商提交样件和按客户要求等级提供文件；供应商会得到提交样件审理结果的通知；批准"用于样车制造"／"可用于样车制造"／"不可用于样车制造"。

第六步　正式生产件评审程序

是指关于正式生产件得以审批的一般产业程序。供应商严格按照正式生产件审批程序（PPAP）中规定的各项要求执行。

第七步　按预定能力生产

是指实地验证供应商生产工序有能力按照预定生产能力制造符合质量及数量要求的产品。进行风险评估；决定"按预定能力运行"的形式（由供应商监控/由客户监控）；通知供应商安排时间；完成"按预定能力运行"程序；后续工作及进行必要的改善。

第八步　初期生产次品遏制

是指供应商正式生产件审批程序控制计划的加强措施，初期生产次品遏制计划与产品先期质量策划及控制计划参考手册中的投产前控制计划是一致的。作为质量先期策划之组成部分，供应商将制订投产前控制计划，控制计划是PPAP正式生产件审批程序的要求之一，在达到此阶段放行标准之前必须按该计划执行。

第九步　持续改进

是规定供应商应有责任来制订一套能实行持续改进的程序。所有供应商必须监测其所有零件的质量工作情况并致力于持续改进，持续改进的程序目标在于减少生产加工的偏差和提高产品的质量，供应商应着重于听取用户的意见和工序的反馈，以努力减少工序波动。

第十步　成效监控

是指监测供应商质量成效，促进相互交流和有针对性的改进。目的是为了提高质量成效反馈，以促使重大质量问题的改进。范围：适用于所有的供应商。

第十一步　问题通报与解决（PRR）

是为促进解决已确认的供应商的质量问题而进行交流的程序。识别，如经现场人员核实，问题源于供应商不合格，立即通知供应商；遏制，供应商必须在24小时内针对不合格品遏制及初步整改计划作出答复；整改，供应商必须判定问题的根源并在15日内执行整改措施，彻底排除问题根源的工作情况作出汇报；预防，供应商必须采取措施杜绝问题复发，事发现场须核实这些措施的有效实施情况，以关闭PRR程序。

第十二步　发货控制：一级控制

是用于处理 PRR 未能遏制程序。程序：由 S 公司向供应商提出，供应商在发货地遏制质量问题外流。

第十三步　发货控制：二级控制

是由客户控制的遏制程序。程序：由 S 公司制的遏制程序，可在供应商、S 汽车制造公司或第三方现场执行，费用由供应商承担。

第十四步　质量研讨

是指在供应商现场进行质量研讨，解决具体质量问题。程序：在研讨会期间，着重于付诸实践地有效地解决问题，并采取持续改进的一系列措施；记录现场，广泛提供各种改进意见，评估，试验并记录改进的结果。

第十五步　供应商质量改进会议

是指供应商和全球采购高级管理层会议（执行总监级）。程序：S 汽车制造公司陈述质量问题，资料和已采取的措施；供应商介绍整改计划；就是否将此供应商从 S 汽车制造公司供应商名单中除名作出决定（除非在质量成效和体系上作出令 S 汽车制造公司满意的改进）；制订并监控整改计划。

第十六步　全球采购

是指在全球范围内寻找有关产品在质量，服务和价格方面最具有竞争力的供应商。程序：由于不能解决质量问题，主管供应商质量部门通知采购，开始寻求全球采购；采购部门开始全球采购程序。

（文章来源：物流天下网．）

【案例点睛】

要保证企业物流系统的良性运行，就必须加强和重视采购物流管理，以保证与生产物流和销售物流之间相互联系、相互制约、共同发展。对于企业采购来讲，虽然单个企业之间的采购流程略显差异，但总体上有基本的原则遵循，特别是要符合企业的发展需求和采购管理的规范要求，制定规范的采购流程对于采购管理的有效实施至关重要。S 汽车制造公司的采购流程清晰地制订了采购的步骤和要点，为有效运行物流系统奠定了基础。

【思考题】

1. S 汽车制造公司的采购流程有哪些特点？
2. 采购流程的执行过程中需要哪些关键环节？

[案例 4-3] 华为公司巴西代表处的本地化和全球化协同策略

由于巴西特有的市场环境，华为公司巴西代表处销售的产品有 40% 是通过本地制造的，通过全散件组装，可以享受巴西政府制定的本地生产税收优惠政策，还有 30% 是通过本地采购，以满足巴西当地政府针对电信产品的认证要求并降低成本。另外的 30% 是由华为中国总部直接供应的。降低采购成本是巴西代表处的重要管理工作。为此，巴西代表处特地成立一个项目组，探索降本增效，精耕细作的策略和方法。他们是用什么方法做到降本增效的呢？

第一种方法是"庖丁解牛"法。采购团队打开成本结构，按照庖丁解牛的方法，从产品原材料到单板、机械结构件，甚至每一颗螺丝进行详细分析，找到成本降低的机会点。采购团队发现巴西本地制造的产品，从机场、港口经保税仓到组装工厂的清关物流费用一直是由某独家供应商承接。对此，巴西代表处的采购认证部联合物流部对从港口到仓库的业务流程进行"庖丁解牛"，分析该业务都涉及到哪些步骤，每个步骤如果由华为操作的相关成本是多少？据此分析得出供应商的报价不合理，有理有据的驱动供应商降价100多万美元。

第二种方法是现场考察法。采购团队去巴西当地的安装站点考察，发现站点安装完成后，屏蔽电源线、馈线等还有不少剩余，于是采购人员与站点设计和订单配置人员组成改进团队，基于发现的问题优化公开方案和站点配置物料的配置逻辑。在满足一次进站交付的前提下减少配置冗余，帮助华为公司减少浪费几十万美元。

采购团队在现场安装点，还发现电源柜的配置解决方案可以优化，可以从两个电池盒优化成为一个电池盒，解决方案的优化也帮助代表处节约了100多万美元。采购团队还发现某电视供应商因华为要求在巴西圣保罗专门设立的电子仓库使用效率不高，于是跟供应商协商取消圣保罗仓库，由供应商直供，又节省了50多万美元。

第三种方法是优化法。采购团队发现某供应商的解决方案比华为设计的更好、更轻、更便宜，于是导入此供应商。为了避免独家供应的风险，采购部门与站点设计部门一起与本地供应商共同开发新的方案，实现多供应商供应，节约了50多万美元的成本。

第四种方法是本地化法。由于巴西物料有中国总部供应和本地供应两种方案，采购团队通过全面分析总部供应以及本地供应的全流程成本，发现有些部件如滤波器可以由总部供应改为本地采购，线扎可以由本地采购改为总部直供的供应方案。这种方法也帮助巴西代表处节约了50多万美元的成本。

对于华为公司不具备成本优势的产品，华为采购团队利用巴西玛瑙斯市的税收优惠政策，导入新的本地工厂进行生产制造，提升华为产品在巴西市场的竞争力，实现市场份额和销售收入的同步上升，创造更多的利润。

此外，巴西代表处通过向供应商总部直接采购节约工业产品税等10项措施的实施，又帮助公司节约了100多万美元的成本。

在巴西市场，很多物料需要遵守巴西当地的ANATEL标准，还有按照巴西PPB政策要求实施本地化采购。本地采购物料不能机械地套用华为公司的全球化统一标准，必须要因地制宜，遵循当地标准来构建成本优势，采购团队对物料进行详细分析，把20多个品类的本地采购物料进行了本地化标准的配置。其中5个品类通过当地标准实现了降本。举例来说，采购团队发现客户站点上有其他型号的屏蔽电源线，其屏蔽层的密度比华为的规格要低，于是巴西代表处提出华为的线缆是否可以使用相同密度的屏蔽线，通过华为总部专家仿真模拟、产品测试、小批量测试，发现变更屏蔽层后产品可以满足巴西本地要求，于是完成物料切换，成本节约100多万美元。华为总部专家借鉴巴西的经验，开发了新型屏蔽电源线，并将该项降本举措惠及全球。

华为公司早年进入巴西市场时，产品全部是从中国深圳总部供应，成本没有优势。经过多年的摸爬滚打，目前巴西代表处在本地制造和本地采购的占比达到了70%以上。不仅在产品成本方面构建了竞争优势，还由于大量的本地采购，供应柔性也大幅提升，库存周转率ITO也大幅改善。华为巴西采购团队将全球化和本地化相结合的策略运用得淋漓尽致，不断从全球化和本地化中收益，不仅降低了当地产品的成本，而且还为华为在巴西构筑起本地供应竞争力和产品竞争力的护城河，改善了巴西的营商环境。

（来源：华为管理网）

【案例点睛】

采购对于企业经营具有重要意义，离开了采购，生产企业的生产供应就会中断、生产活动就会无法进行，流通商贸企业就会出现缺货、造成机会损失。采购物流构成了企业物流系统的重要组成部分，是生产物流、销售物流的前提和基础。华为公司通过采用本地化和全球化协同策略，不仅成功地降低了企业运营成本，也有效提高了企业运作效率，为华为公司在海外的快速发展提供了有力保障。华为公司具体运用的多种降低采购成本的办法，是采购团队实施管理创新的成果，不仅增加了巴西代表处的利润，也惠及到华为公司在全球的发展。

【思考题】

1. 华为公司巴西代表处降本增效的具体方法有哪些？
2. 请结合案例分析，企业采购战略对于企业发展的重要意义。

任务二　了解供应链管理模式下的采购控制

在供应链管理模式下，采购工作要做到五个恰当：恰当的数量、恰当的时间、恰当的地点、恰当的价格、恰当的来源。

一、供应链管理环境下采购的特点

在供应链管理的环境下，企业的采购方式和传统的采购方式有所不同。这些差异主要体现在以下几个方面。

1. 从为库存而采购到为订单而采购的转变

在传统的采购模式中，采购的目的很简单，就是为了补充库存，即为库存而采购。采购部门并不关心企业的生产过程，不了解生产的进度和产品需求的变化，因此采购过程缺乏主动性，采购部门制订的采购计划很难适应制造需求的变化。在供应链管理模式下，采购活动是以订单驱动方式进行的，制造订单的产生是在用户需求订单的驱动下产生的，然后，制造订单驱动采购订单，采购订单再驱动供应商。这种准时化的订单驱动模式，使供应链系统得以准时响应用户的需求，从而降低了库存成本，提高了物流的速度和库存周转率。

2. 从采购管理向外部资源管理转变

一方面，在传统的采购模式中，供应商对采购部门的要求不能得到实时响应；另一方面，关于产品的质量控制也只能进行事后把关，不能进行实时控制，这些缺陷使供应链企业无法实现同步化运作。为此，供应链管理模式采购控制就实施有效的外部资源管理。实施外部资源管理也是实施精细化生产、零库存生产的要求。

要实现有效的外部资源管理，制造商的采购活动应从以下几个方面着手进行改进。

① 与供应商建立一种长期的、互惠互利的合作关系。
② 通过提供信息反馈和教育培训支持，在供应商之间促进质量改善和质量保证。
③ 参与供应商的产品设计和产品质量控制过程。
④ 协调供应商的计划。
⑤ 建立一种新的、有不同层次的供应商网络，并通过逐步减少供应商的数量，致力于与供应商建立合作伙伴关系。

3. 从一般买卖关系向战略协作伙伴关系转变

供应链管理模式下采购控制第三个方面，是供应与需求的关系从简单的买卖关系向双方建立战略协作伙伴关系转变。在传统的采购模式中，供应商与需求企业之间是一种简单的买卖关系，因此无法解决一些涉及全局性、战略性的供应链问题，而基于战略伙伴关系的采购方式为解决这些问题创造了条件。

（1）库存问题　在供应链管理模式下，通过双方的合作伙伴关系，供应与需求双方可以共享库存数据，因此采购的决策过程变得透明多了，减少了需求信息的失真现象。

（2）风险问题　供需双方通过战略性合作关系，可以降低由于不可预测的需求变化带来的风险，比如运输过程的风险、信用的风险、产品质量的风险等。

（3）通过合作伙伴关系可以为双方共同解决问题提供便利的条件　通过合作伙伴关系，双方可以为制订战略性的采购供应计划共同协商，不必为日常琐事消耗时间与精力。

（4）降低采购成本问题　通过合作伙伴关系，供需双方都从降低交易成本中获得好处。由于避免了许多不必要的手续和谈判过程，信息的共享避免了信息不对称决策可能造成的成本损失。

（5）战略性的伙伴关系消除了供应过程的组织障碍，为实现准时化采购创造了条件。

二、供应链环境下采购管理的实施

供应链环境下的采购管理重点在于做好供应商管理工作，正确处理和发展同供应商的关系，将采购及供应商的活动看作是自身供应链的有机组成，加快物料及信息在整体供应链中流动，做到缩短生产周期、降低成本和库存，同时又能以最快的交货速度满足顾客需要。

1. 企业采购的物料分类管理

对一个大型企业来说，每年为生产而采购的物料种类多达成千上万，不可能也没有必要同每一种物料的供应商建立长期的合伙关系。可以按照以下因素将所采购的物料分类：

① 物料对企业的重要程度；

② 物料获得的难易程度和可靠程度；

③ 供应市场化程度；

④ 企业与供应商的相对优劣势。

根据这些因素，企业可以考虑用不同的管理模式同这些物料的供应商发展关系。

2. 选择合适的供应商

一般来说，在传统采购模式下，同一种物料与企业有供应关系的厂家可能很多。在确定企业应该重点管理的关键性物料后，下一步就是如何在这些供应商中挑选合适的厂家以发展长期的合作伙伴关系。建立一种新的、有不同层次的供应商网络，并通过逐步减少供应商的数量，致力于与供应商建立供应合作关系。但是，企业的产品对零部件或原材料的需求是多样的，因此不同的企业供应商的数目不同，企业应该根据自己的情况选择适当数量的供应商，建立供应商网络，并逐步减少供应商的数量，致力于和少数供应商建立战略伙伴关系。

企业必须成立一个跨部门的联合小组，组员以来自采购、质检、研发、生产及信息技术等与供应链合作关系密切的部门为主。小组应首先制订合作伙伴的评价标准，建立供应链管理环境下合作伙伴关系的综合评价指标体系。然后在收集合作伙伴关系信息的基础上，可以利用一定的工具和技术方法进行合作伙伴的评价。企业一旦初步选定合作伙伴后，应该与选定的目标企业取得联系，以确认他们是否愿意与企业建立长期的合作关系，是否有获得更高业绩水平的愿望等。

3. 培养和加强长期合作伙伴关系

良好的合作关系首先必须得到供应和采购双方最高管理层的支持和协商，双方需要了解相互的企业结构和文化，并适当地对企业组织结构进行改造和对企业文化进行再塑造，解决文化和态度之间的障碍，尽量消除业务流程结构上存在的障碍。

在长期合作伙伴关系建立的实质阶段，双方需要进行期望和需求分析，相互之间需要紧密合作，加强信息共享，相互进行技术和设计支持。可以从以下几个方面着手。

（1）供应和采购双方的高层领导建立经常性互访制度　供应和采购双方的高层领导应经常进行协调和沟通，建立有效的激励机制，共同分享战略协作带来的好处，努力营造良好的合作气氛。

（2）供应和采购双方经常进行有关成本、作业计划、质量控制信息的交流和沟通，保持信息的一致性和准确性，通过提供信息反馈和教育培训，促进供应商质量改善和质量保证。

（3）建立联合任务小组，实施并行工程　供应和采购双方的企业之间应建立一种基于团队的工作小组，采购方在产品设计阶段让供应商参与进来，同时采购方也积极参与到供应商的生产流程和产品研发过程中，及时响应顾客的需求，为顾客提供高质量的服务。

（4）协调供应商计划　一个供应商可能同时参与多条供应链的业务活动，在资源有限的情况下必然会造成多方需求争夺供应商资源的局面。在这种情况下，制造商的采购部门应主动参与供应商的协调计划。

需要特别指出的是，要想维持长期的合作伙伴关系，相互间的信任是必不可少的。只有相互信任，双方才会共同寻找解决问题和分歧的途径，而不是寻找新的合作伙伴。相互信任比事先预测、依靠权威或进行谈判等手段可更快更经济地减少合作伙伴间的复杂性与不确定性，并能因此大大改善双方的合作绩效。

[案例4-4] 解析戴尔的"零库存"

1984年，迈克尔·戴尔以1000美元起家创办了戴尔计算机公司。现在，戴尔公司是全球领先的电脑系统公司、电脑产品及服务的首要提供商、全球最大的直销个人电脑公司、全球500强企业之一。戴尔的"零库存"管理是其主要的竞争优势。

一、库存过量的教训

1989年，戴尔公司成立才4年多，就顺利地从资本市场筹集了资金，首期募集资金3000万美元。对靠1000美元起家的公司来说，这笔钱的筹集，使戴尔的管理者开始认为自己无所不能。戴尔急于做大市场，于是动用巨资大量投资存储器，买进所有可能买到的存储器，实施存储器囤积计划，以便谋求暴利和发展。然而一夜之间形势逆转，此后存储器价格就大幅下滑。而屋漏偏逢连夜雨，存储器的容量几乎一夕之间，从256K提升到1MB，戴尔在技术层面也陷入了进退两难的窘况。结果，戴尔不得不以低价摆脱存货，这大大降低了收益，股价暴跌，甚至到了一整季的每股盈余只有一分钱的地步。

这是戴尔第一次面临前所未有的市场压力。巨大的库存风险促使戴尔公司积极深刻地反省自己，同时也促使戴尔深思存货管理的价值。在IT这样剧烈波动的产业中，制约决策也是很有价值的。存货过量的风险是直接引导戴尔确立"摒弃存货"原则的基础：一是充分利用供应商库存，降低自身的库存风险；二是通过强化与供应商的合作关系，并利用充分的信息沟通降低存货风险。在经历风险之后，戴尔才深刻认识到库存周转的价值。在互联网技术出现之后，戴尔公司又进一步完善了库存管理模式，并丰富了"信息代替存货"的价值内涵。

二、解读零库存

"零库存"并不意味着没有库存。像戴尔这样的组装企业，没有库存意味着无法生存。戴尔所谓要"摒弃库存"其实是一种导向，绝对的零库存是不存在的。库存问题的实质是：既要千方百计地满足客户的产品需求，同时又要尽可能地保持较低的库存水平，只有在供应链居于领导地位的厂商才能做得到,戴尔就是这样的企业。戴尔的库存很低,周转很快,并且善于利用供应商库存,所以其低库存被归纳为"零库存",这只是管理学上导向性的概念,不是企业实际操作中的概念。

"零库存"的精髓是低库存。戴尔不懈追求的目标是降低库存量。21世纪初期,戴尔公司的库存量相当于5天的出货量,康柏的库存天数为26天,一般PC机厂商的库存时间为2个月,而中国IT巨头联想集团是30天。

当客户把订单传至戴尔信息中心,由控制中心将订单分解为子任务,并通过Internet和企业间信息网分派给上游配件制造商。各制造商按电子订单进行配件生产组装,并按控制中心的时间表供货。戴尔只需在成品车间完成组装和系统测试,剩下的就是客户服务中心的事情。一旦获得由世界各地发来源源不断的订单,生产就会循环不停、往复周转,形成规模化。在得克萨斯州圆石镇,戴尔公司的托普弗制造中心巨大的厂房可以容纳五个足球场,而其零部件仓库却不超过一个普通卧室那么大。工人们根据订单3~5分钟就组装出一台新的台式PC。

三、如何形成零库存

戴尔的零库存优势是如何形成的呢?主要的方式是:一是整合供应商工作做得好,戴尔通过各种方式,赢得了供应商的信任,以至于不少供应商在戴尔工厂附近建造自己的仓库,形成了"戴尔频繁要求订货,供应商谨慎送货"的运作模式;二是形成了良好的沟通机制,戴尔与供应商形成了多层次的沟通机制,使戴尔的采购部门、生产部门、评估部门与供应商建立密切的业务协同;三是打造强势供应链运作机制,使供应商必须按照戴尔的意图来安排自己的经营计划。

1. 与供应商分享利益

戴尔零库存目标的实现主要是依赖于戴尔的强势品牌、供应商的配合以及合理的利润分配机制的整合等。按照法国物流专家沙卫教授的观点,戴尔要想与供应商建立良好的战略合作伙伴关系,应在多方面照顾供应商的利益,支持供应商的发展。首先,在利润上,戴尔除了要补偿供应商的全部物流成本(包括运输、仓储、包装等费用)外,还要让其享受供货总额3%~5%的利润,这样供应商才能有发展机会。其次,在业务运作上,要避免因零库存导致采购成本上升,戴尔向供应商承诺长期合作,即一年内保证预定的采购额。一旦采购预测失误,戴尔就把消化不了的采购额转移到全球别的工厂,以尽可能减轻供应商的压力,保证其利益。

2. 强化信息优势

通过强强合作,戴尔与供应商建立起伙伴关系,实现充分的信息共享。"由于戴尔的直接经营模式,我们可以从市场得到第一手的客户反馈和需求,然后,生产等其他业务部门便可以及时将这些客户信息传达到戴尔原材料供应商和合作伙伴那里。"戴尔副总裁萨克斯说。戴尔打造信息沟通的基本工具是免费800电话、全球性强大的网络交易、订货、接单体系。戴尔与客户、供应商及其他合作伙伴之间通过网络进行沟通的时间界限已经模糊了,戴尔与客户之间在24小时进行即时沟通,突破了上班时间的限制;同时,戴尔与合作伙伴之间的空间界限已经被模糊了,戴尔在美国的供应商可以超越地域的局限,通过网络与设在中国厦门的工厂进行即时沟通,了解客户订单的情况。通过强化信息优势,戴尔整合了供应商库存协作关系,并在实践中,成功地磨合了供应商的送货能力。戴尔与供应商培植紧密的协作关系,保证为客户提供精确的库存。

3. 强势供应链

戴尔的"零库存"是基于供应商"零距离"之上。戴尔要求供应商在其生产基地必须建立仓库,自建或租赁,来保持一定的元器件库存量。供应商承担了戴尔公司的库存风险,而且还要求戴尔与供应商之间要有及时、频繁的信息沟通与业务协调。

戴尔的基本优势是低库存。这个优势是具有行业水准的。在IT界,没有哪家竞争对手的库存水平能够超越戴尔。戴尔每天根据订单量来整合供应商资源。比如说,戴尔可以给供应商说,我们需要600万个显示器,需要200万个网络界面,这对供应商来说是很大的机会。所以,供应商愿意按照戴尔的要求把自己的库存能力贡献出来,为戴尔做配套,也尽量满足戴尔提出的"随时需要,随时送货"的要求。戴尔是如何实现低库存的呢?主要是精确预测客户需求;评选出具有最佳专业、经验及品质的供应商;保持畅通、高效的信息系统;最关键的还是保持戴尔对供应商产生强势影响力。这样,戴尔就能超越供给和需求不匹配的市场经济常态的限制,打造出自己的低库存优势。在戴尔,很少会出现某种配件的库存量相当于几个月出货量的情形。

因此,戴尔的零库存是建立在对供应商库存的使用或者精确配送能力的基础上,戴尔通过对供应商库存的充分利用来降低自己的库存。在供应链管理中,戴尔作为链主,其主要的分工是凝聚订单,供应商在戴尔的生产基地附近租赁仓库,并把零配件放到仓库中储备,戴尔需要这些零配件时,则通知供应商送货。零配件的产权由供应商转移到戴尔。由于戴尔采取了以VMI、CRM等信息技术为基础的订单制度,在库存管理方面基本上实现了完全的零库存。

四、伯灵顿的案例

伯灵顿环球公司是一家价值18亿美元的环球运输及供应链管理的企业。当戴尔公司将亚太区制造中心由马来西亚转移到中国厦门时,伯灵顿就以合作伙伴的身份一起到了厦门。以与戴尔的紧密合作关系做铺垫,伯灵顿在厦门的业务获得了快速的增长。伯灵顿的内部系统和戴尔相连,采用托管代售/原材料托管模式。这种现代物流的实质,就是直到伯灵顿将货物发到客户(戴尔)之前,货权仍属供应商,戴尔并不用承担库存成本,而是根据生产线的情况及时订货,供应商提供及时供货(JIT)服务,结果双方的效率都得到了提高,成本都在降低。这就是VMI具体操作的模式。

在国际上合作广泛的伯灵顿随戴尔一同进驻中国,主力承担起戴尔中国工厂的原材料物流供应,现在已经把即时供货的服务标准缩短到90分钟以内。供货时间之所以能做到这样短,一是能系统化地接收戴尔生产计划,二是通过自动库存管理保证货物的先进先出。伯灵顿在厦门为戴尔管理和运作VMI,帮助戴尔(中国)实现了真正的"零库存"。这是伯灵顿成立30年以来,在全球123个国家遇到第一个真正的"零库存"企业。

(来源:中国国际物流网站,2008-07-10.)

【案例点睛】

供应链管理模式要求采购控制实施有效的外部资源管理,而实施外部资源管理也是实施精细化生产、"零库存"生产的要求。"零库存"是面对竞争日益激烈的市场,企业提高市场反应能力、控制经营成本的重要策略。戴尔公司基于市场的瞬息万变而采取的"零库存"策略,是其成功的众多因素之一。戴尔的零库存优势的形成,是通过整合供应商、实现充分信息共享、建立强势供应链等有力措施逐步形成的,对于降低企业采购成本、增强企业竞争力起到了重要作用。

【思考题】

1. 戴尔公司是如何选择供应商的?
2. 戴尔公司的零库存是如何实现的?

[案例4-5] 千亿医药物流市场大角逐

2021年5月11日,九州通医药集团股份有限公司2020年度利润分配及业绩说明会在上证e访谈栏目以网络互动交流的形式召开。据介绍,九州通目前已经完成了医药物流服务网络的全国性布局,建立了全国规模最大的专业医药供应链服务平台,并连续十年位居中国民营医药流通企业第一名。随着医疗保障水平的提高,医疗市场药物需求量也逐步提高。据测算,未来中国冷链运输的药品市场规模或可达到1200亿元。

市场虽大,但也面临挑战。

医药物流在整个产业链中起着承上启下的作用,主要包括药品和医疗器械产品的物流。随着"两票制""4+7带量采购""94号文""医药电商"等新变量产生,医药供应链呈现扁平化、去中心化的发展态势,最终实现全行业渠道下沉,向终端客户聚焦。药品和医疗器械产品的流通环节正在加速整合。

自从2016年放开审批限制,各大物流行业巨头、中小物流企业纷纷发力抢滩入局,一定程度上刺激了医药物流行业的繁荣。如今快递、快运头部企业加速入局,开始深化现有业务结构中利润率高、壁垒性强的业务。医药物流似乎被各路物流企业一起看中,引发千亿医药物流市场大角逐。

"两票制""4+7带量采购",推动医药物流行业变革

随着"两票制""4+7带量采购"等医药改革政策的不断推进与落实,药品和医疗器械产品流通的模式骤变,呈现拆零量激增、渠道不断下沉的发展趋势,从而导致全产业链流通成本上升。

在推行"两票制""4+7带量采购"前,部分全国性流通企业对终端网络的渗透能力并不强,产品由全国总代理层层分发,形成多级代理关系。政策实施后,集中采购压价效果显著,医药流通渠道扁平化特点不断加强。医药供应链流通环节的压缩,使医药流通行业集中度逐步提升,中小流通企业逐渐退出,大型流通企业从中获益。

"两票制"改革使医药流通企业直接连接上游医药生产企业和下游零售终端,剔除中间多余的分销商环节,其信息流、物流、资金流枢纽作用愈发凸显。

"4+7带量采购"政策要求由生产企业选择配送企业,并鼓励与生产企业直接结算货款。医药生产企业将成为产品质量和供应的责任主体,尤其是在采用第三方物流后,实施全程供应链管理的责任落在药厂身上,对医药生产企业的供应链管理能力将提出更高要求。

政策改革带来的效果显著。物流方面,医药流通企业连接着上游医药生产企业,承担货物的集散、配送和渠道库存作用;信息流方面,医药流通企业直面下游医疗机构等终端客户,既能帮助上游医药生产企业实现"以销定产"的物料生产计划,又能实现医疗终端市场的信息收集和反馈,不断调整产品策略;资金流方面,为保障医药供应链的正常运转,医药流通企业需协助生产企业降低应收账款,保障其现金流,承担医院到厂家这一过程中的资金垫付功能。

自建VS三方?医药电商物流的多重选择

中国医药电商直报企业销售总额自2015年开始迅速增长,2019年中国医药电商直报企业销售总额突破1000亿元,2021年将接近1400亿元。行业人士分析,中国医药电商直报企业销售额将以约17%的年均复合增长率保持增长,医药电商物流需求随之水涨船高。由于药品的特殊性,大部分医药电商对于物流配送环节望而却步。专业医药物流公司九州通透露:公司的物流配送方式有三种,一种是商城配送,一种是平台自有物流团队配送,一种是第三方专业物流。由于目前电商平台几乎都采用仓配模式,前端进仓和仓间调拨主要是由厂家以整车的形式完成，因此，电商垂直物流在医药物流业务方面主要体现在末端配送。部分企业采取F2C模式，直接对接医药生产企业，达成直采协议，利用电商平台的仓储、配送能力减少物流中转环节，特别是提高三线以下等级城市的医药流通效率。电商垂直物流的优势主要体现在承接平台销售流量，主要做2C业务，靠流量优势夺取末端配送市场份额。从目前医药电商销售规模来看，2C业务仅占医药物流整体规模很小的比例，还未形成规模效应。目前，电商物流企业正在抓紧布局B端业务，通过建立一体化医药物流生态，打造一站式供应链解决方案，提升整个医药供应链效率。大部分电商没有B2B物流能力，只能倚仗第三方物流。也有个别电商平台想自建物流，但由于缺乏足够庞大的订单量支撑，出于成本考虑还是会交给第三方配送，因此，这也给了第三方专业物流极大的想象空间。随着处方药网售开闸趋势日益明朗，我国医药流通体系将迎来一场彻底变革。

行政壁垒消融，第三方医药物流借势崛起

自从2016年放开审批限制，第三方物流只要符合标准就可进入医药配送。作为物流业务中的高端场景，医药物流利润率及稳定性高于普通物流。承运普通货物的净利润率在5%以下，而医药物流却可以保持在8%，这致使医疗物流领域从之前国资背景的国药物流、上药物流、华润医药三足鼎立到现如今京东、顺丰、华人供应链等第三方物流企业全面入局后的百花齐放。

2018年国家邮政局相关领导曾明确表示，要引导邮政、快递企业加快发展冷链、医药等高附加值业务。如今，在政策推动和万亿级市场规模的吸引下，越来越多的第三方物流企业正参与进来并希望借势崛起。

据了解，顺丰成立医药物流事业部。顺丰医药在全国范围已落成4个GSP认证医药仓，规划中4个GSP医药仓，总仓储面积超过75000平方米，已开通运营23个专业医药集散点，36条医药干线、484个流向，覆盖全国22个省、超过960个区县。拥有自营GSP验证合格的医药冷藏车236台，并配备完善的物流信息系统以及自主研发的PLSS全程可视化监控平台。

京东物流近年来亦在医药物流领域动作频频，去年3月与北京华鸿有限公司签署合作协议，在仓储管理、配送服务等医药物流领域展开多层次、全方位的合作，共建一体化医药物流生态，提升医药供应链效率。京东物流在全国7个主要区域推进智能医药物流中心的建设，依托基础设施能力及一站式供应链服务系统，整合上下游资源，利用规模效应降低单位库存成本，通过大数据分析与需求预测，制定发货计划，完成库存优化、智能补货等供应链服务。

专业医药物流公司华人供应链是集冷链设施设备提供、温控技术研发、物联网应用与供应链管理于一体的专业化第三方医药供应链管理企业，也是首批医药冷链物流运作规范达标企业。经多年深耕，华人供应链建立健全了行业质量管理保障体系以及与药品包装和运输相关的验证管理体系，具备了满足不同品类、不同温度需求的药品运输防护包装和药品保温包装（含冷包）研发能力。

德邦、安能等传统物流的头部企业自然不愿放过医药物流这项高毛利项目，实际上也已涉入此业务领域多年，并取得了一定的业务规模。但值得注意的是，因为多数传统的物流企业并未取得药监局发放的医药、医疗器械的储运资质，同时产品中并未推出专门针对医药物流的产品服务，运营上与普货合车转运操作，并无特殊的操作流程。随着我国医药市场的不断整合与规范，大量效益低下、管理落后、运作原始的医药商业企业会被淘汰出局。而面对更加激烈的市场竞争和管理力度，选择更加专业的第三方物流或许是医药企业更好的选择。

（来源：水运网）

【案例点睛】

采购物流是企业物流过程的起始环节，采购策略也对物流运作模式有重要作用。供应链环境下，流通企业的管理重点在于做好上游生产企业和下游零售终端的有效衔接，将采购及生产企业的活动看作是自身供应链的有机组成部分。医药采购政策的改变，对于医药生产企业和流通企业都带来了深远影响。其直接效果是压缩了医药供应链流通环节，使医药流通行业集中度逐步提升，中小流通企业逐渐退出，大型流通企业从中获益。面对竞争日益激烈的物流市场，如何根据行业采购策略的变化调整物流服务策略，是物流企业需要认真思考和应对的问题。

【思考题】

1. 医药改革政策对医药物流产生了哪些影响？
2. 在供应链管理模式下，专业医药物流公司和传统物流企业各自的优势是什么？

【实训活动】

企业采购与供应链调研

[实训目的]

通过调研，使学生了解企业采购和供应链运行情况，运用所学知识分析实际问题，培养学生思辨能力和供应链管理意识。

[实训内容]

1. 调研某个企业主营业务情况和经营情况，了解企业日常采购业务情况、供应商情况和客户情况；了解企业整个业务运营状况。
2. 通过对企业情况的了解，描述该企业采购方式和采购流程。
3. 进一步描述企业所在行业供应链运行情况。

[实训要求]

1. 分组：按照"组内异质、组间同质"的原则，将学生分为若干个小组，每组3~5人。
2. 调研渠道：网络调研和实际调研相结合。
3. 学生制定调研计划，教师进行必要指导。
4. 每组提交一份调研报告，该报告至少包括以下内容：

① 企业的基本概况；
② 企业采购方式、采购业务基本流程；
③ 企业所在行业的供应链运作情况。

项目五　包装与装卸搬运

【学习目标】

◆ **知识目标**

1. 掌握物流包装的概念及分类。
2. 理解物流包装的功能。
3. 了解包装的方法和技术。
4. 掌握搬运活性指数的含义。
5. 了解装卸对象搬运设备分类与选择。

◆ **技能目标**

1. 能根据储运商品初步设计选用物流包装材料。
2. 能根据实际情况提出物流包装合理化建议。
3. 能为仓储简单设计合理的装卸搬运方案。

◆ **素养目标**

1. 树立节约能源、保护环境的理念。
2. 培养敢于突破陈规、艰苦奋斗的精神。

【导入案例】包装技术支持福特汽车的精益生产

福特汽车公司的目标就是成为世界级的精益生产商。要做到精益生产过程的关键是零部件供应商用于生产零件装运的包装。通过使用最佳尺寸的包装箱，系统和生产线的环保材料流通得到了改进。包装的整个作用是从长时间库存的大包装货物转换到小批量包装（比如说使用小包装箱）。

为什么采用小批量包装？

当小包装与 SMF（同步材料流）程序结合时，在生产循环中就产生以下优势。

- 能减少生产循环中各个阶段中不必要的浪费。
- 通过减少纸板包装支持欧洲的绿色战略。
- 通过使体积利用率最大化减少欧洲和出口市场的运费要求。
- 人工装运代替机械装运到生产线。叉式升运机能用专门的补给循环来代替。
- 减少物体空间要求。生产线旁的库存位置和市场存贮区能大大减少。
- 提高直接员工效率。包装箱能很有工效地送到操作者，使他们的效率最大化。
- 提高库存周转率。
- 降低增加的无价值库存量。
- 使生产流程更顺畅。
- 减少批数量，可用更小的单元订购或生产标准小包装箱，同时保持负载单元水平。

在有必要集中材料流过程的情况下，上述这些效率能通过福特公司和供应商来实现。总之，对小包装操作没有间接成本。

福特包装指南现已更新，它反映了福特为欧洲绿色工程和精益生产持续承诺，强调了欧洲分厂使用耐久小包装箱，出口制造厂使用小批量 IMC 纸箱。

(来源：福特汽车公司——欧洲包装说明书，2002-4.)

【思考题】

1. 为有效地支持企业的物流活动，包装和搬运作业应该如何合理组织与实施？
2. 福特汽车的小批量包装兼顾到了哪些企业生产需要？包装和搬运作为辅助环节提供了哪些合适的服务？

任务一　掌握包装合理化的措施

一、包装的概念

包装（package/packaging）为在流通过程中保护产品、方便储运、促进销售，按一定技术方法而采用的容器、材料及辅助物等的总体名称。也指为了达到上述目的而采用容器、材料和辅助物的过程中施加一定技术方法等的操作活动（《中华人民共和国标准物流术语》GB/T 18354—2006）。

二、包装的分类

1. 传统分类

（1）运输包装　又称外包装，是指以满足运输储存要求为主要目的的包装。它具有保障产品的安全，方便储运装卸、加速交接、点验等作用。它主要在厂家与分销商、卖场之间流通。

（2）销售包装　又称内包装，是直接接触商品并随商品进入零售网点和消费者或用户直接见面的包装。还可分为内销包装、外销包装、礼品包装、经济包装等。销售包装直接面向消费者，要求新颖简洁、方便实用，并体现商品性。

2. 专业分类

（1）按产品的属性分类　食品包装、药品包装、服装包装、五金包装、化工产品包装、电子产品包装等。

（2）按包装容器分类　箱、桶、袋、包、筐、捆、瓶、坛、罐、缸等。

（3）按包装材料分类　纸质包装、塑料包装、金属包装、玻璃包装、木制包装、陶瓷包装等。

（4）以安全为目的的分类　一般货物包装和危险货物包装等。

（5）按包装的结构分类　开窗式包装、购物袋式包装、封闭式包装、POP 包装等。

（6）按流通的功能分类　个包装、中包装、大包装。个包装又称为销售包装，这种包装是对产品最直接的包装；中包装又称批发包装，这种包装的目的是为了保护产品，主要是将物品以一个或两个以上的单位予以整理包装；大包装又称为外包装或运输包装。

三、包装的功能

任何产品，要从生产领域转移到消费领域，都必须借助于包装。早期，人们对商品进行包装，主要是为了保护商品，随着科学技术的不断进步和商品经济的发展，人们对包装的认识也不断深化，对其赋予了新的内容，既要方便运输、装卸和保管，又是商品在生产领域的延续。现代包装又向消费领域延伸，成为"无声的推销员"。

包装主要具有以下 3 个方面的功能。

(一) 保护功能

商品包装的保护功能是其最重要和最基本的功能，主要保护商品在流通过程中其价值和使用价值不受外界因素的损害。

1. 防止产品破损变形

产品包装必须能够承受在装载、运输、保管等过程中的各种冲击、振动、颠簸、压缩、摩擦等外力的作用，形成对内装产品的保护，具有一定抗振强度。

据有关资料显示，我国每年的物流损失率高达 140 多亿人民币。例如，全国水泥破袋率为 12%～20%，损失水泥相当于全年产量的 1/12，约 1000 万吨；全国玻璃平均破损率为 18%～20%，年损失高达 5 亿元人民币。因此，搞好包装是商品正常流转的必要条件。

2. 防止产品发生化学变化

产品在流通、消费过程中易受潮、发霉变质、生锈而发生化学变化，影响产品的正常使用。这就要求包装能在一定程度上起到阻隔水分、潮气、光线及有害气体的作用，避免外界环境对产品产生不良影响。

3. 防止有害生物对产品的影响

鼠、虫及其他有害生物对产品有很大的破坏性。这就要求包装能够具有阻隔真菌、虫、鼠侵入的能力，形成对内装产品的保护作用。

4. 防止异物混入、污物污染、丢失、散失和盗失等作用

对易污、易腐商品进行包装，可以使商品不受污染，不腐烂变质，保持其洁净卫生，保护商品的价值和使用价值不受损失。

(二) 方便功能

为产品流通、消费提供方便是一种合理包装必备的特征。包装通常将产品以某种单位集中。一般来讲包装要求既能够分割又能重新组合，以适应多种装运条件和分货的需要。产品包装的大小、形状、包装材料、包装重量、包装标志等各个要素应为运输、保管、验收、装卸、计量、销售等各项作业创造方便条件，同时，包装拆装作业本身能够简便快捷，拆装后的包装材料应当容易处理。

1. 方便物流

商品经过包装，特别是推行包装标准化，能够为商品的流转提供许多方便。例如，液态产品（硫酸、盐酸等）盛桶封装，小型异件产品装入规则箱体，零售小件商品集装成箱，为物流过程中产品的装卸、搬运、储存提供方便；同时，推行包装标准化，能够提高仓储的利用率，提高运输工具的装载能力；此外，产品包装容器上标有鲜明的标记（发运地、到达地、物资名称、规格型号、重量体积、生产厂家、注意事项等）以指导产品的装卸和运输，便于商品的识别、清点和入库，有利于减少货损和货差，减少流通环节的作业时间，加快商品流转，降低流通费用。

2. 方便销售

(1) 时间方便性　科学的包装能为人们的活动节约宝贵的时间，如快餐、易开包装等。

(2) 空间方便性　包装的空间方便性对降低流通费用至关重要。尤其对于商品种类繁多、周转快的超市来说，十分重视货架的利用率，因而更加讲究包装的空间方便性。规格标准化包装、挂式包装、大型组合产品拆卸分装等，这些类型的包装都能比较合理地利用物流

空间。

（3）省力方便性　按照人体工程学原理，结合实践经验设计的合理包装，能够节省人的体力消耗，使人产生一种现代生活的享乐感。

（三）促进销售

包装的销售功能，源于市场竞争，是现代商品流通中必然存在的现象。在商品质量相同的条件下，精致、美观、大方的包装可以增强商品的美感，引起消费者注意，诱导消费者的购买欲望和购买动机，从而产生购买行为，起到"无声推销员"的作用。它是公司和消费者相互联系的最终界面。消费者经常依据他们对商品的印象来购买商品，而他们的印象就源自包装上的信息——商标、色彩和对产品的展示。有些包装，由于具有潜在价值而强化了销售功能。如美观适用的包装容器，在内装物用完后还可用来盛装其他物品；五彩缤纷、印刷精美的火花、烟标等，还可作艺术品收藏等。

四、包装技术和方法

1. 包装技术

（1）包装袋　包装袋是柔性包装中的重要技术，包装袋材料是柔性材料，有较高的韧性、抗拉强度和耐磨性。包装袋一般分成3种类型：集装袋、一般运输包装袋、小型包装袋（或称普通包装袋）。

（2）包装盒　包装盒是介于刚性和柔性包装两者之间的包装技术。其包装材料有一定柔性，不易变形，有较高的抗压强度，刚性高于袋装操作，一般采用码入或装填，然后将开闭装置闭合。包装盒整体强度不大，包装量也不大，不适合做运输包装，而适合做商业包装、内包装。适合包装块状及各种异形物品。

（3）包装箱　包装箱是刚性包装技术中的重要一类。包装材料为刚性或半刚性材料，有较高强度且不易变形，包装量也较大，适合做运输包装、外包装，包装范围较广，主要用于固体杂货包装。主要包装箱有以下几种：瓦楞纸箱、木箱（木板箱、框板箱、框架箱）、塑料箱、集装箱。

（4）包装瓶　包装瓶是瓶颈尺寸有较大差别的小型容器，是刚性包装中的一种，包装材料有较高的抗变形能力，刚性、韧性要求一般也较高，包装量一般不大，适合美化装潢，主要做商业包装、内包装使用。主要包装液体、粉状货。包装瓶按外形可分为圆瓶、方瓶、高瓶、矮瓶、异形瓶等若干种。瓶口与瓶盖的封盖方式有螺纹式、凸耳式、齿冠式、包封式等。

（5）包装罐（筒）　包装罐是罐身各处横截面形状大致相同，罐颈短，罐颈内径比罐身内颈稍小或无罐颈的一种包装容器，亦是一种刚性包装。包装材料强度较高，罐体抗变形能力强。包装罐（筒）主要有3种：小型包装罐、中型包装罐、集装罐。

2. 包装方法

（1）防震保护方法　所谓防震包装就是指为减缓内装物受到冲击和振动，保护其免受损坏所采取的一定防护措施的包装。防震包装主要有以下方法：全面防震包装方法、部分防震包装方法、悬浮式防震包装方法。

（2）防破损保护方法　缓冲包装有较强的防破损能力，因而是防破损包装技术中有效的一类。此外还可以采取以下几种防破损保护技术：捆扎及裹紧的方法、集装方法、选择高强保护材料。

（3）防锈包装方法　主要包括：防锈油、防锈蚀包装方法；气相防锈包装方法。

（4）防霉腐包装方法　包装防霉烂变质的措施，通常是采用冷冻包装、真空包装或高温灭菌方法。

(5) 防虫包装方法　防虫包装技术，常用的是驱虫剂，也可采用真空包装、充气包装、脱氧包装等技术，使害虫无生存环境，从而防止虫害。

(6) 危险品包装技术　危险品有上千种，按其危险性质，交通运输及公安消防部门规定分为十大类，即爆炸性物品、氧化剂、压缩气体和液化气体、自燃物品、遇水燃烧物品、易燃液体、易燃固体、毒害品、腐蚀性物品、放射性物品等，有些物品同时具有两种以上危险性能。对不同的危险品要根据其特点采用不同的包装措施。

(7) 特种包装方法　主要包括：充气包装、真空包装、收缩包装、拉伸包装、脱氧包装。

五、包装合理化

所谓包装合理化，是指在包装过程中使用适当的材料和适当的技术，制成与物品相适应的容器，节约包装费用，降低包装成本，既满足包装保护商品、方便储运、有利销售的要求，又要提高包装的经济效益的包装综合管理活动。包装合理化与标准化是"一胞双胎"，二者相互依存、相互促进。

(一) 影响包装的因素

合理化包装要做到包装适当。首先，要防止包装不足。由于包装强度不足，包装材料不足等因素所造成商品在流通过程中发生的损耗不可低估。据我国1988年相关统计分析，认定因此而引起的损失，一年达100亿元以上。其次，要防止包装过剩，由于包装物强度设计过高、包装材料选择不当而造成包装过剩，这一点在发达国家表现得尤为突出，日本的调查结果显示，发达国家包装过剩约在20%以上。应该从物流总体角度出发，用科学方法确定最优包装。影响包装的因素如下。

1. 装卸

不同装卸方法决定着包装。目前，我国铁路运输，特别是汽车运输，还大多采用手工装卸，因此，包装的外形和尺寸就要适合于人工操作。另一方面，操作人员素质低、作业不规范也直接引发商品损失。因此，引进装卸技术，规范装卸作业标准等都会相应地促进包装、物流的合理化。

2. 保管

在确定包装时，应根据不同的保管条件和方式而采用与之相适合的包装强度。

3. 运输

运送工具类型、输送距离长短、道路情况等对包装都有影响。我国现阶段存在很多种不同类型的运输方式：航空的直航与中转，铁路快运集装箱、包裹快件、行包专列等，汽车的篷布车、密封厢车，以上不同的运送方式对包装都有着不同的要求和影响。

(二) 包装合理化措施

(1) 广泛采用先进包装技术　包装技术的改进是实现包装合理化的关键。要推广诸如缓冲包装、防锈包装、防湿包装等包装方法，使用不同的包装技法，以适应不同商品的包装、装卸、储存、运输的要求。

(2) 由一次性包装向反复使用的周转包装发展。

(3) 采用组合单元装载技术，即采用托盘、集装箱进行组合运输　托盘、集装箱是包装—输送—储存三位一体的物流设备，是实现物流现代化的基础。

(4) 推行包装标准化。

（5）采用无包装的物流形态　对需要大量输送的商品（如水泥、煤炭、粮食等）来说，包装所消耗的人力、物力、资金、材料是非常大的，若采用专门的散装设备，则可获得较高的技术经济效果。散装并不是不要包装，它是一种变革了的包装，即由单件小包装向集合大包装的转变。

[案例5-1] 包装引发的国际商务纠纷

国际贸易中，因货物包装问题而造成的损失较大，导致国际商务纠纷频频发生。

1. 使用的包装材料违反进口国法规

若使用的包装材料违反进口国的有关规定，则会导致货物在入关时被查扣。例如：绝大多数国家不允许使用稻草做包装捆扎与衬垫材料的货物进入；许多国家规定，为避免病虫害的传播，以木、竹、藤、柳等为原材料的进口包装物必须经过熏蒸处理，并附权威证明书，而未经熏蒸处理的包装物不能进入；大多数国家禁止使用旧报纸、旧棉花、旧棉布作商品内部充填物或包装缓冲材料。

2. 脆弱易碎商品的包装不够坚固

我国每年因包装保护不良导致进出口贸易商品在运输流通途中破碎损坏而引起索赔的案例很多。其原因除了运输流通途中出现意外，装运方法粗暴、违规等，还在于包装容器结构设计和使用不合理，内部缓冲衬垫设计和使用不科学等方面。

3. 贵重商品包装过于简易或封缄不严

有些贵重的出口商品因包装简陋或封缄不严而受损或丢失，引发商务纠纷。造成物品受损或丢失的具体情况有：包装纸箱封缄处开裂，捆扎带宽松，受压后包装变形，缺少包装封缄的原封专用标记，无防偷换措施（即打开后可重新封合而不留痕迹）等。此类商品门类众多，包括丝绸、服装、抽纱品、文体用品、玩具、工艺礼品、精密仪器、工艺瓷器、钟表等。

4. 危险品包装容器结构薄弱与密封不良

具有易燃、易爆、放射性等潜在危险的产品在储藏运输过程中需要密封包装，不然会因物品的渗漏逸出而发生燃烧、爆炸、污染等危害环境与人身的严重后果。这类产品主要有电石、铝银粉、油漆、有机溶剂等。过去几年里，我国发生过几十次因危险品出口包装引起事故而引发的纠纷问题。

5. 包装规格与容量不适当

我国某些商品的包装不按国际贸易惯例要求执行，不严格遵照客户要求操作，或因包装容量规格的设置划分不当，有些商品包装体积过于巨大或过于笨重，从而导致进口方拒收，引发商务纠纷。

6. 包装设计违反进口国宗教与风俗习惯

一些商品包装的图文标贴设计未能充分尊重进口国的宗教文化、风俗习惯，也是引起国际商务纠纷的常见原因之一。

[来源：金国斌. 中国物流包装中存在的问题与发展策略探讨 [M]. 包装学报. 2011 (4).]

【案例点睛】

包装是生产的终点也是物流的起点，物流系统的所有构成因素均与包装有关，在物流过程中不考虑包装的制约因素，将会对物流产生重大的不良影响。贸易纠纷的产生，往往不是商品本身原因造成，在物流实践中，不合格的物流包装会导致合格的商品被判定为不合格，有必要在物流系统中考虑包装的功能要素以及包装的方法和技术。

【思考题】
1. 请为这些产生贸易纠纷的包装重新设计包装方案？
2. 可以采用哪些方法来改善上述包装问题？

[案例 5-2] 泡沫填充袋保障运输

作为 Thomson 集团公司一个组成部分的 Thomson Learning 公司，坐落在美国肯塔基州，是一家世界领先的计算机教学公司。该公司专门生产计算机领域的文本教材、在线课件等教学材料，以及其他能够促进有效学习的产品。最近，Thomson Learning 公司在提高包装品质方面下了功夫，它改用 Sealed Air 公司生产的填充在包装袋内的泡沫包装来运输自己的产品。通过这项改变，Thomson 公司对存放包装材料的空间需求减少了 4800 平方英尺（1 平方米＝10.763 平方英尺），降低了劳动力成本，并使包装产品所需的时间缩短了 25%。

目前在 Thomson 公司位于美国肯塔基州的占地面积为 88 万平方英尺的工厂中，8 条主要的包装生产线上都配备了向包装袋中填充泡沫的包装系统。该种保护性的、在包装袋内填充泡沫的包装也提高了包装区域的生产能力和吞吐量。而且尤为重要的是，它还减少了产品因为损坏而被退回的事件的发生。因为泡沫体积最大可以膨胀 280 倍，形状与其内容物相一致，形成了一个保护性的衬垫。

作用很明显，Thomson 公司在寻找高品质包装方式时要考虑的一个重要问题是保护性能。公司每天包装并运输大量的物品，包括了教科书，光盘，评估和测试材料，以及许多其他在运输过程中必须安全稳定的产品。虽然他们以前使用的松散填充包装也可以提供缓冲作用，具有保护性，但是它不能达到 Thomson 公司所需要的缓冲级别。使用松散填充材料，一般每天必须向悬挂的料斗中补充原料三次。这项工作要求操作工将生产线停下来，放低料斗，加入松散填充材料，再将料斗升起使它归位。这是一个非常耗时的过程，每条生产线在一天中都要被迫暂停数分钟。

通过测试在对其他几个包装方式选择进行评估的同时，Thomson 公司通过在厂里安装一台 SpeedyPacker 包装袋填充泡沫设备，对该系统进行了测试。这样员工就可以取得填充在包装袋中的泡沫缓冲过程的第一手资料，并且可以亲手操作设备。Thomson 公司也对包装进行了测试，并且在最终决定采用这一项包装袋填充泡沫系统之前征求了顾客的反馈意见。

SpeedyPacker 只是来自 Sealed Air 公司的系列产品中的一个，这些系统使用 Instapak 出品的泡沫，泡沫的体积能够膨胀到它液态时体积的 280 倍。在几秒钟之内，就在包装作业线上，这种填充在包装袋内的泡沫衬垫将 Thomson 公司的学习材料固定在运输箱内的位置上，有助于降低产品在运输中被损坏的风险。根据被包装的产品不同，SpeedyPacker 系统可将包装袋料卷定制成 6 种袋长和不同的泡沫量，每分钟最多可以生产 21 个包装袋。

Thomson 公司的维护经理，Dick Adams 先生说，Thomson 工厂进行了 240 个小时（大约 6 个月）的运输测试，他们在向加利福尼亚州和波士顿的顾客运输用瓦楞纸板运输箱包装的产品时，使用了 Instapak 出品的填充了泡沫的包装袋作为缓冲材料。征求顾客对新包装反馈意见的顾客回执卡片被加在每一个运输箱中。

结果顾客给这个新的向包装袋中填充泡沫的包装方法打出了很高的分数。由于包装袋中填充有泡沫的衬垫为产品提供的保护作用，订购的货物能够以更好的状态抵达，因而

Thomson 公司被退回来的产品减少了。另外，Thomson 公司工作在包装作业线上的员工给该系统打出的分数是 A+。

Instapak 泡沫在运输箱中的膨胀方式是独一无二的，可以填充在产品和包装箱之间的空隙中，这是 Thomson 公司改用包装袋内填充泡沫包装方式的另一个好处。这一特点使 Thomson 公司统一了所需要的瓦楞纸箱尺寸，把使用的瓦楞纸箱型号从 24 个减到 5 个。并且，对 Thomson 公司来说，最棒的是公司达到了自己的目标。

在改用包装袋中填充泡沫的包装过程和 SpeedyPacker 系统之前，Thomson 公司的每一个操作人员每天一共可以包装大约 120 箱产品。而现在的新工厂里，有需求时，8 条生产线中的每一条每一班最多都能够包装 1000～1500 箱产品。在放假刚刚开学的高峰期，每天可以包装超过 40000 箱产品。正像 Ballachino 先生所介绍的那样，这项在包装袋内填充泡沫的项目获得了成功。

"在包装时间（每箱）上的节约使我们的生产线操作工很高兴，"他总结说，"如果用具体的数字来说明在我们劳动力上的节约，那就是我们的每箱成本减少了 3 美分。该 Instapak 系统还使我们有能力增加包装量，以便跟上顾客对产品的需求。我们达到了减少劳动力和改变混乱状态的目标，并实现了一些事先没有预期到的节约。在使用 Sealed Air 包装袋时，我们获得了很多经验。"

（来源：包装资讯．）

【案例点睛】

包装合理化是在包装过程中，使用适当的材料和适当的技术，节约包装费用，降低包装成本，既满足包装保护商品、方便储运、有利销售的要求，又能提高包装的经济效益。包装技术的改进是实现包装合理化的关键，在物流活动中需要大力推广先进包装技术。Thomson 公司选择 Instapak 泡沫作为填充包装材料后，商品在储运过程中减少了因商品破损而导致的消费者和企业利益受损；企业所需场地减少，提高了空间利用率；包装效率提高的同时降低包装成本，最重要的是提高了服务质量，为企业赢得客户的信任。

【思考题】

1. Thomson 公司选择 Instapak 泡沫主要是为了防止储运过程中发生什么状况？保护功能是怎样体现的？
2. 请考虑对于教材、文具类商品还可以采用什么样的包装方法来保护？
3. Thomson 公司如何降低包装成本？

［案例 5-3］快递包装如何变"绿"？

买买买、拆快递，早已是许多人快乐的源泉。然而，快递单量高速增长，伴随而来的是大量快递废弃物的产生。据估算，我国快递业每年消耗的纸类废弃物超过 900 万吨、塑料废弃物约 180 万吨。如果按业内每个快递包装 0.2 公斤的标准计算，2020 年我国全年的快递共产生了 1600 多万吨的"天量"固态垃圾，相当于约 1.5 亿个成年人的体重。

中国环境科学学会循环经济专家、深圳大学段华波教授表示，"此前有报告估算，按照现在的快递行业增长速度，快递业碳排放量将超过 3200 万吨，至 2025 年中国快递包装废弃物产生量达 2160 万吨，处理费用达 30 亿元以上，填埋处置量超过 100 万吨。"

中国现有的垃圾分类和回收体系未臻完善，海量被拆封后的快递包裹被丢弃到垃圾桶后，得不到有效回收利用。

那么，快递"垃圾"问题真的无解吗？

包装苦"胖"久矣

李萌是一位"网购达人",每周都会收到大量快递包裹。"很多快递,除了外包装盒,里面还塞着泡沫块、缓冲袋等填充物。"她说,包装盒外,一般都还有一层层的胶带。而快递取出来后,"盒子用不上,基本上都只能是丢掉。"

在各地的垃圾中转站、垃圾处理场可以发现,用于寄送快递的包装盒四处可见,在垃圾中占据了很大比例。这些混杂在生活垃圾、建筑垃圾等之中的纸盒或纸箱,大多已是污迹斑斑,很难回收利用。

在常见的快递垃圾中,包括了编织袋、塑料袋、纸箱、气泡膜、胶带等,很多快递存在过度包装的现象。在湖北、北京、天津等地,多名快递企业的快递员表示,快递包装包括多种材料,除了纸箱、塑料袋之外,还有大量用于填充易碎物的塑料泡沫、用于固定的胶带,以及快递单据等。特别是为了避免商品因运输过程损坏造成争议和退货麻烦,大量商家"宁多勿少"、"里三层、外三层"增加防护,导致包装材料增长。而这些塑料泡沫、胶带等包装,多难以降解。目前电子面单已经在快递行业得到一定程度的普及,加上纸本身可以在大自然中降解,因此"污染"的矛头大多都指向了塑料袋和胶带,后者也是阻碍纸箱被回收的大杀器。

"普通快递袋不具备降解效果,埋在土壤中100年也不一定能够完全降解,且市场上很多快递袋采用再生料生产而成,再生料是经由多种社会渠道流转之后再生产而成,带有大量的细菌及病毒,长期接触对人体的危害较大。"广东一家快递材料生产商的市场部负责人沈萌说。

"不可降解的塑料对环境的污染主要是土壤,会对土壤造成板结,导致营养下降,对植物的生长不利,这是一方面;再往深层次讲,即便以后降解了,它们也会形成微小的塑料颗粒,会进入地下水系统,然后是海洋,进入水循环意味着进入人类的食物链,然后对人体产生危害。"北京印刷学院青岛研究院院长、国家快递业绿色发展产学研协同创新示范基地负责人朱磊解释。

回收"难题"依在

朱磊认为,现在社会上对于快递垃圾的舆论略显夸张,他不赞成使用"污染"两个词来形容快递垃圾。"(快递包装)对环境本身不存在'污染'这样的说法,准确地说,是加大环境的承载压力。每个城市原本是有固定的垃圾焚烧和填埋点,现在垃圾回收量基本接近饱和,这是最主要的影响。"朱磊说。

"回收难"是解决快递垃圾的一大症结。回收后的快递包装盒种类繁多、规格不一,分类回收将耗费大量人力、物力,这影响了快递包装的回收效率。而集中回收到快递企业储存点的包装盒仍然较少,加上消费者拆件时导致包装受损严重,要在快递点实现再利用也比较困难。

从消费者的角度看,其实很多人对快递包装如何回收处理并不清楚。有网民说:"快递包装拆完都是直接扔,有些送给捡垃圾的大爷了。""纸盒、塑料、泡沫,类型太多,不知道怎么回收。"

有些时候,一个原本结实的纸箱在经过暴力分拣之后,它的实用性也会下降,导致回收的可能性下降。由于我国目前并没有针对快递包装的回收体系,国内的大型连锁快递公司大多尚未开展相关业务,"回收难"问题长期存在,循环利用不易实现。

除此之外,纸箱回收还与整个社会的垃圾分类体系、胶带材质等息息相关。

"传统纸箱在中国的回收率不到20%,因为透明胶带的滥用导致纸箱与胶带很难分离。反观欧美国家,纸箱利用率在90%以上,一方面是因为他们垃圾分类做得好,另一方面是因为他们用的是环保可降解胶带。"北京一撕得物流技术有限公司（下称"一撕得"）创始人邢凯说。

"日本大多数使用塑料周转箱进行快件的周转或终端投递，快递在运送到目的地之后，可收回多次使用，而中国的包装大多数为一次性耗材，除纸箱外，重复再利用可能性较小。"沈萌说。

生鲜电商和外卖因为其特殊性，是生产快递垃圾的重头。一位生鲜包装从业者则认为，"纸箱回收"是个伪命题。一方面是纸箱回收在运输途中容易损毁或破坏，收回来要想再次使用需要企业再加工处理，执行起来困难，一般企业回收回来还是将纸箱用于社会大回收体系；此外是纸箱的安全卫生问题，毕竟不知道这个纸箱上次装过什么东西。

全面"绿"化迎接大考

急剧增长的快递包装，不仅带来了巨大的资源浪费，也带来了严重的环保问题。如何处理这些快递垃圾，已成为不容回避的问题。

就在2020年底，中央经济工作会议明确将"做好碳达峰、碳中和工作"列为2021年八大重点任务之一。根据目标，我国二氧化碳排放力争2030年前达到峰值，力争2060年前实现碳中和。

正是在这样的背景下，2021年3月，国家邮政局制定的《邮件快件包装管理办法》已正式施行，对快递包装选用、包装操作标准进行了规范，快递物流企业更加重视绿色快递建设。整个快递行业开始了迎战这一"大考"的进程。

据悉，多家快递企业目前已经推出可循环快递箱、共享循环箱等举措，虽初见成效，但对快递垃圾的治理依然影响甚微。

究其原因，快递100CEO雷中南认为，快递垃圾问题不能只看快递物流企业，而应该结合包装生产企业、电商平台及商家"三位一体"协同发力，才能真正做到快递包装的优化升级、减量和回收再利用。比如快递包装供应商应发挥创造力，生产可循环、更环保的包装材料；占据快递业务量最大的电商平台及商家，应在保障商品安全的前提下，尽可能避免二次包装，避免不必要的浪费。

段华波也认为，快递包装的环保不能只盯着快递公司，电商也要加入"绿色行列"。

"据了解，快递绝大部分是来自电商件（超过80%），这类快递的包装材料一般由电商自行提供，快递企业仅提供寄递服务（运单）。而目前缺乏对电商销售商品的绿色包装要求，因此也限制了绿色包装的推广使用。此外，以'包邮'或非常低廉的寄递成本作为电商货物营销策略，也使得电商更倾向于选择一次性且低成本的包装材料。"段华波表示。

缺少产业架构的重置和产业链的深层转换，仍将是制约快递业在碳减排问题上"应试大考"的重要因素。

公开报道显示，在快递价格战白热化的当下，利润基本是每件以"分"定天下，使用高降解率包装袋每件将增加0.1～0.5元成本，对于企业来说，无疑会增加推广使用的竞争风险。

由此，在绿色快递的成本压力之下，就需要整个快递产业链及政策环境的协同发力，进行根本性的产业转换。

综合治理解决"包装内卷"

"快递包装应在完成其保护商品安全完好的基础上，尽量优化包装工艺。首先从包装生产者方面，就需要从包装生命周期的全过程出发来设计包装，去繁求简，践行低碳环保的理念。"圆通速递一位负责人表示。

据了解，受成本影响，绿色包装在快递企业推广有难度。快递业面临成本居高不下、利润率低的难题,很难有足够资金投入到生态环保领域。由快递企业自行搭建和运营回收网络也极大地增加了运营成本,绿色包装的大规模推广存在阻力。

在雷中南看来,"快递产业转换要迈过几道坎儿,首先是梳理产业链的上下游,快递环保溯源到电商平台这个责任主体,进而溯源到生产厂家、运营商家。电商平台应该建立一个'绿色准入机制',从源头上把控。其次是政策支持,目前包装复用、回收等路径是中断的,而打通路径则意味着成本增加,这在一段时间内需要政策性补贴,来促进产业转换,让环保包材企业具备造血能力,进入良性循环,最终改变目前的'快递包装内卷'。"

专家及业内人士也纷纷建议,要多措并举加强综合治理,比如,完善相关标准,规范快递包装材料,倡导可回收包装;遏制快递"过度包装",细化相关规定要求、增强执行力;出台优惠政策,鼓励企业和消费者参与快递垃圾回收,等等。

辽宁社会科学院低碳发展研究所所长毕德利认为,减少快递行业包装垃圾,需要快递企业树立环保节能的理念,加强创新,使用可降解可循环的包装物代替传统快递包装箱、袋等。

沈萌的观点是,对于生产、使用包装物的企业,在绿色产品研发及初期投入使用阶段,能够给予更多的政策支持与引导,如全降解的快递袋,国外很多国家会给予企业税收减免或补助。另外,政府还应该引导企业从一次性耗材转向可多次重复使用的物流装备类产品。

(来源:水运网)

【案例点睛】

基于可持续发展战略,人们对物流包装提出新的要求,那就是降低包装的高消耗,包装在废弃后应该是环保利于回收的。快递垃圾如果造成环境污染,治理的成本会非常高,与其把经费用于事后治理,不如出台相应的优惠政策,改善物流各个环节的包装管理。快递垃圾问题不能只看快递物流企业,而应该结合包装生产企业、电商平台及商家"三位一体"协同发力,才能真正做到快递包装的优化升级、减量和回收再利用。在鼓励企业加强环保包装材料的技术研发的同时,应鼓励快递企业更多地应用可回收材料,并探索快递装配、运送、回收、再利用一体化机制。此外,对于消费者,也要加强宣传教育,并鼓励电商采取快递包装换积分、换优惠等形式,提升快递包装的回收利用率。

【思考题】

1. 快递包装对环境有哪些影响?
2. 请结合案例分析,如何破解快递包装的回收难题?

[案例5-4] 某食品公司对产品的多重包装处理

FRUIT TREE 公司是一家生产各类果汁及水果制品的企业,随着零售点数目和类型的增加,果汁市场迅速地成长起来。FRUIT TREE 公司所关注的最主要的一个问题是果汁生产时的新鲜度。因此,有些产品是通过冰冻或浓缩制造的。对于 FRUIT TREE 公司的大部分生产来讲,气候在决定公司能否生产出某一产品中起着一个很重要的作用。

十年前,FRUIT TREE 公司的产品线是瓶装果汁和灌装水果的独立包装,所有的标签都是相同的,并且只有两种标准容器:瓶和罐。如果你需要苹果、梨罐头等,FRUIT TREE 公司将会给你提供独立的产品。

然而,在过去十年中发生了许多变化,对果汁产品的要求也越来越多元化,这些多元化要求包括:世界各地的顾客需要不同的品牌;顾客不再完全为英语语种的消费者,因此需要有新的品牌和标签;顾客的消费习惯要求容器大小能有一个可变的空间;顾客的包装需要从独立的包装变为24罐的不同包装；顾客对个性化品牌包装需求呈现上升趋势；大量商品不再接受标准的托盘式装卸，而要求被重新托盘化。

在这种趋势下，公司的存储和销售出现了一些问题。单一的包装形式很难适应多元化的市场需要，从而出现了有些产品库存过多，而同类的其他产品缺货的情况，因此公司需要寻求另一种方法来解决问题。

于是，FRUIT TREE 公司认识到，传统的生产、包装、打包、集合及运输入库的方法并不有效，问题的解决方式是重新设计对仓库的责任。这一战略将生产环节设计成为生产产品并将之放于未包装的罐和瓶上，这种产品被称为"裸装产品"。这种"裸装产品"相关的各种瓶和罐一起被送入仓库，仓库成为了一个为托盘化"裸装产品"与瓶和罐的半成品存储地。当顾客向 FRUIT TREE 公司提出每个月的购买意向后，直到货物装车前两天，公司才会确认订单，并立即将订单安排到仓库四条包装线的其中一条上。完成最后的包装和发运工作。为了保证包装生产线的利用率，当生产线有闲余时，将生产需求最大的产品，并将其入库以备后用。

FRUIT TREE 公司通过将包装业务放置到仓储过程中完成，有效地解决了库存不均匀和生产预测的复杂问题。该公司仓储改建包装流水线的总投资约700万美元，另外增加了6个包装操作员来充实包装线及安排已完工的托盘，但是库存的减少和运输成本的减少带来了26%的额外税后利润率。更重要的是，顾客服务的改进和对市场需求反应能力的提高，曾认为无法实现的要求现在已能顺利完成。

（来源：何倩茵. 物流案例与实训 [M]. 北京：机械工业出版社，2008.）

【案例点睛】

FRUIT TREE 公司"裸装产品"策略是一个类似于企业管理中"延迟战略"的物流概念：为了减少物流包装的成本与增大其价值，如何在流通过程中寻找最合理的作业地点、时间及形式。传统的货物交易通过适当延迟，可能减少风险，降低成本。"延迟战略"原理可用于国际营销系统中复杂产品的装配与包装。当产品类似但市场地点不同时，装配与包装的"延迟"，给了客户以适合自己个性化包装的机会，而且使其长途运输成本和管线中的差异化和货物库存量最小化。

【思考题】

1. FRUIT TREE 公司是如何对包装流程进行改造的？带来了哪些好处？
2. 结合案例，分析你熟悉的饮料企业的包装状况。

任务二　熟悉装卸搬运的组织实施

一、装卸搬运的概念及其种类

（一）装卸搬运的概念

装卸搬运就是指在某一物流节点范围内进行的，以改变物料的存放状态和空间位置为主要内容和目的活动。

装卸（loading and unloading）是指物品在指定地点以人力或机械装入运输设备或卸下。

搬运（handling/carrying）是指在同一场所内，对物品进行水平移动为主的物流作业（《中华人民共和国标准物流术语》GB/T 18354—2006）。

装卸搬运具有如下特点：

① 装卸搬运作业量大；

② 装卸搬运对象复杂；

③ 装卸搬运作业不均衡；

④ 装卸搬运对安全性要求高；

⑤ 具有"伴生"性和"起讫"性；

⑥ 具有提供"保障"性和"服务"性。

（二）装卸搬运的种类

1. 按照装卸搬运施行的物流设施、设备对象分类

可分为仓库装卸、铁路装卸、港口装卸、汽车装卸、飞机装卸等。

2. 按照装卸搬运的机械及机械作业方式分类

可分成使用吊车的"吊上吊下"方式、使用叉车的"叉上叉下"方式、使用半挂车或叉车的"滚上滚下"方式、"移上移下"方式及散装散卸方式等。

3. 按照被装物的主要运动形式分类

可分垂直装卸、水平装卸两种形式。

4. 按照装卸搬运对象分类

可分成散装货物装卸、单件货物装卸、集装货物装卸等。

5. 按照装卸搬运的作业特点分类

可分成连续装卸与间歇装卸两类。

二、单元化装卸

（一）托盘

托盘是指用于集装、堆放、搬运和运输放置作为单元负荷的货物和制品的水平平台装置。其主要特点是装卸速度快、货损货差少。

4. 麦德龙超市装卸作业

1. 托盘的种类

托盘按其基本形态分类，分为用叉车、手推平板车装卸的平托盘、柱式托盘、箱式托盘、板状托盘；用人力推动的滚轮式托盘；装运桶、罐等与货物外形一致的特殊构造的专用托盘。

2. 托盘装卸的形态

从托盘装卸的形态来分，托盘可分为保管装卸、终端装卸及托盘运输中的装卸三大类。一般常用的方法是：在保管装卸中，用叉车将托盘单元直接进行多层堆放保管的方法；利用托盘货架、流动货架的方法；利用中层货架和侧面装卸叉车配合的方法以及利用高层货架和升降吊车静配合的方法。

（二）集装箱

集装箱在进出口货物运输中应用广泛。

1. 集装箱的定义

集装箱（container）通常定义为：用于运输和储存若干单元货物、包装货或散货的矩形箱体，它可以限制和防止发生货损货差，可脱离运输工具，作为单元货物进行装卸和运输，无需倒装箱内货物。通用集装箱既可以承受货物重量和外冲击力，也可以防止货物日晒雨淋。

2. 集装箱的优越性

① 保护被包装的商品。

② 节约包装材料和包装费用。

③ 大大提高劳动生产率。

④ 加快周转。

3. 集装箱外尺寸

集装箱外尺寸包括集装箱永久性附件在内的集装箱外部最大的长、宽、高尺寸。它是确定集装箱能否在船舶、底盘车、货车、铁路车辆之间进行换装的主要参数。是各运输部门必须掌握的一项重要技术资料。集装箱标准化，能够有效地开展国际集装箱多式联运。

集装箱标准按使用范围分：国际标准、国家标准、地区标准和公司标准四种。国际标准集装箱基础模数尺寸是最小的集装尺寸，它是在物流基础模数尺寸基础上，按倍数推导出来的各种集装设备的基础尺寸。国际上以 1200 毫米×1000 毫米为主，允许 1200 毫米×1100 毫米和 1200 毫米×800 毫米两种形式存在。

4. 集装箱内尺寸

是指集装箱内部的最大长、宽、高尺寸。高度为箱底板面至箱顶板最下面的距离，宽度为两内侧衬板之间的距离，长度为箱门内侧板量至端壁内衬板之间的距离。它决定集装箱内容积和箱内货物的最大尺寸。

5. 集装箱内容积

是指按集装箱内尺寸计算的装货容积。同一规格的集装箱，由于结构和制造材料的不同，其内容积略有差异。集装箱内容积是物资部门或其他装箱人必须掌握的重要技术资料。

6. 集装箱计算单位（Twenty-feet Equivalent Units，TEU）

又称 20 英尺换算单位，是计算集装箱箱数的换算单位。目前各国大部分集装箱运输，都采用 20 英尺和 40 英尺长的两种集装箱。为使集装箱箱数计算统一化，把 20 英尺集装箱作为一个计算单位，40 尺集装箱作为两个计算单位，以利于统一计算集装箱的营运量。

7. 集装箱租赁

即所有人将空箱租给使用人的一项业务。集装箱所有人为出租的一方，与使用人（一般是船公司或货主），即承租的一方，双方签订租赁合同。由出租人提供合格的集装箱交由承租人在约定范围内使用。集装箱租赁，国际上有多种不同的方式，总括起来有：程租、期租、活期租用和航区内租赁等。

8. 集装箱装卸区

是指集装箱运输中，箱或货装卸交换保管的具体经办区域。集装箱装卸区一般由专用码头、前沿、堆场、货运站、指挥塔、修理部门、大门和办公室组成。有时堆场或货运站等可延伸到市区内部 5~15 千米的中转站。

思政小专栏
全国劳动模范许振超："当一个好工人"

他是一位普普通通的工人，只有初中文化，却靠着刻苦钻研技术，干一行、爱一行、精一行，从一名码头工人成长为"学习型、知识型、创新型"的当代产业工人的杰出代表，带领团队先后 8 次刷新集装箱装卸世界纪录，创造享誉全球的"振超效率"。他就是青岛前湾集装箱码头有限责任公司的全国劳动模范许振超。

1984 年，青岛港组建集装箱公司，许振超被选为第一批桥吊司机。他前前后后用了整整 4 年时间，凭借顽强毅力，逐步掌握了各类桥吊技术参数和设备性能，绘制的模板图纸后来成为桥吊司机的技术手册，成了青岛港集装箱桥吊排障、提效的"利器"。他带领团队打造的"48 小时泊位预报、24 小时确报"服务品牌，每年为船公司节约燃油 1.26 万吨，成为青岛港的又一金字招牌。

> 许振超说:"我靠的就是永不满足的拼劲和学习上不服输的韧劲,只有这样,才能把自己锤炼成'能工巧匠'。"从业几十年,许振超始终践行着执着专注、精益求精、一丝不苟、追求卓越的工匠精神,在平凡的岗位上做出不平凡的业绩。
> 来源:党建网

三、装卸搬运的组织

1. 装卸搬运机械的选择

① 装卸机械选择要与物流量相吻合。

② 装卸机械的选择应以满足现场作业为前提。

③ 装卸机械吨位的选择,应以现场作业量、物资特性为依据。

④ 在能完成同样作业效能的前提下,应选择性能好、节省能源、便于维修、有利环境保护、利于配套、成本较低的装卸机械。

2. 装卸搬运机械的配套

(1) 装卸机械在生产作业区要相互衔接。

(2) 装卸机械在吨位上要配套。

(3) 装卸机械在作业时间上要紧凑。

(4) 装卸机械配套的方法。

① 按装卸作业量和被装卸物资的种类,进行机械配套。

② 运用线性规划方法,设计装卸作业机械的配套方案。

③ 综合费用比较方法,来确定装卸机械的配套方案。

四、装卸搬运作业合理化

装卸搬运是衔接物流各环节必不可少的活动。在物流活动中,装卸搬运出现的频度最多,作业技巧最复杂,科技含量最高,时间和空间移动最短,但费用比例最大。有数据统计表示,装卸搬运费用在我国铁路运输的总运费中占20%,在轮船运输的总运费中占40%。而在装卸搬运中造成的货物损失也比其他环节大得多。所以,装卸搬运是一个看似简单确不可低估的重要问题。

装卸搬运的合理化可采取以下措施。

1. 防止和消除无效作业

所谓无效作业是指在装卸作业活动中超出必要的装卸、搬运量的作业。

① 尽量减少装卸次数。由于装卸搬运不产生价值,作业的次数越多费用就越高,而且货物的破损率和事故的发生频率也会越高,因此,要尽量压缩装卸搬运的次数。

② 提高被装卸物资的纯度。

③ 包装要适宜。

2. 选择适宜的装卸搬运路线

选择适宜的装卸搬运路线可以达到短距化的目的。缩短装卸搬运距离,不仅省力,省能源,又能加快作业速度,减少货物因装卸搬运距离远,时间长可能造成的摔碰损坏或其他事故。

以最短的距离完成装卸搬运作业。最明显的例子是输送带自动作业。将所要装卸搬运的货物合理地码放在输送带两侧,作业人员以最短的距离实现作业,大大地节约了时间,减少了作业人员的体力消耗,大幅度提高作业效率。

3. 提高物资装卸搬运的灵活性

所谓物资装卸搬运的灵活性是指在对装卸作业中的物资进行装卸作业的难易程度。在堆放货物时，事先要考虑到物资装卸作业的方便性。

物资装卸、搬运的灵活性，根据物资所处的状态，即物资装卸、搬运的难易程度，可分为 0 级至 4 级共五个级别，0 级为散放在地面的物资，1 级为成捆或集装的物资，2 级为被置于箱内以便装卸搬运的物资，3 级是被置于装卸搬运机械上，即可移动的物资，4 级是已被启动、处于装卸搬运状态的物资。

4. 实现装卸搬运作业的省力化

在物资装卸中应尽可能地消除重力的不利影响。在有条件的情况下利用重力进行装卸搬运，有利于节省能源、减轻劳力。此外，集装化装卸多式联运、集装箱运输、托盘一贯制等都是有效的方法。

省力化装卸搬运应遵循：能往下则不往上、能直行的则不转弯、能用机械则不用人、能连续则不间断、能集装则不分散的原则。

5. 保证装卸搬运作业的顺畅化

保证货物装卸搬运的顺畅化是提高作业效率、保证作业安全的重要因素。做到顺畅化，就是要保证作业场地无障碍、通道畅通、作业不间断。人力作业要有合理的通道，脚下无障碍，头顶要有足够的机械作业空间，还要防止停电、线路故障和作业事故的发生。

6. 实现装卸搬运作业的机械化

利用机械化，可以快速高效连续作业，又可以省力。机械化程度一般可分为三个阶段。第一个阶段是用简单的装卸器具的阶段；第二个阶段是使用专用高效的装卸机具的阶段；第三个阶段是依靠计算机实现自动化的阶段。

7. 推广单元化装卸

单元化装卸是指以集装箱、托盘、框架、网袋等单元化设备来装卸搬运货物。单元化装卸搬运效率高，货物散失率、损坏率低，可节约包装材料，便于码放和储存。

单元化装卸具有以下很多优点。

① 装卸单位大、作业效率高，可大量节约装卸作业时间。

② 能提高物资装卸搬运的灵活性。

③ 操作单位大小一致，易于实现标准化。

④ 不用手去触及各种物资，可达到保护物资的效果。

8. 实现装卸搬运人格化

装卸搬运工作是重体力劳动，很容易超过人的体力承受限度。在组织管理装卸搬运作业中，必须重视对作业人员的关心和尊重，如果不注意对作业员工的关心和人格的尊重，则容易发生野蛮装卸、乱扔、乱摔现象，造成不应有的货物损失。装卸搬运的货物如不能使用机构设备的，在包装时应注意考虑到人的正常能力和抓拿的方便性。这一点欧美国家在设计包装尺寸和重量时，均以妇女的搬运能力为标准。

[案例 5-5] 楼层库装卸搬运系统设计分析

东洲卷烟成品物流中心（简称东洲仓库）主要由 1 号和 2 号两个楼层库组成，该仓库占地 60 亩，包括仓储区、办公区、辅助功能区，其中成品仓储区由 1 号仓库和 2 号仓库组成，每个仓库配置有 8 个月台，分别负责省内和省外的业务；每个仓库 5 层，每层建筑面积 5887.5 平方米，1 号仓库总建筑面积 29437.5 平方米，2 号仓库总建筑面积 29437.5 平方米，整个仓储区总建筑面积为 58875 平方米。

东洲仓库的服务对象为浙江中烟，通过物联网技术手段，使其物流模式进一步向信息化、自动化、智能化和集成化方向发展，实现货位数字化、物品数字化、状态数字化及运行轨迹数字化；现在的东洲卷烟成品物流中心正在将信息化的技术全面的应用于楼层库的模式中，例如，其每个货位下面都有信息识别设备，需要出入库作业时可通过信息系统快速准确地找到相对应的货位，每台叉车上也装有车载终端，叉车司机可以快速准确地接收到自己将要进行的出入库作业信息，地埋天线的设置也为整托出库作业提供了信息技术的支持。

楼层库与运输车辆之间进行出入库作业的接口是一层的月台，当接到订单时，开始通过月台进行出库作业，当东洲仓库的库存不足时，启动由生产基地向东洲仓库的移库作业，当需要向楼层库的高层取货或输送货物时，发生转储作业，需要靠升降电梯来完成。

当一层的出库能力不足以支撑当天的出库总量时，就需要进行转储作业，转储能力主要与升降电梯相关，当然也与调度的合理性相关，能否在规定时间向规定地点转运规定数量的货物对出库效率影响很大，东洲仓库的出库作业有备货提前期，若在备货提前期内完成要求的转储量，则不会影响出库作业；另外，当一层的存储量不足以应对当天出库量时，就会发生即时的转储作业，即没有提前期的转储作业，此时的转储能力能否满足出库作业的要求将对出库效率产生很大的影响。

通过对转储作业的数据进行统计和分析，得出待售出库的成品烟在送到东洲卷烟成品物流中心月台不入库直接出库的数量占总出库量的10%，集中在2012年1～2月；待售出库成品烟在送到东洲卷烟成品物流中心仓库一层不周转，直接出库的数量占总出库量26%；从仓库2～5层转储到一层待售的数量总出库量的42%；从2层到5层直接送到月台进行装车的数量占总出库量22%。基于以上这些数据，以订单承接能力中订单承接量最大的月台为例，分析转储能力能否满足极限订单承接能力，如果能满足，则转储能力是足够的，如果不能，则需要进行改善。

上述分析可知，东洲1号仓库订单承接能力中单日最大出库量为2200个托盘，其中22%也就是484个托盘是需要在当天从2～5层通过升降电梯输送到月台，升降电梯的载运能力为6个托盘，在配置两辆装载升降电梯的叉车以及两辆卸载升降电梯的叉车的情况下，一个升降电梯完成一次转储需要的时间为平均为6分钟左右，1号仓库共有3个升降电梯，所以可得，在所列配置下，每6分钟可以完成18个托盘的转储，在165分钟内可以完成484个托盘的转储在出库作业能力的分析中，得出结论，完成单日极限出库量2200个托盘在经过优化后极限能力可以在130分钟内完成，由此可以得出，在高峰期，当日转储能力是要求达到的极限转储能力的73%，有一定的差距，需要采取改善措施。

[来源：陆海良，薛立立. 楼层库装卸搬运系统设计分析——以东洲仓库为例. 企业物流技术. 2012 (31).]

【案例点睛】

面对日益高昂的土地成本，立体仓库成为越来越多物流企业的选择，但接踵而至的就是库内的装卸搬运组织问题。相对于单一楼层仓储，电梯等物流瓶颈的出现，考验了仓储设计能力也考验了仓储运作组织能力，而首要考虑的问题不外乎就是搬运问题的解决。装卸搬运的运作必须配合其他的物流环节一起组织实施，本案例就考虑到了托盘化的搬运，同时设计搬运线路，增大了作业效率。

【思考题】

1. 东洲仓库的作业特点是什么？由此产生的库内搬运的特点又是什么？

2. 东洲卷烟成品物流中心采用的是叉车+电梯的组合搬运模式，如果不限定投资，不限定作业方式，请问你还能设计不同的搬运组织模式吗？

[案例 5-6] 联合利华的托盘管理

当前产品生产周期的缩短和 JIT 订购向仓库管理者提出了挑战，德州仪器公司基于 TIRIS 无线电频识别技术（RFIT）开发的一项全新"Smartpallet"系统，利用自动化技术消除了重复分拣，并缩短了配送时间。

联合利华公司（意大利）是全球第一个使用 Smartpallet 系统的企业，现在它的订货处理时间降低了 20%，员工数量减少了 1/3。目前排名第 25 位的联合利华公司生产洗发水、牙膏、洗洁精、化妆品、地板蜡和其他各种生活消费品。在安装 RFIT 系统之前，联合利华的 Elida-Gibbs 工厂每天需要 3 个工人处理 200 个托盘，现在一个仓库管理员一天就可以发送 350 个托盘，这样就可以减少托盘的堆垛和再装载工序。

德州仪器公司和一家计算机工程 Sinformat SRI 联合开发联合利华的物流系统，此系统于 1995 年安装在位于米兰附近的 Gaggiano 工厂，Sinformat SR 设计了基于视窗操作的计算机软件 EASYSEND，德州仪器公司开发了低频的 RFIT 系统来控制生产过程，记录产品位置，对产品称重和进行标签操作。配有无线电频率读数器的叉车在仓库装载活动中穿梭不息，这些读数器将每个托盘的状态及时传送给仓库门口的无线电应答器，然后再传送到仓库的计算机控制中心，管理人员就可以随时知道任何一笔订单所处的位置。结合半导体技术、微电子包装、计算机系统设计的 TIRIS 系统由三个部分组成：无线电发射应答器、计算机系统阅读器和天线。无线电发射应答器被固定在托盘出入的仓库门口，信息阅读器和天线被装在叉车上。

联合利华的高科技仓库中，每一个托盘都有一个条码，通过扫描仪将信息输入仓库的程序逻辑控制器。除此之外，计算机还存有该托盘的详细数据；可装箱的数量、订单装运地点、运送的商品种类。一个托盘装载了货物后，经过第一道门口时，用薄膜包装、称重，经过最后一道门时再次称重，以确保准确度。托盘按先进先出法处理，排列顺序依次输入计算机中。当托盘被放在装载底板上时，叉车上的 TIRIS 信息阅读器就开始检查、传送由门口的无线电频信号，精确定位托盘、当托盘到达装货地点时，另一个无线电发射应答器就会警示计算机托盘准备装进叉车中，随后货车的衡量工具自动根据计算机记载的资料比较总负荷与单个托盘的重量，如出现任何偏差便在系统内标注记号。

联合利华公司通过对托盘的先进管理，节约了时间，减少了差错，同时也降低了物流成本。

（来源：何倩茵．物流案例与实训[M]．北京：机械工业出版社，2008．）

【案例点睛】

信息化是物流产业发展的必然趋势，它的出现改变了传统的物流作业方式，整合优化了作业组织，本案例联合利华的高科技仓库对搬运组织进行了重新规划设计，特别是在出入库环节中利用信息化手段确保了装载工具的先进先出，确保了包装、检验环节自动化，增大了效率、降低了人力成本，相对于传统的出入库组织安排优势非常明显。

【思考题】

1. 联合利华公司的托盘管理先进之处在哪里？
2. 这种托盘管理给联合利华带来什么益处？

[案例 5-7] 适合装卸作业的货物仓库布局方式

某企业是一家生产工装裤的工厂,规模不是很大,它只生产少数集中产品,而产品的主要差别仅在于裤子的尺寸不同。

该企业在进行仓库布局设计的过程中,主要分为以下几个步骤。

一、根据产品的特点进行分类分项

在设计仓库布局时,该企业按照工装裤的尺寸大小分别存放进行考虑。先按照工装裤的腰围大小,从最小的到最大尺寸,分为若干类。然后每一类再按裤长尺寸由最小尺寸到最大尺寸,分为若干项。

二、根据分类分项进行存放

分类分项后,按顺序存放。为了减少订单分拣人员的分拣时间,除了按上述方法将工装裤按尺寸大小分类分项外,还可以将那些客户最常选购的一般尺寸就近存放在存取较为方便的货位,而将特小和特大、客户不常选购的特殊尺寸存放在较远和高层的货位。通过货物在仓库中合理布局,从而提高了物流工作效率,实现了物流合理化。

三、进行其他空间的安排

除了货物入库和出库所需要的库房储存空间以外,为了进行仓库其他业务活动也需要有一定的场地,具体如下。

① 车辆为等待装货或卸货的停车场和员工休息室。
② 入库和出库货物的暂时存放场地。
③ 办公室所需场地。
④ 保管损坏货物、等待承运商检查确认的场地。
⑤ 设备的保管和维护地区。
⑥ 危险品以及需要冷冻、冷藏等进行特殊保管的货物所需要的专用储存区。

进行了这样的仓库布局设计,该企业取得了很好的效果。

(来源:郝大鹏. 第三方物流实务 [M]. 武汉:武汉理工大学出版社,2007.)

【案例点睛】

本案例考虑到作业效率及成本,将客户最常选购的尺寸就近存放在存取较为方便的货位,将特小和特大、客户不常选购的特殊尺寸存放在较远和高层的货位。对于不同层货位所选用的装卸工具及工具产生的作业效率自然会不一样,不同距离货位所实施的搬运线路选择也不一样。同时基于搬运活性因素,设置了具有不同功能的储存空间,提高了效率。

【思考题】

1. 案例中仓库的内部布局有什么特点?
2. 规划仓库内部布局时,一般要考虑哪些因素?

【实训活动】

一、典型物流包装材质调查

[实训目的]

通过对牛皮纸、瓦楞纸、木材、马口铁、玻璃等典型物流包装材质使用状况的调查,掌握不同材质包装材料的适用原则。

[实训内容]

1. 典型包装材质的分析比较。

2. 不同材质运输包装效果的分析比较。

3. 调查并分析牛奶和软饮料的包装有什么差别？为什么？

［实训要求］

1. 学生主要通过实地走访调查校企合作单位、校内实训室的包装材料的使用状况辅以网上资料的查询写出调查报告，调查过程中不能将商业包装与物流包装混淆。

2. 报告不得抄袭，报告中应包含被包装的商品及包装材料的实物照片，描述包装的特点、包装的合理性、包装的不足及改进方案。

二、装卸与搬运作业

［实训目的］

通过实训使学习者学会根据装卸搬运对象不同，对装卸对象分类；分析搬运活性指数；提高搬运活性指数；掌握托盘装盘的方法；会使用托盘搬运车；会使用手推电动堆高机；提高初步设计仓库内的搬运方案的能力。

［实训内容］

1. 装卸对象分类与码放

(1) 辨析装卸对象特征

① 实训学生将各种装卸对象摆放在一起。

② 实训学生了解装卸对象的基本特征。

(2) 对装卸对象分类

① 实训学生根据装卸对象特征辨析轻货、重货；辨析散装货、集装货；辨析易碎、耐压货；辨析大批量、小批量货。

② 实训学生将一类装卸对象放置在一起。

(3) 实际码放

实训学生将经过辨析的装卸对象进行码放在托盘上。

① 将结实耐压品、重货放在底层。

② 将易碎品重新包装置于上层。

③ 将同一批货放置在一起。

2. 分析搬运活性指数

(1) 分析活性指数

① 实训学生将装卸对象散放于地上、置于容器、置于托盘、置于车内、置于传送带等不同位置。

② 实训学生根据装卸对象放置的位置不同，判断活性指数。

(2) 提高活性指数

① 实训学生根据出入库频率判断装卸对象的搬运活性。

② 实训学生将装卸对象合理对存在托盘上。

3. 托盘的装盘与紧固

(1) 托盘的装盘

实训学生按实训任务要求，对货物实施重叠式、纵横交错式、正反交错式、旋转交错式等各种装盘作业。

(2) 托盘货体的紧固

① 人工捆扎：用伸缩条、绳索、打包带等对货体进行捆扎。

② 自动化收缩薄膜：将热缩塑料薄膜置于托盘货体之上，然后进行热缩处理，塑料薄膜收缩后，便将托盘货体紧箍成一体。

4. 地牛的使用

（1）使用前的准备工作

① 检查托盘搬运车是否能正常工作。

② 检查地面是否有障碍物。

（2）使用过程

① 使托盘搬运车靠近托盘。

② 将其承载的货叉插入托盘孔内。

③ 由人力驱动液压系统来实现托盘货物的起升和下降。

④ 由人力拉动完成搬运作业。

（3）结束作业

① 将托盘搬运车放回原位。

② 检查托盘搬运车是否有损坏。

5. 手推电动堆高机操作

（1）使用前的准备工作

① 检查电压。

② 检查电源插头。

（2）使用过程

① 移动电动堆高机使之靠近托盘，低速行走。

② 将货叉叉入托盘，注意对准。

③ 提升托盘，避免一面提升一面行走。

④ 放入货架，避免震动。

（3）结束作业

① 清洁和整理，去除灰尘。

② 视实际情况充电。

6. 搬运线路选择

（1）搬运路线类型

① 根据任务确定直达型搬运线路的货物。

② 根据任务确定渠道型搬运线路的货物。

③ 根据任务确定中心型搬运线路的货物。

（2）路线选择

① 确定物流量。

② 确定搬运距离。

（3）选择搬运工具

（4）合理配置各条线路的搬运量及工具并制作方案

[实训要求]

1. 请使用实训室的教师、学生自觉遵守实训室规章制度，尤其确保人员安全、设施设备安全；

2. 以4～5人组成实训小组，每个任务都以2个小组为单位实施对抗演练操作。

项目六　仓储管理与库存控制

【学习目标】

◆ **知识目标**
1. 了解仓储管理的内容。
2. 掌握仓储作业的流程。
3. 理解库存的分类和库存控制的意义。

◆ **技能目标**
1. 能运用仓储管理相关知识制订企业的储备方案。
2. 能根据企业实际情况优化仓储作业流程。
3. 能运用库存控制方法对企业在库物资进行管理。

◆ **素养目标**
1. 树立爱国主义思想，坚定"四个自信"。
2. 培养严谨踏实、一丝不苟的精神。
3. 培养成本控制及供应链管理思想。

【导入案例】家乐福仓储作业的启示

目前，在我国制造业的物料管理中，尚存在着许多有待解决的问题。但同时大型流通零售企业在近年的发展中都形成了很好的物流经验，特别是沃尔玛、家乐福等国际零售企业在发展中形成了良好的存货控制、仓储管理、信息管理的系统。这些经验为我国制造业物料管理提供了良好的借鉴。

一、家乐福的仓储作业

家乐福的做法是将仓库、财务、运营（OP）、营业部门的功能和供应商的数据整合在一起。从统一的视角来考虑订货、收货、销售过程中的各种影响因素。因此，看家乐福仓储作业的管理就必须联系它的 OP、财务、营业部门来看，这是一个严密的有机体。仓库在每日的收货、发货之外会根据每日存货异动的资料，资料的数据传输给 OP 部门，OP 部门则根据累计和新传输的资料生成各类分析报表。同时，家乐福已逐步将周期盘点代替传统一年两次的"实地盘点"。在实行了周期盘点后，家乐福发现，最大的功效是节省一定的人力、物力、财力，没有必要在两次实地盘点的时候大规模兴师动众了；同时，盘点的效率得到了提高。

二、从家乐福所获得的启示

1. 加强仓库的控制作用

根据"战略储存"的观念，仓库在单纯的存储功能以外还有更重要的管理控制的功能。第一，加强成品管理，有效维护库存各物料的品质与数量。第二，强化料账管理，依据永续盘存的会计理念进行登账管理。第三，要及时提供库存资讯情报。要具备稽核功能、统计功能。以料、账和盘点的数据为基准。制订出有关资讯报表。第四，注重呆废料管理。通过制订呆废料分析表,利用检查及分析等手段使仓库中的呆废料突显出来,并及早活用,最大限度地减少损失。

2. 推行周期盘点

家乐福利用周期盘点代替一年两次实地盘点的做法在一定程度上也是值得制造业企业学习的。"周期盘点"以一个月或几星期为一个周期,根据品类管理对物料的分类,同样也对所储存的物料进行盘点周期的分类。每一次盘点若干个储位,根据盘点的结果进行调整,并生成周期盘点的相关报表。采用"周期盘点"可以达到缩短盘点周期,及早发现"人"的问题以及仓储中存在的问题。但周期盘点的实施需要企业财务、采购、仓库各个部门有更强的控制能力和相互间联系反应的能力。

(来源:张鸣. 公司财务理论与实务 [M]. 北京:清华大学出版社,2005.)

【思考题】

家乐福仓储作业的技巧和方法有哪些?有何启示?

任务一　掌握仓储的相关知识

一、仓储的形成

在原始社会中,由于生产力的发展,剩余产品产生了,也就形成了储备。由于采用弓箭等狩猎工具,获得猎物增加,因此除了自己享用和用于交换货物之外,出现了猎物的腌制和晾干等技术,以备食物短缺。同时,也出现了从事谷物栽培技术,到了收获季节,打下的粮食,一下吃不完,把它储存起来,就形成了储备。这种储备的作用,是储备剩余物资,以待后用。

后来,人们为了防备战争和灾害,平时有计划、有目的进行储备。这种储备的作用,是预防以后的需要。

随着农业、工厂手工业的发展,特别是17世纪以来商业和工业的发展,出现多环节的生产过程和流通过程,为保障生产和流通的各环节的顺利进行,需要一些物资处于等待、准备状态,这种在生产和流通的各环节上进行的储备,是生产和流通顺利进行的条件。这种储备即为周转储备,它的作用是缓冲各环节间供和需在时间上和空间上的矛盾,保证各环节都能顺利进行。

二、仓储的含义

仓储(warehousing)是指利用仓库及相关设施设备进行物品的进库、存储、出库的作业(《中华人民共和国国家标准物流术语》GB/T 18354—2006)。

人们经常涉及库存、储备、储存及保管这几个概念,而且经常被混淆。其实,这些概念虽有共同之处,但仍有区别,认识这个区别有助于理解物流中"储存"的含义。

1. 库存

库存(inventory)是指储存作为今后按预定的目的使用而处于闲置或非生产状态的物品。广义的库存还包括处于制造加工状态和运输状态的物品。

库存实质上是仓库中处于暂时停滞状态的物资存量。造成物资停滞状态的原因包括:能动的各种形态的储备;被动的各种形态的超储;完全的积压。

2. 储备

物品储备(goods reserves)是指为应对突发公共事件和国家宏观调控的需要,对物品进行的储存。有当年储备、长期储备、战略储备之分《中华人民共和国国家标准物流术语》

GB/T 18354—2006)。

物资储备是一种有目的的储存物资的行动，也是这种有目的的行动和其对象总体的称谓。物资储备的目的是保证社会再生产连续不断地、有效地进行。所以，物资储备是一种能动的储存形式。

3. 储存

储存（storing）是指保护、管理、贮藏物品（《中华人民共和国国家标准物流术语》GB/T 18354—2006)。

广义的储存是包含库存和储备在内的一种广泛的经济现象，是一切社会形态都存在的经济现象。在任何社会形态中，对不论什么原因形成停滞的物资，也不论是什么种类的物资在没有进入生产加工、消费、运输等活动之前或在这些活动结束之后，总是要存放起来，这就是储存。这种储存不一定在仓库中，而是在任何位置，也有可能永远进入不了再生产和消费领域。

狭义的储存是指物品在仓库中的储存，这种仓库中的储存简称仓储。本书中我们所讲的储存即是指狭义的储存。

库存和储备的本质区别：第一，库存明确了停滞的位置，而储备这种停滞所处的空间位置远比库存广泛得多，可能在生产及流通中的任何结点上，可能是仓库中的储备，也可能是其他形式的储备；第二，储备是有目的的、能动的、主动的行动，而库存有可能不是有目的的，有可能完全是盲目的。

4. 保管

保管（storage）是指对物品进行储存，并对其进行物理性管理的活动（《中华人民共和国国家标准物流术语》GB/T 18354—2006）。

物资在储存过程中，由于其本身自然属性及外界因素的影响，随时会发生各种各样的变化，从而降低产品的使用价值甚至丧失其使用价值。仓储物资保管就是研究物资性质及其在储存期间的质量变化规律，积极采取各种有效措施和科学的保管方法，创造一个适宜于物资储存的条件，维护其在储存期间的安全，保护物资的质量和使用价值，最大限度地降低物资的损耗。

思政小专栏

国家储备仓库

国家储备仓库是指国家设置的为防止战争和应对自然灾害以及其他意外事故而储备各类物资的仓库。这是一种特殊的储备仓库。如国家储备粮库、国家储备物资仓库等。它除了保持物资的正常周转外，对于以丰补歉、抗御灾害、应对突发事件、保证经济和社会稳定都有重要的意义。

随着全球新冠肺炎疫情肆虐，国际粮食市场不确定性增加，我国人口数量又如此庞大，保证粮食安全就显得尤为重要。因此，国家粮食储备必须坚持增产与减损并举，既要治理"舌尖上的浪费"，更要减少粮食产后损失。通过建设"智慧粮库"，推广应用低温储粮等技术，全面倡导适度加工、合理加工，多措并举推进粮食收购、储藏、运输、加工、消费等全链条的节粮减损。

节约粮食，是我们每个公民应尽的义务。作为一名大学生，要传承中华民族勤俭节约的优秀传统，积极倡导文明用餐的新理念、新习惯、新风尚。

资料来源：央视财经

三、仓库的类型

1. 按功能分类

仓库按功能分类，有如下几种。

① 储备仓库。

② 周转仓库。

2. 按用途分类

仓库按用途分类，有如下几种。

① 自用仓库。

② 营业仓库。

③ 公共仓库。

④ 保税仓库。

3. 按保管形态分类

仓库按保管形态分类，有如下几种。

① 普通仓库。

② 冷藏仓库。

③ 恒温仓库。

④ 危险品仓库。

4. 按结构和构造分类

仓库按结构和构造分类，有如下几种。

① 平房仓库。

② 多层仓库。

③ 立体仓库。

④ 散装和罐式仓库。

5. 世界先进大型物流中心

四、仓储的作用

（一）积极作用

1. 可以避免由于紧急情况而出现停产或供应中断

在经营中，企业通常保持一定数量的库存作为缓冲，以防在运输或订货方面出现问题，而影响生产或销售活动。制造商不愿意因为原材料缺货而关闭装配线，因为这样做成本非常高。对于零售商，也不愿意因为存货缺少而出现商品脱销的不利局面，因为由此而带来销售机会散失。

2. 调整供需之间的季节差异

对以农作物为原材料的企业，由于农作物只在一年中某些时间之内生产，因而需要存储这些产品以满足全年的需求。在冬季，货物运输存在一定的困难，选择提前或滞后交货，以避免天气的影响。对生产企业来讲，根据需求高峰而设计生产，风险极大；为了避免风险，而采取长期有规律性地进行小规模生产，形成了非高峰需求库存。

3. 防止市场异常变化

由于生产全球化程度的不断提高，企业产品销售的范围和原材料采购趋向全球化，市场不确定因素也越来越多。如果供应国发生政变或经济危机，那么供应就会中断，从而导致缺货。因此，对于从事国际货物交易的企业来讲，必须保证一定量的安全库存。

4. 可以节约经营成本

企业原材料的采购可以逐日采购、按月采购等，但采购成本不尽相同。如果采用定期采购，增加了采购量可以减少采购货物价格。同时，大批量采购导致了大量运输，由于整车运输的运费率比零担运输低得多，从而减少运输成本。

（二）消极作用

1. 占用资金

由于货物不能及时交货，使得企业不能及时收回资金，势必影响企业的经营。众所周知，提高资金周转率，可以提高企业的年利润率，这是很多企业努力的目标。

2. 支付各种费用和货物的消耗

由于物品的交付需要一个间隔期，需要场所和措施保持货物的使用价值，就必须耗用相应的人力和物力，因而势必支付保管费、房租费等各种费用。同时，货物在储存期间，不可避免地发生自然损耗和异常损耗，造成货物的自然减量和人为减量。

[案例6-1] 华为松山湖智能仓管物流中心

2009年，由于华为业务不断扩张，华为制造部从深圳坂田的生产中心搬迁至东莞松山湖南方工厂厂区。为了实现公司的大供应链战略，华为与第三方合作耗时两年，建立了一套集收货、质检、储存、分拣和发货为一体的自动化仓库管理系统。该系统集成了自动传输系统、物料分拣系统、货架系统、堆垛机系统、输送机系统、业务管理和控制系统、条形码系统、输送系统等，几乎使用了当时条件下最先进的技术，直到现在该自动仓库管理系统还在运行和服务当中。

该自动化仓库实现了物料从入库到出库的全程自动化。比如入户周转箱，从月台到拆包装区的自动化搬送，入库托盘与周转箱等自动上架，补货料箱的自动化搬送与分流，拣选货物的自动供给，分拣机的自动化分解，大件商品在线拣选等。该系统轻松实现了正向物流的全程自动化作业和退返品逆向物流的全程自动化作业以及空托盘料箱的自动化收集与供应。华为的这套自动化仓管系统不仅提高了作业流程的效率，其复杂的系统逻辑控制与高度的自动化程度，对高端制造业、智能制造也具有广泛的借鉴意义和深远的影响。

华为的自动化仓库管理系统对原来的仓管模式也做了优化和改善。该自动化立体仓库创造了多样化的拣选模式，包括自动仓库堆垛机拣选、水平旋转货架拣选、侧边拣选、GTP goods to person 的区域灯光拣选、看板区手持IF拣选以及提前拣选、高价值紧急拣选等，将复杂的作业模式以智能化方式展现出来。

在自动化立体仓库，还具备全自动化的补货作业能力，包括托盘、自动仓库向料箱自动仓库补货，料箱自动仓库向水平旋转货架侧边区、看板区补货，侧边堆垛机存储位向拣选位补货等，极大地缩短了人工搬运距离，该立体仓库还实现了对电子元器件的特性管理需求，包括潮湿敏感度管理、超期管理、PSN包装料号管理、VNMI发料物权管理、看板管理等。在10年前项目实施时，该项目还是具有很强的技术领先性的。

华为的自动化仓库还实现了对有限空间的充分利用。该自动化立体仓库通过密集存储、水平旋转货架和夹墙方案设计，对料箱业务进行提前预处理，有效地利用了仓储空间，提高了空间利用率，保证了入库暂存区的面积。同一层面的自动化仓库内设置了料箱业务的二次回库及出库作业，增加了货位，也提高了库存能力。

华为在自动化仓库管理系统还提供了特殊情况下的防灾预案，采用了一二级库分级管理，确保整个供料系统可以有双重保护。在面对由于灾难性状况，如停电、地震遭严重破坏的单个站点或功能区障碍导致的供料中断时，可以通过各功能区的并行库存管理及多站点式拣选，确保在紧急情况下仍然可以为生产线供料。

华为松山湖南方工厂的自动化立体仓库,涵盖了收货、退款收货、质检、转运、上架、出库、补货、订单管理、批次管理、库存分配、分箱计算、拣货、齐套管理、运输发货等一整套进出存仓库管理流程。直到今天,这套系统也呈现出它的先进性和智能性,也极大地提高了华为全球化供应链的竞争力。

(来源:商业新知网)

【案例点睛】

通过分析华为的智能仓储物流中心,我们可以预测传统上需要大量劳动力的运输和仓库管理工作,尤其是重复性的工作,在不久的将来会通过自动化和机器人来替代,当下的我们正处于一个颠覆性的时代,各行各业都有机会迅速改变世界,改变原有的商业模式和运营系统。许多曾经由人类亲手完成的职能正在由机器人进行,我们需要抓住一切机会主动的寻求变化,用各种可以加以利用的先进技术和智能技术来装备企业的硬件设备和设施。中国拥有全世界最大的市场,为中国的仓储物流业奠定了极佳的市场实现机会。对于广大民营企业,向业界先进标杆学习,紧紧跟随他们也不失为一种聪明的竞争策略。

【思考题】

1. 华为松山湖厂区的自动化仓库管理系统由哪些子系统构成?
2. 请结合案例分析,智能仓储管理系统为企业发展带来哪些优势?

[案例6-2] 晋亿公司的自动化立体仓库

位于浙江嘉善的晋亿公司占地面积30万平方米,厂房面积17万平方米,毗邻上海,总投资13亿元,其中半数用于投资固定资产,主要包括制造设备、物流设施和信息管理系统,建有私家内河码头及存放10万吨产品的自动化立体仓库,公司主要生产各类高品质紧固件,产品远销美国、日本、欧洲等市场。

一、靠整合大赚物流钱

"现在不是靠造螺栓赚钱的时代了,晋亿赚的是物流的钱,赚的是管理的钱。"晋亿公司董事长蔡永龙说。

从跨出台湾地区开始,晋亿公司就有计划地搜集世界各国螺栓市场交易现况,建立一个国家整体螺栓进出口与使用现况的信息库,每年不断地搜集包括各国最大代理商当年度买卖状况,输入计算机建立资料与分析。依据这套系统,晋亿公司所有的库存按照市场实时状况做调整,缺什么螺栓就生产什么螺栓。

晋亿公司不仅精确掌握全美国最大螺栓代理商Fastenal下给全球各大螺栓厂订单的数量,还帮助Fastenal分析整体美国市场的最新状况,教Fastenal怎么抓住螺栓市场的商机。同时不仅帮助Fastenal解决订单难题,还要替它节省成本。过去螺栓交货是一个个货柜运往洛杉矶,Fastenal收货之后再自行依不同规格与数量分装送往各大据点,而通过晋亿的自动仓储与两万种螺栓分类,Fastenal只要告知各据点需求与数量,晋亿的工厂就按照这些需求,直接送往美国各地,节省了Fastenal自行分装的人力与物流的费用。螺栓生产毛利仅10%,但晋亿一次式服务却能加收5%的服务费,在晋亿公司看来,螺栓产业不再是制造业,完全变成另一套管理与服务模式。

影响螺栓成本的四项主要因素分别是原材料、模具、运输和管理,而运输成本约占总成本的25%~30%,基于这一至关重要的原因,晋亿工厂的选址成为一项事关全局的战略。在晋亿公司总投资1亿美元中,半数以上用于投资固定资产,主要包括制造设备、物流设施和信息管理系统,而晋亿工厂的内部物流设施投资,仅自动化立体仓库一项,就超过了

7000万美元。经过3年时间的系统规划与建设，各组织单元构成了一个完整的企业内部制造与仓储物流系统。

二、规划从工厂选址开始

晋亿最终选定嘉善建厂显然有其道理。嘉善位于沪杭铁路、302国道和大运河三线交汇处，有高速公路直通，离火车站约5分钟车程。晋亿公司的原材料库与大运河河岸直接相通，并自建3座自备码头接驳货物。由于河运成本低，这条河已成为晋亿目前采购原材料的主要运输通路，有八成以上的原材料通过水路运抵工厂。有了良好的外部物流环境，晋亿的重点是整合内部物流体系。

内部物流体系首先解决的是螺栓制造过程中原材料、模具、半成品、包装及制成品的流转，根据螺栓产品的制造特性和制造程序，每个组织单元（车间或仓库）的分布都是精心规划的，而且每个组织单元之间都有轨道联通，使物品在相关工序之间（工序）方便而快捷地运送。

然而，对制造螺栓产品而言，一个最主要的特性是——投入的原材料品种相对单一，因此供应物流的管理相对简单，但经过数道加工程序之后，会产出成千上万种不同规格的半成品、成品，货物的流量类似一个"大喇叭"。因此，随着不同物理状态的半成品或成品数量的迅速增加，整个工序的管理难度也不断加大。

更为复杂的是，螺栓产品的制造并非连续生产，加之许多订单要求是非标准件，需要特殊的工序，因此，不同规格的螺栓一旦进入大规模生产，其间物流的流量与路径就相当复杂。

首当其冲的是，数以万计不同规格的半成品、成品以及大量的模具在动态与静态之间转换时，如何与仓库之间进行及时、准确地存取？手工管理条件和传统的仓库管理方式显然无力解决这些问题。尤其在整个制造系统高速运行的状况下，仓管员只能无所适从，例如$\phi 16$型螺栓存放在仓库的什么地方？怎么从堆积如山的成品仓库中找到$\phi 21$型螺栓？如何知道仓库账物是否相符呢？如何完成生产车间与仓库之间的快速搬运呢？显然，大规模、多品种的生产与物流管理之间的矛盾同步增长，出入库与仓储管理的难度越来越大。

三、自动化立体仓库帮大忙

为解决出入库与仓储管理的困难，公司建立了自动化立体仓库。自动化立体仓库采用开放式立体储存结构，半成品、模具和制成品3个自动仓库分别设计了10万个库位单元。库位单元的区分首先解决了仓库空间的有序利用，仅就空间而言，晋亿公司3个自动仓库相比于传统仓库节省了6万平方米。

晋亿的实践证实了一个命题——工业经济时代的制造业，由于生产设备自动化程度已经非常高，产能的增长轻而易举。换言之，处于生产线上的"动态产品"物流自动化并不困难，企业可以实现低成本的作业管理，而管理处于仓库的"静态物品"由于设备和工具落后显得非常困难，因为在整个物流过程中传统仓库成为约束流量的瓶颈，尤其是产品动/静态快速高频转换（出入库）时无法同步，无形中企业付出了高昂的管理成本，甚至无法做到大规模生产。从物流路径的角度分析，传统仓库已是滞后的工具，晋亿应用先进的自动仓储技术旨在突破这一瓶颈。

晋亿的自动化立体仓库采用开放式立体储存结构，半成品、模具和制成品三个自动仓库分别设计了4968个、14400个和41488个库位单元，5万多个库位单元的区分首先解决了仓库空间的有序利用。以制成品仓库为例，其存放高度达18米，可存放15层，存放空间相当于传统仓库的5倍。仅就空间而言，晋亿三个自动仓库相对于传统仓库节省了18000多平方米，这意味着晋亿因此节省了相当于4个足球场的面积。

同时，自动仓库采用电脑自动控制输送设备和高架吊车，使货物的搬运、存取完全自动化，自动仓库的分布与制造系统紧密结合在一起。实际上，晋亿的自动仓库与制造系统构成了一个一体化的物流体系，其中半成品与模具自动仓库是配合制造工序必不可少的一部分，而成品自动仓库成为实现企业内/外产品转移的物流中心。

立体化、机械化与信息化是自动仓库的三大特性，也是晋亿实现地尽其利、货畅其流的主要技术基础。尤为重要的是，IT技术的应用是晋亿整个管理体系实现整合的基础平台。

四、信息管理系统显威力

自动化仓储技术解决了晋亿内部物流的一个核心环节问题。公司借助MIS计算机信息管理系统和互联网，实现了产、供、销的科学控管，而MIS生产管理系统则有效地解决了其前端的制造物流过程这一问题，并且与自动仓库系统整合为一套完整的信息管理系统。

更为重要的是，自动仓库从根本上解决了传统仓库和手工状况下无法实现的库存管理瓶颈。首先是账物明晰，运用条码技术，每一个库位的货物都有一个唯一的"身份证号码"，在信息系统的管理下，对于货物的出入、存放、盘点管理，都有一本"清晰的账"传统方式下无法实现的"先进先出"管理难题迎刃而解。

晋亿将MIS系统与自动仓库系统整合为一套完整的信息管理系统。晋亿的信息管理系统包括业务、生产、技术、成本、采购、材料及制成品等9个相互关联的子系统，晋亿借此实现按订单生产、采购和交货。晋亿的目标显然不止于制造业，更重要的战略升级是——运用其成熟的物流管理技术做中国第一家五金行业的专业第三方物流公司。

（来源：中国物流与采购网，2008-11-19.）

【案例点睛】

"物流"已经成为企业挖掘利润的新源泉，作为传统的生产型企业晋亿公司寻找到了新的利润增长点——物流。从工厂的选址到自动化立体仓库的建设都可以看出晋亿公司充分考虑物流对本企业的重要性。同时也认识库存成本占物流总成本非常大的比重，因此改变传统的仓储管理方式方法，将MIS系统与自动仓库系统整合为一套完整的信息管理系统，提高了仓储管理的效率降低了库存成本。

【思考题】

1. 晋亿公司的立体化仓库是如何运作的？
2. 晋亿公司的仓库管理对其他企业有哪些借鉴意义？

任务二　掌握仓储作业流程

一、仓储作业流程

仓储作业是完成仓库物资储存、入库、出库，以及流通加工等不可缺少的手段。整个仓储作业，基本上包括入库、保管和出库三个阶段，见图6-1所示。

二、储存合理化措施

1. 进行储存物资的ABC分类管理

在ABC分析基础上实施重点管理，分别决定各种物资的合理库存储备数量及经济地保有合理储备的办法，乃至实施零库存。ABC分类管理方法在下一任务将做详细介绍。

2. 适度集中储存

所谓适度集中储存是利用储存规模优势，以适度集中储存来代替分散的小规模储存、实现合理化。

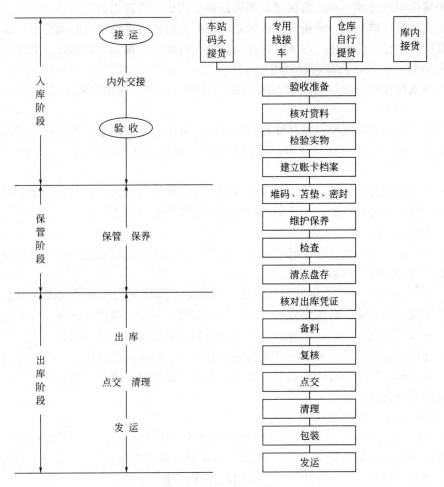

图 6-1 仓储作业流程

集中储存是面对储存费和运输费这两个制约因素，在一定范围内取得的优势的办法。过分分散，每一处的储存保证的对象有限，互相难以调度调剂，需要分别确定库存量。过分集中储存，储存点与用户之间距离拉长，储存总量虽降低，但运输距离拉长，运费支出加大，在途时间长，又迫使周转储备增加。所以，适度集中的含义是主要在这两方面取得最优集中程度。

适度集中库存也是"零库存"这种合理化形式的前提条件之一。

3. 加速总的周转，提高单位产出

储存现代化的重要课题是将静态储存变为动态储存，周转速度一快，会带来一系列的合理化好处：资金周转快、资本效益高、货损小、仓库吞吐能力增加、成本下降等。具体做法诸如采用单元集装存储、建立快速分拣系统等，都有利于实现快进快出、大进大出。

4. 采用有效的"先进先出"方式

保证每个被储物的储存期不至过长，"先进先出"是一种有效的方式，也是储存管理的准则之一。有效的先进先出方式如下。

（1）贯通式货架系统　利用货架的每层，形成贯通的通道，从一端存入物品，从另一端取出物品，物品在通道中自行按先后顺序排队，不会出现越位等现象。

（2）"双仓法"储存　给每种被储物都准备两个仓位或货位，轮换进行存取，再配以必须在一个货位中取光才可补充的规定,则可以保证实现"先进先出"。

(3) 计算机存取系统　采用计算机管理,在存入时向计算机输入时间记录,编入一个简单地按时间顺序输出的程序,取货时计算机就能按时间给予指示,以保证"先进先出"。

5. 提高储存密度,提高仓容利用率

(1) 采取高垛的方法,增加储存的高度　具体方法有,采用高层货架仓库、采用集装箱等。

(2) 缩小库内通道宽度以增加储存有效面积,具体有采用窄巷道式通道,配以轨道式装卸车辆,以减少车辆运行宽度要求;采用侧叉车、推拉式叉车,以减少叉车转弯所需的宽度等。

(3) 减少库内通道数量以增加储存有效面积　具体方法有采用密集型货架、可进车的可卸式货架、各种贯通式货架、不依靠通道的桥式吊车装卸技术等。

6. 采用有效的储存定位系统

储存定位的含义是被储物位置的确定。储存定位系统可采取先进的计算机管理,也可采取一般人工管理,行之有效的方式如下。

(1) "四号定位"方式　用一组四位数字来确定存取位置的固定货位方法,是我国手工管理中采用的科学方法。这四个号码是:序号、架号、层号、位号。这种定位方式可对仓库存货区事先做出规划,并能很快地存取货物,有利于提高速度,减少差错。

(2) 计算机定位系统　是利用计算机储存容量大、检索迅速的优势,在入库时,将存放货位输入计算机,出库时向计算机发出指令,并按计算机的指示人工或自动寻址,找到存放货,拣选取货的方式。

7. 采用有效的监测清点方式

(1) "五五化"堆码　是我国手工管理中采用的一种科学方法。储存物堆垛时,以"五"为基本计数单位,堆成总量为"五"的倍数的垛形,如"梅花五""重叠五"等,堆码后,有经验者可过目成数,大大加快了人工点数的速度,且少差错。

(2) 光电识别系统　在货位上设置光电识别装置,该装置对被存物扫描,并将准确数目自动显示出来。这种方式不需人工清点就能准确掌握库存的实有数量。

(3) 电子计算机监控系统　用电子计算机指示存取,可以防止人工存取所易于出现的差错,如果在被存物上采用条形码认寻技术,使识别计数和计算机连接,每存、取一件物品时,识别装置自动将条形码识别并将其输入计算机,计算机会自动做出存取记录。

8. 采用现代储存保养技术

(1) 气幕隔潮　通过在库门上方安装鼓风设施,在门口形成了一道气墙,可有效阻止库内外空气交换,防止湿气浸入,而不妨碍人和设备出入。气幕还可起到保持室内温度的隔热作用。

(2) 气调储存　可以在密封环境中更换配合好的气体,可以充入某种成分的气体,可以除去或降低某种成分气体等。气调方法对有新陈代谢作用的水果、蔬菜、粮食等物品的长期保质、保鲜储存很有效,对防止生产资料在储存期的有害化学反应也很有效。

(3) 塑料薄膜封闭　塑料薄膜虽不完全隔绝气体,但能隔水隔潮,用塑料薄膜封垛、封袋、封箱,可有效地造就封闭小环境,阻碍内外空气交换,完全隔绝水分。

9. 采用集装箱、集装袋、托盘等运储装备一体化的方式

集装箱等集装设施的出现,也给储存带来了新观念,采用集装箱后,本身便是一栋仓库,不需要再有传统意义的库房,在物流过程中,也就省去了入库、验收、清点、堆垛、保

管、出库等一系列储存作业，因而对改变传统储存作业有很重要意义，是储存合理化的一种有效方式。

[案例 6-3] 仓储的未来是什么？自动化并不是终局……

你是否想象过这样一幅场景：未来，在任意一个物流中心或工厂内，工作人员在电脑或移动端上一键操作，便可实现全工作场景的无人化、智能化……

这一切正在加速成为现实。

在过去十年中，线上零售的爆发，驱动着上下游产业的蓬勃发展。如物流装备领域德马科技今年 6 月登录科创板，兰剑智能近日科创板成功过会，凯乐士、牧星智能、坤厚自动化等企业相继获得融资，成为物流领域资本市场的香饽饽。而如今，仓库的自动化并不新鲜，未来需要朝更高的层次发展，如何理解？引入 DHL 对工业 4.0 延伸出来的仓储 4.0 的概念，即仓库具有高度敏捷、可扩展的响应能力，以支持企业适应更加敏捷及柔性的供应链；人与机器形成一种新的共生关系，通过对大量数据的采集、计算及传递连通，以数字指令传送到实体世界，且具备智能商业分析能力；顺应集成现实物理世界下的新技术潮流，如协同机器人、传感器、物联网（IoT）、人工智能（AI）及 5G 等技术，以降低成本、改造运营、创造战略优势，并优化最宝贵的资源——人。物流装备企业需要结合工业互联网的信息技术，走进仓储 4.0 时代。目前，国家"新基建"政策及资本加速着这个时代的发展，同时，众多物流装备企业正站在自动化向智能化升级的十字路口。

启发之转型十字路口

2021 年 11 月 3 日，为期 4 天的智能制造行业"风向标"——CeMAT ASIA 展会在上海正式开幕，众多企业展示了他们最新产品及解决方案，一定程度上代表着行业的发展方向。罗戈研究报告显示，即将席卷全球的数字经济时代，IoT 和 AI 等技术便是企业转型的战略部分。而此次展会便展出了一系列 IoT 和 AI 等技术的产品，这些新技术产品的出现，也意味着物联网将以新姿态连接世界！

以德马科技为例，本次展会便展现了多层穿梭车系统、单件分离系统、天玑设备健康管理软件等多个带有 IoT 和 AI 技术的新品，如德马多层穿梭车系统便利用了领先的 AI 智能调度算法，并基于其数字化物联网数字服务平台——天玑设备健康管理软件，在多年大型项目经验和场景实施经验下，打通设备之间的数据隔阂，实时监控整个系统的自动化运营，实现全天候的系统稳定高效运行。进出库效率 1200 箱/时，运行速度可达 4 米/秒！德马推出的新品，无一不透露着对科技的信仰，正在向科技型的公司迈步。可以说，作为一家 20 余年的物流装备企业，德马的成长史是中国物流装备史的一部缩影，而德马的转型史，或许能带给大家一些启发。

从传统自动化转型为智能化、数字化

回顾整个仓储设备历程，过去"叉车＋托盘＋传送带"的老模式已成"昨日黄花"，新型技术的迅速渗透及快速迭代，让仓储设备越来越"聪明"和"智慧"。1997 年，德马以生产输送辊筒等核心部件起家，这是德马具备制造核心组件基因能力的起源；2003 年后，德马开始生产滑块式、交叉带式高速分拣机等自动化物流设备，还解决了当时行业内焦虑的设备规模化问题，提出通过标准化模块搭建个性化系统的理念；2012 年，德马确定聚焦输送分拣为公司核心的业务，这一前后举动恰好顺应了当时电商快速发展的趋势。这几个阶段的德马，经历着从标准模块的机械化到自动化转变，也正是这段历程，让德马拥有了规模化的制造能力，使新技术成果能快速实现产业化。2016 年，德马向智能物流与智能制造解决方案服务商转型，这与工业 4.0 理念和智能制造战略不谋而合；今年，在"物联网＋互联网的战略的全球化企业"的战略下,德马推出了两款物联网交叉带分拣机产品,聚集 IoT、机器视觉、5G 以及 BI 分析等前沿技术,支持抓取多种形状物品,能将人工参与环节减少到极致,将物流设备加速带入物联网时代。如今,德马正探索着从智能化、数字化到智慧化的科技示范之路。

从智能物流到智能制造,覆盖全行业全产业链

步步稳扎稳打与时代机遇的结合,让德马能为物流装备制造商、系统集成商和终端客户提供从核心部件、关键设备到系统集成的完整解决方案,业务覆盖着物流装备全产业链。

全产业链的科技解决方案,让德马成功收获了一批诸如京东、苏宁、菜鸟、唯品会、ebay、顺丰、盒马、华为等知名客户,覆盖电商、快递、服装、医药、新零售、智能制造等各行业。从这些客户便可知,德马不乏众多仓配日订单量、SKU 规模在百万级别的客户,这对系统设备效率、稳定性及准确性要求极高,因此国内能承接电商快递大型物流中心项目的企业并不多。源源不断的大型客户订单、3000 余个项目经验、累计的智能物流技术,为其正在开拓的智能制造领域奠定了基石。曾有业内人士形象阐释了智能物流与智能制造的关系,如果把智能制造比作为人体,那设备便是人体器官,在大脑即信息系统的支持下,智能物流作为联通各器官的血管,为人体输送营养物质,维持生命的运转。上市后的德马将加速以智能物流能力连接物料供应和生产的重要环节,打造智能工厂的系统解决方案。

登录科创板,全球化布局

正如上文所言,今年 6 月,德马成功登录科创板,也是市场对其科技能力的进一步肯定。在 IPO 后,德马的研发人员由原来的 169 人发展至 220 人,占员工总数的 20%;在其产业链上,德马已申请获得了 143 项专利,且制定了多项国家及行业标准;从其核心技术收入占营业收入的比例来看,2017—2019 年分别为 83.97%、82.82%、90.56%……这些数据也都进一步证明了德马落实核心技术,坚信科技是第一生产力。据招股说明书显示,上市后,德马募集的资金也将聚焦于数字化车间建设项目、智能化输送分拣系统产业基地改造项目、新一代智能物流输送分拣系统研发项目等方面。在新冠疫情的影响下,自动化技术将进一步加速发展,其中美国、欧洲、中国及东南亚等国及区域将成为关键市场,对于越来越多中国企业来说,"走出去"已被拉至战略地位。早在 2010 年,德马便制定了完整的国际化战略,相比国内同行已具备明显的全球化运营领先优势,目前其已积累了超过 150 个海外客户,2019 年度海外业务收入同比增长 42%,占主营业务收入比例达到 21.24%。从自动化到数字化、智能化迈进,从部件、关键设备到系统方案服务,从国内到全球化……德马在中国物流装备领域一步步实践及向科技化企业转型,试图把握着未来技术爆发的脉搏。

把握物流装备领域的数字化与智能化爆发机遇

据 Logistics IQ 最新报告显示,2026 年,估计全球仓储自动化市场将达到 300 亿美元的里程碑,2020 年至 2026 年之间的复合年增长率约为 14%。很明显,在这个爆发增长下,数字化、智能化成为核心需求。与此同时,数字零售时代驱动着物流系统的发展,从传统的仓储为中心转变为以仓配系统为中心,其中,输送分拣设备作为仓配中心的核心设备,价值量占比高达 36%,成为整个物流系统效率的关键因素。同时,对于未来装备技术发展的路线,德马科技董事长卓序认为,一条是结合最新技术,由输送线、分拣机构成的传统自动化输送分拣系统;另一条是以移动机器人(如 AGV)为代表的新型输送分拣装备。这也是目前自动化输送分拣系统主要的两种技术流向。未来巨额包裹量的高效运作,离不开新型技术下的输送线型自动化输送分拣系统,此系统适用于大中型物流中心;以移动机器人为代表的新型输送分拣装备,更具柔性和灵活可拓展性,由于成本较低且部署迅速,将是未来中小型仓库中的首选。这两种技术路线的产品和系统解决方案各有所长,互为补充,因此在未来很长一段时间内，二者将呈现并存发展的局面，在智能物流及智能制造市场中各占一席之地。秉着这两条技术路线的同时，据德马规划，未来三年在保持智能物流业务持续增长的同时，从智能物流领域延伸到智能制造行业，寻找规模化增长的机会，并积极开拓国际市场，加速完成国际化布局。据DHL的研究，仓储4.0的许多智能化技术仍处于开发阶段，目前大多数公司仍处于部署的初始阶段。正如类似德马这样的企业对数字化、智能化和智慧化的提前转型及部署，未来市场可能迎来一波集中式的爆发，而附赠带来的红利是，在更高的生产力、更高的效率、更快的吞吐量、更高的员工工作满意度的同时，物流中心真的可以实现无人化、智能化的一键操作……

（来源：中国物流行业网）

【案例点睛】

仓储合理化的实现离不开仓储设备的现代化发展。新型技术的迅速渗透及快速迭代，改变了过去"叉车＋托盘＋传送带"的老模式，让仓储设备越来越"聪明"和"智慧"。德马科技公司的成长史反映了中国物流装备史的发展历程。上市后的德马通过加速以智能物流能力连接物料供应和生产的重要环节，打造智能工厂的系统解决方案。智能物流作为联通企业物流系统的"血管"，为系统输送有效资源，维持系统的高效运转，为企业创造了更多的利润和更大的发展空间。

【思考题】

1. 为什么说仓储设备越来越"聪明"和"智慧"了？
2. 请结合案例分析，物流装备领域的数字化与智能化的发展路径有哪些？

［案例6-4］ 德国邮政零件中心仓库的建立与管理

一、德国邮政基本情况

德国邮政有83个国内邮件分拣中心和两个国际邮件分拣中心。分拣中心的布局和规模大小各不相同。小型分拣中心日处理能力可达75万份，大型分拣中心日处理能力可达450万份。在1995~1998年，分拣中心陆续投入建设并开始运营，总投资额为17亿马克。

分拣中心的设备按照邮件规格分类，同类设备处理同类邮件，在标准化方面要求更高。购置了569台标码分拣机处理处理标准化邮件，169台扁平函件分拣处理厚度低于20毫米的邮件，18台倾覆式托盘分拣机处理厚度在20~50毫米的邮件，小型分拣中心不配置自动化信匣这类处理设备。

二、零件中心仓库的建立

1. 建立零件中心仓库的背景

德国邮政在筹建之初，85个分拣中心各有零件仓库，负责各自的零件有货清单、订单、来货验收和结账，自己负责从设备厂商那里购买零件，选择面很窄。经检查比较发现，尽管分拣设备标准化水平高，但是各个分建中心之间各种零部件存货的数量和质量存在很大差异，同种零件的价格也不尽相同。在零件盘存最佳化方面，各有各的标准，某些零件的到货期甚至长达4个月。

在选择供应商和测试新零件方面，缺乏系统统一的要求，甚至没有中央技术部门的参与。无法准确地统计库存零件、零件消耗率，也无从调查评估供应商的素质。

鉴于以上情况，德国邮政经过长达一年的论证，认为必须设立零件中心仓库来克服过去的种种弊端、降低成本并提高零件本身的质量。

2. 零件中心仓库的选址

为了达到预定目标，选址很重要。中心仓库的位置需临近交通要道、方便夜间航空运输，还应该紧靠主要的分拣中心和零件供应商。最后一条限制意味着只有 3 个位置可以考虑。

经过详细的评估，法兰克福得分最高，这个位置就选做中心仓库的厂址。

3. 零件中心仓库的作用

建立中心仓库的突出优点是节约成本，主要表现在：靠统一采购减低价格；靠中心仓库仓储减少盘存；靠故障分析优化库存和订货。

中心仓库在分拣中心与零件厂商之间起着缓冲作用。从中心仓库到各个分拣中心之间的送货时限通常为 24 小时，紧急订单送货时限为 8 小时，出现极端紧急的情况，则选中 9 个分拣中心专门储备需零件，保证在 4 小时内到货。设立中心仓库可以统一零件供应渠道，实现集中采购和验收，控制供应商的数量和素质。

三、零件中心仓库运营的成果与管理经验

1. 利用中央数据库，提高管理效率

所有设备消耗的零件在中央数据库中都有记录，因此零件的故障率可以计算出来，在出现了不正常情况时，可以借此与供应商沟通协调。利用数据库，管理者可查阅零件消耗的有关数据。通过选择节约效果最好的零件，节省了大量成本，系统地测试了新供应商提供的 60 种不同的替代零件，通过对零件测试和研究，找到磨损严重的部分，进行局部维修，较之以前推给厂商换货，成本大为降低。

2. 减少零件的库存

在中心仓库建成以后，有了数据库，每年实际的零件消耗量可以计算的。与分散库存相比，集中库存可以大幅度降低库存量，尤其是贵重零件的库存量。

3. 采购一体化和集中送货

由于采购一体化、批量大，成本可以大度幅度降低。集中送货，也降低了运输成本，价格最大降幅可达 85%。在这方面，中央数据库也起了很重要的作用。

4. 选择合适的供应商

在设备保修期内，无法选择供应商，只能向厂商订购或者由厂商指定供应商。中心仓库建成以后，分拣中心的多数设备保修期已过，可以自己选择供应商，有了直接面对零件厂商的机会，对厂商的素质进行调查，跟踪和分析记录同样离不开中央数据库及其网络的支持。

5. 以人为本，提高员工素质

在零件集中经营过程中，管理者们创造了配套的新办法和新的内部管理程序，不断学习掌握信息技术及软、硬件的知识。同时让员工学会成本分析，逐步培养成本意识，达到了减少成本的目的。

（来源：何倩茵. 物流案例与实训 [M]. 北京：机械工业出版社，2008.）

【案例点睛】

德国邮政通过建立零件中心仓库消除了之前各个分拣中心之间各种零部件存货的数量和质量存在差异，减少了零件的在库时间，减少了库存量，进而降低了仓储成本，提高了企业资金的周转效率。中心仓库在分拣中心与零件厂商之间起着缓冲作用，通过设立中心仓库可以实现零件统一供应，实现集中采购和验收，控制供应商的数量和素质。

【思考题】

1. 德国邮政为什么要建立零件中心仓库？它给德国邮政带来了什么利益？
2. 零件中心仓库采取了哪些具体措施减低零件的物流总成本？

任务三 熟悉库存控制策略

一、库存控制的概念

库存控制（inventory control）是指在保障供应的前提下，使库存物品的数量最少所进行的有效管理的技术经济措施（《中华人民共和国国家标准物流术语》GB/T 18354—2006）。

库存控制是对制造业或服务业生产、经营全过程的各种物资、产成品以及其他资源进行管理和控制，从而使其储备保持在经济合理的水平上。

二、库存物资数量管理

1. 物资编码

所谓物资编码，就是对库存物资的品种类别规格性等进行调查统计整理的基础上，形成物资类别品种体系，并进行系统化的统一编码标识工作。最基本的物资编码是组合序列码，还有一种是实践中运用广泛的条形码。

2. ABC 分类管理

ABC 分类管理是从 ABC 曲线转化而来的一种管理方法。ABC 曲线又称帕累托（Pareto）曲线。意大利经济学家 Villefredo Pareto 在 1879 年研究人口与收入的关系问题时提出关于收入分配的法则：社会财富的 80% 掌握在 20% 的人手中，而余下的 80% 的人只占有 20% 的财富。这种由少数人拥有最重要的事物而多数人拥有少量的重要事物的理论，已扩大并包含许多的情况，并称之为帕累托原则，即所谓"关键的少数和次要的多数"的哲理，也就是我们平时所提到的 80/20 法则。如果将此情况通过以横坐标为人口比例、纵坐标为收入比例的曲线加以描述，就得到图 6-2 的帕累托曲线。

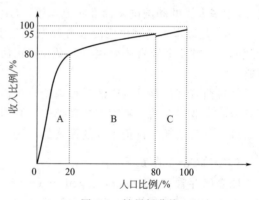

图 6-2 帕累托曲线

ABC 分类管理是帕累托原理在仓储管理中的具体运用。它是对错综复杂的经济活动根据两个相关因素的统计分布进行分类，从中找出关键的少数（A 类）和次要的多数（B 类、C 类），对不同类别实行不同的管理。对 A 类因素特别注意，加以慎重处理；对 B 类也比较注重地加以处理；而对 C 类仅予以一般处理。ABC 分类管理法见表 6-1。

表 6-1 ABC 分类管理法

分类结果	品种	资金占用额	管理级别	管理重点
A	10%	70%	特别重要的库存	精细管理，严格控制，采用定时定量供应，将库存压到最低水平
B	20%	20%	一般重要的库存	正常的例行管理和控制，采用定期订货、批量供应，按经营方针来调节库存水平
C	70%	10%	不重要的库存	简单的管理和控制，集中大量订货，不费太多力量

3. CVA 管理法

CVA 管理法（critical value analysis），即关键因素分析法主要由于 ABC 分类法中 C 类货物得不到足够的重视,往往因此而导致生产停工,因此引进 CVA 管理法来对 ABC 分类法进行有益的补充,它是将货物分为最高优先级、较高优先级、中等优先级、较低优先级四个等级,对不同等级的物资,允许缺货的程度是不同的。CVA 库存种类及管理策略见表 6-2。

表 6-2 CVA 库存种类及管理策略

库存类型	特点	管理措施
最高优先级	经营管理中的关键物品,或 A 类重点客户的存货	不许缺货
较高优先级	生产经营中的基础性物品,或 B 类客户的存货	允许偶尔缺货
中等优先级	生产经营中比较重要的物品,或 C 类客户的存货	允许合理范围内缺货
较低优先级	生产经营中需要,但可替代的物品	允许缺货

三、库存控制策略

(一)供应商管理库存

供应商管理库存(vendor managed inventory,VMI)通过信息共享,由供应链上的上游企业根据下游企业的销售信息和库存量,主动对下游企业的库存进行管理和控制的管理模式(《中华人民共和国国家标准物流术语》GB/T 18354—2006)。

VMI 是以零售商和供应商双方都获得最低成本为目的,在一个共同的协议下由供应商管理库存,并不断监督协议执行情况和修正协议内容,使库存管理得到持续性改进的合作性策略。

供应商管理库存是供应链管理理论出现以后出来的一种新的库存管理方式。它是供应商管理核心企业库存的一种库存管理模式,是对传统的由核心企业自己从供应商购进物资、自己管理、自己消耗、自负盈亏的模式的一种革命性变动。

(二)联合库存管理

联合库存管理(joint managed inventory,JMI)是指供应链成员企业共同制订库存计划,并实施库存控制的供应链库存管理方式(《中华人民共和国国家标准物流术语》GB/T 18354—2006)。

简单地说,联合库存管理是一种在供应商库存管理(VMI)的基础上发展起来的上游企业(供应商)和下游企业(销售商)权利责任平衡和风险共担的库存管理模式。

JMI 是一种风险分担的库存管理模式,是解决供应链系统中由于各节点企业的相互独立库存运作模式导致的需求放大现象,提高供应链的同步化程度的一种有效方法。这种库存管理策略打破了各自为政的库存管理模式,有效地控制了供应链的库存风险,是一种新的有代表性的库存管理思想。

建立供应链协调管理机制,有效实施联合库存管理策略要从以下几个方面着手:
① 建立供应链共同远景;
② 建立联合库存的协调控制方法;
③ 建立利益的分配、激励机制;
④ 建立信息沟通渠道。

(三)准时制与零库存管理

1. 准时制(Just in Time,JIT)生产的产生和发展

JIT 的产生缘于 1973 年爆发的全球石油危机及由此所引起的日益严重的自然资源短缺,

这对当时靠进口原材料发展经济的日本冲击最大。生产企业为提高产品利润,增强公司竞争力,在原材料成本难以降低的情况下,只能从物流过程寻找利润源,降低由采购、库存、运输等方面所产生的费用,这一思路最初为日本丰田公司提出并应用,并取得了意想不到的成果。随后,其他许多日本公司也采用这一技术,为日本经济的发展和崛起做出了重要贡献。

2. 准时制生产的基本原理

JIT 的基本原理是以需定供。即供方根据需方的要求（或称看板）,按照需方需求的品种、规格、质量、数量、时间、地点等要求,将物品配送到指定的地点。不多送,也不少送,不早送,也不迟送,所送品种要个个保证质量,不能有任何废品。原理如图 6-3 所示。

JIT 生产哲学的核心是无情地消除浪费,即消除一切只增加产品成本,而不向产品中

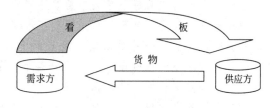

图 6-3　准时制生产原理

附加价值的活动。从这一基本的生产哲学出发,形成了 JIT 生产方式的本质。

3. 零库存管理

零库存的提出可以解决库存管理中的部分浪费现象。所谓零库存是指以仓库储存形式的某种或某些种物品的储存数量很低,甚至可以为"零",即不保持库存。零库存管理的要点包括以下内容:

① 降低在制品库存;
② 生产过程的同步化;
③ 建立 JIT 制造单元;
④ 从根源上保证质量,实施全面质量管理;
⑤ 尊重员工,推行"以人为中心"的管理;
⑥ 实施 JIT 采购;
⑦ 与供应商合作,建立良好的合作伙伴关系。

[案例 6-5] 新华公司的库存管理

新华公司是一家专门经营进出口医疗用品的公司,2001 年该公司经营的产品有 26 个品种,共有 69 个客户购买其产品,年营业额为 5800 万人民币。对新华公司这样的贸易公司而言,因为进出口产品交货期较长,库存占用资金大,因此,库存管理显得尤为重要。

新华公司按销售额的大小,将其经营的 26 个产品排序,划分为 ABC 三类。排序在前 3 位的产品占到总销售额的 97%,因此把它归为 A 类产品;第 4～7 种产品每种产品的销售额在 0.1%～0.5%。把它们归为 B 类,其余的 21 种产品（共占销售额的 1%）,将其归为 C 类。

对于 A 类的 3 种产品,新华公司实行了连续性检查策略,每天检查库存情况。随时掌握准确的库存信息,进行严格的控制,在满足客户需要的前提下维持尽可能低的经常量和安全库存量。通过与国外供应商的协商,并且对运输时间做了认真的分析,算出了该类产品的订货前置期为 2 个月（也就是从下订单到货物从新华公司的仓库发运出去,需要 2 个月时间）。即如果预测在 6 月份销售的产品,应该在 4 月 1 日下订单给供应商,才能保证在 6 月

30 日可以出库。其订单的流程见表 6-3。

表 6-3 订单的流程图

4月1日	4月22日	5月2日	5月20日	5月30日	6月30日
下订单给供应商（按预测 6 月份的销售量）	货物离开供应商仓库，开具发票，已经算作新华公司库存	船离开美国港口	船到达上海港口	货物入新华公司的仓库，可以发货给客户	全部货物销售完毕

由于该公司的产品每个月的销售量不稳定，因此，每次订货的数量就不同，要按照实际的预测数量进行订货。为了预防预测的不准确和工厂交货的不准确，还要保持一定的安全库存，安全库存是下一个月预测销售数量的 1/3。该公司对该类产品实行连续检查的库存管理，即每天对库存进行检查，一旦手中实际的存货数量加上在途的产品数量等于下两月的销售预测数量加上安全库存时，就下订单订货，订货量为第 3 个月的预测数量。因其实际的销售量可能大于或小于预测值，所以，每次订货的间隔时间也不相同。这样进行管理后，这三种 A 类产品库存的状况基本达到了预测的效果。由此可见，对货值高的 A 类产品应采用连续检查的库存管理方法。

对 B 类产品的库存管理，该公司采用周期检查策略。每个月检查库存并订货一次，目标是每月检查时应有以后两个月的销售数量在库里（其中一个月的用量视为安全库存），另外在途中还有一个月的预测量。每月订货时，再根据当时剩余的实际库存数量，决定需订货的数量。这样就会使 B 类产品的库存周转率低于 A 类。对 C 类产品，该公司采用了定量订货的方式。根据历史销售数据，得到产品的半年销售量为该产品的最高库存量，并将其两个月的销售量作为最低库存。一旦库存达到最低库存时就订货，将其补充到最高库存量。这种方法，比前两种更省时间，但库存周转率低。

该公司实行了产品库存的 ABC 管理以后，虽然 A 类产品占用了最多的时间、精力进行管理，但得到了满意的库存周转率。而 B 类和 C 类产品，虽然库存的周转率较慢，但相对于其很低的资金占用和很少的人力支出来说，这种管理也是个好方法。

在对产品进行 ABC 分类以后，该公司又对其客户按照购买量进行了分类。发现了 69 个客户中，前 5 位的客户购买量占全部购买的 75％。将这 5 个客户定为 A 类客户，到第 25 位客户时，其购买量已经达到 95％。因此，把 6～25 位的客户定为 B 类客户，其他的 26～69 位客户归为 C 类。对 A 类客户，实行供应商管理库存，一直保持与他们密切的联系，随时掌握他们的库存状况。对 B 类客户，基本上可以用历史购买记录做出他们的需求预测作为订货的依据。对 C 类客户，有的是新客户，有的一年也只购买一次，因此，只在每次订货数量上多加一些，或者用安全库存进行调节。这样一方面可以提高库存周转率，同时也提高了对客户的服务水平，尤其是 A 类客户对此非常满意。

通过新华公司的实例，可以看到将产品及客户分为 ABC 类后，再结合其他库存管理方法，如连续检查法、定期检查法、供应商管理库存等，就会收到很好的效果。

（来源：锦程物流网．）

【案例点睛】

新华公司作为一家专门经营进出口医疗用品的公司，由于进出口产品交货期较长，库存占用资金大，所以库存管理对公司来说显得尤为重要。该公司对产库存品和客户实行了 ABC 分类管理，既实现了对物资的有重点的管理也实现了对重要客户的重点管理，并取得了很好的效果。

【思考题】
1. 新华公司是如何进行库存控制的？
2. 新华公司是如何提高客户服务水平的？

[案例 6-6] 雀巢公司的 VMI 管理系统

一、背景介绍

雀巢公司是世界上最大的食品公司，由亨利·雀巢设立于 1867 年。台湾地区的雀巢公司的销售渠道主要包括现代型渠道、配送商与专业经销商，以及非专业经销商。

1959 年在法国创立的家乐福公司为世界第二大的连锁零售集团。台湾地区的家乐福为台湾地区的超市的龙头，拥有 23 家店。

雀巢与家乐福公司在全球均为流通产业的领导厂商，在 ECR（有效客户反应）方面的推动都是不遗余力的。总目标是增加商品的供应率，降低客户（家乐福）库存持有天数，缩短订货前置时间以及降低双方物流作业的成本。为了加强双方的竞争力，雀巢与家乐福达成了合作的意向。

二、VMI 管理系统的实施

雀巢与家乐福双方都认识到 VMI（供应商管理库存）是 ECR 中的一项运作模式或管理策略。这种运作模式的实施可大幅缩短供货商面对市场的响应时间，较早获得市场确实的销售情报；降低供货商与零售商用以适应市场变化的不必要库存，在引进与生产市场所需的商品、降低缺货率上取得理想的提前量。

雀巢公司与家乐福公司在确立了亲密伙伴关系的基础上，采用各种信息技术，由雀巢为家乐福管理它所生产产品的库存。

雀巢公司专门为此引进了一套 VMI 管理系统，家乐福也及时为雀巢提供其产品销售的 POS 数据和库存情况，通过集成双方的管理信息系统，经由 Internet、EDI 交换信息，就能及时掌握客户的真实需求，从而作出快速准确供应。

1. 实施目标

雀巢对家乐福物流中心产品到货率达 90%，家乐福物流中心对零售店面产品到货率达 95%，家乐福物流中心库存持有天数下降至预设标准，以及家乐福对雀巢建议订货单修改率下降至 10% 等。

2. 运作流程

通常，家乐福的每天订货业务情况是这样的。

9:30 以前，家乐福把售出货物和现有库存的信息用电子形式传送给雀巢公司。

9:30～10:30，雀巢公司将收到的信息合并至供应链管理 SCM 系统中，并产生预估的订货需求，系统将此需求量传输到后端的 APS/ERP 系统中，以实际库存量（供需双方的库存量）计算出可行的库存量，并产生建议订单。

10:30，雀巢公司在将该建议订单用电子形式传送给家乐福。

10:30～11:00，家乐福公司确认订单并对数量与产品项目作必要的修改后回传至雀巢公司。

11:00～11:30，雀巢公司依据确认后的订单进行拣货与出货，并按照订单规定的时间交货。

3. 实施 VMI 供货商管理库存系统所取得的效益

① 在具体成果上的体现。雀巢对家乐福物流中心产品到货率由原来的 80% 左右提升至 95%（超越目标值），家乐福物流中心对零售店面产品到货率也由 70% 左右提升至 90% 左右

而且仍在继续改善中，库存天数由原来的 25 天左右下降至目标值以下，在订单修改率方面也由 60%～70% 的修改率下降至现在的 10% 以下。

② 双方合作关系上的体现。对雀巢来说最大的收获却是在与家乐福合作的关系上：过去与家乐福是单向的买卖关系。经过合作，双方更为相互了解，也愿意共同解决问题，有利于根本性改进供应链的整体效率。另一方面雀巢也进一步考虑降低各店缺货率、促销合作等计划的可行性。

三、特点与启示

从雀巢与家乐福的 VMI 供货商管理库存系统应用情况来看，如果信息的运用与电子商务只是单纯地将既有的作业电子化与自动化，只能带来作业成本的减少等效益，其本身意义并不大，惟有针对经营的本质做改善，才能产生较大幅度的效益提升。

① 雀巢与家乐福供应商管理库存中体现了双方高度的合作意愿及行动，由此才能建立战略合作伙伴关系。

② 雀巢与家乐福供应商管理库存系统追求总成本最低，供应商管理库存不是关于成本如何分配或由谁支付的问题，而是共同协作减少总成本的问题。

③ 实施供应商管理库存系统，雀巢与家乐福达成目标一致。

④ 精心设计与开发，供应商管理库存系统，与供应商共享需求的透明性和获得更高的客户信任度。

（来源：物流天下网，2007-3-12.）

【案例点睛】

雀巢与家乐福两大企业的成功合作无疑是本案例的亮点，雀巢作为家乐福的供应商既要保证家乐福的销售，同时还要降低家乐福的库存，因此雀巢实施 VMI 供货商管理库存系统实时监控家乐福卖场商品的存货数量，做到即时补货，大大降低了家乐福的库存数量，同时也降低了家乐福的缺货率。双方的紧密合作实现了共赢。

【思考题】

1. 你认为大企业间的合作利多还是弊多？为什么？
2. 结合案例，分析 VMI（供货商管理库存系统）的运作方式有哪些重要环节？

【实训活动】

一、ABC 管理法在库存控制的应用

[实训目的]

通过 ABC 分类方法，使学生熟悉在企业如何控制库存。

[实训内容]

以小组的形式，通过网络、相关资料和企业实地收集数据，掌握企业库存商品的数量、品种和价值，并了解该企业目前库存控制的方法和成效，利用 ABC 分类方法，分析货物的分类和管理方法。并以打印稿提交实训报告和人员参与情况。

[实训要求]

实施步骤

步骤一：收集数据（商品种类不能少于 15 个）。

步骤二：整理数据与相关计算。

步骤三：画出 ABC 分析表。

步骤四：画出 ABC 分析图。
步骤五：根据企业实际，拟出企业库存管理方式。

二、绘制仓储作业流程
[实训目的]
通过参观企业的仓库作业，熟悉仓储作业流程。
[实训内容]
参观企业仓库，记录货物的出入库操作内容，写出评价报告。
[实训要求]
实施过程
① 参观某仓库，了解该仓库某批货物的具体入库时间、数量和入库方式。
② 记录该批货物入库验收的操作程序和方法。
③ 记录该批货物入库单证的流转过程。
④ 绘制该仓库货物入库流程图。
⑤ 评价该仓库入库管理过程是否恰当。
⑥ 撰写实训报告。

三、仓储单据制作
[实训目的]
通过仓储单据的模拟制作，使学生熟悉仓储单据内容，锻炼学生的动手能力。
[实训内容]
根据附录四中"仓储单据制作"提供的资料进行实训练习。
[实训要求]
1. 要求学生做好相关内容的理论复习。
2. 实训完成后，指导教师统一进行点评。

项目七　运输管理

【学习目标】

◆ 知识目标

1. 熟悉运输的概念与作用。
2. 掌握运输方式的选择方法。
3. 了解不合理化的运输形式。

◆ 技能目标

1. 能够运用定性分析和定量分析方法，选择合理的运输方式。
2. 能够运用图上作业法和扫描法合理确定运输路线。
3. 能根据企业实际情况制订运输合理化措施。

◆ 素养目标

1. 树立合作意识、大国意识。
2. 坚定中国特色社会主义制度自信。

【导入案例】青岛啤酒的"新鲜度"管理

对新鲜度要求极高的商品——例如啤酒，对物流有什么要求？

"我们要像送鲜花一样送啤酒，把最好的啤酒以最快的速度、最低的成本让消费者品尝。"这是青岛啤酒股份有限公司的经营理念。

啤酒产品有较高的保鲜要求，即使产品在保质期内，产品新鲜度对啤酒口味、口感等指标也有较大的影响。产品从生产到消费的时间越短，各项合理化指标的变化越小，啤酒的新鲜度越高，口味越纯正，口感越好。在实行新鲜度管理之前，生产地青岛库存量过大——近3万吨，存放时间都在一个月以上，有些品种甚至存放两个月以上，影响了啤酒的口味。优化物流体系，就是要尽可能缩短成品进入市场的时间，提高产品的新鲜度，增强产品的竞争力。

具体措施是从运输、仓储环节入手，基于 Oracle 的 ERP 系统和基于 SAP 的物流操作系统提供信息平台支持，对其过程的各个环节进行重新整合、优化，以减少运输周转次数。同时加强仓储、运输调度，减少中间环节。接到客户订单后，产品由生产厂直接送往港、站，而省内订单则直接由生产厂送到客户仓库。仅此一项运输成本就下降了0.5元/箱，运往外地的速度比以往提高了30%以上。

第三方物流公司运营以来，青岛啤酒在物流效率的提升、成本的降低、服务水平的提高等方面成效显著，运输起到了关键的作用。

（来源：中国物流与采购网，2012-10-24.）

【思考题】

青岛啤酒为什么要实施啤酒的"新鲜度"管理？是如何实施的？

任务一　掌握运输管理的相关知识

一、运输的概念

运输（transportation）是指用运输设备将物品从一地点向另一地点运送。其中包括集货、分配、搬运、中转、装入、卸下、分散等一系列操作（《中华人民共和国标准物流术语》GB/T 18354—2006）。

在商业社会中，因为市场的广阔性，商品的生产和消费不可能在同一个地方进行，因此，一般来说，商品都是集中生产、分散消费的。为了实现商品的价值和使用价值，使商品的交易过程能够顺利完成，必须经过运输这一道环节，把商品从生产地运到消费地，以满足社会消费的需要和进行商品的再生产。如果我们将原材料供应商、工厂、仓库以及客户看作物流系统中的固定节点，那么，商品的运输过程正是连接这些节点的纽带，是商品在系统中流动的载体。因此，我们把商品运输称为现代物流的动脉。

运输与搬运不同，它是在不同的地域范围内对物品进行空间位移，是较大空间范围的移动。搬运是在同一地域的活动，一般是指短距离、小批量的运输。

运输与配送也不同，运输多数是一点对一点的货物运送，是大范围的地区间（或节点间）的货物移动，是长距离、大批量的货物移动。而配送一般是一点对多点的货物运送，是小范围的地区内部的连接最终客户的货物移动，是短距离、小批量的货物移动。

二、运输的功能

企业的发展必须依靠高效的生产和大量的销售，在现代信息技术、计算机网络技术和通信技术的条件下，这并不难达到，但是，如果没有高效低价的商品运输能力，仍然难以实现企业的发展。商品运输在商品贸易中发挥着举足轻重的作用，可以将它称作现代企业生存和发展的基础。

1. 物品位移功能

运输是物流的主要功能之一。按物流的概念，物流是物品实体的物理性运动，这种运动不但改变了物品的时间状态，也改变了物品的空间状态。而运输承担了改变空间状态的主要任务，是改变空间状态的主要手段；运输再配以搬运、配送等活动，就能圆满完成改变空间状态的全部任务。在现代物流观念未诞生之前，甚至就在今天，仍有不少人将运输等同于物流，其原因是物流中很大一部分责任是由运输承担的，是物流的主要功能，因而出现上述认识。

运输的主要职能就是将物品从原产地转移到目的地，实现了物品在空间上的移动职能。运输是在物流环节中的一项增值活动，它通过创造空间效用来创造价值。空间效用的含义是：同种物品由于空间场所不同，其使用价值的实现程度则不同，其效益的实现也不同。由于改变空间而最大地发挥使用价值，最大限度提高了产出投入比，因而称之为"空间效用"。通过运输，将物品运到效用最高的地方，就能发挥物品的潜力，实现资源的优化配置。从这个意义来讲，也相当于通过运输提高了物品的使用价值。

2. 物品储存功能

从本质上看运输车辆也是一种临时储存设备，具有临时储存物品的功能。如果转移中的产品需要储存，而短时间内产品又需重新转移，卸货和装货的成本也许会超过储存在运输工具中的费用，这时，便可考虑采用这种方式，当然临时储存物品的车辆是移动的，而不是闲置状态。另外，在仓库空间有限的情况下，利用运输工具储存也不失为一种可行的选择。可将货物装上运输工具,采用迂回路径或间接路径运往目的地。尽管用运输工具储存产品可能是昂贵的,但如果从总成本或完成任务的角度来看,考虑装卸成本、储存能力的限制等,那么用运输工具储存往往是合理的,甚至有时是必要的。在国际贸易中人们常常利用远洋运输来实现产品的储存功能。从某种意义上讲,JIT的物流配送模式实际上也是利用了运输的储存功能。

3. 运输是"第三利润源"的主要源泉

在最终到达顾客手中的商品的价格中,物流成本是一个重要的组成部分,运输成本的下降可以达到以更低的成本提供优质顾客服务的效果,从而提高企业在市场中的竞争优势。

首先,运输是运动中的活动,它和静止的保管不同,要靠大量的动力消耗才能实现,且运输又承担大跨度空间转移的任务,所以活动的时间长、距离远、消耗大。消耗的绝对数量大,其节约的潜力也就大。其次,从运费来看,运输在物流的总成本中占据最大的比例,一般综合分析计算社会物流费用,运输费在其中占近50%的比例,有些产品运费高于其生产成本。所以,节约的潜力非常大。再次,由于运输总里程远,运输总量大,通过体制改革和运输合理化可大大缩短运输公里数,从而获得比较大的节约。

4. 运输可以扩大商品的市场范围

在古老的市场交易过程中,商品只在本地进行销售,每个企业所面对的市场都是有限的。随着各种商品运输工具的发明,企业通过商品运输可以到很远的地方去进行销售,企业的市场范围可以大大地扩展,企业的发展机会也大大增加。随着基于现代信息技术的先进交易形式的发展,企业的市场范围随着网络的出现而产生了无限扩大的可能,任何有可能加入互联网的地方,都有可能成为企业的市场。为了真正地将这种可能变成现实,必须使企业的商品能够顺利地送达这个市场中,这就必须借助于商品运输过程。因此,商品运输可以帮助企业扩大它的市场范围,并给企业带来无限发展的机会。

5. 运输可以保证商品价格的稳定性

各个地区因为地理条件的不同,拥有的资源也各不相同。如果没有一个顺畅的商品运输体系,其他地区的商品就不能到达本地市场,那么,本地市场所需要的商品也就只能由本地来供应,正是因为这种资源的地域不平衡性,造成了商品供给的不平衡性。因此,在一年中,商品的价格可能会出现很大的波动。但是,如果拥有了一个顺畅的商品运输体系,那么,当本地市场对商品的供给不足时,外地的商品就能够通过这个运输体系进入本地市场,本地的过剩产品也能够通过这个体系运送到其他市场,从而保持供求的动态平衡和价格的稳定。

6. 运输能够促进社会分工的发展

随着社会的发展,为了实现真正意义的社会的高效率,必须推动社会分工的发展,而对商品的生产和销售来说,也有必要进行分工,以达到最高的效率。但是,当商品的生产和销售两大功能分开之后,如果没有一个高效的商品运输体系,那么,这两大功能都不能够实现。商品运输是商品生产和商品销售之间不可缺少的联系纽带,只有有了它,才能真正地实现生产和销售的分离,促进社会分工的发展。

7. 运输是社会物质生产的必要条件之一,是国民经济的基础和先行

马克思将运输称之为"第四个物质生产部门",是生产过程的继续。这个继续虽然以生产过程为前提,但如果没有这个继续,生产过程则不能最后完成。所以,虽然运输的这种生产活动和一般生产活动不同,它不创造新的物质产品,不增加社会产品数量,不赋予产品以新的使用价值,而只变动其所在的空间位置,但这一变动则使生产能继续下去,使社会再生产不断推进,并且是一个价值不断增值的过程,故应将其看成一个物质生产部门。

三、运输与物流其他环节的关系

1. 运输与包装的关系

货物包装的材料、规格、方法都不同程度地影响运输。包装的外部尺寸应与车辆的内部尺寸相吻合,这对提高货物的装载率有重要意义。

2. 运输与装卸的关系

只要运输活动发生就必然伴随装卸活动。物品在运输前的装车、装船活动是完成运输的先决条件。当货物运达目的地后的卸车搬运作为最终完成运输任务的补充劳动,使运输的目的最终完成。装卸还是各种运输方式的衔接环节,当一种运输方式向另一种运输方式转换时必须依靠装卸作为必要的衔接手段。

3. 运输与储存的关系

储存保管是货物的停滞状态,是货物投入消费前的准备。运输对货物的储存有重大影响,如果运输活动组织不善或运输工具不得力,就会延长货物在仓库的储存时间,这不仅增大了货物的储存量,而且还会使货物的损耗增大。

4. 运输与配送的关系

在物流活动中将货物大批量长距离从生产工厂直接运达客户或者配送中心,称为运输。从配送中心就近发运到地区内各客户手中,称为配送。配送属于连接客户的末端运输。在物流系统中必须实现运输与配送的有机结合,才能高效地完成物流任务。

[案例 7-1] 日本花王公司的复合运输体系

花王公司是日本著名的日用品生产企业,其物流不仅以完善的信息系统闻名,而且还拥有极为发达、相当合理的运输体系,主要手段是建立公司独特的符合运输来优化各种方式及路线。花王公司复合运输的主要特征表现在自动仓库、特殊车辆、计划运输、组合运输等。到 20 世纪 70 年代末,花王公司的物流起点是工厂的自动化仓库,公司的所有工厂全部导入了自动立体化仓库,从而完全实现了自动机械化作业。商品从各工厂进入仓库时,所有商品用平托盘装载,然后自动进行库存。出货是根据在线供应系统的指令,自动备货分拣,并装载在货车上。

复合运输系统的终点是销售公司的仓库,为了提高销售公司仓库的效率花王公司配备了三段式的平托盘和叉车,商品托盘运输比率为 100% 充分发挥了复合运输的优势。除此之外,自动化立体仓库也在花王销售公司中得到了大力推进。到 20 世纪 80 年代中期,近 29 万个销售公司的仓库都实现了自动机械化。

在花王公司积极推进工厂仓库和销售公司仓库自动机械化的同时,起着连接作用的运输方式也是花王物流系统变革中的重要一环。这方面的成就主要表现在特殊车辆的开发,这种特殊车辆就是能装载 14.5 吨的轻型货车,该货车可以装载 20 个 TII 型的平托盘,并用轻型铝载货车货台配置了新型货车。与此同时,针对从销售公司到零售点的商品运输,花王公司开发出了"特殊架装车",特殊架装车是有面向超市的厢式车、对应不同托盘的托盘车以及衣架展示运输车等 8 种特种车辆组成,后来又积极开发和推动了集装箱运输车,后者成为了对零售店配送的主力工具。

在花王公司的物流运输体系中,最有名的是其计划运输系统,所谓计划运输系统就是为了避免交通阻塞,提高物流作业效率,选择最佳的运输路线和最佳的运输时间,以在最短的时间内将商品运抵客户的计划系统。例如,面向日本静冈花王销售公司的货车一般在夜里 2 点钟从东京出发,走东名高速公路,于早上 7 点钟抵达静冈花王公司,从而使货车能避开交通高峰,顺利通畅地实现商品配送。依次类推,花王公司针对每个销售公司的地理环境,交通道路状况和经营特点,安排了不同的运输时间和运输路线,而且所有这些计划都是用图表的形式表示,真正确保商品的即时配送,最终实现了全公司商品的高效率。

花王公司计划运输体系是与花王公司的另一个系统——商品组合运输系统相联系,商品组合运输系统解决的问题是防止货车往返之中的空载。显然,要真正防止货物空载,就必须搜寻运输的商品。开始时,花王公司主要是与花王的原材料供应商进行组合运输,亦即花王公司将商品从工厂或总公司运抵销售公司后,与当地的花王公司供应商联系,将生产所需要的原材料装车运回工厂,这样就不会出现空载。后来,商品运输组合的对象逐渐扩大,已不仅仅限于与花王公司经营相关的企业,所有其他企业都可以利用花王公司的车辆运载商品。例如,前面所列举的静冈花王每天早8点钟卸完货物后就装载清水的拉面或电动机零部件运到客户位于东京的批发店,现在参与花王组合运输的企业达100多家,花王工厂与销售公司之间近80%的商品运输都实现了组合运输。应当看到的是,花王公司的组合运输之所以能实现和大力发展,一个最大的原因是其计划运输系统确保了商品运输的定时和及时运输,换句话说,正是因为花王的运输系统能确保及时、合理的运输。所以,越来越多的企业都愿意加入组合商品运输,如果没有前者的效率化,是不可能实现组合运输的。

(来源:何倩茵. 物流案例与实训[M]. 北京:机械工业出版社,2008.)

【案例点睛】

运输是运动中的活动,需要靠大量的动力消耗才能实现。同时,运输承担跨度较大的空间转移任务,因此活动的时间长、距离远、消耗大。而消耗的绝对数量越大,其节约的潜力也就越大。运输的社会化和共同运输将是运输业发展的未来趋势,企业内部或不同企业之间可以合作开展运输,不仅可以提高运输效率还可以大大降低运输成本。花王公司通过建立由自动仓库、特殊车辆、计划运输、组合运输等构成的复合运输体系,不断优化各种运输方式及路线,为花王公司整体运作效率的提高发挥了非常大的作用。

【思考题】

1. 花王的运输系统是怎样通过符合运输来实现高效的物流作业的?
2. 花王公司计划运输体系与花王公司商品组合运输系统有什么不同?
3. 花王公司积极推进工厂仓库和销售公司仓库自动机械化的同时,对起着连接作用的运输方式也进行了调整,目的何在?

[案例7-2] 顺丰揭秘枇杷运输保鲜的独特秘技

随着电商和物流的完善,很多名不见经传的水果逐渐变得家喻户晓。苏州枇杷便是个中翘楚,从最初的几篓枇杷寄递到现在走向全国,顺丰速运有限公司也一路见证了苏州枇杷的十余年成长。

一、从包装到冷藏储运,保鲜能力再突破

新鲜度是白枇杷运输中难以避免的痛点,包装、温度……都会影响果品的鲜度与品相。为此,在枇杷运输领域已深耕十余年的顺丰速运有限公司,对枇杷的冷链运输进行了再升级。

一是提升包装与枇杷的适配度,有效保障果品品相完整,降低破损。白沙枇杷作为娇嫩的果品,过度触碰、挤压的地方,会逐渐发黑。2020年顺丰速运有限公司引进珍珠棉卡槽加珍珠棉片的内部包装方案,在包装上设计了适配果品大小的缓冲棱,以及预留果柄放置凹槽,包装果品时,快递员只需拎着果柄放入包装,有效避免与果品过度接触,果品包装无挤压,运输过程抗碰撞,消费者在收到枇杷时,能够惊喜地发现,顺丰包装下的枇杷,连绒毛都可以保存下来。

二是在把预冷柜带进了田间地头里。往年里田间地头的暴晒,极大地缩短了枇杷的保存时间,增加了运输时的损坏率,给消费者留下不愉快购物体验的同时,也造成了果农不少的损失。而顺丰结合当地的天气,经过两年的测试,找到了最适宜枇杷保存的温度,并在产地端精准铺设预冷柜设备,把果农交付的枇杷提前放入预冷柜进行降温,避免暴晒,延长枇杷的储存期。

三是加大冷藏车的配置,预冷柜中取出的果品直接与冷藏车无缝衔接,保证鲜度不受损。2020年,单在苏州当地,便增加投入80多台冷藏车保持冷运配送运转流畅,新鲜的枇杷将会通过冷链车控温,稳稳地送出苏州,再通过庞大的网络运转送达至消费者手中。

二、寄件体验、物流时效双升级,全流程畅通无阻

揽收更便利:在原产地,顺丰从人手与基层建设两方面入手,布置600多名一线员工、100多个揽收点全面覆盖苏州产地,为客户提供定制化服务,晚上22:00仍可寄件,保证每天摘下枇杷能及时发运,真正实现"枇杷寄递不用愁,顺丰就在我家门口";在技术支持层面,辅以多种科技手段提升下单速度,为了简化寄件流程,顺丰还提供一件代发服务连接商品信息与物流服务,优化客户的寄件体验。

时效再提速:2020年顺丰已为苏州枇杷备好"绿色通道",在中转与派送两端实现优先配载、中转、派送,提升运输时效。碰到运输高峰期,有高峰应急小组对枇杷件量溢出的情况进行资源协调,即使遇到突发情况也不用担心,售后端增设驻场客服,更是由专人跟进理赔工作处理,更高效地解决客户售后问题。

深耕枇杷寄递十年有余,顺丰已与全国各地主产区建立了紧密的关系,助推区域农业经济发展,为当地农户带来更多的发展机会,探寻农业上行的更多可能。顺丰一如既往秉承"成就客户"的价值观,继续致力于服务"三农",不断革新技术,实现产前段与物流段无缝连接,推动中国特色农业的发展进程。

(来源:掌链传媒网)

【案例点睛】

企业的发展必须依靠高效的生产和大量的销售,在现代信息技术、计算机网络技术和通信技术的条件下,这并不难达到,但是,如果没有高效低价的商品运输能力,仍然难以实现企业的发展。商品运输在商品贸易中发挥着举足轻重的作用,可以将它称作现代企业生存和发展的基础。在枇杷运输领域已深耕十余年的顺丰速运有限公司,从产品包装到预冷柜设置,从揽收人员布置到冷藏车配置,对枇杷冷链运输中的每一个环节进行优化升级。借助信息化技术,顺丰实现了产前段与物流段无缝连接,在保证枇杷新鲜度的同时,保持冷运配送运转流畅,在中转与派送两端实现优先配载、中转、派送,提升运输时效。

【思考题】

1. 顺丰冷链运输的竞争优势是什么?
2. 针对枇杷的冷链运输,顺丰进行了哪些服务升级?

任务二 掌握运输方式的选择方法

一、基本运输方式

商品运输可以采用不同的运输方式,各种不同的运输方式各有其自身的特点。基本的运输方式有铁路运输、公路运输、水路运输、航空运输以及管道运输。每一种运输方式所能提供的服务内容和服务质量各不相同，因而，每一种运输方式的成本也各不相同。企业应该根据自身的要求，综合考虑各方面的因素，选择合适的运输方式。

1. 铁路运输

通过铁路运输商品，最大的优势就是能够以相对较低的价格运送大量的货物。铁路运输的主要货物的共同特点是低价值和高密度，且运输成本在商品售价中所占的成本比较大。铁路运输一般可以分为整车运输和集装箱运输两种类型。

铁路运输的主要优点：铁路运输一般符合规模经济和距离经济的要求，对大批量和长距离的运输情况来说，货物的运输费用会比较低；现有的铁路网络四通八达，可以很好地满足远距离运输的需要；铁路可以全年全天候运营，受地理和气候的影响比较小，具有较高的连续性和可靠性；铁路运输的安全性也在逐步提高；相对来说，铁路的运输速度比较快。

铁路运输的主要缺点：对小批量的货物和近、中距离的大宗货物来说，铁路运输费用比较高；铁路运输不能实现"门到门"的服务；因为车辆调配困难，铁路运输不能满足应急运输的要求。

2. 公路运输

公路运输也是陆路运输方式之一，可称之为汽车运输，是使用公路设施、设备运送物品的一种运输方式。在电子商务的环境下，特别是对B2C、C2C等交易方式来说，公路运输是城市配送的主要形式。

公路运输的主要优点：在近距离的条件下，公路运输可以实现"门到门"的服务，而且运输速度也比较快；公路运输可以根据需要，灵活制订运输时间表，而且对货运量的大小也有很强的适应性；对近距离的中小量的货物运输来说，使用公路运输的费用比较低；在运输途中，几乎没有中转装卸作业，因此，发生碰撞的概率比较小，对包装的要求不高。

公路运输的主要缺点：汽车的载重量有限，一般公路运输的批量都比较小，不太适合大量的运输；在进行长距离运输时，运费比较高；公路运输比较依赖于气候和环境的变化，因此，气候和环境的影响可能会影响运送时间。

3. 水路运输

水路运输由船舶、航道和港口所组成，它是一种历史悠久的运输方式，是使用船舶运送客货的一种运输方式，也称为船舶运输。水路运输主要用于长距离、低价值、高密度、便于用机械设备搬运的货物运输。

水路运输的主要优点：水路运输最大的优点就是成本低廉；可以运用专用的船只来运输散装原材料，运输效率比较高；此外水路运输的运载量比较大，因此它的劳动生产率也比较高。

6. 港珠澳大桥建设进程中的震撼瞬间

水路运输的主要缺点：水路运输的运输速度比较慢，它在所有的运输方式中时间是最长的；行船和装卸作业受天气的制约，运输计划很容易被打乱；水路运输所运输的货品必须在码头停靠装卸，相当费时、费成本，而且无法完成"门到门"的服务。

4. 航空运输

使用飞机运送货物的方式称为航空运输，简称空运。对国际货物的运输，航空运输已经成为一种常用的运输形式。

航空运输的主要优点：运输速度非常快，一般在800~900千米/小时左右；飞机的机动性能好，几乎可以飞越各种天然障碍，可以到达其他运输方式难以到达的地方，因此，适合运输急需的物资或者易腐烂、易变质的货物；被运输的货物只需要简单包装，节省包装费用。

航空运输的主要缺点：航空运输成本高昂，只适宜体积小、价值高的物资，鲜活产品及邮件等货物运输；航空运输除了靠近机场的城市以外，对其他地区不太适用；恶劣的天气情况会对航空运输造成极大的影响，影响送货及时性的实现。

5. 管道运输

利用管道设施、设备来完成物质资料运送的运输方式称为管道运输。利用管道运输的大部分物品都是一些流体的能源物资，如石油、天然气以及成品油等。

管道运输的主要优点：运输量大；运输工程量小，占地少；能耗小，在各种运输方式中是最低的；安全可靠，无污染，成本低；不受气候影响，可以全天候运输，送达货物的可靠性高；管道可以走捷径，运输距离短；可以实现封闭、连续运输，损耗少。

管道运输的主要缺点：专用性强，只能运输石油、天然气及固体料浆（如煤炭等）；管道运输量与最高运输量间的差额幅度小；管道运输路线一般是固定的，管道设施的一次性投资也较大；管道运输这种运输方式不灵活，只有接近管道的用户才能够使用；管道运输的速度也比较慢。

二、集装箱多式联运方式

在多式联运的形式当中，集装箱多式联运相对普遍，它是在集装箱运输的基础上产生发展起来的一种综合性的连贯运输方式，它一般是以集装箱为媒介，按照多式联运合同，把海、陆、空各种单一运输方式有机地结合起来，以至少两种不同的运输方式，由多式联运经营人将货物从一国境内接管货物的地点运至另一国境内指定交付货物的地点，组成一种国际间的连贯运输。

在经济全球化的时代，集装箱多式联运在国际贸易运输中发挥着举足轻重的作用，主要方式有：海陆空路联运、海路铁路联运、航空公路联合、铁路/公路—内河与海上—内河、微型陆桥、陆桥等。

三、运输方式选择条件

运输方式的选择条件有输送物品的种类、输送量、输送距离、输送时间、输送成本 5 个方面。在上述 5 个选择条件中，输送物品的种类、输送量和输送距离 3 个条件是物品自身的性质和存放地点决定的，因而属于不可变量。与此相反，运输时间和运输成本是不同运输方式相互竞争的重要条件，运输时间与运输成本必然带来所选择的运输方式的改变。一般来说，运输速度（特别是技术速度）与运输成本有很大的关系，为正相关。200 千米以内选择公路运输合适，200～500 千米以内选择铁路运输比较合适，500 千米以上适合选择航空运输，如表 7-1 所示。

表 7-1 运输方式的种类和特征

运输方式	特征与优点	缺点	适用情况
公路运输	我国主要的运输方式，主要工具为汽车，主要特点是灵活机动、运输过程的换装环节少，运输速度较快，运输费用较低	运量比较小，长距离运输比铁路运输效率低、费用高	适合于中短距离、中少数量的高频率配送
铁路运输	我国货物运输的主要方式之一，运量大、速度快、可靠性高。连续性强、远距离运输费用低。一般不受气候因素影响	受线路、货站、运行时刻、配车、编列等因素影响，不够灵活，近距离运输的费用较高	适合中长距离的运输
水路运输	特点是载重量大、能耗小、航道投资费用省、运输费用低	运输速度慢、运载搬运费用较高，航运和装卸作业受气候条件约束	适合于长距离、大批量的运输，适应于原材料、中间产品的运输

续表

运输方式	特征与优点	缺点	适用情况
航空运输	运输速度快,货物包装要求低	运输费用高、重量受限制,对航空港设施要求高,受气候条件影响大	适合于长距离、快速运输以及生鲜商品和高价、低重量、小体积商品的运输
管道运输	运量大,连续性强,损耗小,运输安全、建设投资费用省,高度专业化,货物不需要包装,不受地面气候影响	单向封闭的运输系统,灵活性很差,一次性固定投资大	主要用于成品油、天然气等液体和气体的运输
集装箱运输	是一种现代化运输方式,运费较低,最大限度减少货损,高效率、高质量、标准化、专业化、节省包装费用,适用性强	需要采用统一的集装箱和配套的运输车辆,对搬运装卸机械的要求高	适用于各种产品

四、运输方式选择的方法

在各种运输方式中,如何选择适当的运输方式是物流合理化的重要问题。可以选择一种运输方式也可以选择使用联运的方式。

运输方式的选择,需要根据运输环境、运输服务的目标要求,采取定性分析与定量分析的方法进行考虑。

(一)运输方式选择的定性分析法

1. 单一运输方式的选择

单一运输方式的选择,就是选择一种运输方式提供运输服务。公路、铁路、水路、航空和管道5种基本运输方式各有自身的优点与不足,可以根据5种基本运输方式的优势、特点,结合运输需求进行恰当的选择。

2. 多式联运的选择

多式联运的选择,就是选择两种以上的运输方式联合起来提供运输服务。在实际运输中,一般只有铁路与公路联运、公路或铁路与水路联运、航空与公路联运得到较为广泛的应用。

思政小专栏

"中越老"跨境多式联运开创合作共赢新局面

2021年5月13日11时30分,搭载着13车复合肥料的X9101次集装箱班列,从南宁国际铁路港出发,由国铁凭祥口岸物流中心出境,铁路运往越南转公路运抵老挝。这是广西开行的首趟"中越老"农资产品跨境多式联运班列,开辟了途经东盟两国的"铁路+公路"长距离运输新路线,有助于提升经贸合作水平,构建稳定、高效的跨境产业链、供应链,助力构建以国内大循环为主体、国内国际双循环相互促进的新发展格局。

"中越老"农资产品跨境多式联运班列总行程约1300公里,预计运行时间4天,便可将货物运抵老挝,服务于当地农耕生产。这也为越南、老挝经济发展提供重要的交通运输保障。近些年来,中国大力推进中老铁路、南崇城际铁路等建设,致力于与越南、老挝等国家通过铁路实现基础设施互联互通,让路网成为国与国之间经济社会发展的助推器。此次组织开行的"中越老"农资产品跨境多式联运班列,就是国与国通过交通实现合作共赢的生动实践。

资料来源:中国日报

（二）运输方式选择的定量方法

1. 综合评价法

综合评价选择法是运输方式选择的一种重要的定量分析防范，它是根据影响运输方式选择的 4 个要素，即经济性、迅速性、安全性和便利性进行综合评价，根据评价的结果选择运输工具的选择方法。

2. 运输成本比较分析法

运输成本比较分析法是运输工具选择的量化分析，运输的速度可靠性会影响托运人和买方的库存水平。

3. 竞争因素衡量法

运输方式的选择如果直接涉及竞争优势，则应考虑竞争因素衡量法。当买方通过供应渠道从若干个供应商处购买商品时，物流服务和价格就会影响到买方对供应商的选择。反之，供应商也可以通过对供应渠道运输方式的选择来控制物流服务要素。

[案例 7-3] 运输方式的选择以及运输决策

一、如何选择成本最低的运输方式

某公司欲将产品从坐落位置 A 的工厂运往坐落位置 B 的公司自有的仓库，年运量 D 为 700000 件，每件产品的价格 C 为 30 元，每年的存货成本 I 为产品价格的 30%。公司希望选择总成本最小的运输方式。据估计，运输时间每减少一天，平均库存水平可以减少 1%，Q 为年存货量。企业希望选择总成本最小的运输方式。各种运输服务的有关参数如表 7-2 所示。

表 7-2 运输方式的种类和特征

运输方式	运输费率(R)/(元/件)	运达时间(T)/天	每年运输批次	平均存货量(Q)/2(件)
铁路运输	0.10	21	10	100000
驼背运输	0.15	14	20	50000
公路运输	0.20	5	20	50000
航空运输	1.40	2	40	25000

注：驼背运输是一种公路和铁路联合的运输方式，货运汽车或集装箱直接开上火车车皮运输，到达目的地再在车皮上开下。

在途运输的年存货成本为 $ICDT/365$，两端储存点的存货成本各为 $ICQ/2$，但其中的 C 值有差别，工厂储存点的 C 为产品的价格，购买者储存点的 C 为产品价格与运费率之和。

说明：C' 代表购买者储存点的 C，为产品价格与运费率之和。

由表 7-3 的计算可知，在四种运输服务方案中，公路运输的总成本最低，因此应选择公路运输。

表 7-3 运输服务方案成本计算表

成本类型	计算方法	运输方式			
		铁路运输/元	驼背运输/元	公路运输/元	航空运输/元
运输费用	$R \times D$	(0.10×700000)=70000	(0.15×700000)=105000	(0.20×700000)=140000	(1.4×700000)=980000

续表

成本类型	计算方法	运输方式			
		铁路运输/元	驼背运输/元	公路运输/元	航空运输/元
在途存货	$ICDT/365$	$(0.30\times30\times700000\times21)/365=363465$	$(0.30\times30\times700000\times14)/365=241644$	$(0.30\times30\times700000\times5)/365=86301$	$(0.30\times30\times700000\times2)/365=34521$
工厂存货	$ICQ/2$	$(0.30\times30\times100000)=900000$	$(0.30\times30\times50000\times0.93)=418500$	$(0.30\times30\times50000\times0.84)=378000$	$(0.30\times30\times25000\times0.81)=182250$
仓库存货	$IC'Q/2$	$(0.30\times30.1\times100000)=903000$	$(0.30\times30.15\times50000\times0.93)=420593$	$(0.30\times30.2\times50000\times0.84)=380520$	$(0.30\times31.4\times25000\times0.81)=190755$
总成本/元		2235465	1185737	984821	1387526

(来源：季永青，李佑珍. 运输管理实务 [M]. 北京：高等教育出版社，2008.)

【案例点睛】

在各种运输方式中，如何选择适当的运输方式是物流合理化的重要问题，可以选择单独一种运输方式也可以选择使用联合运输的方式。运输方式的选择，需要根据运输环境、运输服务的目标要求，采取定性分析与定量分析的方法进行考虑。其中，运输成本是选择运输方式、制订运输决策的主要考虑因素。每一种运输方式各有其自身的特点，其所能提供的服务内容和服务质量各不相同，因此每一种运输方式的成本也各不相同。企业应该根据自身要求和运输商品的特点，综合考虑各方面的因素，选择合适的运输方式。此外，还要考虑企业经营中相关的因素，通过统筹考虑、综合协调，做出最佳决策。

【思考题】

请分析供应商进行运输决策的主要影响因素。

二、供应商如何进行运输决策

某制造商分别从两个供应商购买了共3000个配件，每个配件单价100元。目前这3000个配件是由两个供应商平均提供的，如供应商缩短运达时间，则可以多得到交易份额，每缩短一天，可从总交易量中多得5%的份额，即150个配件。供应商从每个配件可赚得占配件价格（不包括运输费用）20%利润。

于是供应商A考虑，如将运输方式从铁路转到公路运输或航空运输是否有利可图。各种运输方式的运输费率和运达时间如表7-4所示。

表7-4 运输费率及时间表

运输方式	费率/(元/件)	运达时间/天
铁路运输	2.50	7
公路运输	6.00	4
航空运输	10.35	2

表7-5 运费及利润计算表

运输方式	零件销售量/个	毛利/元	运输成本/元	净利润/元
铁路运输	1500	$1500\times100\times0.2=30000$	3750	26250
公路运输	$1500+150\times3=1950$	$1950\times100\times0.2=39000$	11700	27300
航空运输	$1500+150\times5=2250$	$2250\times100\times0.2=45000$	23287	21713

由表 7-5 可知，如果制造商对能够提供更好运输服务的供应商给予更多的交易份额的承诺兑现，则供应商 A 应当选择公路运输。当然，与此同时供应商 A 要密切注意供应商 B 可能做出的竞争反应行为，如果出现这种情况，则可能削弱供应商 A 可能获得的利益，甚至化为泡影。

在考虑运输服务的直接成本的同时，有必要考虑运载工具对库存成本和运输绩效对物流渠道成员购买选择的影响。除此之外，还有其他一些因素需要考虑，其中有些是企业运输决策者不能控制的因素，如表 7-6 所示。

表 7-6 决策者不能控制的考虑因素

考虑因素	详　述
对彼此成本的了解	如果供应商和买方对彼此的成本有一定了解或有过合作的基础，将会促进双方进一步的有效合作
分拨渠道中有相互竞争的供应商	如果分销渠道中有相互竞争的供应商，买方和供应商都应该采取合理的行动来平衡运输成本和运输服务，以获得最佳收益。当然，谁也无法保证各方都会理智行事
运输服务水平对价格的影响	假如供应商提供的运输服务优于竞争对手，他很可能会提高产品的价格来补偿（至少是部分补偿）增加的成本。因此，买方在决定是否购买时应同时考虑产品价格和运输绩效
动态因素	运输费率、产品种类、库存成本的变化和竞争对手可能采取的应对措施等动态因素，在此并没有直接涉及，但这些因素在不同环境、不同时间内都可能产生一定程度的影响，有些甚至是决定性的
运载工具选择的间接作用	这里没有考虑运输方式的选择对供应商存货的间接作用。供应商也会和买方一样由于运输方式变化改变运输批量，进而导致库存水平的变化。供应商可以调整价格来反映这一变化，反过来又影响运输服务的选择

[案例 7-4] 强生集团怎样做物流？

强生集团收购辉瑞制药，对强生营销和物流有限公司来说，2007 年是非常繁忙的一年。对最优秀的卫生护理品巨头强生集团（Johnson & Johnson.，J & J）旗下的全球交通运输专业公司——强生营销和物流有限公司来说，接下来的一年看起来是非常繁忙的一年。2006 年强生公司的销售额达到 533 亿美元。2006 年 12 月，由于收购了辉瑞制药（Pfizer）消费者健康护理的生意，其资产猛增了 40 亿美元。这笔生意将把辉瑞制药的李施德林防腐液和黑白分明滴眼露的产品增加到业已存在的强生消费者品牌诸如邦迪、泰诺和甜蜜素的网络中。

一、收购辉瑞制药带来的物流挑战

在 2007 年，强生营销和物流有限公司将整合这两条供应链，这将大大增加强生公司的消费者业务。

在收购辉瑞业务之前，公司的消费者业务 2006 年达到 98 亿美元。它将形成一个年销售额达到 232 亿美元的药品部门以及总计 203 亿美元的医药设备，例如诊断设施。

强生营销和物流有限公司能够将已经拥有的最好的实际经验应用到辉瑞业务中。据估计，在辉瑞业务被吸收以后，大约有 50 人将组成全球运输系统的组织。在两家公司都有强大分部的波多黎各，两家公司可以联合起来，特别是来自于辉瑞拥有相关知识、经验和思想的专家可以加入到团队中来。两家公司的组织是不同的，有着不同的组织结构，但是它们都擅长它们所做的事情。现在仍是合并阶段的早期，强生的资深运输分析家 Michael Chianese 说："辉瑞业务对两家公司都将创造机会，不仅增加它们的运量，而且也能利用后方优势以及货物的三角路径运输。"

辉瑞消费者业务的确在美国国内产量上占了很大的比例,但是强生是面向国际经营的。辉瑞消费者在其他国家占有一半左右的销量,而强生44%的销售量来自于国外。

强生的采购是全球性采购,而并不是都从亚洲采购的。在收购辉瑞消费者业务之前,强生148个制造设施中的63个位于美国。16个在美国以外的美洲;37个在欧洲;32个在非洲、亚洲和太平洋地区。这些设施中一些是供应地区市场的,但是大部分是在全球运输产品的。比如邦迪护手霜就是在巴西制造的。

强生以它的分权管理而著称,同时它也把分权运用到物流中。当全球运输组织会对大部分位于美国国内的强生运输以及进出口负责的同时,也有其他强生的组织将对运输负责。但是,从强生的证券和交易委员会中,每个人都能理解对于像强生这样的公司物流成本是多么重要。据透露,2006年强生集团用于运输和货物处理的成本达到6.93亿美元。

二、减少空运和海运承运人

强生一直在努力减少货运代理商的数目,努力降低运费。从10年前的十几家减少到现在的不到10家。公司主要使用无资产的货运代理。先进的技术将使强生能够使用更少的供应商。大部分的交易关系是在网上进行的,所以有许多理由来使用更少的供应商。当公司把评估运输供应商的绩效指标标准化后,使用更少数量的承运人变得相当容易。

公司也对使用远洋运输进行了研究,虽然这个研究相对于航空货运还处于早期阶段。强生将按照相同的机会进行分类。其中的一个原因在于这些数据并不存在于一个地方,他们有不同的来源。强生更多的使用远洋运输,一个原因在于一些远洋承运人是地区性的,例如Jones Act carrier是专门从事美国境内至波多黎各的运输的。另一个原因在于强生不想依赖于一个承运人。从业务持续开展的角度来说,强生并不想依赖于一个承运人。为了避免恶劣天气、罢工等事件带来的运输中断,强生倾向于使用多个承运人。公司已经通过业务训练演练验证和测试了这些承运人。

强生依靠班轮公司和运输中介,例如货运代理和无船承运人来安排远洋运输。这通常就是成本和服务的权衡,强生和班轮公司签有合同,强生可以在一些航线装载大量的货物,或者能够使用无船承运人来得到更密集的服务,因为他们使用更多的承运商。

在运量不大的地方,强生同样可以使用无船承运人,同时,使用从出口到入口的无缝隙的过程有许多优点。并不是所有的货物都是一样的。在过去十年中,全球运输集团逐渐参与到运输过程中,通过公司的供应链并不仅仅运输产成品,还有原材料和中间产品。

在最近的几十年中,运输方面的一个大的转变在于运输的标准化——集装箱的出现,在合同下按照固定的价格而不是在关税条件下的特定的条款。

三、强生怎样选择承运人

强生经常提醒承运人:并不是所有的货物都是平等的。很难说你或者你的公司比别的公司更优异,但是事实上强生有能够拯救生命的产品。比如,由于医用产品是注射入人体的,因此必须进行产品质量控制。对运输供应商来说了解货物这一点非常重要,可以使他们采取合适的保管和防护措施使得产品送到强生用户时仍是安全的。

强生选择承运人的标准之一在于它们如何照管他们的产品,强生有已经颁布的保管条例,强生要求运输提供商必须理解这些规定并且同意遵循这些规定。运输提供商必须填写一个调查表,并且证明他们关注于使用一个安全的供应链。另一个关注的热点在于冷藏货。越来越多的强生货物必须通过冷链来运输。

强生对于员工的发展同样投入了很多的关注。强生营销和物流有限公司里的员工有终生的强生员工,也有刚到营销和物流公司才几个月的员工。公司致力于使得每个人都有机会,无论是那些想在运输行业长期工作的人,还是那些想有兼职工作的人。公司高层最想看到的是员工的创造性。

例如，公司愿意看到承运人或者货代努力安排平常种类的货物运输，寻找城市间每周都需要运输货物的托运人，然后形成三角关系。用这种方式，提供极具吸引力的运费。

（来源：中国物流与采购网，2008-3-24.）

【案例点睛】

强生公司和物流公司作为供应链上的结点企业，通过整合供应链增强了强生公司的消费者业务。强生公司通过评估运输供应商的绩效指标标准化不仅减少货运代理人的数目，而且大大提高了运输的效率，降低运输成本。强生公司的分权管理理念加强了与物流公司的合作，不但实现了合作双方的共赢，更实现了供应链结点企业的共赢，这样的合作关系也是值得我国企业借鉴的。

【思考题】

1. 强生公司是如何选择运输方式的？
2. 强生公司为什么要减少空运和海运承运人？

[案例7-5] 铁路货物运输业务管理流程

根据托运人托运货物的数量、体积、形状等条件，结合铁路的车辆和设备情况，国内铁路货物运输的形式可分为：集装箱运输和整车运输。铁路货物运输的流程根据不同的运输稍有差异，在总体流转环节上也有区别。

一、集装箱货运流程

集装箱货物发送和到达程序流程如表7-7和表7-8所示。

表7-7 集装箱货物发送服务程序流程表

过程	活动	记录
一、计划受理	1. 评审货物发送单 2. 进行运输过程能力认可 3. 安排进货日期和装箱日期	货物运单
二、承运	1. 拨配适当箱型，进行箱体检查 2. 监装、施封 3. 登记集装箱承运簿	集装箱承运簿
三、核算	1. 核算制票 2. 收款 3. 结缴款	货票 缴款单
四、装车	1. 对待装车辆进行检查 2. 监控装车 3. 装车后检查 4. 填记装载清单和票据封套	装载清单、封套
五、货运票据交接	1. 填记票据交接簿 2. 与运转交接票据和现车	票据交接簿

表7-8 集装箱货物到达服务程序流程表

过程	活动	记录
一、卸车前准备	1. 现车集装箱交接 2. 确定货位，装卸设备认可	到达票据

续表

过程	活动	记录
二、卸车作业	1. 监卸 2. 填记集装箱到达登记簿	集装箱到达登记簿
三、到达登记	1. 发出到达通知 2. 填记货票	到达货票
四、集装箱保管	1. 货物保管储存 2. 交接班交接	交接班簿
五、确认领货凭证	1. 内勤核算运杂费 2. 收款 3. 结缴款	运杂费收据 缴款单
六、现场交付	1. 按运单核对箱号、封号 2. 核对运杂费 3. 会同收货人清点货 4. 填记运单 5. 收货人签收	票据封套 运杂费收据 运单 卸车簿

二、整车货运流程

整车货物发送和到达服务程序流程如表7-9和表7-10所示。

表7-9 整车货物发送服务程序流程表

过程	活动	记录
一、合同评审	1. 评审铁路货物运输服务订单 2. 过程能力认可 3. 报请批准	货物运输服务订单
二、受理	1. 评审货运单 2. 安排进货时间、地点 3. 验收货物	
三、装车作业	1. 向发站铁路分局请示车辆、去向,经批准后调入车辆 2. 对待装车辆进行检查和认可 3. 对装卸机具进行认可 4. 对装车过程进行监控 5. 装车后检查 6. 填写货物承运簿、货物运单	货运单 货车调送单 装车工作单 货物承运簿
四、核算运费	1. 核算填制货票 2. 收款 3. 结缴款	货票
五、货运票据交接	1. 填记货票交接簿 2. 交运转车间 3. 现车交接	票据交接簿

表7-10 整车货物到达服务程序流程表

过程	活动	记录
一、卸车前准备	1. 按货位情况制订调车计划,并接车、检查设备 2. 核对现车,检查货物现状	索取或编制货运记录

续表

过程	活动	记录
二、卸车作业	1. 卸车前对装卸机具认可 2. 监卸 3. 卸车后检查 4. 填记货票并转交内勤核算	编制货运记录 填写卸车簿和卸车工作单
三、到货通知	1. 发出到货通知 2. 填写货票	
四、货物储存保管	1. 货物保管、储存、防护 2. 交接班交接	交接班簿
五、收取领货凭证	1. 内勤交付、核对证件 2. 计算核收运杂费装卸费 3. 结缴款	杂费、装卸费收据 缴款单
六、现货交接	1. 清点货物 2. 核对运杂费 3. 交付货物 4. 收货人签收	填记运单 卸车簿

（来源：袁长明. 物流管理概论［M］. 北京：化学工业出版社，2007.）

【案例点睛】

集装箱货运是一种高效率、高效益及高运输质量的现代运输方式。整车货运通常是一车一张货票、一个托运人，整车运输一般不需中间环节或者中间环节很少，货物送达时间短，相应的货运的集散成本较低，此外还有快速、方便、经济、可靠等优点，也是一种广泛使用的运输方式之一。

【思考题】

请分析集装箱运输和整车运输在发送服务程序和到达服务程序上有哪些差别？

任务三 熟悉运输合理化对策

一、影响运输合理化的因素

物品从生产地到消费地的运输过程中，从全局利益出发，力求运输距离短、运输能力省、运输费用低、中间转运少、到达速度快、运输质量高，并充分有效地发挥各种运输工具的作用和运输能力，是运输活动所要实现的目标。运输合理化的影响因素很多，起决定性作用的有5个方面的因素，称为合理运输的"五要素"。

1. 运输距离

在运输过程中，运输时间、货损、运费、车辆或船舶周转等运输的若干技术经济指标，都与运输距离有一定的比例关系。因此，运输距离长短是运输是否合理的一个最基本因素，缩短运输距离既具有宏观的社会效益，也具有微观的企业效益。

2. 运输环节

每增加一次运输，不但会增加起运费和总运费，而且必然要增加运输的附属活动，如装卸、包装等各项技术经济指标也会因此下降。所以，减少运输环节，尤其是同类运输工具的环节，对合理运输有促进作用。

3. 运输工具

各种运输工具都有其使用的优势领域，对运输工具进行优化选择，按运输工具特点进行装卸运输作业，最大限度地发挥所用运输工具的作用，是运输合理化的重要一环。

4. 运输时间

运输是物流过程中需要花费较大时间的环节，尤其是远程运输。在全部物流时间中，运输时间占绝大部分，因而运输时间的缩短对整个流通时间的缩短有决定性作用。此外，运输时间短，有利于运输工具的加速周转，充分发挥运力的作用；有利于货主资金的周转；有利于运输线路通过能力的提高，对运输合理化有很大的贡献。

5. 运输费用

运费在全部物流成本中占很大比例，运费高低在很大程度上决定了整个物流系统的竞争力。实际上，运输费用的降低，无论对货主企业来讲，还是对物流经营企业来讲，都是运输合理化的一个重要目标。运输合理化的判断，也是各种合理化方案实施是否行之有效的最终判断依据之一。

二、运输的合理化对策

（一）物流中不合理运输的表现

物流中的不合理是指不注重经济效果，造成运力浪费、运费增加、货物流通速度减低、货物损耗增加的运输现象。应在实际工作中尽量避免不合理运输，力争使其出现的概率减低为零。物流运输不合理的表现主要有以下几种类型。

1. 对流运输

对流运输是指同一种货物或可以相互代用的货物在同一条运输路线或平行运输路线上作相对方向的不合理运输方式，这是不合理运输最突出、最普遍的一种。

2. 迂回运输

迂回运输是指货物沿多余的路线绕道运输的不合理运输方式，即不经过最短路径的绕道运输，也就是"近路不走，走远路"。由于增加了运输路线，延长了货物在途时间，造成了运输能力的巨大浪费。

3. 倒流运输

倒流运输是指货物从销地向产地或其他地点向产地倒流的不合理运输方式。倒流运输导致运力浪费、增加运费开支等。

4. 重复运输

重复运输是一种货物本可直达目的地，但因物流仓库设置不当或计划不周使其在中途卸下，导致增加运输环节、浪费运输设备和装卸运输能力，延长了运输时间的不合理运输方式。

5. 过远运输

过远运输是指相同的质量、价格的货物舍近求远的不合理方式。即销地应有距离较近的产地购进所需相同质量和价格的货物，但却超出货物合理辐射的范围，从远距离的地区运来，或产地就近供应，却调到较远的消费运输现象。过远运输延长了货物远距离和在途时间，导致了运力的浪费和资金的积压，增加了运输费用。

6. 无效运输

无效运输即不必要的运输，指被运输的货物杂质较多，使运输能力浪费与不必要的物资运输。

7. 运力选择不当

为选择各种运输工具优势而不正确利用运输工具造成的不合理现象。

(1) 弃水走陆　在同时可以利用水运及陆运时，不利用成本较低的水运或水陆联运，而选择成本较高的铁路运输或汽车运输，使水运优势不能发挥。

(2) 铁路、大型船舶的过近运输　不是铁路及大型船舶的经济运行里程却利用这些运力进行运输的不合理做法。主要不合理之处在于火车及大型船舶起运及到达目的地的准备、装卸时间长且机动灵活不足，在过近距离中利用，发挥不了速度快的优势。相反，由于装卸时间长，反而会延长运输时间。另外，和小型运输设备比较，火车及大型船舶装卸难度大、费用也较高。

8. 运输工具承载能力选择不当

不根据承运数量及重量选择，而盲目决定运输工具，造成过分超载、损坏车辆及货物不满载、浪费运力现象，尤其是"大马拉小车"现象较多。由于装货量小，单位货物运输成本必然增加。

9. 托运方式选择不当

对货主而言，在可以选择最好托运方式而来选择，是造成运力浪费及费用支出加大的一种不合理运输。例如，应选择整车未选择，反而采取零担托运，应当直达而选择了中转运输，应当中转运输却选择了直达运输等都属于这一类型的不合理运输。

(二) 运输的合理化对策

1. 减少运输数量，缩短运输距离

减少运输数量、缩短运输距离，不仅可以节约人力、物力，还可以节约能源和动力以此达到降低物流成本费用，提高经济效益的目的，在这方面有许多成功的实例。在煤炭基地建设发电厂，就地发电，再输送到其他地区，可以减少大量煤炭的运输；在林区建立木材加工厂，经过加工后的木材运输可以大大减少运量；在矿山附近建炼钢厂和在农副产品基地建食品厂都是减少运输数量，缩短运输距离的有效方法。

2. 选择最佳运输方式，避免能源动力的浪费

铁路、公路、水运、航空、管道这5大运输方式，各有所长、各有不足，做到扬长避短，各取其优。不同的运输方式各有优劣，在科学的选择运输方式中，必须要做到全方位的思考，不能只考虑一点或几点，一定要全面具体的分析。如航空运输费用高，但时间短，虽然运费高，但仓储费、装卸费用、包装费用都有可能降低，物流总成本不一定比其他方式高太多，但却能带来时间效益或形象效益。总之，科学的选择运输方式要全面考虑，因事而议，具体问题具体解决。

3. 增强运输科技含量、提高运输效益

在物流系统中运输系统是一个子系统，在对运输系统进行合理化设计时，必须与企业的采购、销售、运输、配送等各个环节一同考虑。对企业运输网络格局怎么进行合理化，都必须充分考虑到企业的各个环节，并周密进行设计，并在周密计划的基础上尽量采用现代运输方法。例如，多式联运、一贯托盘运输、集装箱运输、门到门运输、散装化运输、智能化运输、全球卫星定位，充分利用各种运输方法的优势，以适当的方法，运送相应的货物，取得最佳效益。而做到这些又免不了要注意到提高运输装配的技术水平，因为这直接关系到运输作业的效益、质量和安全，这是一个十分值得重视的问题。在提高运输效益上另一个值得推广的方式是配送与共同配送。配送与共同配送是运输合理化的主要途径之一，可以克服许多不合理的运输矛盾，避免无谓的浪费，这将成为运输合理化的重要选择。

[案例7-6] 韩国三星公司合理化运输

韩国三星公司从1989~1993年实施了物流运输工作合理化革新的第一个五年计划。这

期间，为了减少成本和提高配送效率进行了"节约成本200亿韩元""全面提高物流劳动生产率"等活动，最终降低了成本，缩短了前置时间，减少了40%的库存量，并使三星公司获得首届韩国物流大奖。

韩国三星公司从1994~1998年实施物流运输工作合理化革新的第二个五年计划重点是将销售、配送、生产和采购有机结合起来，实现公司的目标，即将客户的满意程度提高到100%，同时将库存量再减少50%。为了这一目标，三星公司将进一步扩展和强化物流网络同时建立了一个全球性的物流链使产品的供应路线最优化，并设立全球物流网络上的集成订货-交货系统，从原材料采购到交货给最终客户的整个路径上实现物流和信息流的一体化，这样客户就能以最低的价格得到高质量的服务，从而对企业更加满意。基于这种思想，三星公司物流工作合理化革新小组在配送选择、实物运输、现场作业和信息系统四个方面去进行物流革新。

一、配送选址新措施

为了提高配送中心的效率和质量，三星公司将其划分为产地配送中心和销地配送中心。前者用于原材料的补充，后者用于存货的调整。对每个职能部门都确定了最优工序，配送中心的数量被减少、规模得以最优化，便于向客户提高最佳的服务。

二、实物运输革新措施

为了及时的交货给零售商，配送中心考虑货物数量和运输所需要时间的基础上确定出合理的运输路线。同时，一个高效的调拨系统也被开发出来，这方面的革新加强了支持销售的能力。

三、现场作业革新措施

为使进出工厂的货物更方便快捷地流动，公司建立了一个交货点查询管理系统，可以查询货物进出库频率，高效地配置资源。

四、信息系统革新措施

三星公司在局域网环境下建立了一个通信网络，并开发了一个客户服务器系统，公司集成系统（SAPR）的1/3将投入物流中使用。由于将生产配送和销售一体化，整个系统中不同的职能部门将能达到信息共享。客户如有涉及物流的问题都可以通过实时订单跟踪系统得到回答。

另外，随着客户环保意识的增强，物流工作对环境保护负有更多的责任，三星公司不仅对客户许下了保护环境的承诺，还建立一个全天开放的由回收车组成的回收系统，并由回收中心来重新利用那些废品，以此来提升自己企业在客户心目中的形象，从而更加有利于企业的经营。

（来源：何倩茵. 物流案例与实训［M］. 北京：机械工业出版社，2008.）

【案例点睛】

韩国三星公司在实施运输合理化革新，不仅降低成本、减少了库存量而且全面提高了物流生产效率。公司还从配送中心的选址、运输线路合理化、重新设计现场作业的流程和完善的信息系统四个方面进行了全面的革新，此外在回收物流和废弃物物流等方面进行了重新设计，由此可以看出三星公司也非常重视对环境的保护。

【思考题】

1. 三星公司物流工作合理化革新小组为什么选择在配送选址、实物运输、现场作业和信息系统四个方面去进行物流革新？

2. 三星公司提高技术装载的运输方式主要做法有哪些？

[案例7-7] 江苏物流——动能澎湃成色足

2021年10月22日，中欧班列长三角一体化示范区专列在江苏（苏州）国际铁路物流中心首发，为加深长三角一体化发展水平、加快长三角区域的联动和协同发展，打通了一条重要的战略通道。

长三角一体化示范区专列的开行，是江苏"中欧班列＋长三角一体化示范区"的模式创新。"十四五"期间，江苏将通过推动区域物流服务转型升级、打造集约低碳的运输结构调整示范样板等措施，提高综合运输效率、降低物流成本，推动货运物流绿色发展。

一、综合货运跑出"加速度"

2021年10月中旬，中欧班列（海安—东盟）正式列入铁路运行图，标志着长三角地区至东盟国际货运班列常态化开行。

2021年以来，江苏班列积极应对市场变化，将组织回程作为重要任务，截至2021年10月22日，全省回程班列479列，同比增长26%，回程占比达34.26%；同时，持续推动国际物流通道建设，先后开通苏州至芬兰赫尔辛基、海安至越南河内、南京至荷兰蒂尔堡、连云港至土耳其伊斯坦布尔、徐州至白俄罗斯明斯克等多条国际物流新通道。截至2021年10月22日，江苏班列今年已累计开行1398列，提前70天突破去年全年1395列的开行量，再创新高；其中，10月份前22天去程71列、回程72列，呈现去回均衡、量质齐升良好态势。

不仅中欧班列跑出"加速度"，江苏综合货运生产整体也保持较快增长。全省公铁水空2021年前三季度完成综合货运量21.2亿吨、货物周转量8637.1亿吨公里，同比分别增长8.7%、8.5%。港口生产运行趋势稳中向好，累计完成货物吞吐量23.8亿吨，同比增长10.3%。

太仓港集装箱运输成效明显，2021年累计完成外贸集装箱吞吐量273.1万标箱，同比增长54.8%，创历史同期最好成绩。2021年以来，太仓港全力建设近洋直达集散中心，新辟太仓港—胡志明线，太仓港至东南亚集装箱班轮航线已覆盖海防、胡志明、曼谷、林查班等东南亚主要港口；新辟太仓港—海参崴线、太仓港—东方港线，中国货物可利用陆海联运的方式，更好更快地运送至俄罗斯内陆城市和欧洲国家；升级日本关西线，运输时效堪比空运，太仓港"中日快航"成为行业品牌。

随着疫情防控形势逐步向好，江苏机场生产也加速复苏。2021年前三季度，全省机场累计完成货邮吞吐量48.5万吨，同比增长2.8%，其中，国际航线完成货邮吞吐量6.8万吨，同比增长19.2%，为全省保持国际供应链稳定奠定了坚实的基础。

二、打通双向流通"最后一公里"

每天，在南京市溧水区开通的首批"交邮快"融合公交线路"蒲塘—陈卞村"上，镇村公交车沿着农村公路开到石白湖边上的陈卞村，司机将内有中通快递的快递包裹交给旁边超市店主。"以往领取中通快递需要到洪蓝街道上的中通代收点，现在在家门口不仅可以领取邮政快递，还可以领取中通快递，方便多了！"来店里取快递的村民表示。

作为综合交通运输体系建设的重要一环，江苏在2021年全面启动农村物流达标县创建，并出台城乡物流服务一体化评价指标，通过农村物流节点网络共享、末端线路共配、运力资源共用、标识规范统一、试点示范引领等举措，推进城乡物流服务一体化水平逐年提升。

在2021年交通运输部公布的第二批35个农村物流服务品牌中，江苏省徐州新沂市"惠新农"品牌和盐城市盐都区"客货同网"品牌同时上榜。盐都区重点打造"公交客运体系＋货运专线配送体系＋电动三轮配送体系"相结合的三级物流运力网络，建成了覆盖全区的客运+货运专线网络，形成"1个指挥中心+2大主业+3级物流网络+4家经营企业+5个深度融合"的农村物流服务体系。

为助力乡村全面振兴，推进农村客运、货运、邮政快递融合发展，统筹解决农民群众幸福出行、物流配送、邮政寄递三个"最后一公里"问题，江苏大力推进客货邮（交邮）融合发展。利用"客运+物流"模式，镇江通过镇村公交运力及公交网络优势，将邮件快件由镇村公交车辆代运代放，解决农村快递规模小、区域分散导致的配送成本高等难题。"以前我们拿快递都要到集镇，骑电瓶车要30多分钟。现在快递直接送到村里设置的物流服务点，走几步路就到了，非常方便。"家住扬中市新坝镇新宁村的村民肖纪说，"现在孩子们都是网购，比上街买东西还要方便。"

通过项目品牌化、服务均等化、运作信息化、共建多样化，江苏邮政管理部门也不断提升快递服务质量和时效，为高标准实现"快递进村"工作提供有效保障。日前，随着最后一个快递服务未全面通达建制村的品牌申通销号成功，无锡市553个建制村全部实现直投到村，在全省率先完成快递服务建制村100%通达任务。

在需求更加旺盛的城市物流领域，江苏大力开展绿色货运配送示范工程建设，缓解城市交通拥堵、促进物流降本增效、破解城市配送难题。在2021年8月公布的全国首批"绿色货运配送示范城市"中，苏州赫然在列。"苏式配送"服务品牌突出"以人为本、古城保护和科技创新"的理念，将14.2平方公里的苏州古城设立为绿色配送示范区，推动形成有机衔接、层次分明、功能清晰、协同配套的"圈层式"城市绿色货运配送三级节点网络体系。

三、完善物流网络布局

2021年9月，"2021铁水联运发展论坛暨集装箱铁水联运推进十周年研讨会"在江苏连云港举行。论坛向全行业发出了《贯彻新发展理念构建新发展格局——铁水联运发展连云港倡议》。

作为我国运输结构调整的重要方向之一，铁水联运一直以来得到各方高度重视；在当前加快实现"双碳"目标的背景下，铁水联运的价值得到进一步提升。随着《江苏省"十四五"综合运输服务发展规划》正式印发，提出要通过集中开展15个专项行动，到2025年基本建成便捷舒适、经济高效、开放互联、绿色智慧、安全可靠的综合运输服务体系，综合运输服务效率和品质走在全国前列，苏南地区率先基本实现综合运输服务现代化。

多年以来，江苏积极引导公路运输转向铁路、水路，在全国率先出台运输结构调整补助政策，推动道路货运行业转型升级、高质量发展。"十三五"期间，江苏省运输服务多项指标保持全国第一，综合客运枢纽累计达32个，设区市实现全覆盖，县级节点覆盖率达58.5%。货运转型发展步伐加快，共开辟64条内河集装箱航线，内河集装箱运输量达65.5万TEU；两市入选国家物流枢纽建设名单，创建国家级多式联运示范项目4个，数量全国第一；交通减少碳排放量约100万吨，水路和铁路运输低能耗优势得到进一步发挥，节能减排成效显著。

依托综合交通优势，江苏不断完善物流网络布局。2021年10月9日，投资30亿元的京东智能电商产业园在常州开工建设，后续还将开建京东智能制造产业园，建立起"京东京造"完整的产业闭环。截至2021年，总面积48.8平方公里，涵盖常州港、奔牛港、铁路货场、空港、常州综合保税区的常州综合港务区，已成为常州高能级枢纽经济的"桥头堡"。

目前，江苏省规划建设超过20个多式联运型货运枢纽场站项目，将以南京都市圈多类国家物流枢纽叠加为核心承载区，以苏锡通和徐连淮物流枢纽组团为重点，建设以多式联运型货运枢纽为骨干、通用集散型货运枢纽为支撑的货运枢纽场站体系，同步畅通转运微循环系统，完善货运枢纽布局。

长江经济带运输结构调整样板是江苏省交通强国试点建设重点打造的十大样板之一。结合交通运输部和江苏省多式联运示范工程项目建设，江苏将加快完善"标准化、一单制"为导向的多式联运体系，着力打造以新亚欧大陆桥、长江、沿海为主轴、通达内陆地区的铁水（海铁）联运通道，以京沪、陇海、沪昆等铁路干线为支持的东西双向集装箱公铁联运通道，以南京港、太仓港、通州湾为中转枢纽、为长江中上游及内陆地区中转联运的江海河联运通道。

（来源：水运网）

【案例点睛】

物品从生产地到消费地的运输过程中，从全局利益出发，力求运输距离短，运输能力省、运输费用低、中间转运少、到达速度快、运输质量高，并充分有效地发挥各种运输工具的作用和运输能力，是运输活动所要实现的目标。江苏省多年来积极建设综合交通运输体系，在农村物流领域推进农村客运、货运、邮政快递融合发展，统筹解决农民群众幸福出行、物流配送、邮政寄递三个"最后一公里"问题，大力推进客货邮（交邮）融合发展。通过农村物流节点网络共享、末端线路共配、运力资源共用、标识规范统一、试点示范引领等举措，推进城乡物流服务一体化水平逐年提升。在需求更加旺盛的城市物流领域，江苏大力开展绿色货运配送示范工程建设，缓解城市交通拥堵、促进物流降本增效、破解城市配送难题。同时，江苏省还积极引导公路运输转向铁路、水路，在全国率先出台运输结构调整补助政策，推动道路货运行业转型升级、高质量发展。

【思考题】

1. 江苏省物流体系建设具有哪些显著特点？
2. 请结合案例分析，江苏省物流运输领域有哪些值得借鉴的成功经验？

【实训活动】

一、运输单证制作

[实训目的]

通过模拟练习，学会部分运输单证的制作方法。

[实训内容]

苏州金鼎贸易有限公司向江苏宿迁洋河酒厂订购一批白酒天之蓝1000箱，每箱16千克，外包装为纸箱，尺寸53厘米×23厘米×30厘米，货物内包装为玻璃瓶，由宿迁市光辉运输公司承担整车货运业务。发货人：（酒厂销售部负责人）张明，收货人：李明。

参照附录四中"运输单证制作"，模拟练习运输单证的制作。

[实训要求]

1. 结合实际运输案例制作单证。
2. 学生可以分组制作，每组制作一份。

二、运输方式案例分析

[实训目的]

通过案例分析、讨论，加深对运输的认识，锻炼学生的思维能力和演讲能力。

[实训内容]

1. 讨论以下案例，选择最佳方案，并说明选择理由。

甲公司要从位于S市的工厂直接装运500台电视机送往位于T市的一个批发中心。这票货物价值为150万元。T市的批发中心确定这批货物的标准运输时间为2.5天，如果超出标准时间,每台电视机的每天的机会成本是 30 元。甲公司的物流经理设计了下述三个物流方案,请从成本角度来选择最佳运输方案。(1) A 公司是一家长途货物运输企业,可以按照优惠费率每千米 0.05 元/台来运送这批电视机,装卸费为每台 0.10 元。已知 S 市到 T 市的公路运输里程为 1100 千米,估计需要 3 天的时间才可以运到(因为货物装卸也需要时间)。(2) B 公司是一家水运企业,可以提供水陆联运服务,即先用汽车从甲公司的仓库将货物运至 S 市的码头(20 千米),再用船运至 T 市的码头(1200 千米),然后再用汽车从码头运至批发中心(17 千米)。由于中转的过程中需要多次装卸,因此整个运输时间大约为 5 天。询价后得知,陆运运费为每公里 0.06 元/台,装卸费为每台 0.10 元,水运运费为每百台 0.6 元。(3) C 公司是一家物流企业,可以提供全方位的物流服务,报价为 22800 元。它承诺在标准时间内运到,但是准点的百分率为 80%。

2. 分析以下案例,选择合理的运输方式。

广西壮族自治区合浦大地盐业有限公司从北海托运一批海盐到上海,海盐共 6000 吨。请结合运输合理化影响因素的角度来分析。从以下 4 个方案中选择合理的运输方式。

(1)北海—南宁—上海,铁路运输,里程 2519 千米;(2)北海—上海,公路运输,里程 2424 千米;(3)北海港—上海吴淞港,水路运输,里程 1235 千米;(4)航空运输。

3. 根据成本比较法选择运输方式

温州曙光箱包有限公司分拨计划是将生产的成品先存放在工厂仓库,然后外包运输公司运往自有的基层仓库。假设有铁路运输、驼背运输、公路运输、航空运输 4 种送货方案可供选择,这 4 种运输方式的运价、运送时间等指标见表 7-11。假设每个箱包的平均价值 $C=30$ 元,所有的库存成本均为箱包价值的 30%,即 $I=30\%C/$年,每件基层仓库销售量(年需求量)$D=70$ 万件箱包。根据成本比较法确定该公司该选择哪种运输方式。

4. 运输方案决策

物流公司运输首次承揽到 5 个集装箱运输业务,由于时间较紧,从上海到大连公路里程为 1600 千米,铁路里程为 1200 千米,水路里程为 1200 千米。该公司自有 15 辆 10 吨普通卡车和一个自动化立体仓库,经联系附近一家联运公司虽无集装箱卡车,但却有专业人才和货代经验,只是要价比较高,至于零星集装箱安排或是车皮和船舱,实在心中无底。

假如你是公司的业务员,认为采取以下哪种措施比较妥当?为什么?

表 7-11 运输方式的种类和特征

运输方式	运输费率 R/(元/件)	运达时间 T/天	平均存货量 $Q/2$(件)	每年运输批次
铁路运输	0.10	21	100000	10
驼背运输	0.15	15	50000	20
公路运输	0.20	3	50000	20
航空运输	1.40	1	25000	40

①自己购买若干辆集装箱卡车,然后组织运输;②想办法请铁路部门安排运输,但运输时间无法掌握;③水路运输成本最低,请航运公司来解决运输;④与联运公司合作完成此项运输业务;⑤没有合适运输工具,放弃该项业务。

[实训要求]

1. 学生分组对案例进行讨论分析。
2. 抽取 1~2 个小组进行交流。

项目八 流通加工

【学习目标】
◆ 知识目标
1. 掌握流通加工的概念。
2. 了解流通加工的目的和类型。
3. 了解不合理的流通加工形式。

◆ 技能目标
1. 学会区别流通加工与生产加工。
2. 学会实现流通加工合理化的有效途径。

◆ 素养目标
1. 培养环保理念和解放思想的科学精神。
2. 培育和践行社会主义核心价值观。

【导入案例】阿迪达斯公司的组合式鞋店

阿迪达斯公司在美国有一家超级市场,设立了组合式鞋店,摆放着不是做好了的鞋,而是做鞋用的半成品。款式花色多样,有6种鞋跟、8种鞋底,均为塑料制造的,鞋面的颜色以黑色、白色为主,搭带的颜色有80种,款式有百余种。顾客进来可任意挑选自己所喜欢的各个部位,交给职员当场进行组合。只要10分钟,一双崭新的鞋便可得。

这家鞋店昼夜营业,职员技术熟练。鞋子的售价与成批制造的价格差不多,有的还稍便宜些。所以顾客络绎不绝,销售金额比邻近的鞋店多十倍。

(来源:袁长明.物流管理概论[M].北京:化学工业出版社,2007.)

【思考题】
阿迪达斯公司这家超级市场顾客络绎不绝的原因是什么?

任务一 掌握流通加工的相关知识

一、流通加工的概念

流通加工(distribution processing)是指物品在从生产地到使用地的过程中,根据需要施加包装、分割、计量、分拣、刷标志、拴标签、组装等简单作业的总称(《中华人民共和国国家标准物流术语》GB/18354—2006)。

流通加工是为了提高物流速度和物品的利用率,在物品进入流通领域后,按客户的要求进行的加工活动,即在物品从生产者向消费者流动的过程中,为了促进销售、维护商品质量和提高物流效率,对物品进行一定程度的加工。流通加工通过改变或完善流通对象的形态来实现"桥梁和纽带"的作用,因此流通加工是流通中的一种特殊形式。随着经济增长,国民收入增多,消费者的需求出现多样化,促使在流通领域开展流通加工。目前,在世界许多国家和地区的物流中心或仓库经营中都大量存在流通加工业务,在日本、美国等物流发达国家则更为普遍。

流通加工示意图,如图 8-1 所示。

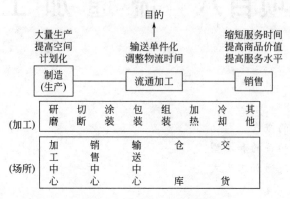

图 8-1 流通加工示意图

二、流通加工与生产加工的区别

如前所述,流通加工是在流通领域中进行的简单生产活动,具有生产制造活动的一般性质。但是,从根本上说两者之间有着明显的区别。生产加工改变的是加工对象的基本形态和功能,是一种创造新的使用价值的活动。而流通加工并不改变商品的基本形态和功能,是一种完善商品的使用功能,提高商品附加价值的活动。两者之间的区别,如表 8-1 所示。

表 8-1 流通加工与生产加工的区别

项目	流通加工	生产加工
加工对象	进入流通过程的商品	原材料、半成品、零配件
所处环节	流通过程	生产过程
加工难度	简单	复杂
价值	完善或提高价值	创造价值及使用价值
加工单位	流通企业	生产企业
目的	促进销售、维护产品质量、实现物流高效率	消费

三、流通加工的目的

流通加工可以提高物流活动的效率,满足消费者的多样化需求,同时还可以增加物流企业的经济效益。其目的具体表现在以下几个方面。

1. 强化流通阶段的保管功能

食品类商品的保鲜包装、罐装食品的加工等,可以保证在食品克服了时间距离后,仍然可以保证其新鲜状态。

2. 回避流通阶段的商业风险

钢板、玻璃等产品的剪裁,一般都是在接到客户的订单后才进行剪裁,这样就可以明显提高产品的附加价值。

3. 提高商品附加价值

蔬菜等原材料经过深度加工，如加工成半成品；稻米经过精加工，加工成免淘米等流通加工活动，可以明显提高产品的附加价值。

4. 满足消费者多样化的需求

例如，不同顾客对商品的包装量有不同的要求，通过改变商品的包装量，就可以满足不同的消费者的需求。

5. 提高运输保管效率

组装型商品，如组合家具等商品的运输和保管都采用散件形态，待出库配送前或者到达客户后再进行组装，这样可以大大提高运输工具的装载率和仓库的保管率。

随着科学技术的发展和技术革新的开展，流通加工的形态也在不断地增加，并且对流通领域也产生了重大的影响。一种全新的生产流通模式已经出现，并且以较快的速度发展。这就是在生产制造工厂并不对加工对象完成全部商品化的工作，而是在最靠近消费者的地方才完成随后阶段的商品化工作。

另外，经济全球化和国际分工的发展，以及采购全球化的趋势，产品的原材料和零部件往往由一个国家流向另一个国家，这样，就使得原材料和零部件的物流环节和距离变得更长。因此，流通加工也会变得越来越重要。

总而言之，流通加工在提高物流效率，满足消费者多样化需求，以及降低物流成本，增加物流企业效益方面的作用会不断加大。

四、流通加工的类型

根据不同的目的，流通加工具有不同的类型。

1. 为适应多样化需要的流通加工

生产部门为了实现高效率、大批量的生产，其产品往往不能完全满足用户的要求。这样，为了满足用户对产品多样化的需要，同时又要保证高效率的大生产，可将生产出来的单一化、标准化的产品进行多样化的改制加工。例如，对钢材卷板的舒展、剪切加工；平板玻璃按需要规格的开片加工；木材改制成枕木、板材、方材等加工。

2. 为方便消费、省力的流通加工

根据下游生产的需要将商品加工成生产直接可用的状态。例如，根据需要将钢材定尺、定型，按要求下料；将木材制成可直接投入使用的各种型材；将水泥制成混凝土拌合料，使用时只需稍加搅拌即可使用等。

3. 为保护产品所进行的流通加工

在物流过程中，为了保护商品的使用价值，延长商品在生产和使用期间的寿命，防止商品在运输、储存、装卸搬运、包装等过程中遭受损失，可以采取稳固、改装、保鲜、冷冻、涂油等方式。例如，水产品、肉类、蛋类的保鲜、保质的冷冻加工、防腐加工等。

4. 为弥补生产领域加工不足的流通加工

由于受到各种因素的限制，许多产品在生产领域的加工只能到一定程度，而不能完全实现终极加工。例如，木材如果在产地完成成材加工或制成木制品的话，就会给运输带来极大的困难，所以，在生产领域只能加工到圆木、板材、方材这个程度，进一步的下料、切裁、处理等加工则由流通加工完成；钢铁厂大规模的生产只能按规格生产，以使产品有较强的通用性，从而使生产能有较高的效率，取得较好的效益。

5. 为促进销售的流通加工

流通加工也可以起到促进销售的作用。比如,将过大包装或散装物分装成适合依次销售的小包装的分装加工;将以保护商品为主的运输包装改换成以促进销售为主的销售包装,以起到吸引消费者、促进销售的作用;将蔬菜、肉类洗净切块以满足消费者要求等。

> **思政小专栏**
>
> **净菜市场不再"平静"**
>
> 随着经济社会的不断发展,人们生活水平的不断提高,社会化分工不断细化,餐饮及城市居民对果蔬的消费习惯逐渐呈现出多样的特征,各类净菜逐渐走进市场。
>
> 净菜实质上是指可食率接近100%,可直接利用的新鲜、安全和卫生的蔬菜制品。鲜切菜也属于净菜的一类,是指通过对净菜进行更进一步的加工,经过分级、修正、清洗、去皮去核、切分、洗涤、护色、称量、消毒、包装等加工操作后的蔬菜,可供消费者立即食用或者餐饮业使用。
>
> 净菜上市后,为城市减少20%的蔬菜垃圾。以大葱为例,从市场上买一斤大葱,剥皮、去叶、削根,真正能吃的只有一半。章丘大葱2020年年产量达6亿公斤,一半流向城市,城市生活垃圾增加近1.5亿公斤,需要花费大量资金去清理。如果把进城蔬菜加工成净菜,既降低运输成本,又减少城市垃圾,还增加了农民收入,最终满足了顾客需求。从此,净菜市场将蓬勃发展,不再"平静"。
>
> 资料来源:新京报

6. 为提高加工效率的流通加工

许多生产企业的初级加工由于数量有限,加工效率不高。而流通加工以集中加工的形式,解决了单个企业加工效率不高的弊病。它以一家流通加工企业的集中加工代替了若干家生产企业的初级加工,促使生产水平有一定的提高。

7. 为提高物流效率、降低物流损失的流通加工

有些商品本身的形态使之难以进行物流操作,而且商品在运输、装卸搬运过程中极易受损,因此需要进行适当的流通加工加以弥补,从而使物流各环节易于操作,提高物流效率,降低物流损失。例如,造纸用的木材磨成木屑的流通加工,可以极大提高运输工具的装载效率;自行车在消费地区的装配加工可以提高运输效率,降低损失。

8. 衔接不同运输方式,使物流更加合理地流通加工

在干线运输和支线运输的结点设置流通加工环节,可以有效解决大批量、低成本、长距离的干线运输与多品种、少批量、多批次的末端运输和集货运输之间的衔接问题。在流通加工点与大生产企业间形成大批量、定点运输的渠道,以流通加工中心为核心,组织对多个用户的配送,也可以在流通加工点将运输包装转换为销售包装,从而有效衔接不同目的的运输方式。比如,散装水泥中转仓库把散装水泥装袋、将大规模散装水泥转化为小规模散装水泥的流通加工,就衔接了水泥厂大批量运输和工地小批量装运的需要。

9. 生产—流通一体化的流通加工

依靠生产企业和流通企业的联合,或者生产企业涉足流通,或者流通企业涉足生产,形成对生产与流通加工进行合理分工、合理规划、合理组织,统筹进行生产与流通加工的安排,这就是生产—流通一体化的流通加工形式。这种形式可以促成产品结构及产业结构的调整,充分发挥企业集团的经济技术优势,是目前流通加工领域的新形式。

10. 为实施配送进行的流通加工

这种流通加工形式是配送中心为了实现配送活动,满足客户的需要而对物资进行的加工。例如,混凝土搅拌车可以根据客户的要求,把沙子、水泥、石子、水等各种不同材料按比例要求装入可旋转的罐中。在配送路途中,汽车边行驶边搅拌,到达施工现场后,混凝土已经均匀搅拌好,可以直接投入使用。

[案例8-1] 钢铁物流之流通加工

流通加工是在物品从生产领域向消费领域流动的过程中,为促进销售、维护产品质量和提高物流效率,对物品进行加工,使物品发生物理、化学或形状的变化。

流通加工对钢铁企业而言是钢铁产品的纵向延伸业务,具有产品增值及战略协同的双重功能。目前,随着钢铁产业的成熟,竞争环境的变化,产业分工的调整,世界钢铁企业日益重视钢材流通加工业务的拓展。但由于钢铁企业面临的不同环境及不同战略的追求,加之钢材流通加工本身涵盖领域广、层次多,技术、质量及用户类别差异大,导致钢铁企业的流通加工业务在生成方式、发展程度上各有不同,在实践中形成了不同的发展模式。宝钢作为以钢铁为主业的大型企业集团,也较早地涉足了深加工,并在反复探索中初步形成了梯级定位、内外结合、聚焦发展、协同管理的战略经营模式。

一、流通加工的必要性

钢铁企业为什么要发展流通加工,其根本动因是什么?抛开企业的差别性,其根本原因是产业分工关系的演变。直观地看,钢材流通加工是钢铁业的纵向延伸业务,一般处于钢铁行业与下游汽车、家电、机械设备、建筑行业等的中间地带,既可以看作钢铁的延伸工序,也可以看作下游行业的上游工序。传统上,由于钢铁业本身的大规模生产性质以及市场的旺盛需求,钢铁业很少涉足流通加工,而多是由独立的中小企业以及下游主体行业发展。但随着技术的进步、市场供需及其竞争环境的变化,产业分工格局也跟着发生了很大的变化。

一方面,钢铁行业从整体上看,已经并正在从致力于规模扩张转向产业结构及产品结构的调整、质量及服务的完善;从关注钢铁产品本身的成本、质量竞争力转向整体供应链竞争力。另一方面,下游行业也从自身核心竞争力出发,将注意力集中到产品设计以及信息化、电子化等高附加值等领域,而将相对成熟的机械加工业务部分剥离。这种产业分工的调整造成一些诸如涂镀、制管、彩印、剪切配送、标准件出现规模化及专业化趋势。面对这两方面的变化,为充分发挥其在钢铁材料性能及加工成形方面的核心能力,提高供应链竞争力,钢铁业已经自觉由单纯的材料供应商向综合服务供应商转变,成为整合加工业务的主体之一。目前世界上几乎所有钢铁企业都或多或少、或深或浅地参与了下游深加工的整合,只不过其方式与途径不同罢了。所以,钢铁业发展流通加工,是顺应钢铁与钢材加工的关系演变,积极调整产业分工格局的合理选择,是利用并进一步巩固、提升自身核心能力、强化供应链的必要环节,具有内在的必要性和必然性。

二、流通加工的产业性质

由于流通加工发生在钢铁销售物流过程中,处于钢铁业与下游终端用户的中间环节,其目的是为了使钢材产成品通过一定的剪切、轧制等工艺流程,使产品满足客户的多样化需求,进而是钢材产品产生增值。因此,钢铁流通加工具有过渡性和双重性。

过渡性:钢材流通加工一般处于钢铁行业与下游汽车、家电、机械设备、建筑行业等的中间地带,既可以看作钢铁的延伸工序,也可以看作下游行业的上游工序,从而具有过渡产业的性质,尤其是在我国这样的非成熟市场环境下更是如此。从市场博弈上看,这种过渡性导致了一定程度的依附性。所以，钢铁业涉足加工的核心目的并不是发展独立的多元产业，而是供应链的优化与整合。甚至可以说，流通加工是钢铁企业在与下游企业渠道博弈中形成的。同时，流通加工的过渡性也必然导致大多数深加工业务属于分散性业务，不具备规模经济性，不适合钢铁企业经营。

双重性：钢铁业涉足流通加工，不仅理论上减少了相互之间的交易费用，更加重要的是使深加工成为钢铁业的分销环节、技术试验厂以及新市场拓展基地。所以，流通加工不仅具有一般产业的资本增值价值，而且具有与钢铁业互动发展的战略协同价值，从而使其产业功能具有双重性，钢铁企业发展流通加工，应兼顾其双重性。

三、流通加工的现实意义

促进我国钢铁物流的现代化，提高钢铁物流的效率，压缩钢铁企业成本，缩减流通费用，并以最小的投入获得最大的产出，做好钢铁流通加工有着不可忽视的现实意义。

首先，钢铁流通加工可以增加钢材产成品附加值。通过流通加工实现产品增值，从而提高产品盈利能力，是发展流通加工的最基本目的。只是这种附加值并不必然体现在流通加工环节，而是或隐或显地体现在整个供应链上。理论上看，纵向产业链的利润总额是由各产业环节共同创造的，利润的分配形式（平均分配或向某个产业积聚）随市场供需形势以及产业竞争生态的改变而改变，"此消彼长"。近几年钢铁产业链利润向上游的积聚就是利润转移的明证。所以，附加值应理解为产业链整体价值的附加。

其次，优化供应链。供应链管理是近几年众多管理专家们共同研究探讨的问题，所谓供应链，是指产品生产和流通过程所涉及的原材料供应商、生产商、批发商、零售商以及最终消费者组成的供需网络。即由物料获取、物料加工，并将成品送到用户手中这一过程所涉及的企业和企业部门组成的一个网络。供应链管理就是在商品供给的链条中，企业间就商品在流通过程中发生的各种管理活动，加强相互间的合作，形成战略联盟，通过信息的共有化、需求预测的共有化等，来实现物流机能的分担，实现商品流通全过程的效率最大化。流通加工作为分销增值手段，能有效满足下游用户的个性化需求，弥补钢铁产品大规模生产的不足。可通过合理的布局，降低综合物流成本，部分突破与客户及竞争对手博弈中的不利局面，从而平抑产业链利润转移波动，增强产业链的竞争力，使自身产业链的盈利能力最大化。

再次，发展新市场。流通加工作为钢铁的基本市场，其本身就有市场发现的功能。钢铁业以自身材料性能及加工成形的核心能力，开发新产品、寻找新用途、拓展新领域，从而提高钢铁产品竞争力。

最后，创新高技术。钢铁与钢材流通加工的互动，更有利于发现并完善高新技术，包括材料研发技术及产品应用技术。

四、流通加工的模式及其特点

由于流通加工范围庞杂，不同类型的深加工对钢铁企业的意义也必然不同。我们从钢铁业供应链角度依次将钢铁深加工分为3类：材料型加工、营销型加工、产业型加工。

1. 材料型加工

材料型加工一般是指以提高性能、增加功能、方便用户为目的的在线加工业务，是钢铁产品的自然延伸。因其仍具有原材料性质，适合大规模生产，一般纳入钢铁生产平台。如涂镀、焊管、线材制品等，是推动技术升级，开发新产品，提高产品附加值，增强产品竞争力的基础手段。

2. 营销型加工

营销型加工首先是指服务最终用户、控制分销渠道的中间品加工业务，属于服务营销型深加工；其次是指配合宝钢高附加值新产品的研发与促销而介入的产成品加工业务，属于技术营销型深加工。如剪切加工配送（包括激光拼焊）、减振板等市场示范类产品等，是针对竞争对手的营销增值手段，且不与战略用户产生竞争。

3. 产业型加工

产业型加工是指以发展产业为目的的最终产品的深加工业务，如金属包装（二片罐、捆带）、钢结构。与钢铁业在市场、技术上的互动最为深入，对宝钢整体提升技术创新，控制并创造市场有着不可替代的作用。当然，由于产业型深加工拥有自身的核心价值链，且多与钢铁业的最终用户产生直接竞争，所以，并不是所有的产业型加工对钢铁企业都存在同样的必要性。

当前营销型加工尤其是剪切加工配送成为流通加工中最为热门的一种形式。钢材的剪切加工配送作为一种新型的物流服务方式，它的机能就是拥有库存钢材，在中心切断、加工、检查，在最佳时间内配送给各个用户。著名的现代钢材物流企业美国瑞森公司，其属下的30家左右加工配送中心，统一使用瑞森品牌，几乎能为北美、南美所有的钢材用户提供服务，满足客户的加工、配送、信息指导、仓储、运输等需求。

现代物流方式对我国传统的从生产到流通全由钢厂一手操办的流通模式，构成了极大的冲击和挑战。随着国外钢材贸易集团进入中国市场，由各种形式的物流中心、配送中心、网上钢材交易等新型的营销方式及流通业态，来取代包括钢材在内的生产资料批发市场和生产厂家的供销公司，是必然的趋势。

目前，国内已经建成的钢材加工配送中心有200家左右，很多由外商独资或合资投建。仅韩国浦项在中国华北、华东和华南地区就建有三个板卷加工中心，年生产能力达到37万吨。日本商社更是在10年间在中国建设了29家钢材加工配送中心。这些钢材加工配送中心的主要服务对象集中在外资、合资企业和一些上规模的民营企业，还没有普遍得到国内制造厂家的认同。另外有些地方组建的钢板开平厂，由于档次低，无法提供保证商品质量的钢板和钢卷。

钢材配送制作为一种先进的社会化流通体制和一种最合理高效的现代物流方式，其对社会生产总成本的大量节约所产生的巨大效益正日益显现。当钢材用户对钢材的品种、规格、数量要求越来越分散时，钢材加工配送模式就越来越体现出优势。

这种现代物流方式，一是顺应了钢铁企业的需求。尽管中国大多数钢铁企业都自备横、纵剪线，具有较强的剪切加工能力，但其生产周期长，钢材利用率低、加工成本高，影响到企业产品的竞争力。而钢材加工配送中心能据用户所需钢材的品种、规格、数量进行资源的组合备库，集中下料和合理套裁，从而压缩流通时间，降低流通费用。这种社会专业化分工，也有益于提高钢铁企业的生产集约化程度。

二是顺应了钢材用户的需求。钢材用户自行加工钢材，尤其是在使用量不多的情况下，加工费用远高于外委加工。当它委托剪切加工时，既可节省加工设备的投资和劳务安排，又可得到相应的产品质量保证，还可享受剪切中心的适时供货服务，从而有可能实现"用多少加工多少"的零库存管理。事实上，有些钢材用户已准备卖出现有的剪切设备，与贸易商联手投资兴建配送中心，以享受现代物流服务。

三是顺应了贸易公司的要求。贸易公司利用剪切中心将板卷销售给用户，同时提供原料库存、及时加工、迅速交货等完整的配套优质服务。通过钢材加工配送和钢材贸易的结合，不仅提高钢材使用率，满足用户对钢材品种、规格、数量的个性要求，也增强了贸易公司自身的综合竞争能力。

2008年的钢材市场，钢价波动剧烈，钢厂、钢材流通企业都面临着巨大的挑战和机遇，传统贸易方式向钢铁产品的电子交易＋剪切加工＋配送，达到门对门服务的现代物流转变，已经成为一个不可逆转的趋势,做好产品的流通加工,将成为我国钢铁物流业一个重要的创收渠道。

(来源:一诺钢铁物流网,2009-1-6.)

【案例点睛】

随着国民经济的迅猛发展,消费者的需求出现多样化,促进了流通加工在流通领域的发展。流通加工可以提高物流活动的效率,满足消费者的多样化需求,同时还可以增加企业的经济效益。不仅流通企业如此,生产企业也是如此。随着技术的进步、市场供需及其竞争环境的变化,产业分工格局也发生了很大的变化,市场竞争日益激烈,生产企业也面临更多挑战。生产企业重视流通加工工作,有利于增强企业的竞争实力。流通加工对于钢铁企业而言是钢铁产品的纵向延伸业务,具有产品增值及战略协同的双重功能。

【思考题】

1. 流通加工在钢铁企业中占有怎样的位置?
2. 钢材加工配送中心对钢铁业的发展有哪些重要作用?

[案例8-2] 来自厄瓜多尔的玫瑰花

南美洲厄瓜多尔中部火山地区常年气候温暖,雨水充足,虽然山高林密,地势险要,却是玫瑰花和其他珍贵花卉的盛产之地。美国迈阿密州的布里恩花卉物流公司向北美各大城市配送的玫瑰花就是在这个地区的三家大型农场定点采购的。

当人们在花店中看到玫瑰花娇艳欲滴、闻到花香袭人时,必会为之心动。但是不可否认的是,玫瑰花娇嫩易损,一旦残败凋零,其价值则丧失殆尽。根据鲜花种植专家测定,玫瑰花从农场收割后,通常可以在正常情况下保鲜14天。这是在整个运输过程中万无一失的情况下才能够做到的,而且玫瑰花不能受到挤压,一旦花枝变形也会大大降低玫瑰花的品质。那么,如何让人们看到最高贵的玫瑰花呢?

一、玫瑰花的旅途

厄瓜多尔Ctopaxi地区:新的一天又开始了。昨夜一场大雨过后,空气格外清新,Rose走向农场,准备开始一天的劳作。这些玫瑰含苞待放,露珠在枝叶上微微颤抖,不禁惹人怜爱,然而它们实在太娇嫩了,经不起日晒雨淋。所以Rose将园中的玫瑰花枝剪下来之后立即包装起来。为了防止花枝受到挤压,这些盒子都非常结实,盒子装满鲜花后即使站一个人上去都不会变形,而且这种良好的包装使得运输过程中避免了重复包装。每次,Rose都将50枝玫瑰花包成一盒,然后将盒子装入2℃的冷藏集装箱内。在农场中,所有的人都在这么做。等集装箱装满之后就被送到厄瓜多尔的Quito国际机场,再从这里被连夜送往美国迈阿密国际机场。

美国迈阿密国际机场:由于布里恩花卉物流公司发明了一种环保集装箱,它的保温时间可以持续96小时,而且还能储存在宽体飞机底部的货舱内。所以,这些玫瑰花整晚都安安静静地躺在飞机底部货舱内。第二天凌晨,满载着新鲜玫瑰花的货机徐徐降落在迈阿密国际机场。在此等候的工作人员将鲜花迅速从飞机舱口运到温控仓库里。早晨,海关、检疫所和动植物检验所的工作人员来对鲜花进行例行检查。之后,花卉就被转运到集装箱卡车或国内航空班机上,直接运达美国各地配送站、超市和大卖场,再通过它们将鲜花送往北美大陆各大城市街道上的花店、小贩和快递公司等处,并最终到达消费者手中。整个过程是快速衔接的,在时间上不能有任何差错。这样,北美地区的人们就能够欣赏到来自南美洲厄瓜多尔最美丽的玫瑰花了。

二、旅途多舛

当然，并不是所有的玫瑰花都能够如此顺利地到达人们手中。在玫瑰花从不远千里的厄瓜多尔农场来到北美各大城市的过程中，任何一个环节发生意外或处理不当都有可能导致玫瑰花香消玉陨。比如说，飞机晚点、脱班或飞机货舱容量不够大，或冷藏集装箱的温控设备失灵等都会影响玫瑰花的品质。此外，还有一些人为的因素，例如，有些货主为了降低运费，不采用具有温控设备的运输工具来运送玫瑰花等。

总而言之，鲜花物流的标准是非常苛刻的。因为鲜花十分容易枯萎甚至腐烂，其结果将导致鲜花一文不值。因此，布里恩花卉物流公司必须将新鲜花卉运输途中可能遇到的各种障碍和意外风险都降低到最低点。为此，布里恩花卉物流公司牵头，由美国赫尔曼国际货运代理公司主持，成立了迈阿密赫尔曼保鲜物流集团，从事花卉的进出口运输工作。还与联邦快递（FedEx）和UPS签订了一体化快递服务合同，把鲜花直接运送到美国各地。

（来源：袁长明. 物流管理概论 [M]. 北京：化学工业出版社, 2007.）

【案例点睛】

对于生鲜商品来说，流通加工在市场经营过程中发挥着重要作用。合理的流通加工，可以保证生鲜商品在克服了时间距离后，仍然可以保证其新鲜状态，从而降低损耗和成本，提高运输效率和企业效益。本案例中，玫瑰花作为一种需要特殊保护、极易受损的商品，需要跨越从厄瓜多尔到美国的遥远千山万水，如果没有流通加工提供保护，就很难克服运输途中的各种问题。因此布里恩花卉物流公司牵头成立了迈阿密赫尔曼保鲜物流集团，加强了新鲜花卉从采摘到运输途中的全程管理，特别是通过合理的流通加工手段，如特殊包装、环保集装箱等，将运输途中可能遇到的各种障碍和意外风险都降低到最低点，确保把鲜花安全地运送到美国各地。

【思考题】

1. 请归纳出鲜花物流的特点。
2. 在鲜花物流中包括了哪些流通加工操作？

[案例8-3] 决胜新物流 风起"场景"时

随着物联网时代之风吹起，消费升级逐渐催生出消费者的个性化定制需求。物流行业在"效率社会"中走向红海，当传统赛道已然"拥堵"起来，便到了开辟物流行业新赛道的"临界点"。

那么，新的物流赛道当聚焦于何处？在"以市场为导向，以用户为中心"的行业大背景下，聚焦需求端，大概就是答案。

两则故事背后的思考

聚焦需求端的物流行业应当是一种什么模式？在探讨这个话题之前，先看两则故事。

大年初一，山东泰安的谢先生在网上订购了一台动感单车。而在大年初二，负责送装的场景服务师便以最快速度将单车送到；更在安装过程中，根据谢先生的运动基础、运动习惯、运动姿态等个人特征，为他量身定制了运动减脂、健康饮食等一系列科学健康的健身场景解决方案。

谢先生说，"物流的速度是想得到的，但想不到的是物流师傅不仅上门送装，还能根据个人的情况为我制定健身场景方案。这让我在物流之外，体验到了前所未有的服务。"

另一则故事则更为有趣。

2020年3月，一场名为"阳台马拉松"的活动如火如荼展开，活动期间，一家转型做场景的物流公司通过"体验云众播"的形式，吸引了180万人次参与其中。这场跨时空的"马拉松"创造了后疫情时代新运动形式，其跨边界的居家场景健身方案更引导了全民科学健身。

有意思的是，马拉松活动显然聚焦于健身领域，但这场活动的发起者，却是一家物流公司。传统观念中"泾渭分明"的两个行业为何能交融在一起，是这个故事背后最值得思考的关键所在。

什么是场景物流

什么是场景物流？这是首先需要明晰的问题。

与传统物流单纯的下单、发货、收货模式不同，场景物流在保证物流送装效率与质量的同时，将目光聚焦于用户的个性化场景需求端口。换句话说，传统物流将订单送达用户家中视为交易的结束，而场景物流则将交付视作交互的开始，场景服务师们会根据用户不同的需求提供定制化的场景解决方案。

具体来看，场景物流为用户开启了物流服务外的二次体验。即如购买动感单车的谢先生，其获得的服务不止于物流，更是一个为他量身定做的健身场景解决方案。

物联网时代，用户需要的不是一件产品，而是服务于自己全生命周期的解决方案。

场景物流的价值就在于此，通过需求端这一纽带，交付与交互环节实现了打通。甚至可以认为，场景物流便是让物流呈现"非物流"的特征，产品送达不是目的，用户获取解决方案才是核心。

而对于供应端而言，场景物流再次改变了企业与用户间的距离。场景物流的关键就在于以用户为核心，当交付成为日后交互的开始，物流企业便能更精准地获取用户需求，并为此提供多种解决方案，最终将用户转化为终身用户。

为什么探索场景物流

场景物流固然是新的赛道，但传统物流模式存在已久，探索场景物流的原因又在于什么？这应当从消费与行业两个维度看。

在消费维度，随着"体验经济"时代的到来，消费也向着高价值、强体验转变。已经呈现红海趋势的物流行业，若想实现新突破，便同样要适应用户消费习惯的改变，否则终究逃不开边际效益递减的规律。

而在行业维度上，物联网时代强调着万物互联的属性，封闭式、孤立式发展无法适应市场中以"嬗变"著称的用户导向，强调共创共赢的生态属性逐步成为企业破题的关键。以用户为圆点，围绕着用户需求的全产业链条生态方唯有相互打通，协同并进，方能应对千变万化的市场需求。

同样以日日顺物流阳台马拉松为例，该活动吸引了一众生态方，在健身之外，亦为用户提供了洗护、饮水、饮食等多种场景解决方案。这便是探索场景物流的又一个推动力。

用户决定了市场，时代打破了孤立。当各方迫切地需要协同时，场景物流自然应运而生。

物流无限的可能

物联网时代是一个追求无限的时代，因为用户的需求没有尽头，因此为用户而生的解决方案便趋于无限。毫无疑问，强调用户价值的场景物流亦是在探索着物流的无限可能。场景物流的"无限"有二，一是场景的无限，二是生态的无限。

在场景领域，日日顺物流围绕着用户的需求，产出了健身、出行、居家服务、汽车场景等多种场景解决方案，并推出了日日顺Sport+、日日顺有π、日日顺致享家等场景子品牌，为用户提供从产品方案到场景方案的新体验。可以看到，场景物流模式下的日日顺物流已不能认为是一个单纯的物流企业，其正成为一个开放的平台，无止境地获取用户需求的同时输出解决方案。

在生态领域，用户需求的更迭让场景解决方案持续升级推新，日日顺物流平台上的生态有关方也必然呈现裂变扩张的趋势。据了解，日日顺物流多年来通过创造用户最佳体验积淀了大量的终身用户，从而吸引了宜家、林氏木业、雅迪、亿健、卡萨帝等众多跨行业、跨领域的优质生态方争先涌入，共同为用户提供整套场景解决方案。在日日顺场景物流生态平台中，各方围绕用户需求不断迭代体验，并获得增值分享，实现了用户、生态方、日日顺物流三方的正向价值循环。对生态方而言，其不再是过去的博弈关系，而是共同进化，获得增值，共享增值。

时代的风向始终在变，我们对于未来的畅想同样也在这种变化中走向多元。但万千变化之中，用户的价值第一终究不会改变。

所谓"场景"，不是空穴来风，而是因人而动。新时代下需要新物流，而决胜新物流的背后，不过是风起"场景"时。

（来源：人民交通网）

【案例点睛】

流通加工是为了提高物流速度和物品的利用率，促进销售、维护商品质量，对物品进行一定程度的加工。通过改变或完善流通对象的形态来实现"桥梁和纽带"的作用，因此流通加工是流通中的一种特殊形式。随着经济增长，国民收入增多，需求多样化，数字化手段在物流领域得到大面积应用，出现了如场景物流等新兴流通加工形式。日日顺的场景物流在保证物流送装效率与质量的同时，将目光聚焦于用户的个性化场景需求端口，根据用户不同的需求提供定制化的整套场景解决方案，实现用户、产品方、物流三方的正向价值循环。

【思考题】

1. 请结合案例分析，日日顺的场景物流是如何提高物流业务附加值的？
2. 在物联网时代，还有哪些新兴流通加工形式？

任务二　熟悉流通加工合理化的措施

流通加工合理化的含义是实现流通加工的最优配置，也就是对是否设置流通加工环节、在什么地方设置、选择什么类型的加工、采用什么样的技术装备等问题做出正确抉择。这样做不仅要避免各种不合理的流通加工形式，而且要做到最优。

一、不合理的流通加工形式

1. 流通加工地点设置的不合理

流通加工地点设置即布局状况是决定整个流通加工是否有效的重要因素。一般来说，为衔接单品种大批量生产与多样化需求的流通加工，加工地点设置在需求地区，才能实现大批量的干线运输与多品种末端配送的物流优势。如果将流通加工地设置在生产地区，一方面，为了满足用户多样化的需求，会出现多品种、小批量的产品由产地向需求地的长距离的运输；另一方面，在生产地增加了一个加工环节，同时也会增加近距离运输、保管、装卸等一系列物流活动。所以，在这种情况下，不如由原生产单位完成这种加工而不需设置专门的流通加工环节。

另外，一般来说，为方便物流的流通加工环节应该设置在产地，设置在进入物流之前。如果将其设置在物流之后，即设置在消费地，则不但不能解决物流问题，又在流通中增加了中转环节，因而也是不合理的。

即使是产地或需求地设置流通加工的选择是正确的，还有流通加工在小地域范围内的正确选址问题。如果处理不善，仍然会出现不合理现象，如交通不便，流通加工与生产企业或用户之间距离较远，加工点周围的社会环境条件不好等。

2. 流通加工方式选择不当

流通加工方式包括流通加工对象、流通加工工艺、流通加工技术、流通加工程度等。流通加工方式的确定实际上是与生产加工的合理分工。分工不合理，把本来应由生产加工完成的作业错误地交给流通加工来完成，或者把本来应由流通加工完成的作业错误地交给生产过程去完成，都会造成不合理。

流通加工不是对生产加工的代替，而是一种补充和完善。所以，一般来说，如果工艺复杂，技术装备要求较高，或加工可以由生产过程延续或轻易解决的，都不宜再设置流通加工。如果流通加工方式选择不当，就可能会出现与生产加工争利的恶果。

3. 流通加工作用不大，形成多余环节

有的流通加工过于简单，或者对生产和消费的作用都不大，甚至有时由于流通加工的盲目性，同样未能解决品种、规格、包装等问题，相反却增加了作业环节，这也是流通加工不合理的重要表现形式。

4. 流通加工成本过高，效益不好

流通加工的一个重要优势就是它有较大的投入产出比，因而能有效地起到补充、完善的作用。如果流通加工成本过高，则不能实现以较低投入实现更高使用价值的目的，势必会影响它的经济效益。

二、流通加工合理化的标准

流通加工是否合理化，最终的判断标准是要看其是否实现了社会效益和企业自身效益的最优化。流通加工企业与生产企业的区别，主要是前者更要把社会效益放在首位（当然所有的企业都要注重社会效益），这是流通加工的性质所决定的，如果流通加工企业为了追求自己的利益，不从宏观上考虑社会经济的需要不适当地进行加工，甚至与生产企业争利，这就违背了流通加工性质，或者其本身也就不属于流通加工企业了。

三、实现流通加工合理化的途径

1. 加工和配送结合

将流通加工设置在配送点中，一方面按配送的需要进行加工，另一方面加工又是配送作业流程中分货、拣货、配货的重要一环，加工后的产品直接投入到配货作业，这就无需单独设置一个加工的中间环节，而使流通加工与中转流通巧妙地结合在一起。同时，由于配送之前有必要的加工，可以使配送服务水平大大提高，这是当前对流通加工做合理选择的重要形式，在煤炭、水泥等产品的流通中已经表现出较大的优势。

2. 加工和配套结合

"配套"是指对使用上有联系的用品集合成套地供应给用户使用。例如，方便食品的配套。当然，配套的主体来自各个生产企业，如方便食品中的方便面，就是由其生产企业配套生产的。但是，有的配套不能由某个生产企业全部完成，如方便食品中的盘菜、汤料等。这样，在物流企业进行适当的流通加工，可以有效地促成配套，大大提高流通作为供需桥梁与

7. 流通加工作业

纽带的能力。

3. 加工和合理运输结合

我们知道，流通加工能有效衔接干线运输和支线运输，促进两种运输形式的合理化。利用流通加工，在支线运输转干线运输或干线运输转支线运输等这些必须停顿的环节，不进行一般的支线转干线或干线转支线，而是按干线或支线运输合理的要求进行适当加工，从而大大提高运输及运输转载水平。

4. 加工和合理商流结合

流通加工也能起到促进销售的作用，从而使商流合理化，这也是流通加工合理化的方向之一。加工和配送相结合，通过流通加工，提高了配送水平，促进了销售，使加工与商流合理结合。此外，通过简单地改变包装加工形成方便的购买量，通过组装加工解除用户使用前进行组装、调试的难处，都是有效促进商流的很好例证。

5. 加工和节约结合

节约能源、节约设备、节约人力、减少耗费是流通加工合理化重要的考虑因素，也是目前我国设置流通加工并考虑其合理化的较普遍形式。

对流通加工合理化的最终判断，是看其是否能实现社会的和企业本身的两个效益，而且是否取得了最优效益。流通企业更应该树立社会效益第一的观念，以实现产品生产的最终利益为原则，只有在生产流通过程中不断补充、完善为己任的前提下才有生存的价值。如果只是追求企业的局部效益，不适当地进行加工，甚至与生产企业争利，这就有违于流通加工的初衷，或者其本身已不属于流通加工的范畴。

[案例 8-4] 直击物流痛点，居然之家"智慧"破局

随着国民经济快速发展，消费方式和需求也在发生改变，家居新零售成了大势所趋，对物流的考验升级。

目前中国家居行业市场规模约 4.5 万亿，据业内测算，家居建材与家具行业物流成本通常占销售额比重为 20% 左右，可以预见，家居物流市场总规模或将近万亿元，发展前景巨大。解决"最后一公里"的物流，市场空间越来越受到重视，加入该领域的选手越来越多，家居物流细分市场的竞争力度也在逐渐加剧。

家居流通龙头企业居然之家便是入局者之一。居然之家董事长汪林朋坚定地认为："家居行业仍是以线下交付为核心的赛道，想要真正让装修业主感到愉快且轻松，那就一定要解决后端的问题，包含物流、送配装等痛点。"

2019 年 6 月，居然之家首个"智慧物流园"落地天津宝坻，正式动工。打造智慧物流平台，居然之家看中的则是家居物流未来发展潜力。居然之家的介入，无疑是让万亿级的家居物流市场迎来一位超级玩家。居然之家表示，居然智慧物流平台将立足自身，服务京津冀地区商户，解决家居大件物流"最后一公里"服务的痛点。

家居大件"最后一公里"服务

居然之家天津宝坻智慧物流园位于天津宝坻区北环路（G509）国道，一中路与唐通路交汇处西北侧。距北京、天津、唐山载货运途不超过 1 小时，近邻天津港、曹妃甸港、京唐港、秦皇岛港，物流通达。

整个物流园共建有近 30 个单体项目，最大单体面积近 3 万平方米，可以为京津冀地区品牌家居生产、经销商提供仓储、加工、展示、配送、安装、售后全套解决方案。

在开园仪式上，柏丽、芝华仕、联邦、浪鲸、惠达、恒洁、喜临门、博洛尼等近 20 家企业代表与居然之家智慧物联总经理杨明先生签订了仓配装服务合作协议。宅急送、宅丫物

流、国威物流、创驰蓝天、北京辰诺、九谦物流等物流服务商与居然之家智慧物联总经理杨明先生签订了项目合作协议。截至目前，居然之家天津宝坻智慧物流园区已入驻品牌约70余个。

家居行业承载了很多梦想，但目前依然面临众多行业问题，其中服务效率低的问题尤为突出。目前，消费者进行一个简单家装可能要面对几十个品牌、商户，消费者要对接几十个商家和物流信息。家居行业如果想要变成让消费者感到快乐和简单的行业，那就一定要解决后端的问题，这是居然之家做智慧物流园的初衷。

为了解决行业痛点、赋能品牌，升级家装家居行业生态闭环，居然之家历经三年，摸索出一套较为可行的模式，交出智慧物流园的答卷。以"让家装和家居服务快乐简单"为企业使命，以提升行业效率和服务体验为目的，以智能仓储物流园为载体，以定制加工和送配装为核心竞争力，采取S2B2C的运营模式，为家装全链路提供一站式仓储、定制加工、配送安装服务的智慧物流平台。平台通过将家居品牌商的货物集中到智慧物流园，打通与经销商数据平台，实现互联互通，从而实行统仓集配，智能合单的智能配载，缩短了产品配送时长、提高了配送效率，为消费者提供全程可视化服务。同时减少装卸频次，降低货物运送损耗，让商户省心、省钱，让消费者省时、满意。

居然之家智慧物联生态体系，是中国第一家为家居大件的仓储、加工、配送、安装提供一体化服务的智慧物流平台，也开创了家居行业仓储免费、按销售计费的物流新模式。

多维度全方位赋能

家居行业智慧物流的发展趋势主要体现在个性定制化需求增长、线上线下全渠道销售经营模式逐渐成为市场主流的背景下整个供应链与物流模式的转型升级。

作为居然之家智慧物联打造的首个样板项目，居然之家天津宝坻智慧物流园不同于传统的物流模式，在商流和物流分离的基础上，通过对智能仓储、定制加工、送配装一体化三个方面的能力建设，解决家居物流行业诸多痛点，提升家装全链路线性服务能力，实现效率的优化和服务的改善。

在智能仓储方面，居然之家智慧物联通过构建智能仓储系统，提高仓储作业能力和效率。在智慧仓作业过程中，产品输送线、全景扫描站、AGV小车等智能化设施互联互通、自主控制，自行完成了对货物的运输、扫描、外检、存储、地面运送等流程，实现了运输路径、货物摆放的最优。

与此同时，通过建立智能环保的定制加工核心服务能力，实现减员增效。上线自动化流水线加工设备，具备同时为石材、瓷砖、木地板等多品类建材加工的能力，可实现7×24不停工。采用完善的给水循环净化系统、6S管理标准配合大功率除尘及UV光氧环保设备，在智能、环保方面也是物流园的一张新名片。

在送配装一体化方面，居然之家智慧物联通过自主研发的OMS（订单系统）、WMS（仓储系统）、TMS（配送系统）、DMS（安装系统）实现智能合单、智能配载，将家装配送次数由原来的几十次缩减至3～5次，避免消费者多头收货的问题，送装效率极大提升。

居然之家智慧物流平台致力于为商家提供数字化全方位解决方案，解决商家的租仓难、配装管理难、二次加工难、客诉处理难的诸多问题。较传统模式相比，集约化数字化的管理让家居物流成本降低20％以上，有效提高了商家利润率。

随着天津宝坻智慧物流园投入使用，居然之家将以智慧物流平台为基础，构建数字化时代新零售商业模式的基础支撑，让设计、家装、家居建材销售、到家服务全产业链服务的闭环真正实现落地。

(来源：中国大物流网)

【案例点睛】

流通加工是否合理化，最终的判断标准是要看其是否实现了社会效益和企业自身效益的最优化。流通加工企业与生产企业的区别，主要是前者更要把社会效益放在首位。居然之家的"智慧物流园"立足自身，服务京津冀地区商户，将家居品牌商的货物集中到智慧物流园，打通与经销商衔接的数据平台，实现互联互通，从而实行统仓集配，智能合单的智能配载，缩短了产品配送时长、提高了配送效率。同时，居然之家以智能仓储物流园为载体，以定制加工和送配装为核心竞争力，通过对智能仓储、定制加工、送配装一体化三个方面的能力建设，解决了家居物流行业诸多痛点，提升了家装全链路线性服务能力，实现效率的优化和服务的改善。

【思考题】

1. 居然之家的"智慧物流园"如何实现流通加工的合理化？
2. 居然之家的"智慧物流园"具有哪些特点？

[案例8-5] 松江出口加工区物流发展优势分析

纵观当今世界，凡是经济发展水平较高的地区和国家，物流的发展水平也高。物流在各个国家和地区的不同历史时期都发挥着重要的作用。从某种意义上讲物流的发展水平已成为一个国家或地区综合竞争力的标志。

位于上海市区西南18千米的松江出口加工区，是国务院2000年批准的全国首批试点的15个出口加工区之一。继江苏昆山加工区之后，全国第二家正式运行的国家级出口加工区。2007年，上海松江出口加工区被国务院批准为全国七个试点出口加工区之一，在原先的保税加工功能之外，拓展了保税物流功能，并取得了开展研发、测试和维修等新业务的试点。随着松江区整体经济不断地增长，出口加工区功能的逐渐完善，加快发展现代物流业的发展已成为提高松江出口加工区综合竞争能力的重要决策。

一、政府大力支持出口加工区物流的发展

2006年12月15日，松江区专门召开现代物流业发展国际研讨会。区长出席了研讨会。出席研讨会的上海部分大学的专家教授、海内外的物流企业以及在松部分企业代表就如何加快松江区现代物流业发展问题进行交流和研讨。区长指出，松江要通过加快发展现代物流业，提升城市集聚辐射功能，促进产业结构调整和经济持续健康发展。政府将坚持"政府引导、企业运作、规范市场、配套环境"的发展方针，主要从五个方面来发展现代物流业，即：采取多种方式积极引进国内外著名物流企业，吸引国内外大公司来松投资办采购中心和销售中心，以促进松江现代物流业水平的提高；通过大力发展电子商务物流等方式推动现代物流业的产业化进程，提高松江现代物流业发展的信息化水平；鼓励以市场运作的方式对传统物流资源进行整合，实现资源的优化配置，培育和壮大物流市场主体，提高现代物流业发展的市场化水平；建立陆运、水运、空运相互衔接配套的运输网络，为客户提供快捷的配送服务；以现代仓储、商贸流通、工业园区为基础，规划建设物流园区，构筑现代物流的汇聚地，形成现代物流产业新的增长点。

二、优越的地理交通条件决定了出口加工区物流的发展

松江出口加工区作为上海西南的重要门户，具备了优越的地理交通条件，为发展成为重要的物流综合基地打下了坚实的基础。

（1）水路　距上海吴淞港47千米，有3个千吨码头。

（2）铁路　距上海铁路新客站 40 千米。上海通往中国南方的铁路干线贯穿松江工业区；城南有一个大型货运编组站。

（3）公路　周边有沪杭高速公路、同三国道、嘉金高速公路、松闵公路、沪松公路等高等级的公路；同三国道将沪杭高速公路和沪宁高速公路连成一体，构成便捷的公路交通网络。上海市区外环线距松江工业区 18 千米。

（4）航空　距上海虹桥国际机场 20 千米；距上海浦东国际机场 42 千米。

松江出口加工区依靠优越地理交通条件，充分依托区内流通加工业快速发展和松江新城城市化建设为整个出口加工区带来的巨大空间，以现代物流为重点，提升出口加工区整体规模和水平，为全区经济可持续发展发挥重要的支撑作用。

三、国内的第三方物流企业促进了出口加工区物流的发展

通过功能拓展试点，出口加工区内仓储企业的"第三方物流"作用初步显现，区内企业的产业链得以进一步延伸，区域竞争力也有了明显增强。全方物流与美国百事食品公司是供应链上的紧密型合作伙伴，全方物流为百事食品做物流配送。广达集团出资建立的达伟仓储公司规划面积达 3.6 万平方米，建成后将成为上海出口加工区内最大的仓储物流企业。上海大众投资的现代化 VMI 仓库快要建造完毕，将从事汽车零配件、物料 JIT 配送。国内第三方物流企业的兴起，能有效实施企业的物流功能，充分发挥第三方物流整合社会物流资源和物流流程的价值贡献，从而实现加快松江出口加工区物资周转速度、降低企业的物流成本。

四、国际物流公司带动了出口加工区物流的发展

松江工业企业众多，工业总产值占上海市工业生产总值近七分之一，出口创汇占六分之一，发展物流业正逢其时。众多世界物流公司看到了其中蕴含的商机，纷纷投资松江。2005 年，宜家物流一期 6.75 万平方米仓库投入使用后，二期占地 6.1 万平方米仓库又在建设中。届时，宜家松江仓库不仅可以配送国内产品到整个亚太地区，还可以直接组织进口欧洲产品销往亚太地区宜家商场。意大利物流行业的"排头兵"维龙物流紧随其后，将在洞泾新建公司地区总部、管理中心和信息中心。作为世界一流的物流配送设施开发商、拥有全球 1000 强企业中近一半客户的美国普洛斯信托公司对松江情有独钟，斥资近 3.2 亿美元，将世界领先的物流配送设施网络延伸到松江出口加工区。普洛斯落户松江后，其松江物流园将打造为上海西南地区的物流中心。由阳明海运、好好国际物流、中华航空和大荣汽车货运 4 家公司组成的阳明物流，将海、陆、空的物流优势尽揽旗下，也在松江斥资近 1 亿美元，欲与普洛斯分庭抗礼。松江出口加工区最终形成西部物流基地以普洛斯、阳明物流等项目为载体，逐步形成完善的货物集散、货物储存、信息服务、电子商务等服务功能；北部以宜家、维龙为首的配送基地以推进上海市区的城市商品的流通配送为发展目标，同时满足松江新城对商业物流的需求；东部物流基地以区域物流和内陆物流为主，形成综合型物流基地。

大型国际物流公司入驻松江，填补了松江物流产业的空白，三大物流基地将形成"布局合理、设施配套、技术领先、高效低耗"的现代物流服务体系。不仅能为松江的五大支柱产业提供配套服务，还带来了国际先进的物流经营管理模式，会进一步促进国内物流业的良性发展。

（来源：中国大物流网，2009-03-18.）

【案例点睛】

松江出口加工区具备了发展现代物流的众多优势条件，建设上海新的物流综合园区已经势在必行。届时，物流园区不仅有利于区内生产企业实现"零库存"模式，又有利于区内物流企业实现真正意义上的"物流"，打通了"区外—区内—境外"的货物流通环节，加快出

口加工区国际物流业的发展，促进了出口加工区产业的协调发展，最终成为松江整体经济可持续发展的重要的新支柱型产业。

【思考题】
1. 松江出口加工区具有哪些竞争优势？
2. 松江出口加工区对上海物流业的发展有哪些促进作用？

【实训活动】

流通加工实例调查

[实训目的]

通过实地调查，加深对流通加工的理解和认识，锻炼学生的学习分析能力。

[实训内容]

到当地的大型超市实地调查，在其经营的商品中，寻找5种以上经过流通加工的商品，并分析其加工流程。

[实训要求]

1. 学生可分组进行调查，每组提交调查总结一份。
2. 时间要求：一周。

项目九　配送与配送中心管理

【学习目标】
◆ 知识目标
1. 了解配送及配送中心概念，理解配送中心的分类。
2. 掌握配货作业方法以及配送中心的一般作业流程和特殊作业流程。
3. 掌握配送合理化标识。
◆ 技能目标
1. 能为配送中心的核心作业环节——分拣设计合理化作业流程。
2. 能根据企业实际情况熟练运用合理的配货作业方法。
3. 能为企业初步设计合理化配送计划。
◆ 素养目标
1. 培养创新的工作精神、细心的敬业精神。
2. 树立担当意识、成本意识和效率意识。

【导入案例】广州医药有限公司的货物配送

广州医药有限公司（以下简称广药公司）是华南地区经营医药商品最多、最全的医药专业公司，公司自1951年成立以来，效益一直稳居全国同行业前列，属下专业批发部6个，健民医药连锁分店100多家，建立了以广东省为中心，辐射全国的庞大销售网络，包括医疗单位网络、商业调拨网络和零售连锁网络。随着广药公司旗下的健民医药连锁、采芝林中成药连锁门店及经销体系的飞跃发展，以及顾客追求个性化的需求，早期的黄金围、118和大朗仓库已不能满足现状需求。

目前，广药公司面临许多需要改善的问题，最严重的是流通过程中的物流管理滞后，如：各个流通环节分散、重叠，物流成本没有综合核算和控制。这严重阻碍了物流服务的开拓和发展，已成为广药公司流通业发展的"瓶颈"。广药公司物流流通不畅，具体表现在以下方面：收货货车等待；设备不合理临时存放，收货员不知道将药品放在什么地方；收货地点过分拥塞；指定地点被占用；储存货道拥塞；过多的蜂窝型空缺；不同种类药品的不规则混存，订货拣选不到所需的药品；产品贴错标签；药品集结货场拥塞；药品归类不对，运输延迟；车辆等待……

上述症状的出现，最主要的原因就是缺乏系统管理。问题集中体现在配送中心的功能没有发挥：①供应商不稳定，没有实现集中采购、进货；采购费用较高。目前，广药公司订货都是随着销售量的变化来确定每次订货的多少，而没有考虑到订货成本、运输成本、库存成本以及每次订货所发生的其他费用。②没有实现统一的存货和库存管理。库存比较分散，库存管理未实行单品管理，未强化仓储各种费用的核算和管理。③没有实现统一的运输安排，配送率低；未加强运输成本的核算；未规划合理的运输路线和合理的运输方式；未对药品运输进行整合规划，以做到"合理调运"和"合理流向"。④药品的搬运环节过多，存在众多重复劳动，药品损耗率过高，装卸时间过长；标准化程度低，药品包装规格不一，未实现包装作业的机械化；组织散装物流能力薄弱。⑤物流设施落后，科技含量低。

目前，由于广药公司物流管理过程中存在以上诸多问题，不仅使企业的实物运动不合理，造成成本居高不下，并使企业未取得应有的规模效益和竞争中的价格优势，从而严重影响了企业中商流的顺利进行，最终使规模经营效应在广药企业运作中未能发挥出应有的积极作用。

（来源：广州医药公司改造物流配送中心探讨与分析，物流中国网.）

【思考题】
广药公司的配送中心属于哪种类别的配送中心？应如何改进配送作业流程？

任务一　掌握配送中心的作业流程

一、配送的概念与分类

1. 配送的定义

配送（distribution）是指在经济合理区域范围内，根据客户要求，对物品进行拣选、加工、包装、分割、组配等作业，并按时送达指定地点的物流活动（《中华人民共和国国家标准物流术语》GB/T 18354—2006）。

配送是物流中一种特殊的、综合的活动形式，几乎包括了所有的物流功能要素，是物流的一个缩影或在某小范围中物流全部活动的体现。一般的配送集装卸、包装、保管、运输于一身，通过这一系列活动完成将货物送达的目的。特殊的配送则还要以加工活动为支撑，包括的方面更广。同过去的运输学、仓库学、搬运装卸学相比配送是创新产物。

2. 配送与运输的区别

配送是相对于干线运输而言的概念，从狭义上讲，运输分为干线运输和支线配送。从工厂仓库到配送中心的批量货物空间位移称之为运输；从配送中心向最终用户之间的多品种小批量货物的空间位移称之为配送。

配送是从最后一个物流结点到用户之间的物资空间移动过程。最后一个物流结点设施一般是指配送中心或零售店铺。

配送的附加功能要远远超过运输。作为配送活动的全过程，不仅包括了最后阶段的货物送达作业，而且还包括按要求在物流结点设施内开展的流通加工、订单处理、货物分拣等作业活动。

3. 配送的分类

（1）按实施配送的结点不同分类　配送中心配送、仓库配送、商店配送、生产企业配送；

（2）按配送商品种类及数量分类　少品种大批量配送、多品种少批量配送、配套成套配送；

（3）按配送时间及数量分类　定时配送、定量配送、定时定量配送、定时定路线配送、即时配送；

（4）按经营形式不同分类　销售配送、供应配送、销售—供应一体化配送、代存代供配送；

（5）按配送企业专业化程度分类　综合配送、专业配送。

二、配送中心的概念和类型

1. 配送中心的定义

配送中心（distribution center）是指从事配送业务具有完善的信息网络的场所或组织，应基本符合下列要求：①主要为特定的用户服务；②配送功能健全；③辐射范围小；④多品种、小批量、多批次、短周期；⑤主要为末端客户提供配送服务（《中华人民共和国国家标准物流术语》GB/T 18354—2006）。

《现代物流手册》对配送中心的定义是："从供应者手中接受多种大量的货物，进行倒装、分类、保管、流通加工和情报处理等作业，然后按照众多需要者的订货要求备齐货物，以令人满意的服务水平进行配送的设施。"

王之泰在《物流学》中定义是："从事货物配备（集货、加工、分货、拣选、配货）和组织对客户的送货，以高水平实现销售或供应的现代流通设施。"

2. 配送中心主要类别

在长期的配送实践中，形成了各种各样的配送中心，主要类型如下：

① 专业配送中心；
② 柔性配送中心；
③ 供应配送中心；
④ 销售配送中心；
⑤ 城市配送中心；
⑥ 区域配送中心；
⑦ 储存型配送中心；
⑧ 流通型配送中心；
⑨ 加工配送中心；
⑩ 其他配送中心。

a. 按配送中心的拥有者分类：制造商型配送中心；零售商型配送中心；批发商型配送中心；专业配送中心（第三方物流企业所有）；转运型配送中心。

b. 按配送货物种类分类：食品配送中心；日用品配送中心；医药品配送中心；化妆品配送中心；家电品配送中心；电子（3C）产品配送中心；书籍产品配送中心；服饰产品配送中心；汽车零件配送中心。

三、配送中心的作业流程

（一）配送中心的一般作业流程

配送中心的效益主要来自"统一进货，统一配送"。配送中心的作业流程要便于实现两个主要目标：一是降低企业的物流总成本；二是缩短补货时间，提供更好的服务。

1. 订单处理

在配送中心规划建设、开展配送活动之前，必须根据订单信息，对顾客分布、商品特性、品种数量及送货频率等资料进行分析，以此确定所要配送货物的种类、规格、数量和配送时间等。订单处理是配送中心组织、调度的前提和依据，是其他各项作业的基础。

2. 进货

配送中心进货主要包括订货、接货、验收入库3个环节。

（1）订货 配送中心收到和汇总用户的订单以后，首先要确定配送商品的种类和数量，然后查询现有存货数量是否满足配送需要。如果存货数量低于某一水平，则必须向供应商发出订单、进行订货。配送中心也可以根据需求情况提前订货，以备发货。

（2）接货 当供应商（生产企业）接到配送中心或用户发出订单之后，会根据订单的要求组织供货，配送中心则必须及时组织人力、物力接收货物，有时还必须到站（港）、码头接运货物。

（3）验收入库 货物到达配送中心，由配送中心负责对货物进行验收，验收的内容包括质量、数量、包装3个方面。验收的依据主要是合同条款要求和有关质量标准。验收合格的商品即办理有关登账、录入信息及货物入库手续，组织货物入库。

3. 储存

配送中心的储存作业是为了给配送提供货源保证，对配销模式的配送中心来说，一次性集中采购，储备一定数量商品，可以享受价格上的优惠。在储存阶段主要任务是保证商品在储存期间质量完好，数量准确。

8. 快速分拣系统

4. 分拣

分拣作业即拣货作业人员根据客户订单要求，从储存的货物中拣出用户所需的商品。

5. 流通加工

配送中心所进行的加工作业主要有：①初级加工活动，如按照用户的要求下料、套裁、改制等；②辅助性加工活动，如给商品加贴条码、拴标签、简单包装等；③深加工活动，如把蔬菜、水果等食品进行冲洗、切割、过秤、分级和装袋；把不同品种的煤炭混合在一起，加工成"配煤"等。加工作业不仅是一种增值性经济活动，而且完善了配送中心的服务功能。

6. 配装出货

为了充分利用运输车辆的容积和载重能力，提高运输效率，可以将不同用户的货物组合配装在同一辆载货车上，因此，在出货之前还需完成组配或配装作业。有效地混载与配装，不但能降低送货成本，而且可以减少交通流量、改变交通拥挤状况。目前，各配送中心普遍推行混装（或同载）送货方式。

7. 送货

通常配送中心都使用自备的车辆进行送货作业，有时也借助于社会上专业运输组织的力量，联合进行送货作业。此外，为适应不同用户的需要，配送中心在进行送货作业时，可以采取定时间、定路线为固定用户送货，也可以不受时间、路线的限制，机动灵活地进行送货作业。

思政小专栏

无人机即时配送悄然而至

随着新一代互联网技术的创新应用，旨在解决物流配送"最后一公里"的智能"配送员"轮番上阵，在疫情封控区、地形复杂山区以及城市末端配送等场景架起了空中物流通道。截至2021年底，各类无人机日均飞行4.57万小时，持续在航拍、巡查、物流配送、城市空中交通领域发力。随着我国物流配送网络的完善，公众对即时配送效率有更高的期待，这也意味着无人机配送服务将迎来巨大的市场需求。

无人机配送作为科技前沿领域，除了"快"，更需要"稳"。因此，无人机的安全性成为消费者关注的焦点。监管部门应当强制无人机配送企业投保责任保险，为受损害的人员和财产提供保险保障。同时，无人机配送企业内部也应建立安全运营的制度、程序和标准，事先防范和事中对应急情况进行标准化干预，事后对受损人员与财产进行第一时间的赔偿。

资料来源：经济日报

（二）配送中心的特殊作业流程

配送中心的特殊作业流程是配送中心的商品分配体系依其承担职能的不同而形成的。配送中心的商品分配体系可以分为转运型、加工型、分货型3种模式，因而形成3种不同的特殊作业流程。

1. 转运型配送中心的作业流程

转运型配送中心主要从事配货和送货活动，本身不设储存库和存货场地，而是利用其他"公共仓库"来补充货物。有时配送中心也暂存一部分商品，但一般都把商品放在理货区，不单独设置储货区。

2. 加工型配送中心的作业流程

加工型配送中心以流通加工为主，在其配送作业流程中，储存作业和加工作业居主导地位。由于流通加工多为单品种、大批量商品的加工作业，商品种类较少，通常不专门设立拣选、配货等环节，而是将加工好的商品，特别是生产资料，直接运到用户划定的货位区内。

3. 分货型配送中心的作业流程

分货型配送中心是以中转货物为其主要职能的配送机构。在一般情况下，这类配送中心在配送货物之前都先要按照要求把单品种、大批量的货物（如不需要加工的煤炭、水泥等物资）分堆，然后再将分好的货物分别配送到用户指定的接货点。其作业流程比较简单，无需拣选、配货、配装等作业程序。

四、配货作业方法

配货是配送工作的第一步，根据各个用户的需求情况，首先确定需要配送货物的种类和数量，然后在配送中心将所需货物挑选出来，即是分拣。分拣工作可采用自动化的分拣设备，也可采用手工方法。这主要取决于配送中心的规模及其现代化程度。配货时要按照入库日期的"先进先出"原则进行。配货工作有两种基本形式：拣选方式和分货方式。

1. 拣选方式

拣选方式（又称摘果式），是在配送中心分别为每个用户拣选其所需货物，此方法特点是配送中心的每种货物的位置是固定的，对货物类型多、数量少的情况，这种配货方式便于管理和实现现代化。

进行拣选式配货时，以出货单为准，每位拣货员按照品类顺序或储位顺序，到每种品类的储位下层拣货区按出货单内品类和数量拣取货物，码放在托盘上，再继续拣取下一个品类，一直到该出货单内货物拣完，然后将拣好的货品与出货单置放于待运区指定位置，由出货验放人员接手。

这种方式好比农夫背个背篓在果园里摘水果，从果园的这一头一路走到另一头，沿途摘取所需要的水果，因此被称为摘果式。便利店的配送作业，就是摘果式配货作业的典范。

拣选方式的优点：以出货单为单位，一人负责一单，出错的机会较少，而且易于追查。有些配送中心以摘取式进行配货，甚至省略了出货验放工作，而由拣货员兼任出货验放员。

拣选方式的缺点：

① 作业重复太多。尤其是热销产品，几乎每一张出货单都要走一趟仓库，容易在这个地区造成进出交通堵塞，补货不及时等现象。

② 人力负荷重。出货单的品类多、每个单项数量少的时候，人力作业的负担很重，每人（分拣员）拣取单数随工作时间成反比。

2. 分货方式

分货方式（又称播种式），是将需配送的同一种货物，从配送中心集中搬运到发货场地，然后再根据各用户对该种货物的需求量进行二次分配，就像播种一样。这种方式适用货物易于集中移动且对同一种货物的需求量较大的情况。

分货方式配货的原理和采摘是完全不同，除了单一的出货单外，还需要有各个出库商品品类总数量。拣货员的工作，先是按照"拣货总表"的品类总量，到指定的储位下层的拣货区一次取一类货物。取完一个品类后，托至待验区，按照出货单的代码（位置编号）将该品类应出货的数量放下。

分货方式的配货法需要相当的空间为待验区，对仓储空间有限的业者而言，有相当的困难。而且出货时间必须有一定的间隔（要等到这一批的出货单全部拣完、验完），不能像摘取式配货那样可以逐单、连续出货。

拣选方式和分货方式的比较。比较前提条件是：拣货员与出货验放员数量不变，出货单数量相同。

分货方式配货法在误差度上占了明显的优势，而且在大多数情况下，处理时间也比拣选方式节省。如果转换成人力成本来计算，应可节省17%～25%的费用或是相当的工时，如表9-1所示。

表 9-1　拣货方式效率比较表

商品种类	每种数量	拣选方式		分货方式	
		时间	误差率	时间	误差率
多	多	100t	3.2%	65t	1.1%
	少	100t	1.5%	85t	0.4%
少	多	100t	2.3%	96t	0.1%
	少	100t	0.3%	112t	0.1%

注：1. 时间（t）指每一出货单自开始拣货到验放完成的平均处理时间。
2. 误差率以出货验放时发现错单次数占出货单总数的比例。

拣选方式配货法在某些情况下，例如出货数量少、频率少的商品品种（书籍）；品种多、数量少，但识别条件多的品种（如成衣）；体积小而单价高的品种（化妆品、药品、机械零件）；牵涉到批号管制且每批数量不一定的品种等，仍然有它的适用性。

【案例9-1】沃尔玛的配送中心

沃尔玛在全球10个国家开设了超过5000家商场，员工总数160多万人，分布在美国、墨西哥、波多黎各、加拿大、阿根廷、巴西、中国、韩国、德国和英国。每周光临沃尔玛的顾客近一亿四千万人次。2004年沃尔玛全球的销售额达到2630.09亿美元，荣登《财富》杂志世界500强企业榜首和"最受尊敬企业"排行榜。2005年达到2879.89亿美元，名列世界500强企业第一名。2006年为3156.54美元，名列世界500强企业第二名；2007年为3511.39亿美元，再次荣登世界500强企业榜首。

沃尔玛的业务之所以能够迅速增长，并且成为非常著名的公司之一，是因为沃尔玛在节省成本以及在物流配送系统与供应链管理方面取得了巨大的成就。稍了解沃尔玛的人都知道，低成本战略使物流成本始终保持低位，是像沃尔玛这种廉价商品零售商的看家本领。在物流运营过程中尽可能降低成本，把节省后的成本让利于消费者，这是沃尔玛一贯的经营宗旨。

沃尔玛在整个物流过程当中，最昂贵的就是运输部分，所以沃尔玛在设置新卖场时，尽量以其现有配送中心为出发点,卖场一般都设在配送中心周围,以缩短送货时间,降低送货成本。沃尔玛在物流方面的投资,也非常集中地用于物流配送中心建设。

一、快速高效的物流配送中心

物流配送中心一般设立在100多家零售店的中央位置,也就是配送中心设立在销售主市场。这使得一个配送中心可以满足100多个附近周边城市的销售网点的需求;另外运输的半径既比较短又比较均匀,基本上是以320公里为一个商圈建立一个配送中心。

沃尔玛各分店的订单信息通过公司的高速通信网络传递到配送中心,配送中心整合后正式向供应商订货。供应商可以把商品直接送到订货的商店,也可以送到配送中心。有人这样形容沃尔玛的配送中心:这些巨型建筑的平均面积超过11万平方米,相当于24个足球场那么大;里面装着人们所能想象到的各种各样的商品,从牙膏到电视机,从卫生巾到玩具,应有尽有,商品种类超过8万种。沃尔玛在美国拥有62个以上的配送中心,服务着4000多家商场。这些中心按照各地的贸易区域精心部署,通常情况下,从任何一个中心出发,汽车可在一天内到达它所服务的商店。

在配送中心,计算机掌管着一切。供应商将商品送到配送中心后,先经过核对采购计划、商品检验等程序,分别送到货架的不同位置存放。当每一样商品储存进去的时候,计算机都会把他们的方位和数量一一记录下来;一旦商店提出要货计划,计算机就会查找出这些货物的存放位置,并打印出印有商店代号的标签,以供贴到商品上。整包装的商品将被直接送上传送带,零散的商品由工作人员取出后,也会被送上传送带。商品在长达几公里的传送带上进进出出,通过激光辨别上面的条形码,把它们送到该送的地方去,传送带上一天输出的货物可达20万箱。

配送中心的一端是装货平台,可供130辆卡车同时装货,在另一端是卸货平台,可同时停放135辆卡车。配送中心24小时不停地运转,平均每天接待的装卸货物的卡车超过200辆。沃尔玛用一种尽可能大的卡车运送货物,大约可能有16米加长的货柜,比集装箱运输卡车还要更长或者更高。在美国的公路上经常可以看到这样的车队,沃尔玛的卡车都是自己的,司机也是沃尔玛的员工,他们在美国的各个州之间的高速公路上运行,而且车中的每立方米都被填得满满的,这样非常有助于节约成本。

公司6000多辆运输卡车全部安装了卫星定位系统,每辆车在什么位置、装载什么货物、目的地是什么地方,总都一目了然。因此,在任何时候,调度中心都可以知道这些车辆在什么地方,离商店还有多远,他们也可以了解到某个商品运输到了什么地方,还有多少时间才能运输到商店。对此,沃尔玛精确到小时。如果员工知道车队由于天气、修路等某种原因耽误了到达时间,装卸工人就可以不用再等待,安排别的工作。

灵活高效的物流配送使得沃尔玛在激烈的零售业竞争中技高一筹。沃尔玛可以保证,商品从配送中心运到任何一家商店的时间不超过48小时,沃尔玛的分店货架平均一周可以补货两次,而其他同业商店平均两周才能补一次货;通过维持尽量少的存货,沃尔玛既节省了存储空间又降低了库存成本。

经济学家斯通博士在对美国零售企业的研究中发现,在美国的三大零售企业中,商品物流成本占销售额的比例在沃尔玛是1.3%,在凯马特是8.75%,在希尔斯则为5%。如果年销售额都按照250亿美元计算,沃尔玛的物流成本要比凯马特少18.625亿美元,比希尔斯少4.25亿美元,其差额大得惊人。

二、沃尔玛配送中心采用的作业方式

配送中心的一端是装货的月台,另外一端是卸货的月台,两项作业分开。看似与装卸一起的方式没有什么区别,但是运作效率由此提高很多。配送中心就是一个大型的仓库,但是概念上与仓库有所区别。

交叉配送 CD（cross docking），交叉配送的作业方式非常独特，而且效率极高，进货时直接装车出货，没有入库储存与分拣作业，降低了成本，加速了流通。800名员工24小时倒班装卸搬运配送，沃尔玛的工人的工资并不高，因为这些工人基本上是初中生和高中生，只是经过了沃尔玛的特别培训。

商品在配送中心停留不超过48小时，沃尔玛要卖的产品有几万个品种，吃、穿、住、用、行各方面都有。尤其像食品、快速消费品这些商品的停留时间直接影响到使用。

沃尔玛如何不断完善其配送中心的组织结构呢？

每家店每天送1次货（竞争对手每5天1次），至少一天送货一次意味着可以减少商店或者零售店里的库存。这就使得零售场地和人力管理成本都大大降低。要达到这样的目标就要通过不断地完善组织结构，使得建立一种运作模式能够满足这样的需求。

1990年的时候在全球有14个配送中心，发展到2001年一共建立了70个配送中心。沃尔玛作为世界500强企业，到现在为止它只在几个国家运作，只在它看准有发展的地区经营，沃尔玛在经营方面十分谨慎，在这样的情况下发展到70个，说明它的物流配送中心的组织结构调整做得比较到位。

【案例点睛】

沃尔玛始终如一的思想就是要把最好的东西用最低的价格卖给消费者，这是它成功的原因所在。低廉的价格与低物流成本关系密切，沃尔玛的配送成本占它销售额的2%，而一般来说物流成本占整个销售额10%左右，有些食品行业甚至达到20%或者30%。同时，沃尔玛百分之九十几是进行集中配送的，只有少数可以从加工厂直接送到店里去，而其竞争对手一般只有50%的货物进行集中配送，从而大大降低了成本、提高了综合竞争力。

【思考题】
1. 沃尔玛的配送中心是如何帮助沃尔玛成为零售连锁业的巨头，它的价值体现在哪里？
2. 配送中心在功能和作业流程上与普通机械化仓储有什么不同？

［案例9-2］完善县域物流 推动电商兴农

加快贯通县乡村电子商务体系和快递物流配送体系，是促进城乡生产和消费有效衔接的重要举措，是全面推进乡村振兴、构建新发展格局的客观要求。需要以提升农村电商应用水平为重点，线上线下融合为抓手，健全农村电商公共服务体系，推动县域商业体系转型升级。通过完善县乡村三级物流配送体系，培育新型农村市场主体，促进农民收入和农村消费双提升。

农村电商加快提档升级

贯通县乡村电子商务体系和快递物流配送体系，是挖掘国内市场潜力的应有之义

如今，每当印有"新合作"字样的物流面包车开进湖北十堰市郧西县山村时，老百姓就会说："'老供销'来了！"

郧西县地处秦巴山区，下辖18个乡镇大多沟壑纵横、道路崎岖。2019年，中国供销集团十堰新合作公司在当地开设电商服务站，开展工业品下乡、农产品进城双向流通服务，促进农村电商与农村寄递物流融合发展。截至目前，十堰新合作电商服务站点已覆盖郧西县202个行政村，保障货物顺畅送达，给百姓生活带来便利。

"有的村看着很近，但要翻几座山才能到达，有的地方道路还没有完全硬化，有时车子坏在半道上，大家就肩扛、手提、背篓背，坚持把生活物资送进去。"十堰新合作公司相关负责人李德山说。

加快贯通县乡村电子商务体系和快递物流配送体系,是推动农村电商提档升级、挖掘国内市场潜力的应有之义。

日前召开的国务院常务会议提出,促进农村电商与农村寄递物流融合发展。依托"互联网+",加强城市市场、物流企业与农户农场、农民合作社等衔接,发展专业化农产品寄递服务和冷链仓储加工设施,助力农产品销售,特别是促进脱贫地区乡村特色产业发展。

2021年5月,财政部、商务部、国家乡村振兴局下发《关于开展2021年电子商务进农村综合示范工作的通知》,提出"扩大电子商务进农村覆盖面"。6月,商务部、中央农办、发改委等17部门印发《关于加强县域商业体系建设 促进农村消费的意见》,提出"强化县级电子商务公共服务中心统筹能力"。

在相关政策的持续推动下,我国农村电商提档升级,电商兴农成效明显。商务大数据监测显示,今年上半年,全国农村网络零售额达9549.3亿元,同比增长21.6%;农村实物商品网络零售额8663.1亿元,同比增长21%;全国农产品网络零售额达2088.2亿元。

"发展农村电子商务已成为数字乡村建设的重要内容,在推动县域经济发展中发挥着越来越重要的作用。"北京工商大学商业经济研究所所长洪涛说。

中国供销集团所属"供销e家"已在全国布局建设了200多家区域电商企业,形成了区域物流集配模式、农产品供应链服务模式、本地生活服务模式等多种业务模式。截至今年6月底,全国供销合作社系统开展电子商务业务企业达4171家,较去年同期增长804家,电商销售额同比增长55.3%。截至去年底,拼多多"家乡好货"类助农直播已超240场,累计催生6.7亿笔助农订单,销售农副产品总计超过41.2亿斤,帮扶农户113万户。美团优选从去年12月启动"农鲜直采"计划以来,今年一季度已服务2600个市县区,湖北秭归脐橙、广西武鸣沃柑、云南建水紫薯等数百种农产品通过该计划直达社区,助力农民增收、乡村振兴。

打通物流配送"最后一公里"

整合邮政、供销、快递公司等各类资源,发展共同配送模式

"前几天在网上买了台空调扇,今天就到了村里的'快递超市',真是方便!"在家门口收到网购的家电,江西贵溪市罗河镇陈家村村民陈如玉非常开心。

陈家村离集镇有5公里,以前村民的快递只能送到镇里,取快递费时费力不说,遇到大件物品还得想办法雇车运回来。作为全国电子商务进农村示范县,贵溪市去年开始尝试在村里设置"快递超市",陈家村就是第一批设置"快递超市"的村之一,目前已有5家快递公司入驻,每天都有快递员来送货取件,平均日收发量达600余件,快递业务量增长了30%。

"'快递进村'不仅把商品寄进来,促进消费,也把本地农产品寄出去,拓宽销售渠道。"罗河镇党委委员盛街琴说,完善的乡村物流体系是发展电商的前提,镇里将以快递企业进村设点为契机,进一步提升"快递进村"服务质量。鼓励村民和农业经营主体参与电商经营,通过网店、直播等方式,将镇上白茶、食用菌、茶油等优质农产品销售出去。

小包裹、大民生。近年来,商务部会同有关部门累计支持建设县级物流配送中心1100多个,乡村电商快递服务站点14.6万个。国家邮政局启动了"快递进村"工程。今年上半年,我国农村地区快递收投量已超过200亿件,较去年同期增长30%以上。

中国宏观经济研究院研究员王蕴认为,由于农村地区居民居住较为分散,集中业务量规模相对较小,配送密集度低,配送成本相对较高。打通物流配送"最后一公里",是健全农村物流服务体系的关键。整合邮政、供销、快递公司等各类资源,发展共同配送模式,有助于解决"最后一公里"难题。

商务部流通发展司负责人李刚说,要进一步发展农村物流共同配送,需要在推动县域电商与快递协同的基础上,搭载和整合日用消费品、农资、农产品等农村商贸物流资源,创新农村物流模式。

江西鹰潭市以区县市为单位,将原先单打独斗、独立运营的快递企业,通过合资参股方式,建立快递企业联盟运营机制和"统仓共配"快递服务机制,所有快递企业实行"网点、人员、车辆、标识、价格、配送"六统一,有效破解了农村配送成本高等难题。

顺丰通过开放共配和多业态合作,加密下沉农村末端服务网络,提升农村市场的服务水平,实现到村"最后一公里"多元化服务。截至目前,顺丰旗下驿加易科技乡村网已覆盖超过3.8万个县镇,并在500多个县域落地共同配送项目。

菜鸟在全国县域农村推广共同配送项目,将多家快递企业整合起来共享场地、人力、运力等资源,缩小快递员配送区域,提高配送密度。目前,菜鸟共配项目已覆盖超过1000个县城,形成3万多个乡村服务网点。菜鸟乡村事业部总经理熊健表示,菜鸟普惠物流的最终目的是建立完善的三级配送体系,提升农村快递服务水平。

创新模式提升服务能力

推动农村电子商务与物流配送良性互动,蹚出贯通发展新路子

我国农村电商发展迅速,但仍有一些地方存在互联网基础设施薄弱、流通网络不完善、销售渠道不畅等问题。

苏宁金融研究院高级研究员付一夫建议,尽快补齐农村地区基础设施短板,包括完善交通路网、提升乡村道路等级等,鼓励大型流通企业在农村设立多层次商业网点,创新商业模式,改善农村地区商业环境。

目前,各地区各部门各市场主体在推动形成农村电子商务与物流配送良性互动、相互促进、高效协同的良好局面上不断创新探索,蹚出不少贯通发展新路子。

源头直采,打开农产品规模化上行新渠道。盒马集市与广东茂名市政府合作,建立荔枝直采基地,以源头直供的方式,帮助当地优选荔枝直供盒马集市在各地的百万社区小店。数据显示,盒马集市自4月22日进入广东以来,在1个月的时间内,已服务当地近6万个社区点。这些荔枝通过盒马集市整合的物流和供应链体系,从树上摘下到送达消费者手中的时间不超过48个小时。

"数字农场"助推特色农产品供销两旺。江苏丰县出产优质苹果,京东物流与丰县合作,建立数字化苹果基地,导入智能化管理、采后处理与储藏运输、生产操作规范等16项标准,实行标准化生产,推动优质优价销售模式,由京东物流提供一站式仓配模式,50%的产品实现24小时送达服务,农民收入增幅超过70%。

快递直播,打通带货、仓储、配送全链路。在新疆喀什,圆通推进"一县一品"计划。樱桃、巴旦木、核桃……这些新疆特产通过圆通快递员的朋友圈、抖音等社交平台,以直播带货的方式,直接从田间发到各地。

专家表示,要以加快农村电商快递协同发展示范区建设为重要抓手,大力推动发展"物流+农村电商"的合作服务模式。以提升农村电商应用水平为重点,线上线下融合为抓手,健全农村电商公共服务体系,进一步畅通农产品进城和工业品下乡双向渠道,促进农民收入和农村消费双提升。

(来源:人民日报)

【案例点睛】

配送是物流中一种特殊的、综合的活动形式,几乎包括了所有的物流功能要素,是物流的一个缩影或在某小范围中物流全部活动的体现。目前，我国农村电商发展迅速，但由于农村地区居民居住较为分散，集中业务量规模相对较小，配送密集度低，配送成本相对较高，要进一步整合邮政、供销、快递公司等各类资源，发展共同配送模式，才可以降低配送成本，有助于解决"最后一公里"难题。近几年，我国各地区各部门各市场主体在推动形成农村电子商务与物流配送良性互动、相互促进、高效协同的良好局面上不断创新探索，蹚出不少贯通发展新路子。

【思考题】
1. 请结合案例分析，我国农村物流配送体系取得了哪些成效？
2. 请问我国进一步降低农村配送成本还应采取哪些具体措施？

[案例9-3] 上海联华生鲜食品加工配送中心物流配送运作

上海联华生鲜食品加工配送中心是我国国内目前设备最先进、规模最大的生鲜食品加工配送中心，总投资6000万元，建筑面积35000平方米，年生产能力20000吨，其中肉制品15000吨，生鲜盆菜、调理半成品3000吨，西式熟食制品2000吨，产品结构分为15大类约1200种生鲜食品；在生产加工的同时配送中心还从事水果、冷冻品以及南北货的配送任务。连锁经营的利润源重点在物流。物流系统好坏的评判标准主要有两点：物流服务水平和物流成本。联华生鲜食品加工配送中心是这两个方面都做得比较好的一个物流系统。

生鲜商品按其称重包装属性可分为：定量商品、称重商品和散装商品；按物流类型分：储存型、中转型、加工型和直送型；按储存运输属性分：常温品、低温品和冷冻品；按商品的用途可分为：原料、辅料、半成品、产成品和通常商品。生鲜商品大部分需要冷藏，所以其物流流转周期必须很短，节约成本。生鲜商品保值期很短，客户对其色泽等要求很高，所以在物流过程中需要快速流转。两个评判标准在生鲜配送中心通俗的归结起来就是"快"和"准确"，下面分别从几个方面来说明一下联华生鲜食品加工配送中心的做法。

1. 订单管理

门店的要货订单通过联华数据通信平台，实时传输到生鲜食品加工配送中心，在订单上制订各商品的数量和相应的到货日期。生鲜配送中心接收到门店的要货数据后，立即在系统中生成门店要货订单，按不同的商品物流类型进行不同的处理。

（1）储存型的商品　系统计算当前的有效库存，比对门店的要货需求以及日均配货量和相应的供应商送货周期自动生成各储存型商品的建议补货订单，采购人员根据此订单再根据实际的情况作一些修改即可形成正式的供应商订单。

（2）中转型商品　此种商品没有库存，直进直出，系统根据门店的需求汇总按到货日期直接生成供应商的订单。

（3）直送型商品　根据到货日期，分配各门店直送经营的供应商，直接生成供应商直送订单，并通过EDI系统直接发送到供应商。

（4）加工型商品　系统按日期汇总门店要货，根据各产成品/半成品的物料清单（Bill of Material，BOM）表计算物料耗用，比对当前有效的库存，系统生成加工原料的建议订单，生产计划员根据实际需求做调整，发送采购部生成供应商原料订单。

各种不同的订单在生成完成/或手工创建后，通过系统中的供应商服务系统自动发送给各供应商，时间间隔在10分钟内。

2. 物流计划

在得到门店的订单并汇总后，物流计划部根据第二天的收货、配送和生产任务制订物流计划。

（1）线路计划　根据各线路上门店的订货数量和品种，做线路的调整，保证运输效率。

（2）批次计划　根据总量和车辆人员情况设定加工和配送的批次，实现循环使用资源，提高效率；在批次计划中，将各线路分别分配到各批次中。

（3）生产计划　根据批次计划，制订生产计划，将量大的商品分批投料加工，设定各线路的加工顺序，保证和配送运输协调。

（4）配货计划　根据批次计划，结合场地及物流设备的情况，做配货的安排。

3. 储存型物流运作

商品进货时先要接受订单的品种和数量的预检，预检通过方可验货，验货时需进行不同要求的品质检验，终端系统检验商品条形码和记录数量。在商品进货数量上，定量的商品的进货数量不允许大于订单的数量，不定量的商品提供一个超值范围。对需要重量计量的进货，系统和电子秤系统连接，自动去皮取值。

拣货采用播种方式，根据汇总取货，汇总单标识从各个仓位取货的数量，取货数量为本批配货的总量，取货完成后系统预扣库存，被取商品从仓库仓间拉到待发区。在待发区配货分配人员根据各路线各门店配货数量对各门店进行播种配货，并检查总量是否正确，如不正确向上校核，如果商品的数量不足或其他原因造成门店的实配量小于应配量，配货人员通过手持终端调整实发数量，配货检验无误后使用手持终端确认配货数据。

在配货时，冷藏和常温商品被分置在不同的待发区。

4. 中转型物流运作

供应商送货同储存型物流先预检，预检通过后方可进行验货配货；供应商把中转商品卸货到中转配货区，中转商品配货员使用中转配货系统按商品再路线再门店的顺序分配商品，数量根据系统配货指令的指定执行，贴物流标签。将配完的商品采用播种的方式放到指定的路线门店位置上，配货完成统计单个商品的总数量/总重量，根据配货的总数量生成进货单。

中转商品以发定进，没有库存，多余的部分由供应商带回，如果不足在门店间进行调剂。

3 种不同类型的中转商品的物流处理方式。

（1）不定量需称重的商品　设定包装物皮重；由供应商将单件商品上称，配货人员负责系统分配及其他控制性的操作；电子秤称重，每箱商品上贴物流标签。

（2）定量的大件商品　设定门店配货的总件数，汇总打印一张标签，贴于其中一件商品上。

（3）定量的小件商品（通常需要冷藏）　在供应商送货之前先进行虚拟配货，将标签贴于周转箱上；供应商送货时，取自己的周转箱，按箱标签上的数量装入相应的商品；如果发生缺货，将未配到的门店（标签）作废。

5. 加工型物流运作

生鲜的加工按原料和成品的对应关系可分为两种类型：组合和分割，两种类型在 BOM 设置和原料计算以及成本核算方面都存在很大的差异。在 BOM 中每个产品设定一个加工车间，只属于唯一的车间，在产品上区分最终产品、半成品和配送产品，商品的包装分为定量和不定量的加工，对称重的产品/半成品需要设定加工产品的换算率（单位产品的标准重量），原料的类型区分为最终原料和中间原料，设定各原料相对于单位成品的耗用量。

生产计划/任务中需要对多级产品链计算嵌套的生产计划/任务，并生成各种包装生产设备的加工指令。对于生产管理，在计划完成后，系统按计划内容出标准领料清单，指导生产人员从仓库领取原料以及生产时的投料。在生产计划中考虑产品链中前道与后道的衔接，各种加工指令、商品资料、门店资料、成分资料等下发到各生产自动化设备。

加工车间人员根据加工批次加工调度，协调不同量商品间的加工关系，满足配送要求。

6. 配送运作

商品分拣完成后，都堆放在待发库区，按正常的配送计划，这些商品在晚上送到各门店，门店第二天早上将新鲜的商品上架。在装车时按计划依路线门店顺序进行，同时抽样检查准确性。在货物装车的同时，系统能够自动算出包装物（笼车、周转箱）的各门店使用清单，装货人员也据此来核对差异。在发车之前，系统根据各车的配载情况出各运输的车辆随车商品清单，各门店的交接签收单和发货单。

商品到门店后，由于数量的高度准确性，在门店验货时只要清点总的包装数量，退回上次配送带来的包装物，完成交接手续即可，一般一个门店的配送商品交接只需要5分钟。

（来源：物流天下网，2007-3-14.）

【案例点睛】

本案例中包含着生鲜商品称重包装、物流类型、储存运输属、商品的用途各个种类的配送操作作业，尤其是按物流类型分的储存型、中转型、加工型和直送型四大类型作业模式涵盖了生鲜类配送所有的作业方式。对于定量的、通常需要冷藏小件商品，华联在可能的条件下与供应商建立战略联盟，供应商不进行虚拟配货，而在送货时，已经按配送的EDI订货数据信息在周转箱中按门店装入相应的商品，这样的流程可以更快地实现作业效率。

【思考题】

1. 生鲜商品对物流配送有哪些特殊要求？联华生鲜食品加工配送中心是如何做的？
2. 联华生鲜食品加工配送中心是如何处理不同类型配送商品的？

任务二 熟悉配送合理化的措施

一、不合理配送的表现形式

① 资源筹措的不合理。如不是多客户多品种联合送货、配送量计划不准、资源过多或过少等。

② 库存决策不合理。如库存量没有控制、库存结构和库存量不合理。

③ 价格不合理。如配送价格过高或过低。

④ 配送与直达的决策不合理。如大批量用户不直送、小批量用户不配送等。

⑤ 送货中不合理运输。如不联合送货，不科学计划配送路线等。此外，不合理运输的若干表现形式（如迂回运输）在配送中都可能出现，使配送变得不合理。

二、配送合理化的判断标志

对配送合理化与否的判断，是配送决策系统的重要内容，目前国内外尚无一定的技术经济指标体系和判断方法，按一般认识，以下若干标志是应当纳入的。

1. 库存标志

库存是判断配送合理化与否的重要标志，一般以库存储备资金计算，而不以实际物资数量计算。具体指标有以下两方面。

（1）库存总量降低　实行配送后库存量之和应低于实行配送前各客户库存量之和。

(2) 库存周转加快　一般总是快于原来各企业库存周转。
2. 资金标志
总的来讲，实行配送应有利于资金占用降低及资金运用的科学化，具体判断标志如下。
(1) 资金总量　用于资源筹措所占用流动资金总量降低。
(2) 资金周转，即资金周转加快。
(3) 资金投向的改变　实行配送后，奖金应当从分散投入改为集中投入，增加调控作用。
3. 成本和效益标志
总效益、宏观环境、微观环境、资源筹措成本都是判断配送合理化的重要标志。由于总效益及宏观效益难以计量，在实际判断时，常按国家政策进行经营，完成国家税收及配送企业及用户的微观效益来判断。
4. 供应保证标志
(1) 缺货次数　实行配送后，影响用户生产及经营的次数应下降。
(2) 配送企业集中库存量　对每一个用户来讲，其数量所形成的保证供应能力高于配送前单个企业保证程度，从供应保证来看才算合理。
(3) 即时配送的能力及速度　应高于未实行配送前用户紧急进货能力及速度。
5. 社会运力节约标志
运力使用的合理化是依靠送货运力的规划和整个配送系统的合理流程及社会运输系统合理衔接实现的。
① 社会车辆总数减少，而承运量增加为合理。
② 社会车辆空驶减少为合理。
③ 一家一户自提自运减少，社会化运输增加为合理。
6. 用户企业仓库、供应、进货人力物力节约标志
实行配送后，各用户库存量、仓库管理人员减少为合理；用于订货、接货、搞供应的人应减少为合理。
7. 物流合理化标志
物流费用降低、物流损失减少、物流速度加快，各种物流方式有效、有效衔接了干线运输和末端运输、物流中转次数减少、采用了先进技术手段。

三、配送合理化的措施
1. 做好配送计划
配送往往涉及多个品种、多个用户、多车辆、各种车的载重量不同等多种因素，所以需要认真制订配送计划，实行科学组织，调配资源，达到既满足客户要求又总费用最省、车辆充分利用、效益最好。配送计划方法主要有节约法、0-1 规划法、邮递员模型法等。

9. 京东上海亚洲一号物流中心内景

2. 综合的专业化配送
通过采用专业设备、设施和操作程序，降低配送过分综合化的复杂程度及难度，从而实现配送合理化。
3. 推行加工配送
通过加工和配送的有机结合，实现配送增值。同时，加工借助于配送，加工目的更明确，和用户联系更紧密，更避免了盲目性。
4. 推行共同配送

通过联合多个企业共同配送，可以以最近的路程、最低的配送成本完成配送，从而追求合理化。

5. 实行送取结合

配送企业与用户建立稳定、密切的协作关系。配送企业不仅成了用户的供应代理人，而且承担用户储存据点，甚至成为产品代销人。

6. 推行准时配送系统

配送做到了准时，客户才有资源把握，可以放心地实施低库存或零库存，可以有效地安排接活的人力、物力，以追求最高效率的工作。

7. 推行即时配送

即时配送成本较高，但它是整个配送合理化的重要保证手段。此外，用户实行了零库存，即时配送也是重要手段保证。

[案例9-4] 冷链物流迎来黄金机遇期

"您的大闸蟹到了！"去年阳澄湖开湖当天，丹鸟物流仅耗时55分钟就送达阳澄湖大闸蟹网购第一单，并实现28个省区市48小时内送达，250多个城市24小时内送达。

近年来，随着冷链物流的完善，生鲜电商、蔬果宅配等新经济模式兴起，我们只需轻轻一点手机，各地名产就能第一时间送到家门口。可以说，冷链物流已成为当下重要的基础设施。2019年底召开的中央经济工作会议要求加强冷链物流建设。业内人士认为，冷链物流迎来了黄金机遇期。那么，目前我国冷链物流发展情况如何？其短板在哪里，该怎么补？

支撑推动相关市场发展

生鲜消费市场得到极大拓展，医药冷链行业正进入爆发期。

在四川甘孜藏族自治州的深山里，生长着一种极负盛名的植物——松茸。每年8月，3个月的松茸季开启，甘孜雅江县八角楼乡的村民们凌晨3点就纷纷上山采松茸。这3个月的采摘成果决定着他们一年的收入。

可松茸在常温下保质期只有3天，甘孜冬季又较为漫长，10月初路面就开始结冰，只能靠人工背下山。"徒步下山得花好几个小时，松茸都不新鲜了，经常卖不出好价钱。"八角楼乡党委书记陈银军说。

怎么办？靠冷链。村民采摘，无人机送下山，进行预冷处理，打包，装上冷链车，就这么几个步骤，即可将新鲜松茸送到千家万户。

"无人机将过去村民徒步几个小时运下山的时间缩短到几分钟，很好地维持了松茸的品质。"顺丰速运四川分公司总经理贾永健说，不同于以往非冷链运输或者往箱子里放几个冰袋的模式，全程冷链让松茸的损耗率大大降低。仅2019年松茸季顺丰就向外运输了803.5吨松茸（含包装），极大帮助了当地百姓增收。

不仅是甘孜的松茸，冷链物流就如一道桥梁，连接起农产品供给和消费需求，使过去难以跨越地域难题的生鲜消费成为可能。

丹鸟副总裁王锞分析，在传统生鲜产销渠道中，一个水果从树上到消费者口中，需要走过多个环节：果农—本地代理商—外省大批发商—小批发商—零售商—消费者。渠道层次过多，销售链过长，水果在转手环节浪费很多时间，耗损较大。"冷链物流可以把生鲜供应商、商家、消费者有效组织起来，通过农产品直发提升物流效率与体验，以流通的升级帮助更多田间枝头的特产走进千家万户。"

更重要的是，如果把整个生鲜消费市场比作一个木桶，补齐冷链物流这块短板，将极大地拓展市场空间。华兴资本董事张慧表示，传统的生鲜消费市场，上游是种植、养殖、生产,末端是销售,中间是销售链条。产业链呈现两头弱小、分散,中间环节庞大冗杂、效率低下等特点。而冷链物流的完善,让新零售企业有望简化中间环节,依托信息技术直接倒逼上游提高品质和服务,甚至做到定制化生产,从而促进生鲜消费市场升级、农业产业转型。同时满足消费者对于新鲜食品的需求,加强食品的安全保障,助力消费升级。

冷链物流还关系着一个更大市场的发展。"无论是疫苗、生物制品、生物药还是诊断试剂,都需要冷链运输,而且对于温控有着极为严格的要求。"顺丰医药冷运负责人高志勇说,医药冷链行业正进入爆发期。

"无论是对生鲜还是医药市场,冷链物流都有着极强的支撑和推动作用。这两个市场需求的增长,又反过来推动冷链物流行业的发展。"张慧说,中物联冷链委预测,2020年冷链物流市场规模将达到4698亿元。

"断链"现象时有发生

民间投资意愿不强,以"中小散"为主,专业化分工尚未形成。

那么,何为冷链物流呢?

冷链物流一般包括预冷、包装、仓储、运输、配送等环节,主要的基础设施有冷库、冷藏车、保温盒、超市的冷藏陈列柜等,这其中任何一个环节冷链设施的缺失都会让产品品质打折扣。

"事实上,冷链物流的核心不完全是冷,而是恒温。"中信建投证券分析师陈萌说,例如速冻食品、冻肉品、冰淇淋等需要冷冻运输(-22~-18℃),水果、蔬菜、饮料、鲜奶制品等需要冷藏运输(-18~-5℃),而医药品需要恒温运输(恒温5℃或10℃)。

当前,我国冷链物流行业面临的最大问题就是"断链",无法保证全程恒温。比如,为了节省成本,有的司机在运输过程中会关掉制冷机,快到目的地时再开机制冷;比如,在搬运、装车过程中,由于人员操作不到位,也常常导致温度过高……

"'断链'问题之所以突出,在于我国冷链物流还比较分散,市场集中度较低。"张慧说,冷链行业以"中小散"企业为主,一些企业往往竞争无序、价格混乱,在冷链运输中监控不到位、标准不落地等问题也时有发生。

为何冷链物流这个大市场难以出现大企业?张慧一语道出了背后的原因,冷链行业是一个前期投入大、运营成本高、投资回报周期长、回报率不高的行业,导致不少民营企业投资意愿不够强、投资力度不够大。

据中物联冷链委调研统计显示,我国冷链物流市场虽然保持着快速增长,但当前冷链物流行业的平均净利润率仅在3%~4%,且仍在不断压缩。

高成本加上低收益,这就导致了我国90%的冷链企业是区域性的,大部分企业仅在特定领域运输部分产品,没有形成规模效应,行业集中度偏低。

高志勇也坦言,冷链行业仍处在发展起步阶段,尤其是在医药冷链方面,由于运输成本、网络运营成本过高,且需求量还不够大,目前还没有一家企业形成全国性的医药冷链网络。在行业专家看来,另一个制约冷链物流行业发展的因素在于冷链物流行业专业化分工尚未形成。

平安证券分析师吴文成介绍,在发达国家,冷链物流业分工明确,环环相扣。运输方提供运输卡车及司机,将货物运送到指定地点;仓储方负责在确定时间卸货,将货品存放到指定温度的冷库中;维修公司负责根据求救电话进行抢修;冷链平台则需要负责联系以上各家公司,从而完成整个冷链链条的节点连接。

"相形之下,我国冷链物流行业专业化的分工体系尚未形成,大部分企业提供一揽子服务,浪费了部分储藏和运输资源,运营成本也难以下降。"吴文成说。

尽快补上发展短板

冷链物流短板怎么补?用地规划、人才培养、市场监管等亟须发力。

(1) 强化监管、落实标准,防止"劣币驱逐良币"现象

张慧坦言,当前我国尚未形成覆盖全链条的冷链物流监管体系,无法实现对各环节的温度控制、制冷、温控记录设备使用等情况进行全方位有效监管。"这就导致了规范化企业执行标准成本高,不执行标准的企业反而可以抢占市场,行业存在一定的'劣币驱逐良币'现象。""作为行业企业,我们希望国家能尽快出台相关标准、实现标准全流程有效衔接,从而培育出具备冷链物流全流程追踪、监控技术的公司。"高志勇说。

(2) 加强规划、完善供给,完善冷链物流基础设施网络

当前,我国冷链基础设施结构性矛盾较为突出。以冷库为例,从地域分布来看,北上广等冷库需求量较大的城市,冷库稀缺;而局部省市又存在冷库盲目过量建设,导致冷库供大于求。从冷库功能上看,目前存储型冷库多、流通型冷库少,冷冻库多、冷藏库少,销地冷库多、产地冷库少,不少冷库功能定位落后于市场需求。"对此,政府部门应加强规划,在冷藏需求较大的城市,增加相应的用地规划,或者配套冷库园区,以满足冷链行业发展的需求。"张慧说。

(3) 开设专业、增加培训,增加冷链行业人才供给

采访中,无论是专家还是行业企业都表示,目前冷链物流行业集中度低、无序竞争状态也与冷链物流人才稀缺有关,尤其是缺乏掌握冷链物流专业技能的人才。随着社会年龄结构的改变和人力成本的逐年增加,智能化成为冷链行业新趋势,这种情况下行业急需一批懂得"冷""链""物""流"的新型专业人才。

令人欣喜的是,如今大数据、物联网技术的发展,智能调度系统、智能路由系统等新技术的应用,正在不断弥补行业发展的短板。

(来源:中国大物流网)

【案例点睛】

伴随近几年电商的迅猛发展,冷链物流迎来了黄金机遇期。冷链物流就如一道桥梁,连接起供给和需求的两端。实行冷链配送既有利于资金占用率的降低,又可以促进企业资金运用的科学化,使供应商、商家、消费者被有效组织起来,提升物流配送效率与体验。近几年来,随着生鲜电商、蔬果宅配等新经济模式兴起,借助冷链物流的迅猛发展,以流通的升级帮助更多田间枝头的特产走进千家万户。需要注意的是,目前冷链行业专业化的分工体系尚未形成,仍存在监管不足、规划不明等问题。

【思考题】

1. 请结合案例分析,我国冷链物流是如何促进经济发展的?
2. 请问我国冷链物流领域还有哪些短板需要弥补?

[案例 9-5] 7-11 便利店的物流管理系统

继生产管理和营销管理外,物流管理因其能大幅度降低成本和各种与商品流动相关的费用,从而成为连锁企业创造利润的第三大源泉。全球最大的连锁便利店 7-11 就是通过其集中化的物流管理系统成功地削减了相当于商品原价 10% 的物流费用。目前,它共设立 23000 个零售点,业务遍及四大洲二十个国家及地区,每日为接近 3000 万的顾客服务,75 年来一直稳居全球最大连锁便利店的宝座。

7-11总部的战略经营目标是使7-11所有加盟单店成为"周围居民信赖的店铺"。一间普通的7-11连锁店一般只有100～200平方米，却要提供2～3000种食品，不同的食品有可能来自不同的供应商，运送和保存的要求也各有不同，每一种食品又不能短缺或过剩，而且还要根据顾客的不同需要随时能调整货物的品种，种种要求给连锁店的物流配送提出了很高的要求。

一家便利店的成功，很大程度上取决于配送系统的成功。7-11便利店从一开始采用的就是在特定区域高密度集中开店的策略，在物流管理上也采用集中的物流配送方案。

一、物流路径集约化

对零售业而言，我国目前物流服务水准或多或少在短期内是由处于上游的商品生产商和经销商来决定的，要改变他们的经营意识和方法无疑要比企业自身的变革困难、复杂并漫长。这种情景与当初日本7-11便利店在构筑物流体系所处的环境类似。为此，7-11便利店改变了以往由多家特约批发商分别向店铺配送的物流经营方式，转为由各地区的窗口批发商来统一收集该地区各生产厂家生产的同类产品，并向所辖区内的店铺实行集中配送。

二、设立区域配送中心

对盒饭、牛奶等每日配送的商品，各产品窗口企业向各店铺的配送费用依然很高。对这一点，7-11便利店开始将物流路径集约化转变为物流共同配送系统，即按照不同的地区和商品群划分，组成共同配送中心，由该中心统一集货，再向各店铺配送。地域划分一般是在中心城市商圈附近35千米，其他地方市场为方圆60千米，各地区设立一个共同配送中心，以实现高频度、多品种、小单位配送。实施共同物流后，其店铺每日接待的运输车辆数量从70多辆下降为12辆。另外，这种做法令共同配送中心充分反映了商品销售、在途和库存的信息，7-11便利店逐渐掌握了整个产业链的主导权。在连锁业价格竞争日渐犀利的情况下，7-11便利店通过降低成本费用，为整体利润的提升争取了相当大的空间。

区域配送中心的功能主要包括商品的集货和分散。首先由批发商将制造商的商品集中到配送中心，然后与零售商进行交易，就可以将多数制造商的商品进行调配，从而起到商品的集中和分散功能。同时，共同配送中心的建立，还可以使得商品的周转率达到极高的水平，大大提高单店商品的新鲜度。通过建立共同配送中心，7-11便利店实现了拼箱化，提高了车辆的装载率和利用率，减少了车辆拥堵，减轻了配送成本。

另外，建立区域配送中心这种策略令7-11总部能充分了解商品销售、在途和库存的信息，使7-11便利店逐渐掌握了整个产业链的主导权。在连锁业价格竞争日渐犀利的情况下，7-11便利店通过降低成本费用，为整体利润的提升争取了相当大的空间。同时也为7-11便利店实现不同温度带物流战略、物流差异化战略等其他物流战略铺平了道路。

三、不同温度带物流战略

7-11便利店为了加强对商品品质的管理，体现对顾客负责、顾客第一的企业精神，对物流实行必要的温度管理，按适合各个商品特性的温度配送，使各种商品在其最佳的品质管理温度下，按不同温度带进行物流，最终使畅销的商品以味道最鲜美的状态出现在商店货架上，这就是7-11便利店的不同温度带物流战略。

7-11便利店针对不同种类的商品设定了不同的配送温度，并使用与汽车生产厂家共同开发的专用运输车进行配送，如蔬菜的配送温度为5℃，牛奶的共同配送为5℃，加工肉类为5℃，杂货、加工食品为常温，冷冻食品为−20℃，冰激凌为−20℃，盒饭、饭团等米饭类食品为20℃恒温配送。7-11总部根据商品品质对温度的不同要求，一般情况下会建立3个配送中心系统，即冷冻配送中心系统、冷藏配送中心系统和常温商品配送中心系统。对不同的配送中心系统，单店都会有不同的订货，这种做法也是为了尽可能提高商品的新鲜度。

冷藏供货商运作方式有所不同，为保证商品新鲜度，配送中心没有库存，也不打印配送单据。由单店直接向供货商发送订货信息，然后由供货商打印送货单据，并根据订货信息安排生产。单店的订货原则同样也是每天上午10点结束。供货商会在当天16点前将货物与送货单据送至配送中心，接着配送中心再按不同单店的订货需求分装好货物并送至店铺。单店验收完货物后，再在配送单据上签字并盖章，配送过程结束。

除上述两点外，7-11便利店在20世纪90年代还建立了独特的新鲜烤制面包物流配送体系。在此系统中，7-11便利店首先需要建立若干个冷冻面包坯的工厂，同时还要根据区域，按每200间单店配一家面包烤制工厂的比例，建设几十家烤制工厂。首先，在面包的制造工序中，将冷冻在发酵工序之前的面包坯送至冷冻面包坯的工厂，加以保存；接着，每200间单店向其指定的一家烤制面包工厂发送订货信息。其后，冷冻面包坯工厂将根据不同的订货量将冷冻的面包坯配送到不同的烤制工厂；最后，面包烤制工厂把烤好的面包送至共同配送中心。配送中心将会把烤好的面包与米饭类食品混载，向各个单铺进行每天3次的配送，以保证烤好的面包在3~5小时内就可以陈列在货架上。

四、量身定造物流体系

当然，值得指出的是，经营规模的扩大以及集中化物流体制的确立虽然由7-11便利店主导，但物流体系的建设却是由合作生产商和经销商根据7-11便利店的网点扩张，根据其独特的业务流程与技术而量身打造的。这些技术有订发货在线网络、数码分拣技术、进货车辆标准化系统及专用物流条形码技术等。

在日本，7-11便利店的点心配送都是由批发商A公司承担。起初，它们利用自己的一处闲置仓库为7-11便利店从事物流活动，并安排了专门的经营管理人员。但随着7-11便利店的急剧扩张，A公司为了确保它的商品供应权，加大了物流中心的建设和发展，在关东地区建立了四大配送中心。每个配送中心为其临近的500家左右店铺配送所有点心，品种大概在650~700个。每天早上，8点至10点半从生产企业进货，进货的商品在中午之前入库。为了保证稳定供货，每个配送中心拥有4天的安全库存，在库水准根据销售和生产情况及时补充。中午11点半左右配送中心开始安排第二天的发货，将配送路线、配送店铺、配送品种、发货通知书等及时地打印出来，交给各相关部门。同时，通过计算机向备货部门发出数码备货要求。

五、设置配送流程以分钟计算

从一个配送小组的物流活动时间看，一个店铺的备货时间大约要65秒，货物搬运时间大约花费5~6分钟。从点头分拣到结束需要15分钟，所有170~180个店铺要4个多小时，即整个物流活动时间大约为4个小时（不算货车在配送中心停留等待出发的时间）。货车一般在配送中心停留一晚，第二天早上4点半到5点半，根据从远到近的原则配送到各店。最早一个到店的货车时间应该是上午6点钟，运行无误的话，店铺之间的运行为15分钟距离，加上15分钟的休息时间，每个店铺商品配送需要的时间为半个小时。也就是最迟在早上9点半或10点半左右，完成所有店铺的商品配送任务。从每辆车的配送效率看，除了气候特殊原因，平均每辆车配送商品金额为75万日元，装载率能稳定达到80%。配送中心每月平均商品供应为50亿日元，相当于为每个店铺供应100万元的商品。货车运行费用每天为2.4万日元，相当于供应额的3.2%，处于成本目标管理值3.0%~3.5%，为7-11便利店压缩了大量的物流成本。

现在，7-11便利店已经实现一日三次配送制度。其中包括一次特别配送，即当预计到第二天会发生天气变化时对追加商品进行配送。这些，使7-11便利店及时向其所有网点店铺提供高鲜度、高附加值的产品，从而为消费者提供了更便利、新鲜的食品，实现了与其他便利店的经营差异化。

（文章来源：物流天下网，2008-9-7.）

【案例点睛】

7-11便利店采用共同配送中心模式，这种模式能满足跨区域、多品种、多储运方式、高频度、多品种、小单位配送。配送中心（Distribution Center，DC）节约了大量库存和运输单位的同时能及时反映了商品销售、在途和库存的信息，通过该模式7-11便利店逐渐掌握了整个产业链的主导权。7-11能够做到常温商品一日一配，低温商品一日多配是其DC合理化作业的重要标志。

【思考题】

1. 7-11便利店是如何设立区域配送中心的？其主要功能是什么？
2. 7-11便利店是如何实施不同温度带物流战略的？

【实训活动】

一、配送流程考察

[实训目的]

通过对配送流程深入学习，加深对配送的认识，提高学生的职业能力。

[实训内容]

参照附录四中："配送岗位操作流程与司机管理"中提供的资料，实地考察当地流通企业的配送流程，并总结其配送流程。

[实训要求]

1. 学生可分组调查、学习，每个小组提交总结一份。
2. 时间要求：一周。

二、配送中心拣选作业竞赛

[实训目的]

通过实训，向学生提供一个展示自己标准操作及作业技巧的舞台，同时也是学习者相互交流与学习的平台。使配送中心分拣作业日常操作规范化、标准化，降低生产成本，提高工作效率，保证生产安全；提升职业素养；打造有能力、有活力的工作团队。

[实训内容]

（一）考核内容

1. 范围内的零件信息熟识。
2. 手持终端的使用。
3. 日常拣选时的注意事项。
4. 拣选的具体工作流程设计。

（二）项目一：单件拣选

小件拣选货架

内容：小件拣选（每组2名同学）。

工具：2个周转箱

任务：第一名学生拿到拣选单后做好准备，举手示意，教师鸣哨，按单据将小件拣选完毕后与同组第二名学生进行击掌示意。第二名学生将小件拣选完毕后推出比赛区域举手示意，教师鸣哨比赛结束，如图9-1所示。

考核：参赛学生在赛区界外准备工作完毕后，举手示意比赛开始，教师鸣哨，第一名学

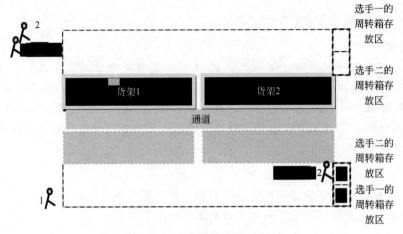

图 9-1 小件拣选模拟说明

生到比赛区域进行小件拣选,要求完全按照拣选单进行拣选,劳保用品穿戴不齐加 5″,操作中违反流程加 10″,拣选货物位置错误加 5″,零件数量错误加 5″,手持终端没有扫描加 5″,货物在拣选过程中掉落地面加 10″,第一名学生将备好的周转箱放到相应的位置后马上推出界外与第二名学生击掌示意开始,第二名学生按同样要求备好后,推出界外,教师鸣哨示意比赛结束。

(三)项目二:大件合作拣选

内容:两人进行大件拣选(每组 2 名学生)。

工具:1 辆牵引车,1 辆筐车。

任务:参赛学生在界外做好准备后,教师鸣哨示意开始,按单进行拣选备货,当筐车的后轮过到线外后,同时两名学生到达界外比赛结束,教师鸣哨,如图 9-2 所示。

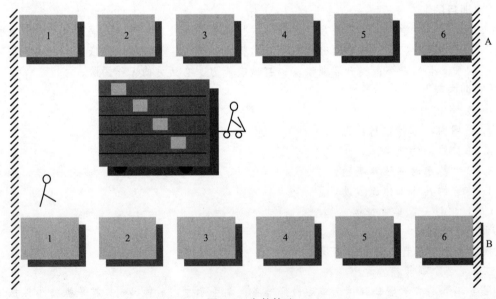

图 9-2 大件拣选

考核:两名学生在区域线外做好准备后,一名学生在牵引车上做好准备,一名跟车步行,牵引车开到区域后完全停止后两人进行拣选,将通道两侧的零件按照单子上的位置拣选并平稳放置到筐车相应位置上,其中劳保用品穿戴不齐加5″,操作中违反流程加10″,零件位置错误加5″,零件数量错误加5″,零件在拣选过程中掉落地面加10″,撞到货架加10″,两名学生按照单子全部拣选完毕后将筐车开到界外后轮过线,并且两名学生到达界外后,教师鸣哨示意比赛结束。

(四)场地布置

场地布置如图9-3所示。

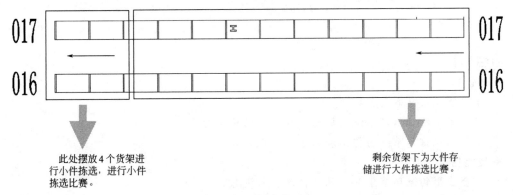

图9-3 场地布置

[实训要求]

1. 在比赛开始前,组织者必须提醒参赛者、教师以及观众注意安全事项,如安全区域标识等。

2. 在各比赛场地边线外画斑马线,以防止无关人员进入场地。

3. 每个项目中,要求参赛者举手示意比赛准备完成,可以开始比赛。

4. 所有参赛学生本着安全第一,比赛第二的原则参与比赛。

5. 比赛过程中所有学生必须穿戴劳保用品。

三、司机管理技巧学习

[实训目的]

通过学习司机管理技巧,加深对未来管理内容的认识,提高学生的适应能力和管理能力。

[实训内容]

参照附录四中:"配送岗位操作流程与司机管理"中提供的资料,学习司机管理技巧,并总结学习体会。

[实训要求]

1. 通过学习拓展思维,举一反三。

2. 每人提交学习总结一份。

项目十　物流信息系统

【学习目标】

◆ 知识目标
1. 掌握物流信息概念、特征。
2. 重点掌握物流信息系统的概念、分类、结构和功能。
3. 了解物流信息系统的作用和意义及实现方式。

◆ 技能目标
1. 学会应用物流环节中基本的新技术、新设备。
2. 能利用信息系统对企业物流进行有效的管理和监控。
3. 能对典型物流管理信息系统中的信息流程进行分析。

◆ 素养目标
1. 弘扬自主创新、开放融合、万众一心、追求卓越的新时代北斗精神。
2. 培养信息化思维，建立信息时代的全局观念。

【导入案例】海尔集团的物流信息系统建设

为了与国际接轨，建立起高效、迅速的现代物流系统，海尔集团采用了 SAP 公司的 ERP 系统（企业资源计划）和 BBP 系统（原材料网上采购系统），对企业进行流程改造。经过近两年的实施，海尔的现代物流管理系统不仅很好地提高了物流效率，而且将海尔的电子商务平台扩展到了包含客户和供应商在内的整个供应链管理，极大地推动了海尔电子商务的发展。

海尔物流的 ERP 系统共包括五大模块 MM（物料管理）、PP（制造与计划）、SD（销售与订单管理）、FI/CO（财务管理与成本管理）。ERP 实施后，打破了原有的"信息孤岛"，使信息同步而集成，提高了信息的实时性与准确性，加快了对供应链的响应速度。如原来订单由客户下达传递到供应商需要 10 天以上的时间，而且准确率低，实施 ERP 后订单不但 1 天内完成"客户—商流—工厂计划—仓库—采购—供应商"的过程，而且准确率极高。

另外，对每笔收货，扫描系统能够自动检验采购订单，防止暗箱收货，而财务在收货的同时自动生成入库凭证，使财务人员从繁重的记账工作中解放出来，发挥出真正的财务管理与财务监督职能，而且效率与准确性大大提高。

BBP 系统主要是建立了与供应商之间基于互联网的业务和信息协同平台。使用该平台既可以通过互联网进行招投标，又可以通过互联网将所有与供应商相关的物流管理业务信息，如采购计划、采购订单、库存信息、供应商供货清单、配额以及采购价格和计划交货时间等发布给供应商，使供应商可以足不出户就全面了解与自己相关的物流管理信息（根据采购计划备货，根据采购订单送货等）。

实施和完善后的海尔物流管理系统，可以用"一流三网"来概括。这充分体现了现代物流的特征:"一流"是指以订单信息流为中心;"三网"分别是全球供应链资源网络、全球用户资源网络和计算机信息网络。整个系统围绕订单信息流这一中心,将海尔遍布全球的分支机构整合之后的物流平台使供应商和客户、企业内部信息网络这"三网"同时开始执行,同步运动,为订单信息流的增值提供支持。

海尔的物流系统实现了即时采购、即时配送和即时分拨物流的同步流程。100%的采购订单由网上下达,提高了劳动效率,以信息代替库存商品。系统不仅实现了"零库存""零距离"和"零营运资本",而且整合了内部,协同了供货商,提高了企业效益和生产力,方便了使用者。这得益于海尔集团建立并应用了现代物流信息管理体系,其中主要是建立和应用了在 Internet 信息传输基础上的 ERP 系统和 BBP 系统,将物流、信息流、资金流全面统一在计算机网络的智能化管理之下。

(来源:杨永明. 物流信息系统管理 [M]. 北京:电子工业出版社,2010.)

【思考题】
海尔集团是如何建立现代物流信息管理体系的?有哪些优势?

任务一 了解物流信息的相关知识

一、物流信息的概念与特征

(一) 物流信息的概念

物流信息(logistics information)是指反映物流各种活动内容的知识、资料、图像、数据、文件的总称(《中华人民共和国国家标准物流术语》GB/18354—2006)。

物流活动的管理和决策应建立在对信息准确与全面掌握的基础上,物流作业活动的效率化,如果离开了准确与全面的信息支持,则不可能实现。在物流活动中不论是运输工具的选择、运输路线的确定、运输途中货物的跟踪,还是订单处理,库存情况的掌握,配送计划的制订等,都需要详细与准确的物流信息。

在现代物流管理活动中,物流信息与商品信息、市场信息相互交叉,彼此配合、联系密切,相关性强。不仅能够起到连接整合从生产企业、经过批发商到零售商最终到使用者或消费者整个供应链的作用,而且在充分利用现代信息技术的基础上,能够实现整个供应链活动的效率化,物流信息不仅对物流活动有支持保证的作用,而且其有连接整合整个供应链活动效率化的作用。

(二) 物流信息的特征

1. 信息量大

物流活动是一个大范围的活动,物流信息源也分布于大范围内。物流的对象是商品,随着使用与消费需求的多样化,企业生产销售正逐步朝着多品种、小批量方向发展,使用者或消费者对物流服务的需求也呈现出小批量、多频率的特征,这将无疑加大了物流信息处理的数量。

2. 信息更新快

多品种、小批量、多频率的配送技术与现代数据收集技术的不断应用,以及商品更新换代速度的加快,周转速度的提高,订货次数的增加,使得物流作业活动频率也大幅度的提高,从而要求物流信息不断更新,而且更新的速度越来越快,物流信息的及时收集、动态分析、快速响应已成为预示现代物流活动成功与否的关键之一。

3. 信息来源多样化

物流信息来源多，物流信息不仅来自企业内部，而且还包括企业之间的物流信息，以及与物流信息相关的信息，涉及从生产到消费，从国民经济到财政信贷等各个方面，展现信息来源广泛多样化。

二、物流信息的作用

物流信息在物流活动中具有十分重要的作用，物流信息的收集、传送，存储处理与研究分析，都为物流管理决策提供依据，对整个物流起着指挥、协调、支持和保障的作用。概括起来物流信息的作用主要有以下几点。

1. 沟通联系作用

物流信息是沟通物流活动各个环节之间的纽带。物流系统是由各个子系统组成的一个大系统。物流系统与社会经济运行中许多行业、部门以及众多的企业群体之间有着十分密切的关系，无论是物流系统内部的各种指令、计划、数据、报表等，还是其他的方方面面，都依靠物流信息建立起各种纵向和横向的联系，沟通生产企业、批发商、零售商、消费者，满足各方面的需求。

2. 引导和协调作用

物流贯穿于物流活动的全过程，物流活动中的各个环节依靠物流信息及其反馈引导与协调物流活动的优化，既协调供需之间的平衡，又协调过程中的人、财、物等物流资源的配置，促进物流资源的整合与合理利用。

3. 管理控制作用

物流信息通过通信技术、网络技术、电子数据交换和全球定位系统等先进技术实现物流活动的电子化，做到货物实时跟踪，车辆的实时跟踪，库存的自动补货等，实现物流作业、服务质量和成本费用等方面的管理控制。

思政小专栏

弘扬北斗精神　创造更大荣光

2012年12月，北斗卫星导航系统正式提供区域服务，北斗系统成为四大全球卫星导航系统核心供应商之一；2017年11月，北斗三号系统首组双星发射；2018年12月，北斗三号基本系统建设完成，向全球提供服务；2019年12月，北斗三号核心组网星座部署完成；2020年6月，北斗三号全球卫星导航系统星座部署全面完成，为全球用户提供定位导航授时、全球短报文通信和国际搜救等服务；2020年7月31日，北斗三号全球卫星导航系统建成。这标志着我国建成了独立自主、开放兼容的全球卫星导航系统，中国北斗从此走上了服务全球、造福人类的时代舞台。

26年来，参与北斗系统研制建设的全体人员迎难而上、敢打硬仗、接续奋斗，培育了新时代北斗精神——"自主创新、开放融合、万众一心、追求卓越"。这是中国航天人在建设科技强国征程上立起的又一座精神丰碑。如同北斗指路，新时代北斗精神将指引中国航天人在新征程上再创新的辉煌。

资料来源：经济日报

---

4. 支持决策分析作用

物流信息是制订决策方案的重要基础和依据。物流管理的决策过程本身就是对物流信息的分析处理和研究加工的过程，是对物流活动的发展变化规律性的认识过程，因此，物流管理人员只有在科学分析物流信息的基础上，才能做到正确的决策。

5. 价值增值的作用

物流信息本身是有其一定价值的,而在物流活动中,物流信息在实现其使用价值的同时,其自身的价值也随之增长,这就说明了物流信息本身具有增值的特征。物流信息将物流中的各个环节有机地连接起来,企业通过有效地利用物流信息,组织和协调物流活动,创造经济效益。例如,最佳方案的制订,最优路线的选择,都必须依据物流信息的准确及时,因此,物流信息对物流经济效益的提高起着重要的作用。

10. 大型物流中心货物自动分拣系统

[案例10-1] 物流代管:快运兔物流的商业模式创新

快递行业以淘宝为首的电商平台崛起,逐渐标准化、流程化。如今"四通一达"已成鼎足之势,然而在企业物流服务方面,还在逐渐走向标准化,运作流程尚未成熟,并且传统物流企业倾向于服务头部企业,中小企业物流运作仍存在成本过高、缺乏保障、服务体验差等问题。究其原因是因为企业物流运作信息化落后,信息不对称严重,运营不够细致,在成本管控和运营质量上有诸多痛点。尤其是对中小企业而言,传统物流运作模式决定了物流企业"大鸡不吃细米、小鸡不吃碎米"的状态,而物流代管服务平台快运兔物流的创立,针对性地为中小企业提供专业物流服务。

快运兔是国内领先的中小企业智能化物流代管平台,"物流代管"是快运兔专为中小企业量身定制的创新服务模式,简单来讲就是代为管理、代为运作。针对中小企业群体业务体量小、需求碎片化、缺乏物流管理和议价能力等痛点,快运兔以人工智能为核心,解读客户需求,生成个性化服务解决方案。通过整合优质运力资源,线上+线下服务响应,为客户提供全国一站式门到门服务,从而帮助客户有效降低物流成本,提升物流管控效率,真正做到便捷省心。2017年8月成立以来,快运兔从珠三角起步,迅速扩展并覆盖全国市场,成功服务数万家企业,并获得市场和投资机构的高度肯定。公司先后获得国内外资本投资,主要股东包括红杉资本、创新工场、真格基金、众为资本、碧桂园创投VC基金、奥拓投资等国内国际知名投资机构。2020年5月,快运兔品牌形象及平台服务升级,通过技术赋能加模式创新,大幅优化运输时效和安全保障体系,努力成为中小企业物流运作值得托付的合作伙伴。

中小企业物流服务存在痛点,搭建平台提供个性化服务

基于中小企业物流需求的痛点,快运兔物流的物流代管服务平台应运而生。"物流代管模式"以标准化服务为基础,信息技术为驱动,将多家中小企业碎片化的物流需求收集起来,采用类似"社区团购"形式与物流企业集合议价,大幅降低中小企业物流运作成本,并通过数据解读,提供极致便捷的个性化运输需求。

快运兔物流CEO刘晨欢说:"快运兔物流不碰大企业物流服务,因为大企业服务已经非常成熟,我们只做中小企业物流服务,让中小企业以较少的投入、相对简易的业务应用、较高的个性化满足程度,来快速的提升企业物流管理的整体水平。"

目前,中国中小企业占企业总数99%左右,然而中小企业却又占据物流市场大半份额,并且有强烈的物流管理需求,但长期以来市场上缺乏具有针对性的专业物流服务。快运兔物流正是看到了这些痛点,选择建立物流代管平台。

但中小企业物流服务市场比较特殊,快运兔物流调研结果,68.42%的中小企业年物流费用少于50万元,其中有44.7%年物流费用低于20万元。刘晨欢说:"过少的物流预算导致中小企业没有能力雇佣专业物流团队从事物流管理,再加上中小企业是按照订单组织生产和交付,因为业务体量小,缺乏议价能力长期处在高成本低效能的运作状态。"

导致高成本低效能的原因还在于，传统物流企业为中小企业提供服务成本过高而收益较小，而规模化服务又缺乏必要的成本效率优化手段和技术手段，因此缺乏为中小企业提供服务意愿，同时也缺乏创新解决方案和能力，去满足中小企业碎片化和高变动性的需求。

刘晨欢表示，快运兔物流将新兴技术赋能物流行业，用大数据＋人工智能快运有效解决中小企业物流高变动性的碎片业务，通过平台实现高效的需求解读、运力匹配、运单分拨和跟踪。总之，中小企业物流尚处于高度碎片化阶段，服务混乱。传统企业缺乏服务创新的意愿和能力，而中小企业存在明显刚需，并且非常需要获得专业服务以满足一定程度上的个性化需求。

以人工智能驱动，物流代管为中小企业降本增效

快运兔物流是一个智能化物流平台，采用"人工智能＋云服务＋大数据"模式，专注解决中小企业业务体量小，缺乏议价能力长期处在高成本低效能的物流运作痛点问题，为中小企业提供"物流代管服务"。

对于中小企业而言，从运输需求产生开始，就涉及价格获取、提货安排、运输信息、正规票据、货损赔付等环节。而在快运兔物流代管模式下，中小企业用户只需提出运输需求，运输过程由快运兔物流提供个性化物流解决方案并实施，直到货物运送到收货方手中，整个过程客户清晰可见。

简单来说，"物流代管服务"就是帮助中小企业代为管理其物流业务，"物流代管"模式主要包括两个主要服务内容："运力代采购"和"业务代运作"，通过平台链接货物和承运人，在大数据和人工智能支撑下，高效形成运力匹配和调度。

其中运力代采购是指平台代货主设定线路成本目标，并剔除中间环节，直接透明化采购性价比最佳的运力，按照实际运作数据，可以有效降低运输成本20%以上。而业务代运作是指为货主提供全过程专业化门到门服务。刘晨欢说："只要告诉我们货运去哪里，其他的由平台解决。"快运兔还可通过网站平台、微信小程序和客服热线等，为客户提供全渠道服务响应。

现阶段，快运兔物流的主要竞争对手是传统物流行业中的第三方、运输中介、专线公司及快运公司。不过与这些竞争对手相比，快运兔物流存在四个方面的优势：

一是采用人工智能＋大数据解决了众多中小企业的需求精准解读和服务精准响应问题。

二是通过集合议价和短驳链路，大幅降低了中小企业物流费用，具有明显价格优势。

三是可为货主提供个性化需求，通过智能匹配为其找到合适且性价比最优的解决方案，大幅提升客户满意度。

四是更注重业务透明化，运力筛选和运作均通过移动应用和Web平台查询，并保持与企业用户的互动，极大提升用户满意度。

从模式来看，快运兔物流是典型的技术驱动平台，技术优势体现在"基于物流运作要素数字化的人工智能驱动"，以价格、时效、成本、体验为核心，建立自有服务体系，靠人工智能系统去进行精准响应。目前，快运兔物流已实现90%以上运作决策由AIRobot自主完成。依靠高效精准的服务，快运兔物流已服务超万家中小企业，2019年已创造营收约2亿元。

具体到业务层面，中小企业物流运作中，报价和定价非常复杂，货物有重有轻，有异形货，有普通货……导致物流企业报价与定价需要大量人工，而快运兔物流将报价与定价环节用智能逻辑实现，节省大量人力成本。

从人工到人工智能，将中小企业物流运作从原本需要专业化物流经验和繁琐的工作中解放，以智能逻辑代替人工，高效准确的完成整个运输环节，降低中小企业的人力成本和物流价格，提高了中小企业物流运作的流程效率和用户体验。

三大战略拓展业务至全国，解放中小企业物流运作

谈及经济寒冬对快运兔物流所服务中小企业的影响，刘晨欢说："今年1~6月中小企业出货量同期有所下降，但是7月份开始回升，9月份出货量超过去年同期。"因此，刘晨欢还认为，中小企业在经济寒冬中比大企业更具灵活性，适应时间会更短，能快速调节抵御经济下行带来的风险。

对快运兔物流来说，中小企业在经济寒冬中的强大生命力是发展的契机，未来，快运兔物流将在中长途陆运服务上不断深耕，而公路零担市场也大有可为。国家统计局数据显示，未来几年内公路零担物流市场将保持10%~15%的增长率，以超出GDP的增速在增长，预计到2020年将达到两万亿左右。

面对万亿级蓝海市场，快运兔物流在加速城市布局，抢占市场蛋糕。纵观快运兔物流扩张历程，自2017年创建以来，快运兔物流在珠三角进行试点，2018年开始异地复制扩张，从珠江西岸到东岸再到全覆盖珠三角，2019年开始沿海布局，已覆盖沿海大大小小几十座沿海城市，基于庞大的市场，2020年是快运兔物流的快速成长期，快运兔物流也制订了沿海、沿河、沿江三大战略。

沿海战略是实现沿海城市全覆盖；沿河战略是随黄河拓展至西北地区；沿江战略是随长江打入川渝，沿珠江打入云南，逐步将代管服务模型推至全国。

刘晨欢说："快运兔物流将不断用技术加码投入物流市场，主动快速推动市场拓展，希望在3~5年成为中小企业物流服务标准化平台，将'品质理念'作为提升服务能力的关键，凭借技术与服务优势，真正将中小企业从物流运作中解放。"

（来源：亿欧网）

【案例点睛】

"物流代管"是快运兔公司专为中小企业量身定制的创新服务模式，通过技术赋能加模式创新，大幅优化运输时效和安全保障体系。该模式以标准化服务为基础，信息技术为驱动，将多家中小企业碎片化的物流需求收集起来，采用类似"社区团购"形式与物流企业集合议价，形成物流活动各个环节之间的纽带，大幅降低中小企业物流运作成本，让中小企业以较少的投入、相对简易的业务应用、较高的个性化满足程度，来快速地提升企业物流管理的整体水平。

【思考题】

1. "物流代管"是如何实现为中小企业降低物流运作成本的？
2. 相对于传统的物流公司，快运兔物流具有哪些优势？

[案例10-2] 华联超市腾飞的双翼——物流技术与信息技术

华联超市成立于1992年。多年来，公司以连锁经营为特征，以开拓全国市场为目标，不断提高集约化水平和自我滚动发展的扩张能力。2000年10月，上海华联超市公司借壳上市，更名为华联超市股份有限公司，成为中国第一家上市的连锁超市公司。

一、把配送中心建成多功能集约化的供货枢纽

1. 华联物流配送服务的宗旨是让门店满意

华联超市非常注重配送中心的建设和配送体系的构筑。伴随经营规模的不断扩大，不断增强配送中心的供货能力和服务水准。在华联超市创业初期，配送仓库仅仅2500平方米，主要靠人力装卸搬运，配货仓库的功能也很简单，主要是收货、储存、配货和送货。随着华

联超市的不断壮大,公司租用了3万～4万平方米仓库,并自建了占地2.8万平方米的现代化配送中心。

物流系统构筑的目的就是要向目的客户提供满意的物流服务。据此做了大量工作,如采用机械化作业与合理规划,减少搬运次数,防止商品保管与配送过程中破损和差错;通过科学、合理地调度,提高送货的准点率;通过计算机信息管理系统等手段控制商品的保质期;通过调查,制订门店加减货条件,增加配送系统"紧急加减货功能";根据门店的销售实绩、要货截止时间、门店周围的交通状况、门店的规模大小以及节假日等来确定配送时间。

目前,华联超市的绝大多数门店已实现"网上点菜"要货,门店店长坐在办公室,便可向距离几百公里的上海总部配送中心"点菜"要货,非常方便、快捷。公司在物流二期工程中,将把这种电子订货提升为"智能化的自动点菜系统",将门店的商品管理水平提高到一个新的台阶。此外,华联配送的拆零商品已达2500个品种,正在研究采用现代化的"电子标签拆零商品拣选系统",进一步扩大拆零商品的品种数,提高拆零商品的拣选速度和准确率,以满足加盟店的需要。

2. 现代化的配送中心离不开高科技

新建的配送中心具有较高的科技含量。首先是仓储立体化。配送中心采用高层立体货架和拆零商品拣选货架相结合的仓储系统,大大提高了仓库空间的利用率。在整托盘(或整箱)水平储存区,底层为配货区,存放7000种整箱出货的商品,上面四层为储存区,用于向配货区补货;在拆零商品配货区,拆零货架上放置2500种已打开物流包装箱的商品,供拆零商品拣选用。

第二是装卸搬运机械化。配送中心采用前移式蓄电池叉车、电动搬运车、电动拣选车和托盘,实现装卸搬运作业机械化。此外,原先每辆送货卡车跟工人3人,现在,采用了笼车,卡车开到门店,由门店人员自己把笼车卸下来、推到店内。既减轻劳动强度,又大大缩短了卸车的速度,提高了卡车的运输效率;既降低了物流成本,还使物流配送过程中的货损、货差大幅度下降。

第三是拆零商品配货电子化。近年来,连锁超市对商品的"拆零"作业需求越来越强烈,国外同行业配送中心拣货、拆零的劳动已占整个配送中心劳动的70%。华联超市配送中心拆零商品的配送作业正准备采用电子标签拣选系统。届时,只要把门店的订单输入电脑,作业人员便可按照货位指示灯和品种显示器的指示,从货格里取出商品,放入拣货周转箱,然后揿动按钮,货位指示灯和品种显示器熄灭,订单商品配齐后进入理货环节。电子标签拣货系统大大提高商品处理速度,减轻作业强度,大幅度降低差错率。

第四是物流管理条码化与配送过程无纸化。采用无线通信的电脑终端,开发了条形码技术,从收货验货、入库到拆零、配货,全面实现条形码、无纸化。

第五是组织好"越库中转型物流""直送型物流"和"配送中心内的储存型物流",完善"虚拟配送中心"技术在连锁超市商品配送体系中的应用。

二、把提升信息管理水平作为赶超国际巨头的利器

华联超市敏锐地意识到信息化对企业竞争力的巨大影响,借助信息技术来重建经营业务流程已成为华联经营管理层的共识,公司投注全力开发和全面推广计算机信息网络系统。迄今,信息系统已经历了几代:最初是辅助开列单证的单板机数据库系统;很快又建立了基于Novell Ⅱ 操作系统的企业内联网,实现了信息共享和初步的网络化管理;1999年,华联超市开发了第三代企业型的计算机信息网络系统和电子商务平台。

几年来,华联超市投资8000多万元,开发和建设了庞大的计算机网络系统。公司总部的工作站已达400台,计算机中心与各分公司、配送中心通过专线实时联网,与800家门店通过拨号联网,实现企业型联机事务处理。

1. 门店实现了计算机联网

公司的大量业务指令,如促销活动、调价信息、新品介绍、退调通知,都通过企业网及时传输到门店。特别是"调价",计算机系统是自动进行调价处理的,给门店带来了极大的便利,而"网上点菜",不但能点商品,而且能点"材物料",给门店的经营管理创造了巨大的动力。店长们已能熟练地动态查阅门店的各项经营实绩,根据商品销售排行榜,分析市场的商品结构,研究门店经营的毛利额水平,预测市场销售的新动向,让门店由感性管理变为理性管理,使管理成为实实在在的有据可依、有章可循、有的放矢,即数字化、规范化、目标化管理。

2. 降低商品的缺品率,提高门店销售额

计算机系统能根据门店的点菜记录和配货实绩,统计出门店验货的缺品情况。计算机系统还可以根据需要,按大类商品、按某小类商品或按采购员分别统计商品的周转期,从而有利于采购人员及时采购,做到既压缩商品周转期又降低商品的缺品率。计算机系统还设计了"20商品""新品""商品的上月配送中心出货量"等信息,提供门店店长和业务人员组织销售。公司还与供应商实施了EDI自动补货,电脑系统中还设置了最高和最低库存量两项指标,并根据需要,按大类商品、按某小类商品或按采购员分别统计商品的周转期。

2000年,华联超市与上海捷强集团公司以及宝洁公司建立了自动补货系统,将"连锁超市补货"转变为"供应商补货"。这样做可以把流通业者与制造业者紧密结合;双方不只是追求自身企业的效率化,还得以削减整体成本、库存与有形的资产投资,并使消费者能够买到高品质、高新鲜度、价格便宜的食品。目前,华联超市已与200多家供应商实现了自动补货。这对公司降低缺品率、合理库存水平、压缩库存金额,起到十分积极的作用。

3. 配送中心全面采用计算机管理

华联超市在上海、南京和北京共建成了五座现代化管理的配送中心。特别是上海新建的占地2.8万平方米的桃浦配送中心全面采用了计算机管理,并应用先进的无线网络技术,实现了无纸化收货验货、拣货理货、仓储保管盘点,成为上海乃至全国最先进的配送中心。例如,为了有效地管控库存,快速支持配货作业,建立了条形码化的储位管理系统。当商品入库时,只要扫描一下箱码,无线手掌机马上会告诉你,该托盘商品应该放在哪里;一旦商品就位,手掌机又马上通过无线网把入库信息传输给主计算机,配送中心的库存数据立刻得到了更新。

4. 在建设现代化配送中心的同时,积极带头推广物流条形码

先是由华联超市出钱推广物流条形码,自编箱码、自贴箱码;随后要求供应商在半年内实施箱码。目前,实现了送货验货、仓储保管、拣货配货物流全过程的无纸化。

5. 科学辅助决策

为总经理室、部门经理、店长提供辅助决策依据和指导业务人员,计算机还提供了大量的业务分析界面。如按月、按日、按门店、按供应商统计"销售实绩";分析配送中心的"出货情况";还有更多的是根据业务员的需要,编制的大量统计分析报表。例如,过去供应商来了解其商品在华联超市门店和配送中心的库存情况,往往需要花费半天时间,现在只要几分钟就可以解决。迄今,华联超市已经成功地利用信息技术重组了自己的业务流程,减少了不必要的环节,加快了总部、配送中心、门店和供应商之间的信息流动。并通过建立企业内部网、导入型管理信息系统,实现了连锁超市供应链的网上管理。

三、开创新纪元

2000年8月28日,华联超市新一代的电话呼叫中心正式投放试运行。它通过"85828"

热线电话为全市居民提供订购服务。标志着华联超市的物流信息技术进入了有形超市与"虚拟超市"相结合、地理网络与信息网络相结合的新阶段。

公司正建立基于CTI技术（通信网、计算机网络集成技术）的呼叫中心，尝试将通信网、计算机网和信息领域最新技术功能集成融合，与企业连成一体，建立一个完整的综合信息服务系统。消费者可以选用电话、Web或电子邮件方式与中心联系，进行商品订货和信息咨询。由于呼叫中心的交换机扩展性能强，足以支持今后业务量的快速增长。

中国是21世纪国际超市的主战场。国内商业企业与国外大商业集团的差距并不仅仅存在于经营规模，关键是支撑运营的核心技术。对于连锁商业企业来说，就是采购、配送、信息和营销技术。要缩短与洋超市的差距，还需我们加倍努力。

（来源：一诺钢铁物流网，2007-8-22.）

【案例点睛】

物流信息技术是现代物流的核心，是物流现代化的标志，也是物流技术中发展最快的领域。同时，随着物流信息技术的不断发展，产生了一系列新的物流理念和新的物流经营方式，推进了物流的变革。华联超市敏锐地意识到，其与国外大商业集团的差距关键在于支撑运营的核心技术，特别是信息化对企业竞争力的巨大影响，必须借助信息技术来重建经营业务流程，因此投注全力开发和全面推广计算机信息网络系统。华联超市的实践证明，把配送中心建成多功能、集约化、低成本的供货枢纽，充分运用信息技术来重组和提升超市的供应链管理，是连锁经营的核心战略，也是支撑连锁超市超常规发展的重要条件。

【思考题】

1. 华联超市配送中心是如何实现多功能集约化供货枢纽作用的？
2. 华联超市配送中心的信息化管理包括哪些具体内容？

任务二 熟悉物流信息系统运作流程

一、物流信息系统的概念与特征

（一）物流信息系统的概念

物流信息系统（logistics information system，LIS）是指由人员、计算机硬件、软件、网络通信设备及其他办公设备组成的人机交互系统，其主要功能是进行物流信息的收集、存储、传输、加工整理、维护和输出，为物流管理者及其他组织管理人员提供战略、战术及运作决策的支持，以达到组织的战略竞优，提高物流运作的效率与效益。（《中华人民共和国国家标准物流术语》GB/18354—2006）。

物流信息系统应用范围广泛，实用价值很高。物流信息系统通过对信息的收集、分析，能够实测物流活动各环节的运行情况，预测未来可能出现的问题，对物流管理提供辅助性的决策，帮助企业实现物流规划目标。

物流信息系统最重要的作用或说最根本的目标是实现物流过程中各个环节的有机衔接与合作，实现物流资源的最优化配置，以实现以客户为中心的物流服务目标。

（二）物流信息系统的特征

1. 不同地域对象之间的系统

物流活动从出发和接受订货开始，发出订货的部门与接受订货的部门并不在同一个场所。这种场所上相分离的企业或个人之间的信息传送，就要借助于数据通信手段来完成。

2. 不同企业之间的系统

物流系统涉及企业内部和外部的很多部门，是由这些企业内外的相关部门和相关企业共同构成的。使用电子数据交换（EDI），能够实现不同企业之间数据交换的标准化。

3. 大量信息的实时处理

物流系统在大多数情况下需要一件一件处理信息。即便是中等规模的批发商，一天要处理的订货票据也会超过 1000 件，而且在接受订单后的订单检查、信用检查、库存核对、出库指令、运输指示等都需要及时处理；如果发现信息不全面或有错误，需要与客户及时联系。

4. 波动的适应性

物流活动的一个特点是波动性较大，一天内的不同时间段、一周内的不同日期，物流作业量均有较大的差别。物流系统要具备适应能力，还必须有对波动性的预测能力。物流信息系统与生产管理等其他系统不同，即使事先可以预测到高峰期，但是无法事先处理。物流作业服务本身是及时性产品，生产过程也是消费过程，无法进行事前储备。

5. 与作业现场密切联系的系统

物流现场作业需要从物流信息系统获取信息，用以指导作业活动。信息系统与作业系统紧密结合，可以改变传统的作业方式，大大提高作业效率和准确性，例如，在使用条形码的基础上，利用条形码读入系统读取包装上的条形码信息，在手持末端机上就会立刻显示出该类商品的订货数量，检验员根据屏幕显示的订货数量，核对到货数量。省去查找数据的时间或查找商品的时间，检验员可以根据商品的码放顺序逐一检验。

二、物流信息系统的分类

（一）订单受理和出库信息系统

1. 接受客户的订单

客户向企业发出订单是企业收到的订货信息，对订单进行数据记录是订货登记。订货登记业务从接受订货信息，对订货信息的完整度、准确度进行检查开始；接下来是对客户的相关制约条件进行检查，如货款缴纳情况、信用情况等。在确定可以接受订货要求后，按照订单进行库存确认。在接受订单处理业务完成后，在必要的情况下，要将订货请求书传给客户确认。

订货登记的信息处理要在下一步的货物拣选、出库、配送等业务开始之前完成。

2. 出库处理

利用计算机信息处理技术、自动拣选、半自动拣选的信息提示等手段可以提高货物拣选的效率与合理化程度。

如果出现库存不足，在不能按照订货数量拣选的情况下，要将缺货部分的信息告知客户，由客户决定是取消订货还是在下次到货时优先供货。拣选完毕，按照客户类别备好货物，下达配送指示。

送货时，一般要同时向客户提交装箱单、送货单和收货单等单据，但为了简化配送作业，也有在配送完成之后再送达有关信息的系统。送货单经客户确认盖章后，出货处理作业即告结束。

（二）库存管理系统

库存管理系统是为了满足销售在必要的场所备齐所需商品，为保证制造活动顺利进行储备原材料和零部件，以最少的数量满足需求，防止库存陈腐化浪费和保管费用增加的系统。

为了有效地进行库存管理，需要确定在哪个阶段设置物流据点，设置多少，备货保持在什么服务水平上，以及在哪个物流据点配置什么样的货物，配备多少货物等库存分配计划。

库存管理包含两个方面的含义，一是正确把握库存数量的"库存管理"；二是按照正确的数量补充库存的"库存控制"，为了避免与前面的"库存管理"相混淆，也可称为补充订货。

建立库存控制信息系统的目的是为了防止出现库存不足，维持正常库存量，决定补充库存的数量。每一种商品都需要补充库存，采用手工作业效率低下，利用信息库存管理系统作业非常必要。

（三）仓库管理信息系统

仓库管理信息系统包括固定场所管理系统、自由场所系统、订货拣选系统等几个部分。

通过对仓库货物保管位置表明区位号码，来提高保管场所使用效率的方式称之为保管场所系统。这种系统包括保管位置与保管物品相对一致的固定场所系统和保管位置与保管物品经常变动的自由场所系统两大类。

订货拣选系统分为全自动系统和半自动系统。全自动系统从全自动流动货架将必要的商品移送到传送带的拣选系统。半自动系统是在计算机的辅助下实现高效率拣选的系统，例如电子标签拣选系统等。

（四）配送管理信息系统

具有代表性的配送管理信息系统有固定时刻表系统和变动时刻表系统两种。

固定时刻表系统根据日常业务的经验和客户要求的配送时间事先按照不同方向类别、不同配送对象群设定配送线路和配送时刻、安排车辆，根据当日的订货状况，进行细微调整的配送组织方式。

变动时刻表系统根据当日的配送客户群的商品总量，结合客户的配送时间要求和配送车辆的状况，按照可以调配客户群的商品总量，结合客户的配送时间要求和配送车辆的状况，按照可以调配车辆的容积和车辆数量，由计算机选出成本最低的组合方式的系统。

（五）货物追踪信息系统

货物追踪信息系统是指在货物流的范围内，可以对货物的状态进行实时掌握的信息系统。物流业的货物追踪信息系统的对象主要是零担货物。

货物追踪信息系统开始是服务于利用它进行大批量货物配送的客户，通过货主的计算机与物流业者的信息系统连接，提供货物动态信息。随着互联网的普及，一般消费者的个人包裹配送信息也可以通过计算机终端进行直接查询。货物跟踪信息系统还可以利用GPS，即全球定位技术对运输中的货物进行实时的监控。在运输货物中，利用GPS技术可以时刻记录和传递货物位置等数据到控制中心，及时地获取运输途中货物的情况。

（六）求车求货信息系统

在长距离大量货物运输的情况，一般使用整车运输的方法。影响整车运输效益的主要问题是回程空载行驶，其易造成运输能力的浪费。由于网络没有形成，信息不畅通等原因，回程车辆空驶现象时有发生，为了解决回程空驶问题，一是货主利用回程车辆运输货物；二是车主寻找回程货物。前者叫作"求车"，后者叫做"求货"。

11. 货物跟踪技巧与运输异常处理

求车求货成功与否，关键在于信息是否充分，是否能够及时获取信息。求车求货系统利用信息网络技术，为发布车源货源、查找车源货源提供了有效手段。在有业务合作的企业之间，利用这个系统相互提供车源货源，可以达到提高运输效益的目的。

物流信息系统各个环节的高效化地运转，能有效地在物流活动中为各项作业管理提供决策支持，对物流活动中每一个方案的各个方面提供预测和分析，优选出最佳方案，保证决策的科学性和成功率。

三、物流信息技术的发展趋势

1. 视频识别（RFID）将成为未来物流领域的关键技术

RFID 技术应用于物流行业，可大幅提高物流管理与运作效率，降低物流成本。另外，从全球发展趋势来看，随着 RFID 相关技术的不断完善和成熟，RFID 产业将成为一个新兴的高技术产业群，成为国民经济新的增长点。因此，RFID 技术有望成为推动现代物流加速发展的新品润滑剂。

2. 物流动态信息采集技术将成为物流发展的突破点

在全球供应链管理趋势下，及时掌握货物的动态信息和品质信息已成为企业盈利的关键因素。但是由于受到自然、天气、通信、技术、法规等方面的影响，物流动态信息采集技术的发展一直受到很大制约，远远不能满足现代物流发展的需求。借助新的科技手段，完善物流动态信息采集技术，成为物流领域下一个技术突破点。

3. 物流信息安全技术将日益被重视

借助网络技术发展起来的物流信息技术，在享受网络飞速发展带来的巨大好处的同时，也时刻饱受着可能遭受的安全危机，例如网络黑客无孔不入地恶意攻击、病毒的肆虐、信息的泄密等。应用安全防范技术，保障企业的物流信息系统或平台安全、稳定地运行，是企业长期将面临的一项重大挑战。

[案例 10-3] 浙江省烟草公司杭州分公司的物流信息系统

一、浙江省烟草公司杭州分公司物流送货服务现状

浙江省烟草公司杭州分公司（以下称"杭烟"）目前在杭州城区共有 6400 多家经烟零售网点，下属物流中心现有 20 多辆送货面包车、100 多条送货线路。2002 年 10 月，杭烟原吴山批发部实现了访（销）送（货）分离，标志着杭烟物流真正实现"访送分离、集中配送、信息管理、定时到户"的开端。

杭烟物流通过功能强大的信息集成平台，实现了卷烟仓储管理、库存控制、订单处理、分拣配货、送货管理、结算交接等功能的一体化计算机信息集成，以低成本的设备投入、高效率的流程化管理，实现了从传统仓库向现代物流配送中心的转变。

二、线路优化问题的难点分析

1. 地理信息系统（GIS）问题

众所周知，车辆优化调度需要一套详尽丰富同时实时更新的地理信息系统支持。杭烟车辆送货线路优化面临的最大问题是 GIS 建设问题。虽然目前杭烟物流已有一套电子地图，但从使用结果来看，该电子地图明显存在不足，不适合用于杭烟物流送货线路优化。主要问题有两点：一是信息量太少，许多街道没有标出，无法量化衡量，尤其是城区小街小道或者郊区线路；二是系统更新速度太慢，维护跟不上，许多街道早在一两年前就已经变化，或改造或新建或更名，该电子地图还是老样子。

2. 部分车辆更新问题

① 物流配送中心位于杭州市区北郊皋亭坝，离市区经烟户所在地较远，物流中心由北向南"扇形"辐射 6400 家经烟户，按目前运载力和工作分配，车载量偏低，逢节假日送货

量稍有增加，部分送货车必须跑 2 次，造成来回"跑空车"，严重加长了送货时间，降低了效率，又浪费汽油。

② 部分车辆超龄服役，车身破旧，发动机底盘等许多零部件已磨损失灵，不仅影响杭烟物流在客户中的形象，也给送货本身带来安全隐患。其中 3 辆江西五十铃面包车已运行 8 年之久，属于国家强制报废年限。

③ 部分送货车辆因本身质量老化、油耗高、性能落后等原因，年均维修费用非常之高，与车辆自身价值相比早已不成比例，且有逐年增加态势。其中一辆"松花江"面包车 2001 年维修费用高达 8258 元。

④ 车辆容载量偏低，造成配送成本升高。车辆优化调整系统除了要求送货线路最短，还要求车载尽可能大，尽可能满载。目前杭烟物流送货车辆容载量普遍偏低，其中 16 辆长安之星面包车容载量不到 30 件。

根据以上情况杭烟计划进行运输车辆的更新配制，近期采取报废 10 辆超龄服役车，换成 8 辆容载量 50 件的面包车的措施。可减少 2 辆车和 2 名驾驶员，同时经烟户送货面包车运载力整体增加 18%，以适应杭烟配送车辆优化调度的需要。

3. 现有送货线路划分方案的缺陷分析

① 存在不同的访销员对应的经烟户在同一送货区域。

② 以前所属某访销员对应的经烟户搬迁后，为不减少总量，仍保留在原访销员辖区内，给送货造成不便。

③ 部分访销员所属经烟户跨度太大，造成送货集中度降低。

要实现杭烟物流线路优化，必须打破原来按照访销线路确定送货线路的弊端，然后初步圈定优化对象范围，对访销员所管经烟户的调整只是缓解矛盾的暂时阶段，因为访销员所辖经烟户的划分有销售工作的实际原因，根本的方法是进行物流内部操作流程的再造，加入排单系统，从信息流程上真正实现访送分离。

4. 经烟户网点布局问题

① 一条路（街）经烟户位置相邻过密，有的经烟户一家挨着一家。

② 有的网点位于农村，分散在很窄的巷里，只有微型面包车才能通行。

③ 有个别网点微型面包车也不能送到，送货员来回走较长距离，严重影响了送货效率。

对此杭烟抓住现存专卖体制的有利时机，利用年检和市区规划的变动，对杭州市卷烟零售网点布局进行较大范围的排查和调整。如城郊接合部和农村可以取消小零售户，开"连锁加盟店"，而零售网点的位置最好尽可能在道路上相隔一定距离。实践证明，零售网点的布局调整既有利于经烟户的生存和发展，也能大大节约物流的成本。

三、杭烟物流线路优化调度的实施

（一）线路优化调度最终实现的目标

线路优化调度最终目标是实现物流中心操作流程改造，真正实现访送分离。

1. 目前的操作流程

目前车辆的送货清单生成完全是按照访销线路来确定的，很难从整体上优化，提高送货效率。

2. 改造后的操作流程

改造后的操作流程在零售网点布局的地理信息系统和决策支持系统（DSS）作用下，根据电子排单系统，生成优化后的送货清单，改变了原有按访销线路定送货线路的缺陷，在操作流程上真正实现访送分离。

（二）GIS 开发设计

一套功能完善、使用方便、信息量丰富细致、实时反应城区交通网络变化的 GIS 平台是实现杭烟物流送货线路优化的先决条件，同时为杭州烟草的城网建设也提供了一个基础信息平台。

杭烟物流配送 GIS 必须具备下述目标。

① 电子地图的基本操作功能，包括视图的放大、缩小、平移，6400 家或主要经烟户位置的标注（打点），鼠标交互的距离和面积的量算，查询地理对象的属性信息等。

② 经烟网络分析功能。如经烟网点之间最短路径查询、经济距离计算、最近设施查找、辐射区域分析。

③ 提供地理信息的维护功能，包括基础地理信息和专题信息的维护，如设置修改驾驶员的信息（包括姓名、编号、待命状态、送货区域等参数），车辆的信息（包括车型、车牌、编号、容载量、车龄、待命状态等参数）。

④ 交通道路信息设置，主要是指从物流中心到各经烟网点的道路情况，主要设置线路编号、派车时间、各街道距离（要精确到 1 米）、始发点、终端点等参数。

⑤ 对经烟网点主要设置，包括序号、名称、客户级别、联系方式等数据的设置修改。

目前杭烟上下已形成一个共识：要想实现送货线路优化设置，必须首先有一个切实可行的 GIS 应用平台。

（三）电子排单系统的开发

建立杭烟物流线路优化调度决策支持系统模型，采用先进可靠的求解算法（如节约法、遗传算法等），同时把该模型和算法融入到计算机应用软件中，输入各种限制边界条件和目标函数，最终输出每天每次每辆车的电子送货清单，改变以原批发部为轴心的与访销线路对应的送货线路模式，实现以高亭坝为中心、由北向南辐射 6400 家零售网点的、工作量相对均衡的送货安排。

1. 模型和算法分析

杭烟物流线路优化打破了原来按照访销线路确定送货线路的弊端，圈定优化对象为整个城区 6400 多家经烟网点，由物流中心统一调度车辆，集中车次送货。采用节约算法或遗传算法，制订每次送货线路车辆调度的动态优化方案。

2. 线路优化软硬件平台

在系统编码之前，为建立开发和测试环境，需要安装数据库服务器、Web 服务器、应用服务器和其他一些相关的支撑软件。

四、系统展望

线路优化设计后，主要有以下几点明显优势：①使杭烟物流送货排单系统的应用达到国内现代物流发展同步水平；②划分后的各个区域布局将更合理、地理位置相对集中，预计可减少总的送货车辆数 10% 以上，耗油量送货里程减少 20% 左右；③各条路线工作量大体平衡，可减少一线员工的抱怨，提高员工满意度，从而更好地完成工作；④流程改造以后，将在信息流上真正实现访送分离。

（来源：中国大物流网，2009-02-01.）

【案例点睛】

在货物运输中，合理选择送货线路是极其重要的，它不仅可以加快配送速度，提高服务质量，还可以有效地降低配送成本，增加经济效益。杭烟充分运用现代物流技术，依靠卷烟流通电子商务系统的有力支持，通过合理设计地理信息系统（GIS）进行线路优化设计，有效地达到了满足市场需求、降低物流成本、提高管理效率的目标。

【思考题】
1. 杭烟为什么要优化送货线路？它是如何实现送货线路优化的？
2. 杭烟的物流信息系统包括哪几个方面？

[案例10-4] 智慧物流，让生产更高效、生活更便利

全国快递行业揽收快件超65.9亿件，最高日处理量超过4亿件——2021年的"618"购物节，再次掀起了一波消费高潮。许多消费者惊喜地发现：以往订单量激增导致的快递"爆仓"现象基本没了，通常是"昨晚刚下单，今早就到货"！

快递处理工作量堪称"海量"，货物是如何快速送达的？这背后，智慧物流功不可没。

多个环节逐步实现智能化

智慧物流不仅提高了效率，还显著降低了成本、增强了安全保障。所谓智慧物流，是指利用系列智能化技术，使物流系统能模仿人的智能，具有思维、感知、学习和推理判断能力，并能自行解决物流中的某些问题。

中科院微电子所研究员、中科微至公司负责人李功燕说："简单来说，智慧物流就是用智能化的设备和系统，替代人工完成物流周期的各个环节。"

近些年来，随着人工智能、大数据、云计算、物联网等技术的发展，物流业在多个环节正逐步实现智能化。

在快递分拣环节，以前只能靠一个个拣货员每次拿起包裹扫一下二维码，然后根据包裹上贴的面单信息将包裹放到代表相应配送位置的区域，不但效率低，还容易出错。如今，以智能分拣装备为核心的多类型技术装备广泛应用，大大提高了快递分拣的效率，也解决了困扰行业多年的"爆仓"问题。

李功燕介绍，智能分拣系统的图像高速识别技术，每秒能够识别上百个条形码，再结合传感、处理、控制等一系列先进的智能技术，就能够把包裹物品运送到指定的区域，从而实现精准的物品分拣。

他说道，他的研究团队最新研制的智能物流输送分拣系统，每小时处理包裹量平均达10万多件，单套系统节省人力超过70%。

物流行业的智能化发展，不仅能提高消费者的线上购物体验，还能为生产和生活提供各种便利。

在位于浙江慈溪滨海经济开发区的公牛智能仓库，4个人、1个班次，就能够拣选1.2万箱，而传统方式需要20人才能完成同样的工作量。

公牛智慧物流相关负责人说："原来，每天作业发货能力仅3000~4000箱，一旦超过就要顺延到第二天，每月出错率为20~30次；智慧物流系统投运后，最多每天达6万箱，每年出错率仅1~2次。"

在民航机场，智能行李分拣机能够自主完成从行李托运、运输、分拣到行李提取等系列环节的无人化，极大提高了机场效率。

智慧物流不仅提高了效率，还显著降低了成本、增强了安全保障。比如，自动驾驶技术在物流领域的应用就可以在效率、成本和安全等方面帮助企业增加效益。

驭势科技联合创始人、董事长兼首席执行官吴甘沙说："过去的几年，物流的人工成本上涨了两三倍。另外一点，就是安全问题。在交通事故之外，还有诸如员工人身安全等诸多方面。而这些问题，我们自主研发的自动驾驶技术都可以解决。"

智慧物流不仅应用在硬件的仓储、运输、配送等全环节，也用于物流供应链规划、智慧决策、物流云等软件层面的场景。

京东物流智能园区创新负责人者文明介绍，京东物流自主研发了仓储、运输及订单管理系统等，支持客户供应链的全面数字化，通过专有算法，为销售预测、商品配送规划及供应链网络优化等作出更好的决策。

新一代信息技术深度应用

智慧物流给物流行业和人们的生产生活带来了前所未有的改变。京东亚洲一号武汉物流园的最新一代智能控制系统，是这个庞大的物流中心的智能大脑。它可以在0.2秒内，计算出300多个机器人运行的680亿条可行路径，并做出最佳选择。分拣智能搬运机器人系统"小红人"在智能大脑的调度下，无论多忙碌，都不会撞车、打架；要是遇上"堵车"，它会自动重新规划路线；如果没电，它还会自动返回充电站充电。

这种场景，越来越多地出现在国内各类物流行业。在传感器及识别、大数据、人工智能、地理信息系统等多项先进技术的支撑下，智慧物流给物流行业和人们的生产生活带来了前所未有的改变。

李功燕说："智慧物流对于战略性新兴技术，特别是新一代信息技术的应用，在广度和深度上超越了许多人的想象。"

在传统仓储中，需要人工对货物进行扫描、分拣以及入库，然后再手动录入系统。而在智慧仓库中，传感器及识别技术的应用让一切变得既简单又高效。

通过安装RFID（射频识别技术）标签对货物、托盘和操作硬件等资产进行标记，传送有关订单内容和位置等信息，工作人员就可以很轻松地获取每一件货物的所在位置，并实时监控货物的出入库情况，及时清点库存。

同样，在快递行业，基于深度神经网络的细粒度分拣码自动生成引擎技术，实现了对货品地址的自学习与自分析，能自动生成分拣和配送编码，直接取代了传统的邮政编码，实现了海量包裹的快速分拣和配送。

近年来，大数据、物联网、云计算、机器人、区块链等新技术驱动物流，在模块化、自动化、信息化方向持续、快速变化。

者文明认为，这些新技术驱动物流变化的结果，主要体现在3个方面：一是感应，使物流整个场景数字化；二是互联，使整个供应链内的所有元素相互连接；三是智能，供应链相关的决策将更加自主、智能。

专家表示，自动化、智能化技术让物流作业高效率、低成本，是智能物流更大规模应用的主要因素。此外，新兴技术如何与物流场景进行充分融合，使得物流成为前沿科技的最佳应用场景，也是中国物流行业持续努力的方向。

智慧物流市场规模快速增长

随着新技术、新模式、新业态不断涌现，智慧物流将逐步成为推进行业发展的主要动力和路径。专家介绍，智慧物流起源于20世纪中期，历经数十年发展，其专业化、技术化、信息化水平日益提升。

由于产业发展较早，发达国家在智慧物流领域占有一定优势。全球领先的智慧物流装备企业多分布在欧洲、美国和日本等发达国家，比如大福、胜斐尔、伯曼、范德兰德等。

我国的智慧物流虽然起步较晚，但发展非常迅速。近些年来，我国智慧物流市场规模呈现阶梯式增长，2020年突破5000亿元。同时，依托人工智能、大数据等新一代信息技术，我国的物流技术及装备的后发超越可能性极大。

李功燕说："特别是在智能分拣、智能搬运机器人、自动化立体仓库等方面，我国的物流装备技术与国外的差距正在缩小，有的甚至实现了超越。"

专家表示，得益于供应链优势和国内物流基础设施的大规模投入，我国的智慧物流技术装备在成本控制、研发效率等方面具备了明显的竞争优势，但在技术的原创性上还有待进一步加强和提高。

智慧物流的发展能够帮助整个社会提高物流效率，节省物流成本。中国物流与采购联合会此前发布的数据报告显示，预计到2025年，智慧物流每年将节省超过上万亿元的物流成本。

李功燕认为，就集成技术而言，中国的智慧物流技术装备已经初步具备了服务全球物流基础设施的能力。"未来，我国的辅助驾驶、无人搬运、自动化密集存储、全流程无人输送分拣、辅助自动化装卸等技术，将会有显著的进展。"

"随着新技术、新模式、新业态不断涌现，物流业与互联网深度融合，智慧物流将逐步成为推进物流业发展的主要动力和路径，也将为经济结构优化升级和提质增效注入强大动力。"者文明说。

（来源：人民日报）

【案例点睛】

随着人工智能、大数据、云计算、物联网等技术的发展，物流业在多个环节正逐步实现智能化。智慧物流不仅应用在硬件的仓储、运输、配送等全环节，也用于物流供应链规划、智慧决策、物流云等软件层面的场景。在传感器及识别、大数据、人工智能、地理信息系统等多项先进技术的支撑下，智慧物流给物流行业和人们的生产生活带来了前所未有的改变。比如京东的亚洲一号物流园，通过安装RFID（射频识别技术）标签对货物、托盘和操作硬件等资产进行标记，传送有关订单内容和位置等信息，大幅提高物流管理与运作效率，降低物流成本。就集成技术而言，虽然起步较晚，但发展非常迅速，目前我国的智慧物流技术装备已经初步具备了服务全球物流基础设施的能力。

【思考题】

1. 请结合案例分析，智慧物流的优势有哪些？
2. 请问我国未来智慧物流的发展趋势是什么？

[案例10-5] 纯净水突破了瓶颈

城市物流配送的难点之一是用户比较分散。客户可能分布在城市的每一个角落，一笔数量比较小的订单，要保证它的配送，相应的成本怎样降低？商品的数量非常多，城市交通非常拥挤，很难保证及时到货。电子商务的快速发展，要求与城市物流配送有关的体系都必须建立起来，商品流、信息流和资金流三者必须做到非常好的组合。

一、纯水之疾

城市物流配送既然是电子商务发展的一个瓶颈，它就一定要被打破，这是个挑战，但同时也给物流配送企业带来发展机遇。

成立于1995年的北京唯真纯水饮料公司，在北京市拥有长期客户近1万家，送水站40多个，日销水量3000多桶。但是近年来北京地区的纯净水企业发展很快，目前在管理部门登记注册的企业就有260多家，激烈的竞争使这个行业迅速进入买方市场，利润很低。

唯真公司在经营中感到了巨大的竞争压力。首先，由于目前客户服务中心的工作流程全部是手工操作，企业要直接与近万家客户开展业务，工作人员的劳动量大、工作效率低，同时管理者也无法及时掌握企业的生产、销售状况。其次，纯净水的配送成本太高，由于不能充分掌握客户的需求信息，经常为了某个客户的两三桶水而单独运送，加大了运费。第三，一些竞争对手已经开始进行配送商品多元化，以唯真目前的管理水平，要实现配送商品多元化管理成本太高了。

因此，唯真的管理层希望通过计算机管理系统提高工作效率，降低运营成本，增强企业的竞争力。

二、制胜之物

唯真公司在选择解决方案时提出了四项要求：首先，该系统要能够明显改善客户服务中心的工作质量与效率；其次，能够有效解决运力资源管理问题；第三，能解决进、销、存等管理问题；第四，操作简便，易学易用。

经过比较，唯真选择了北京杰合伟业软件技术有限公司的配送管理系统——Lulusoft eFulfillment1.5版本，这是杰合伟业在充分研究了配送销售行业现状及发展趋势的基础上，将最新的IT技术与最新的电子化物流理念相结合，于2008年10月正式公布的专业物流配送管理系统。

该系统强调以客户为中心，充分体现了现代化配送的理念。系统根据物流配送企业的特点，从横向上将物流企业的实际业务流程分为四个业务模块：客户联络中心、营销中心、配送调度中心和供应中心。它们之间既紧密联系，也可以相互独立，自成一体。从纵向上看，每个模块又可以分为三个层次：数据管理层、业务处理层、决策分析层。

Lulusoft eFulfillment综合运用了客户关系管理（CRM）、商业智能（BI）、地理信息系统（GIS）、计算机电话集成（CTI）和全球定位系统（GPS）多项先进技术。Lulusoft eFulfillment与外部系统的结合采用接口部件实现，保证系统与用户企业原有的信息系统、ERP以及WMS等整合。

它的地理信息系统将GIS/GPS和数据库技术融合在一起，对某个城市或地区按管理要求建立电子地图，对客户位置信息进行科学管理，使企业能够精确地确定配送点和客户的位置。客户关系管理（CRM）可以把企业的销售、市场、客户服务等各个部门协调起来，使企业最大限度地利用客户资源，从而缩减销售周期和销售成本，提高企业的盈利能力。计算机电话集成（CTI）可根据客户的常用电话识别出客户，并同时从数据库中调出该用户的相关资料，大大提高了工作人员的服务质量和工作效率。商业智能化（BI）可根据客户分布和需求自动安排运输线路、优先级，对交叉地段动态调整服务区。

唯真纯水饮料公司在使用Lulusoft eFulfillment之前，接线员每次接听客户电话，都需要了解客户的位置，记录客户的信息。每个客户的基本资料都记录在卡片上，但由于客户太多，要找出指定客户的卡片，耗时耗力。此外，由于水站和客户的数量众多，要将客户的订单合理分配到相应的水站，工作量很大，常常发生错误，而且客户的满意度还不高。

使用Lulusoft eFulfillment后，接线员只要输入客户的档案号、名称或者地址，系统就自动显示该客户的基本信息，再输入客户的订货信息，一张打印好的配送任务单很快就能传到相应的水站。现在，客户普遍反映唯真的服务水平提高了很多。

唯真公司发现，Lulusoft eFulfillment的配送调度中心还可以对系统优化生成的任务进行调度安排，并对整个任务的实施过程进行实时跟踪，使企业的运力资源得到充分利用。当某一条送货路线的运力不饱和时，管理系统就对该路线上的长期客户进行智能分析，并根据客户的消费规律提供一份客户名单，列出很可能会接受提前送水建议的客户。这样，唯真公司与这些客户主动联络提前送水，以充分利用送货的人车运力，有效解决了运力不饱和造成的成本问题。

唯真采用了杰合配送管理系统Lulusoft eFulfillment后，使企业的资源得到了充分的利用,很好地解决了企业客户资源管理、库房管理、员工绩效考核、企业经营状况评估等问题,以前很烦琐的工作,现在进行得非常轻松。唯真管理层认为在这种条件下,即使每天的出水量再增加一倍,以现有的人力,也可以完成。唯真已着手准备大干一场。

唯真公司的成功尝试,让人们对"突破瓶颈"增添了信心。

三、突破之道

城市物流配送是指物流配送企业采用网络化的信息技术,现代化的物流设备和先进的管理手段,针对城市区域内客户的需要,严格、守信用地按照客户订货的要求,通过备货、存储、分拣、包装、信息处理和增值服务等作业,定时、定点、定量地将商品、信息、服务交给用户。

城市物流配送要达到一定的水平,有四个最基本的要求:在配送的速度方面,要达到最快;要从商品、管理、加工、运力等各方面节省成本;信息处理应用到每一个商店和库房;还需要提供很多服务内容。

著名的物流行业专家、第一位将现代物流概念引入中国的学者王之泰教授说,物流的灵魂在于系统,系统的灵魂在于软件。城市物流配送应用解决方案现在和中国、世界最新的发展势态即电子商务有非常密切的关系。电子商务是一种网络连接,连接用户、生产商和销售商。在美国、欧洲,电子商务是非常成功的,主要是因为它们有一个非常完善的社会物流系统,只要能够实现这些网络连接,电子商务就算成功了一大半。但是,在中国却行不通,因为中国物流的社会化步伐太慢,配送工作跟不上。

美国新闻媒体曾经报道,中国加入WTO最薄弱的环节是物流业。这是有道理的。我国物流系统建设涉及很多因素,包括观念转变、人才培训、系统开发、物流网络建设等。

软件应用到传统行业往往带来很大的价值:北大方正的排版系统让出版业告别了铅与火,进入光与电的时代;用友的财务软件让财务工作由手工劳动转变为电子化作业。但愿杰合伟业配送管理系统的应用能够使国内城市物流配送行业发生真正的变革。

(来源:中国大物流网,2009-02-02.)

【案例点睛】

目前的电子商务企业大多只解决了商品信息流的网上传递,缺乏高效、快捷的物流配送系统成了电子商务发展的瓶颈。唯真利用杰合配送管理系统(Lulusoft eFulfillment)使企业的资源得到了充分的利用,很好地解决了企业客户资源管理、库房管理、员工绩效考核、企业经营状况评估等问题。

【思考题】

1. 唯真公司的管理层希望通过计算机管理系统解决哪些问题?
2. 唯真公司的配送管理系统带来了哪些优势?

【实训活动】

中国知网(CNKI)检索资料信息

[实训目的]

通过实训,让学生了解中国知网的检索方法。通过对检索过程的操作,进一步加深学生对信息、网络技术和数据库技术的认识。

[实训内容]

请学生利用中国知网(CNKI)查找关键词"物流信息",检索在2022年发表的全部文章。

[**实训要求**]
1. 严格按照要求进行检索。
2. 对检索结果进行截图,并上传平台。
3. 在课堂上分享检索经验以及遇到的问题。

项目十一　第三方物流

【学习目标】

◆ 知识目标

1. 明确第三方物流的概念。
2. 了解第三方物流的功能及物流企业的分类。
3. 掌握第三方物流企业的特征和提供的服务内容。

◆ 技能目标

1. 能正确区分第三方物流与传统物流的区别。
2. 能联系社会经济发展情况正确判断第三方物流现状与发展趋势。

◆ 素养目标

1. 培养数字化思维方式、信息化管理意识。
2. 培养契约精神，树立法治思维。

【导入案例】第三方物流企业对制造商的"零库存"管理

"迟到10分钟，罚款1.8万美元。"这可不是用来约束员工上班的考勤制度，而是德尔福（中国）公司（DELLPHI）用来约束其合作伙伴第三方物流企业供货的。而上海实业外联发国际物流有限公司（SLC）作为第三方物流企业，敢承接条件如此苛刻的业务，是因为其创建了基于EC（electronic commerce）的看板拉动管理模式，为生产制造商、供应商、3PL提供了一个作业衔接和业务协同的平台，并有效地实行了看板拉动管理。

看板管理的核心是追求一种"零库存"或库存达到最小的生产系统。"零库存"并不是要求库存的商品数量为"零"，而是将供应节拍加快后，节拍间歇期缩短，每种商品的备货数量相应减少。由于每种商品的备货数量降低，因市场变化而导致商品损失的可能性越来越小，并趋于"零"。信息增值、以信息替代存货是"零库存"的核心。上海实业外联发国际物流有限公司充分认识到信息在供应链整合中的作用，成功创建了基于EC的看板拉动管理模式。

上海实业外联发国际物流有限公司与德尔福公司之间创建了基于EC的业务系统。通过该系统，SLC不仅管理DELPHI的物流，而且还扮演DELPHI的制造供应商。在这个不同寻常的安排中，SLC向DELPHI位于上海市的工厂提供产品生产组件，按照生产线的需要在准确时间供货，一般45分钟一次。尽管DELPHI选择材料供应商，但由SLC签发采购单并从这些供应商处购买材料。SLC接收到这些材料后，进行配送分拨，运往DELPHI的生产线。DELPHI收到SLC的发票，发票包括所有的作业成本、产品成本和边际利润。为使该系统有效运作，DELPHI和SLC共享了大量的生产数据。SLC与DELPHI的实时生产系统连接，从而了解产品处于生产过程的哪个环节，即时查询DELPHI生产线上的库存信息。尽管SLC的任务包括物流和运输，但它远远超出了传统3PLs的责任范围，它管理库存、承担产品过时和损坏的损失，承担装配任务。这满足了 DELPHI 减少库存，管理资产的要求。

上海实业外联发国际物流有限公司作为第三方物流企业，其为制造商提供的服务已远超传统的 3PLs 的责任范畴，它通过成功运用信息技术创建针对服务对象的业务协作平台，实现了生产制造商、供应商、3PLs 之间的信息共享，并对来自合作伙伴发出的业务请求信息随时进行响应和反馈，将三者紧密地联系在一起，成为第三方物流企业的典范。

[来源：朱惠君. 3PLS 推动下的看板拉动管理 [J]. 物流技术，2007（7）.]

【思考题】

上海实业外联发国际物流有限公司是如何为德尔福公司提供第三方物流服务的？

任务一　掌握第三方物流的相关知识

随着现代企业生产经营方式的变革和市场外部条件的变化，"第三方物流"这种物流形态开始引起人们的重视，并对此表现出极大的兴趣。1988 年美国物流管理委员会的一项顾客服务调查中，首次提到"第三方服务提供者"一词，很快这种新思维被纳入到顾客服务职能中。

一、第三方物流的概念

第三方物流（Third party logistics，3PL 或 TPL）是指接受客户委托为其提供专项或全面的物流系统设计以及系统运营的物流服务模式（《中华人民共和国国家标准物流术语》GB/T 18354—2006）。

第三方物流的概念源自管理学中的 out-souring，意指企业动态地配置自身和其他企业的功能和服务，利用外部的资源为企业内部的生产经营服务。将 Out-Souring 引入物流管理领域，就产生了第三方物流的概念。目前对第三方物流解释很多，国外还没有一个统一的定义。

根据运作主体的不同，可将物流的运作模式划分为第一方物流、第二方物流以及第三方物流。第一方物流是由卖方、生产者或供应方组织的物流，第二方物流是由买方、销售者组织的物流，第三方物流则是专业的物流组织进行的物流。第三方物流实际是相对于第一方和第二方物流而言的。

第三方物流可以理解成是由供方和需方外的物流企业提供物流服务、承担部分或全部物流运作的业务模式，是在特定的时间段内按照特定的价格为使用者提供的个性化的系列物流服务，是专业化、社会化和合同化的物流。

二、第三方物流的特征

1. 第三方物流是社会化、专业化的物流

第三方物流是企业生产和销售外的专业化物流组织提供的物流，第三方物流服务不是某一企业内部专享的服务，第三方物流供应商是面向社会众多企业来提供专业服务，因此具有社会化的性质，可以说是物流专业化的一种形式。对第三方物流在其中所处的位置，可以用图 11-1 来表示。

2. 第三方物流是合同化、系列化的服务

第三方物流则根据合同条款规定的要求，而不是临时需要，提供多功能，甚至全方位的物流服务。一般来说，第三方物流公司能提供物流方案设计、仓库管理、运输管理、订单处理、产品回收、搬运装卸、物流信息系统、产品安装装配、运送、报关、运输谈判等近 30

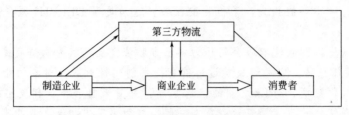

图 11-1 第三方物流的社会地位

种物流服务。可见,第三方物流是以合同为导向的系列化服务。

第三方物流服务的内容包括:基本业务包括(货物集运、仓储、配送、装卸、搬运);开发物流系统;附加值业务(订单、运费支付、运费谈判、货物验收、包装、加工、代理货物保险、代收款、货物回收等);高级物流服务(库存分析报告、库存控制、分销中心、管理表现汇报、信息管理、电子数据交换能力、开发物流策略、系统等)。

3. 第三方物流是"三流"合一的物流

在商流、物流、信息流、资金流四大流中,第三方物流至少应集后三大流于一身。现代企业的规模在扩大,企业对物流控制的要求也越来越高。要满足企业对物流服务的需求,仅仅依靠手工、人力是不可能的,第三方物流的运作必须建立在现代电子信息技术基础上,具有将物流、信息流和资金流有机结合的能力。常用于支撑第三方物流的信息技术有:实现信息快速交换的 EDI 技术、实现资金快速支付的新技术、实现信息快速输入的条形码技术和实现网上交易的电子商务技术等。

4. 第三方物流是集成化、系统化的服务

第三方物流是从系统角度统筹规划一个公司整体的各种物流活动,处理好物流与商流及公司目标与物流目标之间的关系,不求单个活动的最优化,但求整体活动的最优化。集成化、系统化就是将运输、仓储、装卸搬运、配送、流通加工、包装、信息处理等物流诸要素有机结合起来,借助现代物流设施和技术及信息、通信等技术使子系统协调运作,实现客户以较少成本快速、安全交付货物的要求,同时能够为客户提供物流系统设计、运营、物流计划、物流管理及咨询等延伸服务,达到帮助顾客使自身物流要素趋向完备、物流系统化的目的。集成化包括物流功能的集成、物流渠道之间的集成、物流渠道与商流渠道的集成、物流环节与制造环节的集成等。

5. 第三方物流是个性化或客户定制化服务

尽管第三方物流服务是由社会化的物流企业来提供的,面向社会经济活动中的生产、销售企业,但其服务对象相对来说都比较少,只有数家甚至一家。这是因为需求方的业务流程各不相同,而物流、信息流是随价值流流动的,第三方物流企业需要按照客户要求进行投资,按客户的业务流程来确定和调整服务方案,针对特定的顾客设计合适的物流服务,以满足不同客户的不同需求。这也表明物流服务从"产品推销"(sales)阶段发展到了"市场营销"(marketing)阶段。

三、第三方物流的优势

1. 集中主业

企业能够实现资源优化配置,将有限的人力、财力集中于核心业务,进行重点研究,发展基本技术,开发出新产品参与市场竞争。

2. 节省费用,减少资本积压

专业的第三方物流提供者利用规模生产的专业优势和成本优势,通过提高各环节能力的利用率实现费用节省，使企业能从分离费用结构中获益。根据对工业用车的调查结果，企业解散自有车队而代之以公共运输服务的主要原因就是为了减少固定费用，这不仅包括购买车辆的投资，还包括和车间仓库、发货设施、包装器械以及员工有关的开支。

3. 减少库存

企业不能承担多种原料和产品库存的无限增长，尤其是高价值的部件要被及时送往装配点，实现零库存，以保证库存的最小量。第三方物流提供者借助精心策划的物流计划和适时运送手段，最大限度地减少库存，改善了企业的现金流量，实现成本优势。

4. 提升企业形象

第三方物流提供者与顾客，不是竞争对手，而是战略伙伴，他们为顾客着想，通过全球性的信息网络使顾客的供应链管理完全透明化，顾客随时可通过 Internet 了解供应链的情况；第三方物流提供者是物流专家，他们利用完备的设施和训练有素的员工对整个供应链实现完全的控制，减少物流的复杂性；他们通过遍布全球的运送网络和服务提供者（分承包方）大大缩短了交货期，帮助顾客改进服务，树立自己的品牌形象。第三方物流提供者通过"量体裁衣"式的设计，制订出以顾客为导向，低成本高效率的物流方案，使顾客在同行者中脱颖而出，为企业在竞争中取胜创造了有利条件。

5. 有利于提高企业经营效率

首先，可以使企业专心致志地从事自己所熟悉的业务，将资源配置在核心事业上。其次，第三方物流企业作为专门从事物流工作的行家里手具有丰富的专业知识和经验，有利于提高货主企业的物流水平。第三方物流企业是面向社会众多企业提供物流服务，可以站在比单一企业更高的角度、在更大范围的扩大优势。第三方物流企业通过其掌握的物流系统开发设计能力、信息技术能力，成为建立企业间物流系统网络的组织者，完成个别企业，特别是中小企业所无法实现的工作。

四、第三方物流与传统物流的区别

传统的对外委托形态只是将企业物流活动的一部分，主要是物流作业活动，如货物运输、货物保管交由外部的物流企业去做，而库存管理、物流系统设计等物流管理活动以及一部分企业内物流活动仍然保留在本企业。物流企业是站在自己物流业务经营的角度，被动地接受货主企业的业务委托，以费用加利润的方式定价，收取服务费。

第三方物流企业则是站在货主的立场上，以货主企业的物流合理化为设计物流系统运营的目标。而且，第三方物流企业不一定要有物流作业能力，也就是说可以没有物流设施和运输工具，不直接从事运输、保管等作业活动，只是负责物流系统设计并对物流系统经营承担责任，具体的作业活动可以再采取对外委托的方式由专业的运输、仓库企业等去完成。第三方物流企业的经营效益直接同货主企业的物流效率、物流服务水平以及物流效果紧密联系在一起。第三方物流与传统物流的区别见表 11-1 所示。

五、第三方物流的管理

第三方物流管理是通过物流管理组织对整个物流活动进行的有计划、有组织的控制工作。主要内容包括物流合同管理、物流能力管理、物流设备管理、物流安全管理、物流费用管理、物流信息管理等。

1. 第三方物流合同管理

无论第三方物流企业承接的是运输项目，还是保管项目，或者是配送项目，首先必须签订项目合同。一般可以根据合同生命周期的不同阶段来进行管理：建立合同；合同修改与中止；合同执行及跟踪；违约处理（补救措施；赔偿损失；支付违约金）。

表 11-1　第三方物流与传统物流的区别

功能要素	第三方物流	传统物流
合约关系	一对多	一对一
法人构成	数量少（对用户）	数量多（对用户）
业务关系	一对一	多对一
服务功能	多功能	单功能
物流成本	较低	较高
增值服务	较多	较少
质量控制	难	易
运营风险	大	小
供应链因素	多	少

2. 第三方物流能力管理

第三方物流必须对自身物流资源进行全面的规划和衡量，以便能了解自身有多大的能力，可以承接多大的项目，完成多少订单。这些能力包括运输能力、保管能力、配送能力、装卸能力及设备能力等。

3. 第三方物流设备管理

第三方物流所具有的物流设备齐全，而且更新快，物流技术新颖。为了保证物流业务的正常开展，物流设备管理是必不可少的。物流设备管理的内容包括：购进；使用；维修和保养；处理。

4. 第三方物流安全管理

第三方物流企业在进行物流管理活动中，也不能忽视安全管理。因为当货主将货物托付给物流企业时，最起码的要求是：希望物流企业能保证其货物的安全。相对于这一点来说，别的要求是次要的。因此，第三方物流企业会承担一定的风险，需要采取必要的安全管理措施。包括：防止货物被盗、防止发生意外火灾事故等。

5. 第三方物流信息管理

第三方物流企业的物流管理活动也包括了对物流信息的管理。在合同、能力、设备、安全的管理，以及其他物流管理中，都涉及信息管理。每一个物流企业都可以建立一个物流信息系统。这个信息系统可以利用新的信息技术来建立，它所建立的将是一个集成的信息系统。

6. 第三方物流关系管理

第三方物流是客户的同盟者，其服务范围不仅仅局限于运输、仓储业务，它更加注重客户物流体系的整体运作效率与效益。第三方物流同客户企业体现一种互惠双赢、长期发展的战略性合作伙伴关系。为此要加强第三方物流中客户的关系管理，具体措施包括：为客户提供满意的服务；真诚地对待每一个客户；及时处理客户投诉。

［案例 11-1］从制造业到物流业 传化智联的物流之路

"我一直思考一件事情，工业互联网到底是什么？其实它应该是以供应链为核心的，企业整体的一个端到端的架构，能改变企业的销售模式、管理模式、运作模式和生产模式，进而持续帮助企业降本增效。"传化智联总裁姚巍告诉《证券日报》记者，传化智联想做的就是这样一个平台。

1986 年，传化智联的控股公司——传化集团，从一个小作坊起步，在十年间快速发展成为了坐拥多产品链条的化学产业集团。在即将迈入 21 世纪的大门时，传化集团也开始重新思考未来的前进方向，物流行业闯入到他们的视野中，在经过多年同步发展后，传化集团将服务自身化工产业的物流业务独立出来成立了传化物流。2015年，传化集团将传化物流这部分资产重组上市至现在的传化智联。

公路港让制造"活"起来

2000年前后，国内物流行业还是一片混沌，如今雄踞市场的三通一达彼时才刚刚起步，物流企业普遍处于小散乱的状态。传化智联负责人说："浙江省经济的特点是原材料与销售市场很大一部分都在外地，想要把生意做大，物流就是我们绕不开的坎。"

据传化智联负责人回忆，当时每到生产和销售旺季，公司自有运力不足，只能委托第三方社会运力来承担货物运输，坐地起价、货损严重、诚信缺失等现象在不规范的物流行业中屡见不鲜。1997年，传化集团痛定思痛，将原有车队改组，成立了一家储运公司，实行了公司化运作。

"储运公司独立于集团化工业务之外，除了承担我们自己的物流运输，也做别人的运输生意。接下来的三年里，我们一边运营储运公司，一边开始探索一种公路物流园区的新模式，就是现在传化公路港的雏形。"传化智联负责人表示。

发展至今，传化智联进入了全国100多个城市，布局了64个已运营的公路港，以及12个在建公路港。物流与化工，看似八竿子打不着边的跨界探索，实则补全了传化端到端的架构，打通了整条商业路径，让货物流通起来，也让生意"活"了起来，最终达到为企业降本增效的目的。

实现多赢方能长久，打造可持续发展"生意经"

如今，物流之于传化智联来说早已不止"半壁江山"。传化智联总营收中近七成来自物流业务，而这个比例还在逐年提升。

传化智联遍布全国的线下公路港和线上物流服务平台，充分发挥了公共性基础设施的作用，打通了区域间阻碍货物运输的不便，全力支持生产制造企业和商贸物流企业全国物流运输的畅通，助力各地经济。

姚巍在接受《证券日报》采访时说："对各地政府来说，我们将分散的社会运力通过服务整合起来，提升整体运行效能，同时还打通了当地的物流动脉，助力实体经济，从而提升了经济效益。"

姚巍打了个很形象的比方，他说公路港就像是货物车站，通过资源的聚集提供线下的运力和距离运力最近的仓储，为制造业企业匹配仓运配一体化的解决方案。

"我们公路港的服务对接两类资源，一类是把社会运力引入到园区，给他们提供一系列配套服务，他们在公路港集聚了，意味着物流环节中的运力资源被我们集聚了；第二类，是我们把中小微的各类公路物流企业引入到我们这个平台，这些物流企业集聚意味着他们背后有货要运，货源需求被集聚。就这样，'人、车、货、场'就被高效地对接在一起，从而更高效的对接货主企业，服务制造业的物流供应链需求。"

同时，传化公路港内引入了车辆保养、维修、食宿等三产配套商户，全方位解决货车司机的"食、住、行"等各种生活需求。"我们还引入了当地的财税部门和交通运管部门，为园区内的物流企业匹配各项配套服务。物流企业做得越来越大，他们的信息匹配越来越高效，整个公路港的效能就能大幅度提升。"姚巍说道。

好的生意一定是惠及各方的。传化智联的公路港，实现的是政府、企业和传化自身的多赢。除了为当地政府增加大量税收外，规范了货车司机的就业，帮助制造业企业降本增效，为地方经济的良性循环做出贡献，这才是传化可持续发展的"生意经"。

（来源：证券日报）

【案例点睛】

第三方物流服务不是某一企业内部专享的服务，第三方物流供应商是面向社会众多企业来提供专业服务，因此具有社会化的性质，可以说是物流专业化的一种形式。传化智联作为传化集团旗下子公司，除了承担集团自身的物流运输任务外，还向社会提供第三方物流服务。通过公路港不仅聚集社会运力并提供相关配套服务，还搭建起中小微各类公路物流企业服务平台，"人、车、货、场"被高效地对接在一起，将物流、信息流和资金流有机结合，实现了集成化、系统化服务。

【思考题】

1. 请问传化智联公司为什么要组建储运公司？为公司发展带来了哪些优势？
2. 请结合案例分析，第三方物流具有哪些特点？

[案例 11-2] 冠生园集团的物流外包

冠生园集团是国内唯一一家拥有"冠生园""大白兔"两个驰名商标的老字号食品集团。近几年该集团生产的糖果、蜂制品系列、酒类、冷冻微波食品、面制品、海鲜等新产品市场需求逐步增加，集团生产的食品总计达到了 2000 多个品种，其中糖果销售近 4 亿元。市场需求增大了，但运输配送却跟不上。集团拥有的货运车辆近 100 辆，要承担上海市 3000 多家大小超市和门店的配送，还有北京、太原、深圳等地的运输。由于长期计划经济体制造成运输配送效率低下，出现淡季运力空放，旺季忙不过来的现象，加上车辆的维修更新，每年维持车队运行的成本费用要上百万元。为此集团专门召开会议，研究如何改革运输体制，降低企业成本。

冠生园集团作为在上海市拥有 3000 多家网点并经营市外运输的大型生产企业，物流管理工作是十分重要的一项。他们通过采用第三方物流，克服了自己的搞运输配送带来的弊端，加快了产品流通速度，增强了企业的效益，使冠生园集团产品更多更快地进入了千家万户。

2002 年初，冠生园集团下属合资企业达能饼干公司率先做出探索，将公司产品配送运输全部交给第三方物流。物流外包试下来，不仅配送准时准点，而且费用要比自己搞节省许多。达能公司把节约下来的资金投入到开发新品与改进包装上，使企业又上了一个新台阶。为此，集团销售部门专门组织各企业到达能公司去学习，决定在集团系统推广它们的做法。经过选择比较，集团委托上海虹鑫物流有限公司作为第三方物流机构。

虹鑫物流与冠生园签约后，通过集约化配送，极大地提高了效率。每天一早，他们在电脑上输入冠生园相关的配送数据，制订出货最佳搭配装车作业图，安排准时、合理的车流路线，绝不让车辆走回头路。货物不管多少，就是二三箱也送。此外按照签约要求，遇到货物损坏，按规定赔偿。一次，整整一车糖果在运往河北途中翻入河中，司机掏出 5 万元，将掉入河中损耗的糖果全部"买下"做赔。

据统计，冠生园集团自 2003 年 8 月起委托第三方物流以来，产品的流通速度加快，原来铁路运输发往北京的货途中需 7 天，现在虹鑫物流运输只需 2～3 天，而且实行的是"门对门"的配送服务。由于第三方物流配送及时周到、保质保量，使商品的流通速度加快，使集团的销售额有了较大增长。此外，更重要的是能使企业的领导从非生产性的后道工序，包装、运输中解脱出来，集中精力抓好生产这个产业，完好地开发新品、提高质量、改进包装。

第三方物流机构能为企业节约物流成本，提高物流效率，这已被越来越多的企业，尤其是中小企业所认识。据悉,美国波士顿东北大学供应链管理系统调查,2004年《财富500强》中的企业有六成半都使用了第三方物流服务。在欧洲,很多仓储和运输业务也都是由第三方物流来完成。

作为老字号企业的冠生园集团,产品规格品种多、市场辐射面大,靠自己配送运输成本高、浪费大,为此,他们实行物流外包战略。签约虹鑫物流公司,搞"门对门"物流配送。结果5个月就节约了40万元的费用,产品流通速度加快,销售额和利润有了较大增长。

按照供应链的理论来说,当今企业之间的竞争实际上是供应链之间的竞争,企业之间的产品、规模,谁的成本低、流通速度快,谁就能更快赢得市场,因此,物流外包充分利用外部资源,也是当今增强企业核心竞争力的一个有效的举措。

(来源:中国物流与采购网,2006-12-21.)

【案例点睛】

第三方物流系统(3PL)是一种实现物流供应链集成的有效方法和策略,它通过协调企业之间的物流运输和提供后勤服务,把企业的物流业务外包给专门的物流管理部门来承担,特别是一些特殊的物流运输业务。通过外包给第三方物流承包者,企业能够把时间和精力放在自己的核心业务上,提高了供应链管理和运作的效率。工商企业选择合适的第三方物流服务提供商,首先需要准确界定自身的物流需求,然后选择能够满足企业需求和目标的提供商,最后对提供商进行关系管理和绩效评估。作为老字号企业的冠生园集团,正是认识到第三方物流的重要作用,通过采用第三方物流,克服了自己搞运输配送带来的弊端,加快了产品流通速度,在改善服务绩效的同时,显著降低了物流总成本,增强了企业经济效益。

【思考题】

1. 虹鑫物流是如何为冠生园开展物流服务的?
2. 冠生园集团的物流外包后取得了哪些业绩?

[案例11-3] 联邦快递发展之路

一、每分钟都有联邦快递的飞机在天上飞

20世纪70年代以前,美国孟菲斯并不是一个令人熟知的地方,如今,这座美国中南部的城市因为猫王和联邦快递的出现而变得不再冷清。

每天晚上,夜深人静的时候,孟菲斯机场却总是灯火通明。尤其是凌晨一二点的时候,联邦快递在这里的转运中心开始高速运转。机场被大量拥有相同紫橙相间机尾的白色飞机占据。飞机降落、卸货,然后被送上传送带的包裹开始进行分拣。从前没有全货机集中送货的时候,商用航班腹仓带货,点对点直飞,再加上中转,效率极低。

而利用全球转运中心这一模式,则能够更加高效快速地把包裹运送到目的地,后来成为国际快递巨头的共同选择。在30多年前,人们还不相信这样的场景会出现。

二、论文和越战的灵感

大学三年级时的施伟德(Frederick W. Smith)写了篇20页左右的学期论文,在论文中,他构想了以航空中心为基础的空运配送模式。"由于当时从事投递业务的邮局和铁路等很少把包裹直接送到目的地,这为快递创造了巨大的市场空间。"施伟德进而分析,美国工业革命第三次浪潮将靠电脑、微处理机及电子装备来维系,而这些装备的维修则要靠量少价昂的组件和零件及时供应,而有关信件、包裹、存货清单也需要在尽短的时间内获得,因此,传统物流运输将无法胜任计算机化的商业社会。而为了能够直接运输这些"非常重要、时间紧迫"的货物,也许应该有自己的飞机。这是一个来自拓扑学的灵感——如果将网络中

的所有点通过一个中心连起来，就像票据交换所那样，效率会非常高。不过，他的论文只得了C，刚及格。因为教授认为买飞机专门用来送货的想法是荒谬的，但这个受到冷落的创意却并没有被它的主人放弃。

大学毕业后，施伟德成了美国海军陆战队的一员，并到某战场服兵役，美国军队通过集中一点然后分散调配军用物品和粮食的模式，也使他的航空快递构想走得更远，他计划建立一个类似的配送体系，设置很多个点连成一个网络，然后全部通过一个中央控制室来周转。这就是联邦快递转运中心运营模式的雏形。

回到美国后，施伟德开始将大学和服役时的设想付诸实施。他变卖了他父亲分给他的遗产——迪克西长途汽车公司的股份，获得了75万美元流动资产，并通过家族信托基金的担保，从孟菲斯国民商业银行获得360万美元贷款。1971年6月18日，在施伟德27岁那年，他在特拉华州注册了新公司——联邦快递公司（Fedex），于是，联邦快递这个名字就创造了一个新行业：通过转运中心及航线网络系统进行隔夜交货的速递方式。

这样的商业模式，需要一开始时就要有足够的飞机，并建立起一个覆盖多个城市的航空网络。为此，施伟德竭力奔走游说华尔街，募集到了9600万美元，购买了23架"隼式"喷气机。

1973年4月17日，联邦快递在22个城市同时展开了业务，1975年底就开始扭转亏损，翌年营业额为1.09亿美元，纯收入为810万美元。1983年的时候，联邦快递的年营业收入已经达到10亿美元，成为美国历史上第一家创办不足10年，不靠收购或合并而超过10亿美元营业额的公司。

三、超级转运中心

事实上，在1973年联邦快递开始业务操作的第一个晚上，公司是用14架小型飞机，将186个包裹运送到美国的25个城市，当时只是在一些临时的牌桌上进行包裹分拣。

35年前施伟德之所以首先选择了美国田纳西州的孟菲斯作为其"中心辐射式"运输的中心，不仅因为该市位于美国中南部，地理位置比较理想，气候条件适于飞行，还在于该机场入夜后很少有旅客航班，而且当地政府也很支持。

如今，在孟菲斯机场，每天晚上都有上百架联邦快递的飞机在这里起落。每天夜里，在联邦快递面积达364公顷的超级转运中心，长达300多英里（1英里＝1.609千米）的传送带平均每小时处理95000个包裹。来自世界各地的不同物品，小至电子产品、香水，大至发动机源源不断地被运来，经分拣后再迅捷、精确地送到目的地。

每天22时30分左右，上晚班的工人陆续到达，联邦快递从全球各地飞来的飞机也陆续开始降落，每一分半钟就有一架飞机停靠在指定的位置，远望天空还可以看到星光点点排成一线，那些也大都是联邦快递的飞机。

货物从飞机上载、下载的时间都不超过30分钟，货物卸下来后就会进行第一次扫描，每个包裹上都已经由发货人贴上了数据码，上面有运单号码、货物重量等，然后各种拖车就拖着整托盘的进港货物进入分拣中心，当包裹在传送带上运送时，传送带上的传感器就立刻可以捕捉到这个电子"身份证"，经过无数的扫描机，包裹也就被自动送到不同的传送带，然后被自动机械手推至不同的目的地托盘上。

由于联邦快递实行的是精细化管理，每个员工都只负责包裹的一段旅程，他们主要是负责扫描、防止包裹从自动分拣机上滑落，以及将新的托盘整理好，准确无误地送到离港飞机的位置，依次装机。到凌晨4时，孟菲斯机场的飞机开始起飞向目的地进发，飞机到达各个目的地后，还需要再分拣，然后装上不同路线的送货卡车。

自2007年5月28日起，联邦快递位于浙江省杭州市萧山国际机场的中国区转运中心也正式启用，联邦快递把孟菲斯转运中心的成功开始复制到中国的国内快递市场。到2008年年底，在中国广州白云机场（600004），还将有一处转运中心开展与孟菲斯机场和杭州萧山机场的转运中心相似的活动：停机坪上、传送机中、转运中心内，1200名员工将静候着指挥中心的信号。亚洲24个主要城市的货物，将聚集在广州新白云机场，分拣后运送到世界各地；而全球220多个国家及地区运往亚洲的货物，也将来这里"驻足"。这也将是联邦快递在美国本土外最大级别的国际转运中心。

（来源：物流天下网，2008-5-26.）

【案例点睛】

第三方物流企业能降低物流成本，缩短订单周期和运输时间，改善客户响应能力；也能为客户创造价值。第三方物流公司必须系统规划、有效实施，对整个物流活动进行有计划、有组织的控制管理，才能够实现第三方物流的目标。今天的联邦快递为什么会有这样的成绩？不仅与领导者有关系，而且还与它的企业文化有很大关联。联邦快递有自己的大文化，它的文化在于时间观念；在于软件的创新和创意；它强调的是顾客满意的企业文化。优秀的企业文化，不仅提高了企业的经济效益，还为企业的可持续发展提供了有效保证。

【思考题】

1. 联邦快递公司创立的核心理念是什么？
2. 联邦快递的转运中心是如何运作的？

任务二　了解第三方物流的发展趋势

一、第三方物流的市场现状

现代意义上的第三方物流是一个约有10～15年历史的行业。在美国，第三方物流业被认为尚处于产品生命周期的发展期；在欧洲，尤其在英国，普遍认为第三方物流市场有一定的成熟程度。欧洲目前使用第三方物流服务的比例约为76%，美国约为58%，且其需求仍在增长。研究表明，欧洲24%和美国33%的非第三方物流服务用户正积极考虑使用第三方物流服务；欧洲62%和美国72%的第三方物流服务用户认为他们有可能在3年内增加对第三方物流服务的运用。一些行业观察家已对市场的规模做出估计，整个美国第三方物流业有相当于4200亿美元的市场规模，欧洲最近的潜在物流市场的规模估计约为9500亿美元。

由此可见，全世界的第三方物流市场具有潜力大、渐进性和高增长率的特征。这种状况使第三方物流业拥有大量服务提供者，大多数第三方物流服务公司是从传统的"内物流业"为起点而发展起来的，如仓储业、运输业、空运、海运、货运代理和企业内的物流部等，他们根据顾客的不同需要，通过提供各具特色的服务取得成功。美国目前有几百家第三方物流供应商，其中大多数公司开始时并不是第三方物流服务公司，而是逐渐发展进入该行业的。第三方物流的服务内容现在大都集中于传统意义上的运输、仓储范畴之内，运输、仓储企业对这些服务内容有着比较深刻的理解，对每个单项的服务内容都有一定的经验，关键是如何将这些单项的服务内容有机地组合起来，提供物流运输的整体方案。

在西方发达国家第三方物流的实践中，有以下几点值得注意：第一，物流业务的范围不断扩大。商业机构和各大公司面对日趋激烈的竞争不得不将主要精力放在核心业务，将运输、仓储等相关业务环节交由更专业的物流企业进行操作，以求节约和高效；另一方面物流企业为提高服务质量，也在不断拓宽业务范围，提供配套服务。第二，很多成功的物流企业根据第一方、第二方的谈判条款，分析比较自理的操作成本和代理费用，灵活运用自理和代理两种方式，提供客户定制的物流服务。第三，物流产业的发展潜力巨大，具有广阔的发展前景。

> **思政小专栏**
> **国家政策支持大力发展第三方物流**
> 　　2022年4月10日，《中共中央 国务院关于加快建设全国统一大市场的意见》正式发布，对加快建设全国统一大市场作出了顶层设计。《意见》提出，将建设现代流通网络、完善市场信息交互渠道、推动交易平台优化升级。
> 　　在建设现代流通网络上，将推动国家物流枢纽网络建设，大力发展多式联运，推广标准化托盘带板运输模式。大力发展第三方物流，支持数字化第三方物流交付平台建设，推动第三方物流产业科技和商业模式创新，培育一批有全球影响力的数字化平台企业和供应链企业，促进全社会物流降本增效。
> 　　资料来源：新浪财经网

二、第三方物流的发展趋势

1. 实现规模化经营

在激烈的市场竞争中，第三方物流要想取得生存、发展，只有具备一定的规模和实力，才能有资信保证，才能取信于人，才能提供全方位的服务，才能降低成本，才能对客户需求有较快的反应能力，实现规模效益。我国第三方物流企业大部分都是运输、粮食、物资、商业等企业转型而来，他们都有各自的优势和丰富的管理经验。我国加入WTO后由于竞争的激烈，必须打破业务范围、行业、区域等限制，鼓励强强联合，组成集团经营，而且只有兼并联合，才能合理地配置资源和健全网络系统，才能共享各自的优势和借鉴专业的管理经验，树立整体目标，提供多功能、全方位的物流服务，才能有实力参与国际市场竞争。

2. 物流功能多元化

传统的物流管理只局限于运输、仓储和市内配送，服务项目比较单一，不能完全满足客户的需求，要想在竞争中求得生存、发展，服务项目必须从单一功能服务转向全方位物流服务。在原有服务项目基础上发展货物集运、条码标签、延后服务、订单执行、货运付费、零件成套、退货、更换修理、咨询服务及售后服务等服务，满足不同客户的需求，取得竞争优势。

3. 第三方物流成为物流集成商

任何一个客户都希望用一个计算机接口，一个联系界面，一份合同，一份集单，就能解决所有问题，客户把有关的物流业务交给第三方物流企业全权代理，这样迫使第三方物流公司与其他物流公司建立联盟合作关系，提高了作业效率，降低了成本，扩大了业务服务范围，保证了物流服务质量。

4. 优秀管理团队的建设

物流技术是不断发展的，第三方物流企业在运用物流技术的过程中要不断地创新和发展，同时现代的第三方物流要求有高素质的管理团队与之相适应。他们应该在为顾客提供最满意的服务方面达成共识，树立与顾客达到共赢而不是零和博弈的思想。

三、第四方物流的兴起

（一）第四方物流的定义

近年来，在现代物流的基础上，衍生出了一种新型社会化物流形式——第四方物流

(Fourth Party Logistics，4PL 或 FPL），在这种模式下，专业物流公司依靠复杂的信息技术与客户的制造、分销、数据进行在线连接，对客户的供应链业务从事专业化管理。第四方物流不仅对特定物流活动进行控制和管理，而且对整个物流过程提出策划方案，并通过电子商务将这个过程集成起来。这种新业态的出现可以有效地实现对企业供应链的全方位管理，使物流企业与客户之间的战略伙伴关系得以有效建立和稳固。

著名的管理咨询公司埃森哲公司首先提出第四方物流的概念，他们认为："第四方物流供应商是一个供应链的集成商，它对公司内部和具有互补性的服务供应商所拥有的不同资源、能力和技术进行整合和管理，提供一整套供应链解决方案。"它的主要作用是：对制造企业或分销企业的供应链进行监控，在客户和物流信息供应商之间充当唯一"联系人"的角色。同时，我们还可以从这个定义中看出，第四方物流是有领导力量的物流提供商，它通过提高整个供应链的影响力，提供综合的供应链解决方案，为其顾客带来更大的价值。显然，第四方物流是在解决企业物流的基础上，整合社会资源，解决物流信息充分共享、社会物流资源充分利用的问题。

第四方物流是一个供应链集成商，它调集和管理组织自己的以及具有互补的服务提供商的资源、能力和技术，以提供一个综合的供应链解决方案。第四方物流不仅控制和管理特定的物流服务，而且对整个物流过程提出策划方案，并通过电子商务这个过程集成起来。第四方物流可以使迅速、高质量、低成本的产品运送服务得以实现。

（二）第四方物流与第三方物流的区别

第三方物流供应商为客户提供所有的或一部分供应链物流服务，以获取一定的利润，它提供的服务范围很广，可以简单到只是帮助客户安排一批货物的运输，也可以复杂到设计、实施和运作一个公司的整个分销和物流系统。第三方物流的最大的附加值是基于信息和知识，而不是靠提供最低价格的一般性的无差异的服务。然而，在实际的运作中，第三方物流公司缺乏对整个供应链进行运作的战略性专长和真正整合供应链流程的相关技术。

与此相对应，第四方物流具备整合供应链的能力，提供完整的供应链解决方案，并且逐步成为帮助企业实现持续运作成本降低的有效手段。两者之间的关系是，第四方物流领导第三方物流，是第三方物流的管理者和集成者。它依靠第三方物流供应商，技术供应商，管理咨询顾问和其他增值服务商的集体协作，为客户提供独特的和广泛的供应链解决方案。而一个第四方物流提供商要成功的整合第三方物流企业，需要具备以下条件：第四方物流必须不是物流的利益方；第四方物流必须能实现信息共享；第四方物流必须有能力整合所有物流资源。

综上所述，第四方物流是比第三方物流更进一步的物流服务形态，它是从整个供应链的角度出发，为整个供应链提供物流解决方案。而在物流服务上，第四方物流与第三方物流应该互补合作，达到物流成本的最小化。

通过对第四方物流概念的分析可以发现，第四方物流集成了管理咨询和第三方物流服务商的能力，它为客户提供一整套完善的供应链解决方案。

（三）第四方物流的作用和功能

1. 提供技术、仓储与运输服务的最佳整合——服务最佳整合

4PL 可以不受约束地去寻找每个领域的"行业最佳"提供商，把这些不同的物流服务整合，以形成最优方案。4PL 成功的关键是以"行业最佳"方案为客户提供服务与技术。而 3PL 要么单独，要么通过与自己有密切关系的转包商来为客户提供服务，它不太可能提供技术、仓储与运输服务的最佳整合。

国外 4PL 的本义是从集中于仓储和运输的提供商（3PL），到提供更加集成的解决方案的供应商的发展。除了仓储运输服务，4PL 供应商还提供了包括供应链管理和解决方案、管理变革能力和增值服务等。4PL 方案的开发对 3PL 提供商，技术服务提供商和业务流程管理者的能力进行了平衡，通过一个集中的接触点，提供全面的供应链解决方案。

2. 低成本运作，实现最大范围的资源整合——资源最佳整合

第四方物流无论采取哪一种模式，都突破了第三方物流的局限性，能真正做到低成本运作，实现最大范围的资源整合。因为第三方物流缺乏跨越整个供应链运作以及真正整合供应链流程所需的战略专业技术。第四方物流可以不受约束地将每一个领域的最佳物流提供商（成本最低，服务最好）组合起来，为客户提供最佳物流服务，进而形成最优物流方案或供应链管理方案。

3. 第四方物流能保证产品"更快、更好、更廉"地送到需求者手中

当今经济形势下，货主和托运人越来越追求供应链的全球一体化以适应跨国经营的需要，跨国公司为集中精力于其核心业务也必须更多地依赖于物流外包。基于此理，他们不只是在操作层面上进行外协，而且在战略层面上也需要借助外界的力量，以求得到"更快、更好、更廉"的物流服务。

[案例 11-4] 顺丰集团——产前物流一体化服务

顺丰集团探索智慧物流与供应链在工业端的应用，为中国重汽卡车股份有限公司（以下简称"中国重汽"）提供产前物流数字化解决方案，使生产与物流快速联动，提升车辆周转效率，满足客户对全链路降本、全程感知可控、高品质履约和柔性化生产等供应链服务需求。

1. 做法和经验

(1) 明确合作分工。中国重汽负责提供智能网联（新能源）重卡物流园的场地、厂房及规划要求，顺丰集团根据中国重汽要求进行物流园区总体布局，配备与物流业务相适应的物流设备、设施、作业人员，承担供应商至物流园的零部件（器具）接收、仓储、翻包、分拣分批、排序以及物流园至各车间或 PC 区的配送工作，满足双班双线年产 15 万辆卡车的任务。

(2) 推进智慧应用。建设占地 12000 平方米的自动化仓库，分为托盘立体库和料箱立体库，其中托盘立体库可储存约 30000 个托盘位，料箱立体库可储存约 60000 个料盒。仓库应用行业领先的 RFID 系统、智能循环取货及卡车智能调度等系统提高储存密度和空间利用率。同时，在分拣中心也投入 30 台 AGV，能够实现从立体库到分拣中心全过程货到人拣选。

(3) 打通信息链条。顺丰自动化仓库系统与中国重汽 ERP、LES 直接对接，根据生产计划实时发起物料需求指令给 WMS（仓储管理系统），WMS 将任务下达给 WCS（仓储控制系统），WCS 调度各种物流设备完成对应的任务。特别是顺丰集团自研的循环取货系统，可根据客户生产计划和物料需求计划，分析区域内各供应商的货量数据，制定最优循环取货路线和拼载计划。

(4) 强化运营保障。建立完整资产管理体系、高效分工合作、资产管理责任制、人才培养机制和"三步"软件管理法 5 大管理模块，有效保证工厂生产顺利达成及账实一致性。同时，现场作业环节，采取混载到货管控提升、标签颜色改善、差异件习熟/料位盘查、防错演练/分类管控等措施，对账实一致性进行日常管控。

2. 实施效果

传统的汽车产前模式是零部件供应商在接收主机厂的采购计划后组织生产，并在主机厂周边设置仓库进行配送，各仓库一般设置10～20天的库存，占用大量资金。顺丰集团搭建产前集约化物流中心，通过进行仓储控制，产前段物流成本降低10%左右，人员能效提升15%～20%，形成高效有序的产前运作体系。特别是通过物流科技手段的应用以及智能化设备的投入，现场操作人员减少约8%，年度物流费用节省约1200万。此外，该项目实施预计可创造社会工作岗位约800个，同时使用循环包装和新能源车辆，可有效减少碳排放。

（来源：国家发展改革委官网）

【案例点睛】

现代企业的竞争更多地表现为核心业务能力的竞争，制造企业将非核心业务外包，可以实现经济上的双赢。本案例中，顺丰集团通过为中国重汽卡车股份有限公司提供产前物流数字化解决方案，明确两者分工，部署数字化、智能化物流应用，实现低成本运作，最大范围的资源整合，使生产与物流快速联动，提升车辆周转效率，降低物流费用，提升人员效能，促进了"企业利润最大化"目标的实现。

【思考题】
1. 顺丰集团为中国重汽提供了哪些服务？
2. 请结合案例分析，第三方物流能为客户带来哪些竞争优势？

[案例11-5] 某箱包企业的物流管理

一个销售额近6000万元的箱包企业工厂总部位于北京，全国有九家分公司，距北京平均距离1200公里。10座城市均摊，月均50万元销售额。设标准包装箱为45厘米×33厘米×60厘米，约0.09立方米，15千克，每箱30只。平均计价144元/只，每箱货值0.432万元。每城市每月销售126箱，约11.34立方米。计费吨数为3.4吨。设该公司于每城市有100家销售网点，每个网点销售1.26箱，计0.5万元/家，约38只箱包。送货3800只/月/城，10座城市总送货38000只，全年送货45.6万只。假如每家销售网点有品种20种，30%为畅销品占销量的70%，即6种箱包的每月的送货量为26只，其余14种每月送货量为12只，分3次送完。每城市每月送货300次，10个城市送货3000次，全年送货3.6万次。该公司的物流比率为1.8%。

该箱包企业为了完成原料采购和产品分销的等物流功能可以有两种选择：采用第三方物流和企业自营物流。公司自行承担物流功能需要车辆、仓库、办公用房等固定资产占用，要负担相应的维修及折旧费用，要负担有关人员的工资奖金费用，年物流费用为277万元，约占销售额的4.62%。而采用委托第三方，采购全套物流服务，所需物流费用为200万元，约占销售额的3.33%。

由此可见，利用第三方物流服务比本公司自营节省可见成本28%。实践证明，采用第三方物流服务可为公司解决以下烦恼：降低物流成本；扩大公司业务能力；集中精力，强化主业；缩短出货至交货时间；增加车辆效率和减少油耗费用；彻底实施品质管理。

（来源：何情茵．物流案例与实训[M]．北京：机械工业出版社，2008.）

【案例点睛】

在竞争激烈的市场上，降低成本、提高利润率往往是企业追求的首选目标。箱包企业通过采用第三方物流，一方面解决了本企业资源有限的问题，更专注于核心业务的发展；更重要的是使企业得到更加专业化的服务，从而降低营运成本，提高服务质量。

【思考题】
1. 利用第三方物流服务比箱包公司自营节省可见成本是多少？
2. 采用第三方物流为企业带来哪些好处？

[案例11-6] 宝供集团发展第三方物流的做法

宝供物流企业集团有限公司创建于1994年，总部设于广州，1999年经国家工商局批准，成为国内第一家以物流名称注册的企业集团。目前已在全国46个城市建立了7个分公司、48个办事处，形成了一个覆盖全国，并向美国、澳大利亚、泰国、香港等地延伸的物流运作网络。企业拥有先进的物流信息平台，为全球500强中50多家大型跨国企业及国内一批大型制造企业提供物流服务，是当今国内领先的第三方物流企业。

宝供集团业务范围包括物流规划、货物运输、分销配送、储存、信息处理、流通加工、国际货代、增值服务等一系列专业物流服务。

一、不断创新经营理念，促进物流经营的现代化

现代物流业是一门新兴产业，现代物流不同于传统意义上的仓库、运输，而是集各种现代高科技手段、网络信息通信技术以满足客户的需要建立起来的供应链一体化物流服务。

因此，宝供集团自成立之日起，就不断汲取国外先进物流理念，大胆探索和创新。集团成立初期，基于对市场的敏锐观察和分析，率先打破传统的分块经营、多头负责的储运模式，建立门对门的物流服务方式。从生产中心到销售末端，无论中间经过多少环节，采用多少运输方式，一概实施全过程负责。集团首先采用这种方式为宝洁公司服务，使宝洁公司在中国的分销业务得以顺利开展，市场不断扩大，收到了良好的经济效益和社会效益。

1994年起至今，随着客户分销网络的拓展，宝供集团逐渐建立起覆盖全国的分支机构体系，并向境外延伸，形成了国内第一个覆盖全国、提供物流全过程服务的物流运作网络，业务蒸蒸日上，声誉不断提高。在为客户提供服务的过程中，宝供集团始终秉承"为客户创造价值"的经营理念，不断优化客户服务模式、提高服务质量、降低物流成本。从2000年至今，宝供已先后完成了红牛、联合利华、飞利浦、TCL等客户的物流系统整合优化，使客户分销中心数量、库存水平明显降低，服务质量也得到了很大改善，创造了巨大的整合价值。2000年起宝供参与了TCL的物流系统的改造，在广泛调研的基础上提出了改进方案，该方案的实施使TCL每年节省大量的物流费用。宝供在为飞利浦公司提供的两年多的服务时间里，通过信息技术的运用和运作模式的改变，使其从几十万台的电视机库存下降到几万台，利润直线上升。1997年，宝供集团建成国内第一个Internet（国际互联网络）/Intranet（企业内部互联网络）的物流信息系统，在与客户进行电子数据交换方面取得重大突破，并在此基础上，实现了企业间物流、资金流、信息流的流程整合，优化了客户供应链，标志着第三方物流服务供应链体系的形成。

二、充分发挥第三方物流服务的优势，增强企业的市场竞争力

所谓第三方物流服务，是指相对于生产、消费的"第三方"为生产和消费双方提供的专业化的物流服务。宝供集团第三方物流经营模式，是以市场需求为导向，物流系统优化为基础，信息技术和管理技术为手段，推动资源的合理配置和社会优势资源的整合，构筑完整的综合价值链，为客户提供一体化、专业化、全过程的物流服务。

主要服务内容：一是物流策划，包括物流规划与模式设计；二是物流运作管理，包括运输、仓储、装卸、包装、分拣和理货等管理；三是物流信息，包括信息系统规划、信息技术支持、信息管理，为公司和客户双方监控物流过程提供实时、准确的信息服务。

宝供集团计划在全国沿海以及内地重要城市兴建 15 个面积在 20 万～60 万平方米的高效、大型现代化物流基地，建成后的物流基地不仅仅是现代化的储存、运输、分拨、配送、多种运输交叉作业的中心，同时也是加工增值服务中心、商品展示中心、贸易集散中心、金融结算中心、信息枢纽及发布中心，并提供一关三检、物流科研培训服务，为生产制造及流通产品、进出口产品提供全球供应链一体化的服务。

三、建立先进的物流信息系统和运作网络，不断提高物流服务效率

采用信息网络技术，构建现代物流业体系发达的神经系统，是提高物流服务效率的重要保障。宝供集团从 1997 年开始，累计投了数千万元资金、建设了基于 INTERNET/INTRANET 功能强大的物流信息管理系统，实现对全国各地物流运作信息实时动态的跟踪管理，确保信息处理的及时性、准确性和有效性。这个系统也向客户开放，客户可通过 INTERNET 或其他网络方式，利用该系统实时了解自己货物的运作信息，确保对货物的有效管理控制。

2001 年，借助 VPN 平台、XML 技术，宝供集团实现了与飞利浦、宝洁、红牛等客户电子数据的无缝链接，全面代替了传真、输单等手工操作，摆脱了落后的手工对账方法，而代之以利用数据库、网络传递等计算机辅助手段来实现数据的核对、归类、整理，极大地提高了工作效率。这一技术的采用，给客户的库存管理提供了很大便利，也促使形成了一种新的管理模式，促进了客户成品管理水平的提高。宝供集团这套信息化应用系统被英特尔公司誉为目前国际上先进的物流信息系统，也是全国最早以信息服务驱动提供物流全面解决方案的第三方专业物流公司。

TOMS（全面订单管理系统）与 WMS（仓库管理系统）的采用使整个运作过程更加可视化、可控化，最终实现物流信息在一个高效系统内闭环管理。同时，宝供集团建立了覆盖全国的物流运作网络，从根本上改变了传统储运存货、接货、发货、送货多头负责、责任相互推诿以及多环节、高费用、低效率、难以监控的被动局面，确保了面向客户一致性、一体化的全程服务，实现了对物流运作网络的集中监控管理。物流运作网络的建立为大型制造企业在全国范围内的分销提供了高效、可控、透明的物流支持体系，是促进制造业企业拓展市场、提高资源利用率、降低成本的有效途径。建立规范的操作程序，是提高服务效率和质量的重要保证。宝供集团的整个物流运作自始至终处于严密的质量跟踪及控制之下，确保了物流服务的可靠性、稳定性和准确性。2004 年，宝供集团的货物运作可靠性达到 98%，运输残损率为万分之一，远远优于国家有关货物运输标准。

四、宝供未来的发展目标和战略

（一）发展目标

成为国际上较具影响的中国第三方物流企业。运作和管理达到国际先进水平。

（二）宝供的战略

1. 供应链一体化发展战略

基于对未来市场变化的判断，宝供集团决定在未来的 3～5 年，投入较大的资源，通过与铁路、航空、港口等社会机构的合作，致力于形成包括供应链物流、快运业务、流通配送为主体的三大物流体系和服务网络，以提升宝供集团的整体竞争力和企业价值。

2. 网络战略

①为了更好地适应市场发展以及客户的需求，发挥宝供全国运作网络的作用，提高物流运作水平，宝供集团拟在全国 20 条主要干线构造一个安全、稳定、准时、可靠的快速通道，最后将形成一个快速的干线运输网络。②在全国 10 个主要城市开展深度分销配送业务，构建一个 B to B，B to C 的运作网络，形成一个以干线运输（大动脉）和区域配送（血管）和

城市配送（毛细血管）三级联动的运输配送体系。

3. 基地战略

为适应中国加入WTO所带来的机遇以及生产模式、营销模式的变化，宝供集团拟在全国15个经济发达城市投资建设大型现代化的基于支持全球供应链一体化的综合性物流服务平台（每个服务平台占地面积为20万~60万平方米），形成一个以现代化物流服务平台为节点的运作网络。

4. 科技战略

为了更好地服务于客户，向客户提供更多、更好、更快的物流服务，促使物流生产模式由人力密集型向技术密集型转变，不断提高运作效率和管理水平，宝供加大了技术开发力度，以科技促发展，逐步提高公司的技术水平。宝供不仅加大力度完善、提升宝供现有物流信息管理系统的服务能力，还与全球著名的IBM公司签订有关引进国外先进信息技术的合同，以及共同联手打造一个基于支持全球供应链一体化的信息服务平台。同时，还将引进国外先进成熟的适应中国物流状况的部分信息系统和软硬件技术，也将引进国外先进的运作设备及运作技术。

5. 人才战略

宝供将坚定不移地推行自己的人才战略，从国外、国内各方面吸收优秀人才充实到公司各岗位。宝供在吸纳人才的同时，将更加注重对他们的培养，不断完善自身的培训机制，为公司参与未来的全球竞争奠定基础。

（来源：物流天下网.）

【案例点睛】

宝供集团第三方物流经营模式，是以市场需求为导向，物流系统优化为基础，信息技术和管理技术为手段，为自己的客户提供仓储、配送、信息管理、订单管理等一体化、专业化、全过程的物流服务，在整个供应链管理过程中起着至关重要的作用。

【思考题】

1. 宝供集团是如何创新经营理念的？
2. 宝供集团为客户提供哪些物流服务？是如何实现的？

【实训活动】

一、公路车流量及空载率调查

[实训目的]

通过调查本市主干线的货物车辆运输情况，了解熟悉本市的公路运输状况，寻找现存的运输不合理的主要因素，发现当地物流发展中的实际问题。

[实训内容]

1. 小组根据日常观察和了解选择本市的一条运输主干线，并选定路段作为现场调查的地点。
2. 小组选定每工作日的8:00~10:00，14:00~16:00两个时间段作为调查时间。
3. 小组为调查情况制作调查记录表，并做好分工。
4. 小组人员分工调查来往货车通过量、来往货车的车型、来往货车的满载情况、来往货车的空载情况。
5. 小组人员汇总调查数据，对数据进行分析、整理，形成调查报告。

[实训要求]

1. 根据具体情况，选择有一定代表性的路段，完成公路车流量及空载率的调查。
2. 时间要求：一周。

二、案例讨论

[实训目的]

通过案例分析、讨论，加深对第三方物流的认识，锻炼学生的思维能力和演讲能力。

[实训内容]

某公司首次承揽到三个集装箱运输业务，时间较紧，从上海到大连铁路为1200千米，公路为1500千米，水路为1000千米。该公司自有10辆10吨普通卡车和一个自动化立体仓库，经联系附近一家联运公司虽无集装箱卡车，但却有专业人才和货代经验，只是要价比较高，至于零星集装箱安排落实车皮和船舱，实在心中无底，你认为采取什么措施比较妥当？①自己购买若干辆集装箱卡车然后组织运输。②想法请铁路部门安排运输但心中无底。③水路最短路程，请航运公司来解决运输。④联运公司虽无集装箱卡车，但可让其租车完成此项运输。⑤没有合适的运输工具，辞掉该项业务。

[实训要求]

1. 学生分组对案例进行讨论，并指定小组发言人。
2. 抽取2～3个小组进行交流。

项目十二　现代物流的发展趋势

【学习目标】

◆ 知识目标

1. 掌握绿色物流的概念，了解我国绿色物流的现状。
2. 理解电子商务与现代物流的相互关系。
3. 掌握供应链管理的含义和目标，了解供应链管理涉及的具体内容。

◆ 技能目标

1. 学会绿色物流的实施策略。
2. 学会电子商务推动现代物流业的具体举措。
3. 学会供应链的具体运作方式。

◆ 素养目标

1. 培养勇于接受新事物的职业精神，树立长远意识。
2. 树立保护环境的社会公德。

【导入案例】麦当劳的冷链物流

"麦当劳不仅仅是一家餐厅。"麦当劳创始人雷·克洛克曾是一位奶昔机推销商，54 岁开始了经营麦当劳的传奇事业。50 多年后的今天，麦当劳已经在全球 120 多个国家拥有 29000 多家餐厅，居全球知名品牌的前 10 位。在这个群体力量的成功故事中，物流伴随"我就喜欢"的火热节奏行遍全球，在麦当劳品牌的成长中扮演了一个不可或缺的角色。

1990 年，中国的第一家麦当劳餐厅在深圳开张。就在许多人还没听过"物流"这个词的时候，麦当劳已将世界上最先进的物流模式带进了中国。一整天的繁华喧嚣过后，来自麦当劳物流中心的大型白色冷藏车悄然泊在店门前，卸下货物后很快又开走。尽管一切近在眼前，但很少有人能透过这个场景，窥视到麦当劳每天所需原料所经历的复杂旅程，这些产品究竟如何保持新鲜，又是怎样在整条冷链中实现平滑无隙的流转呢？

在麦当劳的冷链物流中，质量永远是权重最大、被考虑最多的因素。麦当劳对质量的敏感，源于其对市场走向的判断。消费者对食品安全的要求越来越高，低价竞争只能对供应链产生伤害，价格竞争将被质量竞争所取代。为此，麦当劳愿意在别人无暇顾及的领域付出额外的努力。比如，麦当劳要求，运输鸡块的冷冻车内温度需要达到－22℃，并为此统一配备价值 53 万元的 8 吨标准冷冻车，全程开机。正如餐厅并不是麦当劳的全部，运输中的质量控制，只是麦当劳冷链物流的冰山一角，在它的后面，有技术先进的食品加工制造商、包装供应商及分销商等构成的采购网络支撑，更有遍及世界各地的运销系统承载，还有准确快速的财务统计及分析软件助阵。

麦当劳对物流服务的要求是比较严格的。在食品供应中，除了基本的食品运输之外，麦当劳要求物流服务商提供其他服务，比如信息处理、存货控制、贴标签、生产和质量控制等诸多方面，这些"额外"的服务虽然成本比较高，但它使麦当劳在竞争中获得了优势。送货和接货有固定的程序和规范。在货物被装车之前，必须根据冷冻货对温度的敏感程度，按照由外向里分别是苹果派、鱼、鸡、牛肉、薯条的顺序装车；接货时，则要对这些情况进行核查。接货的检查项目包括，提前检查冷藏和冷冻库温是否正常，记录接货的时间和地点，检查单据是否齐全，抽查产品的接货温度，检验产品有效期（包括估计是否有足够的使用时间），检查包装是否有破损和污染，糖浆罐是否溢漏，二氧化碳罐压力是否正常，最后才是核对送货数量，签字接收。及时响应麦当劳餐厅的需求，则是物流供应商发挥的特有作用。物流中心的一切管理工作细致有序，先进的设备也为物流质量提供了必要的保障。麦当劳利用夏晖设立的物流中心，为其各个餐厅完成订货、储存、运输及分发等一系列工作。

（来源：锦程物流网．）

【思考题】
什么是冷链物流？冷链物流对麦当劳具有什么意义？

任务一　了解绿色物流的实施策略

一、绿色物流的概念

物流在促进经济发展的同时，也给城市环境带来负面的影响。因此，21世纪对物流提出了新的要求，即绿色物流。

绿色物流（Environmental Logistics）是指在物流过程中抑制物流对环境造成危害的同时，实现对物流环境的净化，使物流资源得到最充分利用。

12. 绿色物流基本内容

绿色物流也是一种以降低对环境的污染、减少资源消耗为目标，利用先进物流技术，规划和实施的运输、储存、包装、装卸、流通加工等物流活动。

绿色物流是经济可持续发展的必然结果，对社会经济的不断发展和人类生活质量的提高具有重要意义，物流企业必须将其经营战略与环境保护有机联系起来，而且要有整个供应链上的企业协同建立广泛的废弃物物流。

绿色物流是以经济学一般原理为基础，建立在可持续发展理论、生态经济学理论、生态伦理学理论、外部成本内部化理论和物流绩效评估的基础上的物流科学发展观。

它包括物流作业环节和物流管理全过程的绿色化。从物流作业环节来看，包括绿色运输、绿色包装、绿色流通加工等。从物流管理过程来看，主要是从环境保护和节约资源的目标出发，改进物流体系，既要考虑正向物流环节的绿色化，又要考虑供应链上的逆向物流体系的绿色化。绿色物流的最终目标是可持续发展，实现该目标的准则是经济利益、社会利益和环境利益的统一。

集约资源是绿色物流的本质内容，也是物流业发展的主要指导思想之一。通过整合现有资源，优化资源配置，企业可以提高资源利用率，减少资源浪费。

二、我国绿色物流的差距

1. 观念上的差距

一方面，有些决策者的观念仍未转变，绿色物流的思想还没确立，缺乏发展的前瞻性，与时代的步伐存在差距。另一方面，经营者和消费者对域外物流绿色经营消费理念仍非常淡薄，绿色物流的思想几乎为零。物流环节作为产品经营的绿色通道，未引起足够的重视和关心。因此在发展物流的同时，要尽快提高认识，更新思想，把绿色物流作为世界全方位绿色革命的重要组成部分，确认和面向绿色物流的未来。

2. 政策性的差距

一些发达国家的政府非常重视制定政策法规，在宏观上对绿色物流进行管理和控制，制定了诸如控制物流活动的污染发生源，限制交通量和控制交通流的相关政策和法规，而且还从物流业发展的合理布局上为物流的绿色化铺平道路。尽管我国自20世纪90年代以来，也一直在致力于环境污染方面的政策和法规的制定和颁布，但针对物流行业的还不是很多。同时，由于物流涉及的有关行业、部门、系统过多，而这些部门又都自成体系、独立运作，因此，打破地区、部门和行业的局限，按照大流通、绿色化的思路来进行全国的物流规划整体设计，是我国发展物流在政策性问题上必须正视的大事情。

思政小专栏

国家多部门陆续出台一系列政策　助力绿色物流发展

2021年10月，交通运输部印发《绿色交通"十四五"发展规划》：到2025年，交通运输领域绿色低碳生产方式初步形成，基本实现基础设施环境友好、运输装备清洁低碳、运输组织集约高效，重点领域取得突破性进展，绿色发展水平总体适应交通强国建设阶段性要求。

2022年1月，国家发展改革委等部门印发《促进绿色消费实施方案》的通知，提出要加强低碳零碳负碳技术、智能技术、数字技术等研发推广和转化应用，提升餐饮、居住、交通、物流和商品生产等领域智慧化水平和运行效率。

国家多部门陆续出台一系列政策鼓励发展绿色物流，加之实现双碳目标的"1+N"政策体系正在加速构建中，物流行业的绿色化发展得到极大重视。

---

3. 技术上的差距

绿色物流的关键所在，不仅依赖物流绿色思想的建立，物流政策的制订和遵循，更离不开绿色技术的掌握和应用。而目前我国的物流技术与绿色要求有较大的差距，如我国的物流业还没有什么规模，基本上是各自为政，没有很好的规划，存在物流行业内部的无序发展和无序竞争状态，对环境保护造成很大的压力；在机械化方面，物流机械化的程度和先进性与绿色物流要求还有距离；物流材料的使用上，与绿色物流倡导的可重用性、可降解性也存在巨大的差距；另外，在物流的自动化、信息化和网络化环节上，绿色物流更是无从谈起。

三、绿色物流的实施策略

（一）树立绿色物流观念

随着社会经济的迅猛发展，越来越多的生态灾难，使人们开始意识到：一切经济活动都离不开大自然，取之于大自然，复归于大自然。于是，循环经济或绿色经济应运而生，引起人们经济行为的变化，甚至社会经济结构的转变，一系列新的市场制度和经济法规，迫使企业降低环境成本而采用绿色技术，进行绿色生产、绿色营销及绿色物流等经济活动。许多专家认为，21世纪是绿色世纪。循环经济或绿色经济要求物流企业，在经营决策的时时刻刻，综合考虑人们的近期需求和长远利益、企业利益和社会利益、有形利益和无形利益，并以此观念，策划绿色物流活动。

（二）推行绿色物流经营

物流企业要从保护环境的角度制订其绿色经营管理策略，以推动绿色物流进一步发展。

1. 搜集和管理绿色信息

物流不仅是商品空间的转移，也包括相关信息的搜集、整理、储存和利用。绿色物流要求搜集、整理、储存的都是各种绿色信息，并及时运用于物流中，促进物流的进一步绿色化。

2. 绿色仓储

绿色仓储一方面要求仓库选址要合理，有利于节约运输成本；另一方面，仓储布局要科学，使仓库得以充分利用，实现仓储面积利用的最大化，减少仓储成本。

3. 选择绿色运输

运输过程中的燃油消耗和尾气排放，是物流活动造成环境污染的主要原因之一。因此，要想打造绿色物流，必须选择绿色运输。具体措施包括：①开展共同配送；②采取复合一贯制运输方式；③大力发展第三方物流；④使用绿色工具。

4. 提倡绿色包装

绿色包装是指采用节约资源、保护环境的包装。绿色包装要醒目环保，还应符合4R要求，即少耗材（reduction）、可再用（reuse）、可回收（reclaim）和可再循环（recycle）。

绿色包装的途径主要有：促进生产部门采用尽量简化的，以及由可降解材料制成的包装；在流通过程中，应采取措施实现包装的合理化与现代化：①包装模数化；②包装的大型化和集装化；③包装多次、反复使用和废弃包装的处理；④开发新的包装材料和包装器具。

5. 开展绿色流通加工

流通加工具有较强的生产性，也是流通部门对环境保护可以大有作为的领域。绿色流通加工主要包括以下措施：由分散加工转向专业集中加工，以规模作业方式提高资源利用率，减少环境污染；集中处理流通加工中产生的边角废料，减少废弃物污染；变消费者加工为专业集中加工，以规模作业方式提高资源利用效率，减少环境污染等。

6. 废弃物物流的管理

废弃物物流是指在经济活动中失去原有价值的物品，根据实际需要对其进行搜集、分类、加工、包装、搬运、储存等，然后分送到专门处理场所后形成的物品流动活动。

从环境的角度看，今后大量生产、大量消费的结果必然导致大量废弃物的产生，尽管已经采取了许多措施加速废弃物的处理并控制废弃物物流，但从总体上看，大量废弃物的出现仍然对社会产生了严重的消极影响，导致废弃物处理的困难，而且会引发社会资源的枯竭以及自然资源的恶化。因此，21世纪的物流活动必须有利于有效利用资源和维护地球环境。

（三）开发绿色物流技术

绿色物流的关键所在，不仅依赖绿色物流观念的树立、绿色物流经营的推行，更离不开绿色物流技术的应用和开发。没有先进物流技术的发展，就没有现代物流的立身之地；同样，没有先进绿色物流技术的发展，就没有绿色物流的立身之地。而我们的物流技术与绿色要求有较大的差距，如物流机械化方面、物流自动化方面、物流的信息化及网络化，与西方发达国家的物流技术相比，大概有10~20年的差距。要大力开发绿色物流技术，否则绿色物流就无从谈起。

（四）制定绿色物流法规

绿色物流是当今经济可持续发展的一个重要组成部分，它对社会经济的不断发展和人类生活质量的不断提高具有重要的意义。因此，绿色物流的实施不仅是企业的事情，而且还必须从政府约束的角度，对现有的物流体制强化管理，构筑绿色物流建立与发展的框架，做好绿色物流的政策性建设。制定和颁布相关的环保政策或法规，既可以成为企业的压力，又可以为企业提供发展的机会，物流企业经营者进行分析研究，以便明确方向，克服障碍，推动绿色物流的顺利发展。

[案例12-1] "绿链"物流：打通城市发展与绿色运输的"任督二脉"

物流业是支撑国民经济发展的基础性、战略性、先导性产业，物流高质量发展是经济高质量发展不可或缺的重要力量。"铁路，就像打通港口与内陆的大动脉。"临沂临港经济开发区党工委委员、管委会副主任朱凤平对记者说。

面对经济快速发展中，交通运输体系和生态环境保护带来的挑战，临沂临港加紧布局"绿链"物流体系。临沂临港疏港铁路于2021年底主线段全线通车。到2022年8月初，原材料运输超过260万吨，甚至还实现了货物由港口到企业的直通运输。

顶层设计，绘就发展蓝图。凭借临沂临港经济开发区的区位优势，山东在这里布局1400万吨钢铁产能，跳出传统港口范畴，打造更高平台和万能接口，不断吸引产业链、供应链等汇聚。同时，构筑综合物流枢纽体系，大力发展"绿链"物流，山东打通城市发展与绿色运输的"任督二脉"，进一步凸显临沂临港的交通区位优势，为促进陆海统筹、东西互济等提供基础保障。

大宗货物运输："公转铁"

在临港疏港铁路开通运营前，从港口到达临沂临港开发区的车辆每天约有20000多辆，交通、环保压力大。为了响应国家打赢蓝天保卫战的号召，服务临港1400万吨高端不锈钢产业集群，临港疏港铁路开通运营以后，来自岚山港、岚桥港货物全部通过铁路来运输，大大减轻了公路运输、环境保护、企业生产成本的压力。

港口货物通过疏港铁路运送到临港铁路园区站再转运到各企业厂区，开启了临港陆海联动、海铁直运、多式联运的新纪元，进一步串联起临沂临港区精钢基地30多家上下游企业，形成直通港口钢铁运输快速通道，打通联运、转运衔接"最后一公里"。

现在临疏港铁路主要服务于山东钢铁、永锋钢铁、玫德等30多家企业，货物由港口到站点的直通运输，为企业节约了三分之一的运输时间、三分之一的运输成本。据统计，目前大宗货物公转铁预计载货量1800万吨，氮氧化物减排14.58吨、挥发性有机物减排0.864吨。

车辆能源："油转电"

在临沂临港经济开发区，绿色环保不是可选项，而是必选项。目前，临港区150多台新能源车，24小时待命，电池5分钟之内就能更换完毕，能及时地保证货物转运，满足企业的生产需求。

货物在岚山港或疏港铁路货运场站，可直接由新能源重卡车无缝隙运至临港企业，实现了"港口+铁路干线+新能源重卡接驳"的全过程零排放绿色运输，既解决了运输过程中污染物排放等问题，为企业带来真金白银的效益，还能带动新能源汽车及相关产业快速发展，有助于打造绿色智慧城市、绿色智慧园区、绿色智慧港口、绿色A类钢厂等，促进区域发展的低碳化、智能化全面升级转型。

以换电站为例，截至目前，临沂临港区共有130辆重卡完成了换电模式，10个月时间共减排污染物310吨。项目全部建成后可年服务3000台电动重卡换电使用，每年将减少二氧化碳排放55万吨，节约柴油消耗2.1亿升，预计可实现收入41580万元。

园区内企业运输："管状带"

临沂临港园区内多家企业位列山东省前茅，仅永锋、玫德等几家钢铁企业，年原料与成品的运输周转量就将高达13500万吨。如果全部按照汽车运输，每车30吨的运输量计算，相关的运输量将高达10000辆/天。

而从岚山港至临沂临港36千米的输送绿色智能工程（管廊）将有效解决这个问题。这项工程通过长距离管状带式输送机系统直接输送货物，主要为临沂临港区提供区内钢铁企业生产、运营所需要的铁粉矿、铁精矿、铁矿石的运输服务。将管廊设置在永锋，等于港口往里延伸，永锋将成为临沂临港区原料初级加工的"内陆港"。这样不仅能提升企业的竞争力，有效降低园区钢铁产业链上企业的原料成本，还能够有效减少对道路、铁路运输能力的占用，大幅减少相关区域汽车扬尘和轮胎对于道路的污染，改善物流道路运输现状。据统计，"管状带"每年可减少区域CO排放量2020吨，NO_x排放量3324吨，二氧化碳排放量199200吨。

"绿链"物流不仅是运输方式、运输结构的升级，更是经济的转型升级。企业的成本得以降低，环保的压力得以改善，对于加快新旧动能转换、推动绿色发展均具有重要意义。大宗货物运输结构"公转铁"，车辆能源结构"油转电"……每一项举措都见证着一个"绿链"物流助力的工业强区的崛起，也见证着不变的绿色坚守。

（来源：人民交通网）

【案例点睛】

临沂临港结合交通区位优势，通过顶层设计跳出传统港口范畴，不断吸引产业链、供应链汇聚，同时构筑综合物流枢纽体系，大力发展"绿链"物流。为了响应国家打赢蓝天保卫战的号召，降低对环境的污染、减少资源消耗，服务临港1400万吨高端不锈钢产业集群，来自岚山港、岚桥港货物由原来的公路运输改为全部通过临港疏港铁路来运输。通过从岚山港至临沂临港的输送绿色智能工程（管廊），实现长距离管状带式输送机系统直接输送货物，不仅有效降低了产业链相关企业的原料成本，还有效减少了对道路、铁路运输能力的占用，大幅减少相关区域汽车扬尘和轮胎对道路的污染，改善物流道路运输现状。

【思考题】

1. 临沂临港的"绿链"物流采取了哪些具体措施？
2. 请结合案例分析，我国发展绿色物流的重要意义是什么？

［案例12-2］让公路水路走上"环保路"

6月的天津港晴空万里，阵阵海风袭来。在北方多风干燥的春夏之季，记者来到天津港南疆港区，这里的散货物流中心是目前国内最大的煤炭集散中心。

散货物流中心货场内堆放了数堆十几米高的大煤堆，在六七级风力下，煤堆上却煤尘不起。"扬尘控制主要是依靠覆盖膜技术，这种方法已经在天津港得到有效应用"。天津港环保中心负责人介绍说，"另外，通过使用污水循环水进行作业同步喷淋，也能有效防止扬尘"。目前，长3000米、高9米的南疆防风网墙正在建设之中。

港口环保建设只是交通环保的一个缩影。目前，交通环保已经深入公路、水路建设和运营的各个环节，基本形成了较为完善的机构体系、法规标准体系、环境监测和环保科研体系等。

"三十多年来，交通环保已经发展成为了覆盖公路、水路各方面的综合环保体系"。原交通部环境保护中心主任高洁说，"每年公路、水路环境保护投资占当年交通建设总投资的1.5%，2006年达100亿元左右"。

交通环保已经成为行业共识。2006年交通部召开了建设创新型交通行业工作会议，特别强调了要坚持交通与自然的和谐发展，建设资源节约型、环境友好型交通行业。时任交通部部长的李盛霖提出，到"十一五"末，我国每亿车公里公路用地面积将力争与2005年相比下降 20%，沿海港口每万吨吞吐量占用码头泊位长度下降 25%，营运车辆、船舶百吨公里能耗下降 20%。2007 年全国交通工作会议再次强调加快推进"资源节约型、环境友好型交通行业"。

公路环保理念从当初的"先破坏后恢复"已发展到坚持预防为主，管治结合，谁污染谁治理，谁开发谁保护。交通部门提出了"不破坏就是最好的保护，在设计上最大限度地保护生态环境，在施工中最低程度地破坏和最大限度地恢复生态环境"的交通建设新理念。

在水运方面，我国在大连、天津、上海、宁波、广州等港口，先后建立了一批先进的油污水、生活污水、化学废水、垃圾接收处理等污染处理设施，大大提高了港口污染处理能力。每年港口接收处理船舶油污水 400 余万吨，回收污油 3 万多吨。

截至 2006 年年底，我国公路通车总里程达 348 万公里。公路建设过程中的环保对交通环保至关重要，涉及生态环境保护、水土保持、污染防治等方面。交通行业不断进行技术创新，利用工业固体废料作为筑路材料。据统计，公路建设使用粉煤灰 2 亿多吨，节省粉煤灰占地 5 万亩，节约取土占地 25 万亩。

随着航运业的迅速发展，全国各港口散装油类和危险品运输吞吐量日益增长，并呈现油轮运输大型化、液态化学品运输散装化等特点，发生重大突发性污染事故的风险不断加剧。而且一旦发生就将对附近水域、滩涂和岸线造成严重污染。据统计，1973~2006 年，我国沿海共发生溢油 50 吨以上的重大船舶溢油事故达 69 起，总溢油量就达 37000 多吨。

参照国际标准，我国正在加大船舶油污损害赔偿机制建设，建立船舶油污强制保险制度，以提高船舶污染事故赔付能力，同时发起建立国家油污基金，对船舶油污强制保险制度进行补充。"油污强制保险和油污基金制度的建立，将使我国船舶污染受害人的权益受到更好的保护。"高洁说。

(来源：欧阳洁.2007-06-04.人民网《人民日报》.)

【案例点睛】
绿色物流的最终目标是可持续性发展，实现该目标的准则是经济利益、社会利益和环境利益的统一。公路运输和水路运输是我国物流业的重要运输方式，加强对公路运输和水路运输的管理，对绿色物流策略的实施具有积极作用。运输环保理念从当初的"先破坏后恢复"已发展到坚持预防为主，管治结合，谁污染谁治理，谁开发谁保护。全面落实交通环保的理念，可以避免走"先污染再治理"的教训，是保障我国经济可持续发展的重要举措。

【思考题】
1. 我国的交通环保包括哪些具体内容？
2. 结合案例，分析当地的物流环保工作有哪些优点和不足？

任务二　认识电子商务与现代物流业

电子商务（E-Commerce，EC）是指在 Internet 开放的网络环境下，基于 Browser/Server 的应用方式，实现消费者的网上购物（B2C），企业之间的网上交易（B2B）和在线电子支付的一种新型的交易方式（《中华人民共和国国家标准物流术语》GB/T 18354—2006）。

电子商务是 20 世纪信息化、网络化的产物，从广义上去理解，电子商务是指企业内部员工之间的信息交流、供应链上商业伙伴之间的交易，以及一切与之相关的网上事务和相关的经济活动，换言之，电子商务是指买卖双方之间利用计算机网络、按照一定标准所进行的各类商务活动。

在当今的电子商务时代，全球物流产业有了新的发展趋势。电子商务的不断发展使物流行业所提供的服务内容已远远超过了仓储、分拨和运送等服务。物流公司提供的仓储、分拨设施、维修服务、电子跟踪和其他具有附加值的服务日益增加。物流服务商正在变为客户服务中心、加工和维修中心、信息处理中心和金融中心。

一、电子商务与现代物流的关系

（一）电子商务对物流的影响

电子商务是在计算机技术、网络通信技术的互动发展中产生和不断完善的。特别是近年来随着不断涌现的新信息技术，众多公司能够更好、更快捷、更廉价地实现电子商务功能。电子商务代表着未来贸易方式的发展方向，对现代物流业的发展起着积极的推动作用。

13. 某超市的外卖配送

1. 为物流企业提供了良好的运作平台，大大节约了社会总交易成本

尽管物流管理同样具有一般企业管理的共性，它也有其独特的个性。物流管理的大部分内容涉及企业内部各个部门之间的衔接和协调，因此，物流管理是企业管理的盲区和难点，运作不好，将导致企业物流效率乃至整个企业运作效率的低下。

电子商务则恰好为物流管理提供了良好的运作平台。在电子商务环境下，供应链中的各个节点企业能更好地实现信息共享，加强供应链中的联系，使企业可以提高生产力，为产品提供更大的附加值。

2. 电子商务极大地方便了物流信息的收集和传递

信息对企业经营的重要意义不言而喻，在电子商务环境下，包括 EDI、条形码 POS 系统等先进的信息交换手段得到广泛应用，大大提高了工作效率，减少了手工工作带来的失误，降低了运营费用。

更为重要的是，电子商务系统能够收集到大量的市场信息，通过对这些信息的加工和处理，很容易得到富有价值的商业资讯和情报，比如客户的订购数量、购买习惯、商品的需求变化特征，等等，这些资料对企业制订营运管理政策、商品开发和销售具有重要的价值。

（二）物流对电子商务的影响

1. 物流是电子商务的重要组成部分

过去，人们对电子商务过程的认识往往只局限于信息流、商流和资金流的电子化、网络化，而忽视了物流的电子化过程，认为对大多数商品和服务来说，物流仍然可以经由传统的经销渠道。但随着电子商务的进一步推广与应用，物流的重要性对电子商务活动影响日益明显。在电子商务中，一些电子出版物，如软件、CD 等可以通过网络以电子的方式送给购买者，但绝大多数商品仍要通过其他各种方式完成从供应商到购买者的物流过程。试想，在电子商务下，消费者网上浏览后，通过轻松点击完成了网上购物，但所购货物迟迟不能送到手中，甚至出现了买电视机送茶叶的情况，其结果可想而知，消费者势必会放弃电子商务，选择更为安全可靠地传统购物方式。

由此可见，物流是电子商务重要的组成部分。我们必须摒弃原有的"重信息流、商流和资金流的电子化，而忽视物流电子化"的观念，大力发展现代化物流，以进一步推广电子商务。

2. 物流是实现"以顾客为中心"理念的根本保证

由于电子商务的服务对象是不受地域限制的，那么对企业来说，如何以最快的速度、最低的成本把商品送到顾客手中，是能否吸引顾客的一个十分重要的条件。物流还是电子商务实现"以顾客为中心"理念的最终保证。物流是电子商务的最终环节，其服务水平的高低决

定了顾客的满意度，同时决定了电子商务能否最终取得成功。随着社会经济的进一步发展，技术水平的改善，要建立现代物流体系，宏观上形成完善的物流体系和物流网络，微观上使企业的物流活动合理化，从而实现企业间供应链的有效衔接，在降低成本的同时保障物品的及时送达，最大限度满足顾客的需要。

3. 物流是电子商务的支点

电子商务现在已经成为 21 世纪的商务工具，而现代物流产业将成为它的支点。一方面，物流能力可以成为核心竞争力。物流系统的价值最早是在第二次世界大战期间得到初步认识，至今已经经历了七次价值发现，并不断完善了现代物流的定义。另一方面，现代物流应运而生。可以用"成也配送，败也配送"来形容电子商务与物流的关系。当我们实现了网上订货、网上支付的同时，也在抱怨货物的迟迟不来。从企业的供应链角度来看，电子商务是信息传送的保证，物流是执行的保证。没有物流，电子商务只能是空头支票。

4. 物流是实现电子商务跨区域配送的重点

在 B2B 电子商务交易模式中，如果出现跨区域物流，物流费用将会大大增加。在 B2B 电子商务交易模式中，物流成本在商品交易成本中占很大的比例，尤其是在跨国交易中，没有良好的物流系统为双方服务，这种成本增加的幅度会更大。因此，最理想的解决方法就是借助于第三方物流来完成商品的配送。

二、电子商务推动现代物流业的发展趋势

电子商务时代，由于企业销售范围的扩大，企业和商业销售方式及最终消费者购买方式的转变，使得送货上门等业务成为一项极为重要的服务业务，促进了物流行业的发展。信息化、全球化、多功能化和一流的服务水平，已成为电子商务下的物流企业追求的目标。

1. 多功能化——物流业发展的方向

在电子商务时代，物流发展到集约化阶段，一体化的配送中心不单单提供仓储和运输服务，还必须开展配货、配送和各种提高附加值的流通加工服务项目，也可按客户的需要提供其他服务。现代供应链管理即通过从供应者到消费者供应链的综合运作，使物流达到最优化。企业追求全面的系统的综合效果。

2. 一流的服务——物流企业的追求

在电子商务下，物流业是介于供货方和购货方之间的第三方，是以服务作为第一宗旨。从目前物流的现状来看，物流企业不仅要为本地区服务，而且还要进行长距离的服务。因为客户不但希望得到很好的服务，而且希望服务点不是一处，而是多处。优质和系统的服务使物流企业与货主企业结成战略伙伴关系（或称策略联盟），一方面有助于货主企业的产品迅速进入市场，提高竞争力，另一方面则使物流企业有稳定的资源，对物流企业而言，服务质量和服务水平正逐渐成为比价格更为重要的选择因素。

3. 信息化——现代物流业的必经之路

在电子商务时代，要提供最佳的服务，物流系统必须要有良好的信息处理和传输系统。在大型的配送公司里，一般都建立了 ECR 和 JIT 系统。有了它，就可做到客户要什么就生产什么，避免了盲目生产。仓库商品的周转次数一般每年达 20 次左右，若利用客户信息反馈这种有效手段，可增加到 24 次。通过 JIT 系统，可从零售商店很快地得到销售反馈信息。配送不仅实现了内部的信息网络化，而且增加了配送货物的跟踪信息，从而大大提高了物流企业的服务水平，降低了成本。

4. 全球化——物流企业竞争的趋势

20 世纪 90 年代初，由于电子商务的出现，加速了全球经济的一体化，致使物流企业的发展达到了多国化。它从许多不同的国家收集所需要的资源，再加工后向各国出口，如前面提及的台湾地区的电脑业。

全球化战略的趋势，使物流企业和生产企业更紧密地联系在一起，形成了社会化大分工。生产厂集中精力制造产品、降低成本、创造价值；物流企业则集中精力从事物流服务。物流企业的满足需求系统比原来更进一步了。例如，在配送中心里，对进口商品的代理报关业务、暂时储存、搬运和配送，必要的流通加工，从商品进口到送交消费者手中的服务实现一条龙。

[案例12-3] 亚马逊为何物流促销纵横天下

全球最大的网上书店亚马逊网上书店2002年底开始赢利，这是全球电子商务发展的福音。美国亚马逊网上书店自1995年7月在美国开业以来，到2002年年底全球已有220个国家的4000万网民在亚马逊书店购买了商品，亚马逊为消费者提供的商品总数已达到40多万种。随着近几年来在电子商务发展受挫，许多追随者纷纷倒地落马之时，亚马逊却顽强地活了下来并脱颖而出，创造了令人振奋的业绩。亚马逊的扭亏为盈无疑是对B2C电子商务公司的巨大鼓舞。

人们经过研究后惊奇地发现，正是被许多人称为是电子商务发展"瓶颈"和最大障碍的物流拯救了亚马逊，是物流创造了亚马逊今天的业绩。

一、物流是亚马逊促销的手段

在电子商务举步维艰的日子里，亚马逊推出了创新、大胆的促销策略——为顾客提供免费的送货服务，并且不断降低免费送货服务的门槛。到目前为止，亚马逊已经三次采取此种促销手段。前两次免费送货服务的门槛分别为99美元和49美元，2002年8月亚马逊又将免费送货的门槛降低一半，开始对购物总价超过25美元的顾客实行免费送货服务，以此来促进销售业务的增长。免费送货极大地激发了人们的消费热情，使那些对电子商务心存疑虑、担心网上购物价格昂贵的网民们迅速加入亚马逊消费者的行列，从而使亚马逊的客户群扩大到了4000万人。由此产生了巨大的经济效益：2002年第三季度书籍、音乐和影视产品的销量较2001年同期增长了17%。物流对销售的促进和影响作用，"物流是企业竞争的工具"在亚马逊的经营实践中得到了最好的诠释。

很多年来，网上购物价格昂贵的现实是使消费者摈弃电子商务而坚持选择实体商店购物的主要因素，也是导致电子商务公司失去顾客、经营失败的重要原因。在电子商务经营处于"高天滚滚寒流急"的危难时刻，亚马逊独辟蹊径，大胆地将物流作为促销手段，薄利多销、低价竞争，以物流的代价去占领市场，招揽顾客，扩大市场份额。显然此项策略是正确的，因为抓住了问题的实质。据某市场调查公司最近一项消费者调查显示，网上顾客认为，在节假日期间送货费折扣的吸引力远远超过其他任何促销手段。同时这一策略也被证实是成功的，自2001年以来，亚马逊把在线商品的价格普遍降低了10%左右，从而使其客户群达到了4000万人次，其中通过网上消费的达3000万人次左右。当然这项经营策略也是有风险的。因为如果不能消化由此产生的成本，转移沉重的财务负担，则将功亏一篑。那么亚马逊是如何解决这些问题的呢？

二、开源节流是亚马逊促销成功的保证

如前所述亚马逊盈利的秘诀在于给顾客提供的大额购买折扣及免费送货服务。然而此种促销策略也是一柄双刃剑：在增加销售的同时产生巨大的成本。如何消化由此而带来的成本呢？亚马逊的做法是在财务管理上不遗余力地削减成本：减少开支、裁减人员，使用先进便捷的订单处理系统降低错误率，整合送货和节约库存成本……通过降低物流成本，相当于以较少的促销成本获得更大的销售收益,再将之回馈于消费者,以此来争取更多的顾客,形成有效的良性循环。当然这对亚马逊的成本控制能力和物流系统都提出了很高的要求。

此外,亚马逊在节流的同时也积极寻找新的利润增长点,比如为其他商户在网上出售新旧商品和与众多商家合作,向亚马逊的客户出售这些商家的品牌产品,从中收取佣金。有效的开源节流措施是亚马逊低价促销成功的重要保证。

三、完善的物流系统是电子商务生存与发展的命脉

在电子商务中,如果物流滞后、效率低、质量差,则电子商务经济、方便、快捷的优势就不复存在。所以完善的物流系统是决定电子商务生存与发展的命脉。分析众多电子商务企业经营失败的原因,在很大程度上是缘于物流上的失败。而亚马逊的成功也正是得益于其在物流上的成功。亚马逊虽然是一个电子商务公司,但它的物流系统十分完善,一点也不逊色于实体公司。由于有完善、优化的物流系统作为保障,它才能将物流作为促销的手段,并有能力严格地控制物流成本和有效地进行物流过程的组织运作。在这些方面亚马逊同样有许多独到之处。

1. 在配送模式的选择上采取外包的方式

在电子商务中亚马逊将其国内的配送业务委托给美国邮政和 UPS,将国际物流委托给国际海运公司等专业物流公司,自己则集中精力去发展主营和核心业务。这样可以减少投资,降低经营风险,又能充分利用专业物流公司的优势,节约物流成本。

2. 将库存控制在最低水平,实行零库存运转

亚马逊通过与供应商建立良好的合作关系,实现了对库存的有效控制。亚马逊公司的库存图书很少,维持库存的只有 200 种最受欢迎的畅销书。一般情况下,亚马逊是在顾客买书下了订单后,才从出版商那里进货。购书者以信用卡向亚马逊公司支付书款,而亚马逊却在图书售出 46 天后才向出版商付款,这就使得它的资金周转比传统书店要顺畅得多。由于保持了低库存,亚马逊的库存周转速度很快,并且从 2001 年以来越来越快。2002 年第三季度库存平均周转次数达到 19.4 次,而世界第一大零售企业沃尔玛的库存周转次数也不过在 7 次左右。

3. 降低退货比率

虽然亚马逊经营的商品种类很多,但由于对商品品种选择适当,价格合理,商品质量和配送服务等能满足顾客需要,所以保持了很低的退货比率。传统书店的退书率一般为 25%,高的可达 40%,而亚马逊的退书率只有 0.25%,远远低于传统的零售书店。

4. 为邮局发送商品提供便利,减少送货成本

在送货中亚马逊采取一种被称之为"邮政注入"减少送货成本。所谓"邮政注入"就是使用自己的货车或由独立的承运人将整卡车的订购商品从亚马逊的仓库送到当地邮局的库房,再由邮局向顾客送货。这样就可以免除邮局对商品的处理程序和步骤,为邮局发送商品提供便利条件,也为自己节省了资金。据一家与亚马逊合作的送货公司估计,靠此种"邮政注入"方式节省的资金相当于头等邮件普通价格的 5%~17%,十分可观。

5. 根据不同商品类别建立不同的配送中心,提高配送中心作业效率

亚马逊的配送中心按商品类别设立,不同的商品由不同的配送中心进行配送。这样做有利于提高配送中心的专业化作业程度,使作业组织简单化、规范化,既能提高配送中心作业的效率,又可降低配送中心的管理和运转费用。

6. 采取"组合包装"技术,扩大运输批量

当顾客在亚马逊的网站上确认订单后,就可以立即看到亚马逊销售系统根据顾客所订商品发出的是否有现货,以及选择的发运方式、估计的发货日期和送货日期等信息。如前所

述,亚马逊根据商品类别建立不同配送中心,所以顾客订购的不同商品是从位于美国不同地点的不同的配送中心发出的。由于亚马逊的配送中心只保持少量的库存,所以在接到顾客订货后,亚马逊需要查询配送中心的库存,如果配送中心没有现货,就要向供应商订货。因此会造成同一张订单上商品有的可以立即发货,有的则需要等待。为了节省顾客等待的时间,亚马逊建议顾客在订货时不要将需要等待的商品和有现货的商品放在同一张订单中。这样在发运时,承运人就可以将来自不同顾客、相同类别、而且配送中心也有现货的商品配装在同一货车内发运,从而缩短顾客订货后的等待时间,也扩大了运输批量,提高运输效率,降低运输成本。

7. 完善的发货条款、灵活多样的送货方式及精确合理的收费标准体现出亚马逊配送管理的科学化与规范化。

所有这些都表明亚马逊配送管理上的科学化、法制化和运作组织上的规范化、精细化,为顾客提供了方便、周到、灵活的配送服务,满足了消费者多样化需求。亚马逊以其低廉的价格、便利的服务在顾客心中树立起良好的形象,增加了顾客的信任度,并增强了其对未来发展的信心。

(来源:大物流网,2008-06-25.)

【案例点睛】

亚马逊带给我们的启示很多,其中最重要的一点就是物流在电子商务发展中起着至关重要的作用。有人将亚马逊的快速发展称为"亚马逊神话",如果中国的电子商务企业在经营发展中能将物流作为企业的发展战略,合理地规划企业的物流系统,制订正确的物流目标,有效地进行物流的组织和运作,那么对中国的电子商务企业来讲,亚马逊神话将不再遥远。

【思考题】

1. 亚马逊为什么将物流作为促销手段?取得了怎样的效果?
2. 亚马逊是如何建立起完善的物流系统的?对我国的电子商务企业有哪些启示?

任务三 了解供应链管理的相关知识

物流管理有狭义与广义两个方面的含义。狭义的物流管理是指物资的采购、运输、配送、储备等活动,是企业之间的一种物资流通活动。广义的物流管理包括了生产过程中的物料转化过程,即现在人们通常所说的供应链管理,所以国外有人认为供应链管理实际就是物流管理的延伸和扩展。

物流贯穿整个供应链,它连接供应链的各个企业,是企业间相互合作的纽带。供应链管理赋予物流与采购管理新的意义和作用,如何有效地管理供应链的物流过程,使供应链将商流、物流、信息流和资金流有效集成并保持高效运作,是供应链管理要解决的一个重要问题。

一、供应链管理的含义

供应链(supply chain)是指生产及流通过程中,为了将产品或服务交付给最终用户,由上游与下游企业共同建立的网链状组织。

供应链管理(supply chain management)是指对供应链涉及的全部活动进行计划、组织、协调与控制(《中华人民共和国国家标准物流术语》GB/T 18354—2006)。

在供应链中与物流管理相关的概念包括以下几个。

采购/供应管理是指处理企业与供应市场之间的各类业务活动,如采购、库存、运输、订单处理等,但不包括供应商的供应商,即只与第一级供应商的业务有关。

后勤管理是指经过分销渠道到达最终用户的物料管理和信息管理。

配送管理是指处理与企业最直接的用户之间的业务关系,把产品销售给用户,但主要是一级用户,不涉及二级用户等非直接的用户。

物料管理是指供应链的中间部分物流和信息流。包括采购、库存管理、仓储管理、生产作业计划与控制、分销配送管理。即从原料的采购进厂、生产再到产品交给用户(第一级用户),不包括供应商的供应商和分销商的分销商及最终用户。

供应链管理是一种集成的管理思想和方法,它执行供应链中从供应商到最终用户的物流的计划和控制等职能。供应链管理是跨企业范围的、比物料管理更广泛的管理,它从战略层次上把握最终用户的需求,通过企业之间的有效合作,获得从成本、时间、效率、柔性等的最佳效果。包括从原材料到最终用户的所有活动,是对整个链的过程管理。

二、供应链管理涉及的内容

供应链管理涉及 4 个主要领域:供应(supply)、生产计划(schedule plan)、物流(logistics)、需求(demand)。由图 12-1 可见,供应链管理是以同步化、集成化生产计划为指导,以各种技术为支持,尤其以 Internet/Intranet 为依托,围绕供应、生产作业、物流(主要指制造过程)、满足需求来实施的。供应链管理主要包括计划、合作、控制从供应商到用户的物料(零部件和成品等)和信息。供应链管理的目标在于提高用户服务水平和降低总的交易成本,并且寻求两个目标之间的平衡(这两个目标往往有冲突)。

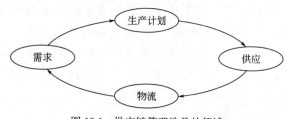

图 12-1 供应链管理涉及的领域

在以上 4 个领域的基础上,我们可以将供应链管理细分为职能领域和辅助领域。职能领域主要包括产品工程、产品技术保证、采购、生产控制、库存控制、仓储管理、分销管理。而辅助领域主要包括客户服务、制造、设计工程、会计核算、人力资源、市场营销。

三、供应链管理的目标

供应链管理的目标在于提高用户服务水平和降低供应链总成本,并且寻求两个目标之间的平衡,具体包括如下内容。

第一,根据市场需求的扩大,提供完整的产品组合。

第二,根据市场需求的多样化,缩短从生产到消费的周期。

第三,根据市场需求的不确定性,缩短供给市场到需求市场的距离。

第四,降低供应链的物流成本,提高供应链运作效率,增强供应链的竞争力。

四、供应链管理运作保障机制

供应链成长过程体现在企业在市场竞争中的成熟与发展之中,通过供应链管理的合作机制、决策机制、激励机制和自律机制等来实现满足顾客需求、使顾客满意以及留住顾客等功能目标,从而实现供应链管理的最终目标。

1. 合作机制

供应链合作机制体现了战略伙伴关系和企业内外资源的集成与优化利用。基于这种企业环境的产品制造过程，从产品的研究开发到投放市场，周期大大地缩短，而且顾客导向化程度更高，模块化、简单化产品、标准化组件，使企业在多变的市场中柔性和敏捷性显著增强，虚拟制造与动态联盟提高了业务外包（outsourcing）策略的利用程度。

2. 决策机制

由于供应链企业决策信息的来源不再仅限于一个企业内部，而是在开放的信息网络环境下，不断进行信息交换和共享，达到供应链企业同步化、集成化计划与控制的目的，而且随着 Internet/Intranet 发展成为新的企业决策支持系统，处于供应链中的任何企业决策模式应该是基于 Internet/Intranet 的开放性信息环境下的群体决策模式。

3. 激励机制

归根到底，供应链管理和任何其他的管理思想一样都是要使企业在 21 世纪的竞争中在"TQCSF"上有上佳表现（T 为时间，指反应快，如提前期短，交货迅速等；Q 指质量，控制产品、工作及服务质量高；C 为成本，企业要以更少的成本获取更大的收益；S 为服务，企业要不断提高用户服务水平，提高用户满意度；F 为柔性，企业要有较好的应变能力）。缺乏均衡一致的供应链管理业绩评价指标和评价方法是目前供应链管理研究的弱点和导致供应链管理实践效率不高的一个主要问题。为了掌握供应链管理的技术，必须建立、健全业绩评价和激励机制，使供应链管理沿着正确的轨道与方向发展，成为企业管理者乐于接受和实践的新的管理模式。

4. 自律机制

自律机制要求供应链企业向行业的领头企业或最具竞争力的对手看齐，不断对产品、服务和供应链业绩进行评价，并不断地改进，以使企业能保持自己的竞争力和持续发展。自律机制主要包括企业内部的自律、对比竞争对手的自律、对比同行企业的自律和比较领头企业的自律。企业通过推行自律机制，可以降低成本，增加利润和销售量，更好地了解竞争对手，提高客户满意度，增加信誉，企业内部部门之间的业绩差距也可以得到缩小，提高企业的整体竞争力。

五、供应链运作方式

有两种不同的供应链运作方式。一种称为推动式（Push），一种称为拉动式（Pull），如图 12-2 所示。

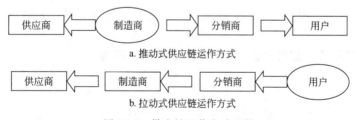

图 12-2　供应链运作方式比较

推动式的供应链运作方式以制造商为核心，产品生产出来后从分销商逐级推向用户。分销商和零售商处于被动接受的地位，各个企业之间的集成度较低，通常采取提高安全库存量的办法应付需求变动，因此整个供应链上的库存量较高，对需求变动的响应能力较差。拉动式供应链的驱动力产生于最终用户，整个供应链的集成度较高，信息交换迅速，可以根据用户的需求实现定制化服务。采取这种运作方式的供应链系统库存量较低。

作为供应链管理战略内容之一，就是要选择适合于自己实际情况的运作方式。拉动式供应链虽然整体绩效表现出色，但对供应链上企业的要求较高，对供应链运作的技术基础要求也较高。而推动式供应链方式相对较为容易实施。企业采取什么样的供应链运行方式，与企业系统的基础管理水平有很大关系，切不可盲目模仿其他企业的成功做法，因为不同企业有不同的管理文化，盲目跟从反而会得不偿失。

[案例12-4] 日日顺供应链引领行业发展新方向

2022年6月30日至7月1日，以"智慧、绿色、民生"为主题的第十七届中国国际物流节暨第二十届中国国际运输与物流博览会在厦门举行。大会同时颁发了中国物流业"金飞马"奖。凭借科技化、数字化的供应链管理服务能力及创新的场景解决方案，日日顺供应链荣膺2021物流业"金飞马"供应链企业TOP10、2021物流业"金飞马"综合实力企业TOP10、2021物流业品牌价值企业TOP100三大奖项，日日顺供应链总经理于贞超也荣获2021物流业"金飞马"物流时代年度人物称号。

中国国际物流节是经中国国家发展和改革委员会批准，由中国交通运输协会主办的物流行业国际交流盛会，被喻为"物流业风向标"和"城市物流发展的重要推手"。日日顺供应链荣获四项大奖，展现了行业的认可及其在供应链领域的引领性。

以科技引领的数智化为基础，打造行业新标杆

科技创新能力是检验企业综合实力的一项重要指标。在科技创新方面，日日顺供应链将数字化、信息化贯穿于订单管理、仓储、运输、末端服务等核心环节，并且基于大数据管理平台进行汇总、分析及监控，生成不同作业环节的智能决策及可视化报表，全面提升数字化管理效率。

在仓储端，日日顺供应链广泛运用智能机器人、数字孪生、大件AGV等先进物流技术及智能装备，建立了以即墨仓、黄岛仓、胶州仓、杭州仓、佛山仓、南昌仓为代表的智能仓，成为智慧物流发展的标杆。在运输端，日日顺供应链采用TMS在线可视化管理系统及智能化装备，通过人、车、店、库之间的互联互通，打造了干线、城配等不同场景的智能配送解决方案。在末端交付环节，日日顺供应链应用可循环使用的智能定制循环箱，通过内置智能装置实现数字化智能监控，全面追踪大件商品在配送过程中所处的位置、状态和运行轨迹等，在保证商品安全运输的前提下降低了企业全链路的货运成本。

正如日日顺供应链总经理于贞超在大会分享的那样："数智化不仅仅是资源硬件的互联互通，更是管理模式的重构，是始于技术突破，重在应用创新，是以科技为底座，重构资源管理模式"。在科技创新引领的背后，蕴藏着的正是日日顺供应链以数智化为基础的管理运营能力。

首创场景物流模式，定制化供应链管理解决方案赋能客户

综合实力是对企业科技能力及创新能力的衡量，更是对企业创新模式的检验。围绕不同场景下，用户的个性化、多样化体验需求，日日顺供应链以场景化、生态化的供应链管理解决模式赋能千行百业，在创造用户体验增值的同时实现生态方共创共赢。

众所周知，汽车备件行业对供应链服务的时效及质量要求高，但行业却存在因经销商各自独立管理库存而出现长尾商品无法及时调货以满足用户需求的情况，汽车品牌商往往难以全面掌握经销商库存并进行统一管理。

在汽车供应链领域，日日顺供应链依托万级SKU仓储管理能力、仓储自动化智能化等仓配实力以及对场景物流服务的探索实践，打造了从入厂到轿运车、再到备件的全链条供应链管理方案。例如，日日顺通过算法模型为吉利汽车定制仓储布货方案，通过库存共享、全国随时调货，保证了订单即时满足率。同时，针对销售情况制定智能补货方案，全流程可视化，对仓储、运输及送达在内的流程进行可视监控管理，提高库存周转率、降低仓储成本。

"数智化在日日顺供应链的创新发展中起了至关重要的作用,且转型不是单节点的,而是全流程、全节点,最终实现了与生态各方的共创共赢。"大会上,交通运输部科学研究院现代物流研究中心的副主任李彦林的这番话既是对日日顺供应链数智化能力的认可,更是对其构建的共赢生态体系的认可。

充分发挥行业标杆示范作用,日日顺供应链以数字化、定制化、场景化的供应链管理解决方案搭建起新时代下的共赢生态体系,正引领整个行业的转型升级。

(来源:中国发展网)

【案例点睛】

日日顺将数字化、信息化贯穿于供应链各个核心环节,通过供应链数智化,不仅实现了资源硬件的互联互通,还对供应链的管理模式进行重构,全面提升数字化管理效率,获得从成本、时间、效率、柔性等过程管理的最佳效果。同时,日日顺首创场景物流模式,从供应、生产计划、物流、需求等领域,根据用户的个性化、多样化体验需求定制不同的供应链管理解决方案,提高供应链运作效率,在创造用户体验增值的同时实现生态方共创共赢。

【思考题】

1. 请问日日顺的供应链管理模式有什么特点?
2. 请问日日顺是如何利用数字化手段提升供应链管理效率的?

[案例12-5] 供应链管理:苹果公司的"大杀器"

近年来,苹果公司的成就举世瞩目。这家创建于1976年的公司,成功推出iPod、iPhone、iPad系列产品,改变了人们的生活方式,重新"发明"了移动智能终端。苹果在"世界500强企业"中的排名不断攀升,2012年已位列第55位。

苹果成功的秘密究竟是什么?一直以来,中国企业都慨叹:那是因为苹果拥有乔布斯,一个深谙商业哲学和引导消费者需求的天才。中国之所以没有出现苹果这样的企业,是因为不可能存在另一个乔布斯。这种观点有其合理性:领袖人物是无法复制的。

然而,苹果的成功实际上应归因于两点:一是革命性的创新产品,二是卓越的供应链管理。现代企业的竞争其实也是供应链之间的竞争。在IT产业的微利环境下,苹果能够独占业界70%的利润,除了创新的产品设计之外,隐藏在幕后而未被人们广泛认知的是能够通过供应链管理实现优秀的软硬件集成,为消费者提供超乎想象的体验。业界公认,苹果产品中采用的技术并非是概念性的技术变成现实,而是现实中已经存在的技术的集合。苹果能够将这些优秀的单个技术集成起来,渗透到手机上游所有元器件的开发、生产和制造的过程中,始终领先竞争对手一到两年,"大杀器"正是供应链管理。在Gartner"2012全球最佳供应链管理25强排行榜"中,苹果依旧力压群雄,再次排名第一,以庞大的物流体系建设闻名的亚马逊则屈居第二。

作为一个供应链领域的后来者,苹果在短短几年内发展出了竞争对手羡慕不已的全球化供应链。其中,许多前瞻性的战略思维和大胆的做法都值得正学着建设全球化供应链的中国企业借鉴。即便乔布斯学不会,中国企业仍然可以从苹果身上获得关于供应链管理的收益。

一、供应链的极简主义

苹果产品的设计惊人地崇尚极简主义,供应链也如此。

简洁性是供应链设计的一个重要原则。一个复杂的供应链,再细心的管理也难免统筹不当,产生失误。为了使供应链具有灵活快速响应市场的能力,供应链的每个节点都应是精简的、具有活力的、能实现业务流程的快速组合。尤其是对苹果这样的产品形象高端、专注于产品差异化竞争优势的企业,供应链的灵活快速响应十分重要。

为了实现供应链的极简化,苹果采取了两个措施。

第一,简化公司业务。苹果以前是一个自给自足的保守者,自己生产芯片、主板等零部件,自己组装产品,但这种供应链在IT产业分工精密、技术和设备要求日渐提高、从纵向产业结构演化为横向产业结构的情况下早已不合时宜。在蒂姆·库克进入苹果之前,苹果公司库存臃肿、制造部门效率低下,1997财年苹果损失超过10亿美元。

蒂姆·库克开始大规模减少公司的制造资产,将一些简单的非核心业务外包给其他公司。这样,苹果能够将自己最擅长的设计和营销的价值发挥到极致。苹果公司只设计外包装,而将生产交给其他公司来完成。苹果过去一直生产PC机主板,但在1998年的调查中,苹果发现,一些生产商的主板已经好于苹果生产的主板。因此,苹果决定将这一业务卖掉,并将生产外包给这些生产商。

现在,苹果将全部精力都投入整个产品链中的设计和品牌两个关键环节,从世界各地网罗零部件厂商以及组装厂商进行生产。这一举措不仅给苹果带来巨大利润,而且强化了苹果的竞争优势,使得强者越强。

第二,简化产品线。1997年乔布斯回归苹果时,苹果仅台式电脑就有12种。乔布斯画了一个象限,横轴的一端是高端用户,另一端是一般消费者;纵轴的一端是台式机,另一端是笔记本,每个象限只有一种电脑,将12种简化成4种。苹果还尽可能使用更多标准化部件,从而大大减少了产品生产所需的备用零部件数量和半成品数量,能够将精力集中于定制产品,而不是搬运存货。例如,iPod实用了通用IC,减少了元件准备上的时间和库存。2007年,苹果的存货周转水平达到50.8,业绩增长38.6%。

简化产品线有三个好处。

首先,至繁归于至简。产品线越简单,制造就越容易,供应链就越简洁,管理就越容易做好。从供应链管理的角度来看,产品简化之后计划、执行、采购、物流等环节的管理也会随之简化。

其次,苹果产品高度定义,型号非常单一,让苹果在供应链上获得其他厂商难以获得的规模优势,使其成为各个供应商的最高规格客户,议价权远高于其他订货商。得益于庞大的采购量,苹果在零部件成本、制造费用以及空运费用中获得了巨大的折扣,从而获得较高的利润率。

最后,客户需求是企业价值实现的源泉,是供应链一切活动的起点。供应链最难的是需求的预测和计划,远远不是目前的技术可以解决的。无论采用多么先进的模型和方法,都只能是获得接近准确的结果。因此,产品线太长就增加了预测的难度,从而产生供应链中魔鬼般可怕的存货。目前,中国的运动服装产业就正在经历这样的冲击。而像苹果这样引领消费需求、产品线短、销量巨大的产品,销量的预测和计划就变得比较容易,剩下的只是低成本高效率地实现原材料的供应、产品生产和最迅速的全球铺货。

二、构建生态系统

一个全球化的供应链的基本逻辑是集优互补,即供应链上的每一个节点都是强强联合,每个企业只集中精力致力于各自核心的业务过程,成为自组织的独立制造岛,根据需求信息的传导,高效整合资金流和物流,以满足消费者需求。

苹果将制造等非核心业务外包后,初步建立起了一个全球化的供应链。但他们并不满足,而是致力于将供应链升级为一个竞争对手难以模仿的"生态系统"。这可以说是苹果供应链管理的一个核心智慧。供应链实际运行的效率取决于供应链合作伙伴关系是否和谐,因此建立战略伙伴关系的合作企业关系模型是实现最佳供应链管理的保证。只有充分发挥系统中成员企业和子系统的能动性和创造性，实现系统与环境的总体协调，供应链生态系统才能发挥最佳的效能。

分析苹果的全球化供应链，可以发现其供应链设计非常符合IT产业的现实环境。

首先，苹果实行单一制造策略，公司绝大部分的硬件产品都在亚洲制造。而目前，苹果产品的市场重心正是在新兴市场。在接近销售市场的地点，利用当地的廉价劳动力、土地等资源进行制造，辅以少数零部件的空运和海运，完全能够满足苹果的市场需求。这使得苹果可以大幅降低成本，而且只需在少数地点协调物流和出货业务。

其次，苹果公司的供应商遍布全球，分布在中国台湾地区和美国、韩国、德国等地，在中国大陆主要是台资企业的生产基地，最后主要由富士康组装成机。即使在单一地区因缺乏某种关键组件而在全球造成整个系统中断的情况下，苹果这种分布式电子制造也能使其免受冲击。

再次，苹果也不是完全放弃本地制造。对于一些高端的定制产品，苹果使用爱尔兰的自有组装厂自己组装。事实证明，在满足非常个性化的高端需求方面，完全由自己掌控的制造单元能够保证产品完美的质量。

最后，苹果的供应链中包括三种类型的供应商——负责组装生产的富士康、负责生产IPS屏幕的供应商LG及夏普、负责CPU内存等配件生产的三星电子等。其中，富士康负责组装生产，但苹果其实把很多零部件的谈判权和定价权都交给了富士康，充分发挥了富士康集成组装的能力。因此，在苹果公布的全球156家官方产品和零部件供应商之外，还有很多我们看不见的供应商，有的甚至只生产一个螺丝钉或者一种特殊涂料。苹果通过这样有层次的供应链结构，减少了管控幅度和难度，提高了供应链的运行效率。

现在，苹果的供应链已经演化成一个由芯片、操作系统、软件商店、零部件供应厂商、组装厂、零售体系、App开发者组成的、高度成熟和精密的强大生态系统。在这个相对封闭的生态系统中，苹果几乎可以控制供应链从设计到零售的方方面面。

苹果和富士康、三星、LG、TPK等厂商合作多年，在许多技术上存在交叉授权，并共同开发出了一些短期内领先对手的生产工艺。iPad2之所以能做得那么薄，和富士康多年的代工积累有密切关系。iPad2所需的铝镁合金重达2千克，在生产过程中需要挖空90%的原料，最后真正用到的只有200克。这对加工工艺要求非常高。iPhone 4的表面玻璃加工技术要求工艺非常高，中国湖南的蓝思科技和苹果一起开发出一套加工工艺，才有了iPhone 4这么漂亮的外壳。iPhone的电容式多点触摸屏，背后是TPK宸鸿和苹果多年来通过交叉授权开发出的一系列专利。

苹果甚至与供应商一起研发制造设备。由于MacBook机身使用了unibody一次成型工艺，需要用一块完整的铝片制成，因此在生产这种新设计时，苹果的设计师与供应商共同开发了一种专用的新设备。这种专注于产品线并对设备进行定制的能力，成为苹果的一大优势。

苹果的产品创新设计竞争优势必须通过供应链来实现，而领先市场的设计导致很多时候苹果产品的元器件要求超出了供应商企业的能力。对这些元器件的供应需要供应商研发并试产，初期不仅需要大量的研发投入，而且良品率也很低，通常只有20%左右。即使在苹果验收合格之后，良品率也只有80%。以触摸屏为例，宸鸿的触摸屏刚投产时良品率仅有8%，经过反复改良生产线也仅提升至80%左右，其他厂商的良品率比这还要低得多，短期内很难达到同样的品质。而通过对供应商的设备投资，进行合作研发，苹果完成了不可能的任务，将在竞争对手看来还是概念的技术变成了商业化的现实。

此外，苹果在供应链管理的细节上有很多类似的创新，领先业界。在多数电脑制造商都通过低价的海运获取零部件的时候,为了确保新款半透明 iMac 能在次年圣诞节期间全面铺货,苹果花了 5000 万美元买断了圣诞购物季期间所有可用的空运空间。此举令康柏等临时想要增加空运订单的竞争对手陷入绝望。

苹果公司有 1000 亿美元现金的储备,完全可以财大气粗地买断关键供应环节。最近几年,在库克的规划下,苹果正在供应链投资上不断加码。据专家预测,苹果对自身供应链的投资,再加上不断增长的规模,以及为锁定内存和显示器等关键部件供应而预先付款这一惯常做法,意味着该公司每年的成本将减少 15%~20%。

而更妙的是,这些投资苹果都可以从竞争对手丢掉的市场上挣回来。

(来源:尚天鸣,《国企》杂志,2013-05-03。)

【案例点睛】

苹果构建供应链生态系统的成功对中国企业有很大的借鉴意义。一方面,供应链的物流、信息流、资金流要非常通畅,才能运行顺畅。如果企业和供应商之间只是一纸硬性合约,不考虑他们的现实困难,就等同于推卸责任,和供应商之间的关系不会好,物流、信息流、资金流一定会出问题。这就是很多中国服装企业所面对的情况:强制经销商订货,不管能不能卖出去,结果形成渠道存货危机。另一方面,整个供应链的"链主"要考虑从增加价值的角度把产品做好,而不能只专注于把价格降得很低,否则就会导致企业间战略严重趋同,产品同质化,没有创新。因为被压榨的供应商当然没有能力创新,结果只能是损害供应链。没有国际一流的供应商,就没有国际一流的产品。

【思考题】

1. 请问苹果公司的供应链管理有什么特点?
2. 请结合案例分析,中国企业应该如何加强供应链管理?

[案例 12-6] 北京奥运食品物流冷链里程碑

百年奥运后的第一站——北京奥运不仅仅是世界体育的盛事,更是菜肴文化的典礼。中国菜素以色、香、味、形俱佳而闻名中外,北京奥运村里的美食一直让各国运动员赞不绝口,有报道说,如果菜肴也有奖牌榜的话,北京烤鸭一定高居榜首。澳大利亚的报纸甚至幽默地说,是北京烤鸭帮助澳大利亚选手特里克特赢得 100 米蝶泳金牌。

台上一分钟,台下十年功。在琳琅满目、花色多样的美食背后,活跃着大量负责奥运食品安全、食品物流的工作人员。2008 年北京奥运会食品物流体系由三个集合的交集涵盖而成:奥运物流、食品物流和冷链物流,其中奥运物流是对物流时间的限定、食品物流是对物流类别的限定,而冷链物流则是实现奥运食品物流安全的核心保障。

冷链物流泛指冷藏冷冻类食品在生产、贮藏运输、销售,到消费前的各个环节中始终处于规定的低温环境下,以保证食品质量,减少食品损耗的一项系统工程。它是随着科学技术的进步、制冷技术的发展而建立起来的,是以冷冻工艺学为基础、以制冷技术为手段的低温物流过程;是需要特别装置,需要注意运送过程、时间掌控、运输形态、物流成本所占成本比例非常高的特殊物流形式。

经过冷链运输的水果蔬菜在物流环节的损耗率仅有 1%~2%,能较大程度延长水果保鲜期。冷链物流以水产品、畜产品、果蔬及花卉为主,并在冷却肉、深海冻品、保鲜蔬菜、进口鱼肉等运输方式中有着极大的发展空间。目前,欧美发达国家已形成了从生产、加工、分拨、仓储、配送、售后等一整套完整的食品冷链体系。农产品冷链流程如图 12-3。

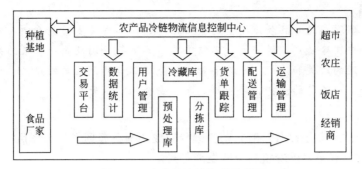

图 12-3 农产品冷链流程示意图

奥运会是典型的固定赛事日程的赛会，赛时对食品的需求非常严格，要求物品按照 4R（准确的品种、准确的数量、准确的时间和准确的地点）原则供应，同时保证食品的质量安全。要保证千万种各种温度要求的食品经过生产企业、物流分配、零售业态的交叉组合，最终到达食用者手中的食品的品质是安全的，就要求食品物流在上述各种交叉组合的过程中始终保持着一定限值温度，同时必须有一套完整的冷链系统做保障。

冷链食品不但要求保鲜，还要特别注意安保环节，而奥运食品安全至关重要，一旦出现质量安全问题，就会危及参赛人员的身体健康，影响奥运会的正常进行，整个流程不能有丝毫松懈，这使得奥运冷链配送相比其他普通冷链配送，有更大的压力和更高的难度，对于参与奥运冷链配送的企业也有更高的要求。

"奥运期间主办及协办城市未发生重大食品安全事件。"2008 年 9 月 3 日举行的国家食品药品监督管理局新闻发布会上，新闻发言人介绍说，奥运期间食品药品实现了"零差错、零事故、零投诉"，这一圆满结果来源于俏江南与冷链物流合作伙伴荣庆的合作，也来源于荣庆与其地理信息化合作伙伴博科资讯的合作。

为确保北京奥运食品供应的安全性，奥运会餐饮供应商俏江南携手中国第一冷链物流供应商山东荣庆物流，全面启用奥运食品、奥运冷链安全监控和追溯系统。将奥运食品备选供应基地、生产企业、物流配送中心、运输车辆、餐饮服务场所纳入监控范围，对奥运食品种植、养殖源头、食品原材料生产加工、配送到奥运餐桌，进行全过程监控和信息追溯。奥运食品冷链物流对流体的可溯源性要求高，实现奥运供给食品的可溯源，从供应源到消费地对食品实施全程监控，确保奥运食品安全。

为了提高服务品质，确保奥运冷链物流安全，荣庆公司邀请博科资讯帮助其整合物流管理流程，上线信息化物流管理系统。博科资讯通过物流供应链管理软件 MySCM 系统对荣庆的整个物流业务流程进行统一规划，建立起平台化信息系统，从订单管理开始，进行多样化物流订单处理，精细化自动化仓储作业管理，智能化运输调度及过程管控，配以个性化的计费规则设定，并装备奥组委配备的 GPS 定位系统，采用卫星全球定位系统进行奥运物流运输车辆的调度和跟踪，双重保障奥运食品安全。

和欧美国家相比，中国在冷链物流、食品物流硬件设备上、技术保障和管理水平上存在很大的差距。北京奥运食品物流系统的实践，对于我国食品冷链物流的发展而言，是一次绝佳的实战锻炼机会。近年来，我国冷链物流市场规模和需求增速不断加快，仅食品行业冷链物流的年需求量就在 1 亿吨左右，年增长率在 8% 以上。目前，国内有 1 万多家超市亟待引入冷冻技术和寻求合作伙伴，农业市场对其有更大的需求，而一些大城市则设想在 5 年内建立并完善食品冷链系统。

（来源：中国大物流网，2009-02-25.）

【案例点睛】

冷链物流是实现奥运食品物流安全的核心保障,而其发展直接关系到人民生命安全和生活品质的提高。中国冷链产业的壮大,不仅需要借鉴欧美等国及企业带来的先进经验,更要尽早完善科学合理的政策和法规,还需要食品物流各环节协调机制的建立、食品物流技术的进一步提高等一系列条件的支持,才能撑起食品安全的"蓝天"。

【思考题】

1. 冷链物流的含义是什么?对北京奥运会的成功举办起到了什么作用?
2. 结合案例,展望我国冷链物流的发展前景。

【实训活动】

体验智慧物流

[实训目的]

通过实训,促进学生对智慧物流的了解,深刻感受智慧物流给生活和生产带来的便利。

[实训内容]

请学生结合网络搜索和实际体验,列举不同行业智慧物流中融入的新技术、新工艺,分析物流智慧化程度。

[实训要求]

1. 分组:按照"组内异质、组间同质"的原则,将学生分为若干个小组,每组3~5人。
2. 调研方法:网络搜索和实际调研相结合。
3. 每组将调研结果制作成PPT,在课堂上进行分享。

附　　录

附录一　诺思第三方物流教学软件

（诺思第三方物流教学软件下载地址：www.cipedu.com.cn）

深圳市中诺思资讯科技有限公司（简称"诺思科技"）是一家以物流自动化设备生产、加工、组装为一体以及物流软件开发研究为核心的高新技术企业。公司长期专注于物流技术研究、物流企业咨询与信息化建设、现代物流实验室\实训室的建设、物流仿真模拟系统设计等高端物流领域，致力于为国内外客户提供专业化、一体化的物流解决方案。

公司凭借多年的行业经验与强大的技术实力，在各方面都取得了重大的成绩。其中，面向企业领域，诺思科技先后为中国粮食集团、中国石化集团、中国电网、珠海中纺集团等多家大型物流企业提供过专业化的产品与服务。在物流实验研究领域，公司与香港物流协会、深圳物流协会以及清华大学、北京师范大学珠海物流学院等知名院校结成长期合作伙伴关系。现已经为全国超过300所的高等院校提供了物流实验室一体化的解决方案。

一、教学软件概述

第三方物流教学软件是诺思公司物流系列软件产品之一（软件下载地址：www.cipedu.com.cn）。本教学软件以连锁行业为样本，通过模拟订单、采购、入库、出库、配送及报关等实际物流过程中的核心流程，有助于学生了解并熟悉整个物流的业务流程。

为方便使用，本软件为单机练习版，不需要服务器的支持，直接运行根目录下的Index.html文件，就可以进入操作系统界面进行系统操作，相应的练习数据无法保存。

二、主要实训项目

1. 订单管理

从模拟客户下订单，到第三方物流公司处理订单，产品展现了真实的第三方物流公司如何按订单要求的不同及行业的不同处理不同的流程，使学生理解整个订单的处理过程。

2. 采购管理

针对客户订单的要求，第三方物流公司决策采购的对象及物料的处理方式，产品提供决策支持，使学生在实训过程中按其决策的不同，产生不同的结果。

3. 仓库管理

产品的仓库管理真实模拟第三方物流公司的仓库规划、入库管理、出库管理、库存管理。产品根据物流行业的要求，提供对仓库的进行检查，库存的检查，物料的检查。向学生展现了真实的第三方物流企业仓库管理过程。

4. 配送管理

根据客户订单类型和客户对配送的要求，产品通过下达配送任务单，调度配送车辆，配线，出车管理，回车管理，配送签核等流程向学生展现了如何高效地组织配送运输工作，并提供配送的决策支持，使学生认识到配送运输在第三方物流企业的重要性。

5. 报关报检管理

产品展现真实的报关报检流程并提供真实的报关报检相关单证，使学生在实训中深刻理解报关报检的业务。

6. 单据查询

产品提供单据查询功能，可供查询系统中所涉及的相关单据，并可根据客户的订单，跟踪由客户订单所产生的其他单据。由此功能，使学生可以方便查询到其所处理的单据。

7. 功能列表

序号	主功能	子功能	描述
1	供应商管理平台	订单接收	维护物料公司订单的审核接收作业
		备货管理	对订单进行备货作业
2	客户管理	订单录入	向物流公司下订单
		订单跟踪	跟踪订单的状态
3	采购管理	供应商管理	供应商资料的维护，包括浏览、新增、修改、删除等功能
		采购管理	物料的采购申请，采购，发货的审核
		到货接单	对客户的发货进行到货接单
4	入库管理	入库接单	对审核后的到货单生成其入库接单
		接单处理	对入库装卸，验货，摆货上架
5	出库管理	出库接单	根据订单进行出库作业
		接单处理	对作业单的拣货，装卸
6	越库管理	出库接单	根据订单进行出库作业
		越库发货	维护出库作业单的采购订单直接货作业
		出库确认	确认出库作业
7	配送管理	配送任务	根据出库作业单做配送作业单
		车辆调度	对配送任务单进行车辆调度作业
		配线处理	对配送任务单进行配线处理
		配送签核	对配送进行签核
8	库存管理	仓库检查	对仓库的安全、卫生等进行检查
		物料检查	对物料的温度、湿度、卫生、过期性进行检查
		物料报废	对不合格的物料进行报废处理
		库存盘点	对仓位物料进行盘点操作
		仓库查询	对仓库库存、物料、报废及盘点的查询
9	报关管理	出口报关	对出口订单进行报关数据的维护
		报检处理	对出口订单进行报检数据的维护
		报关报检确认	对出口订单的报关报检审核
10	单据查询	单据查询采购申请单查询	对采购、订单等单据的查询及统计

三、系统界面

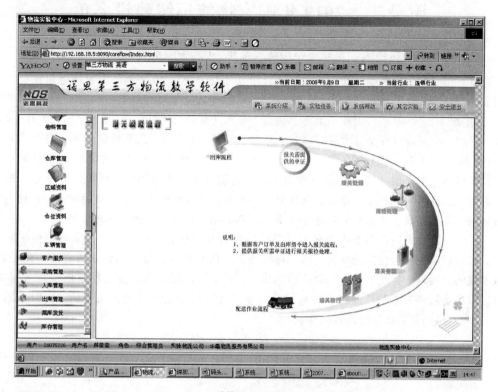

系统流程页面

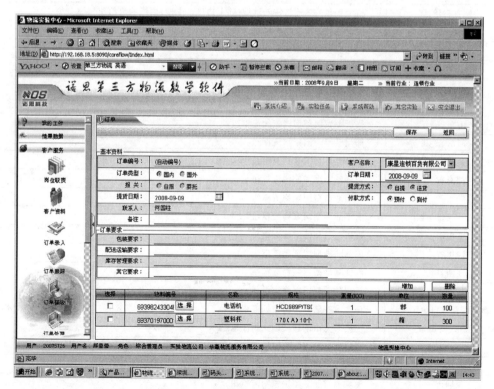

订单录入页面

附录二　2019年国家物流枢纽建设名单

国家发展改革委、交通运输部联合发布2019年国家物流枢纽建设名单

近日，国家发展改革委、交通运输部联合印发《关于做好2019年国家物流枢纽建设工作的通知》（发改经贸〔2019〕1475号），共有23个物流枢纽入选2019年国家物流枢纽建设名单（附后），其中东部地区10个（天津、上海、南京、金华（义乌）、临沂、广州、宁波—舟山、厦门、青岛、深圳，中部地区5个（太原、赣州、郑州、宜昌、长沙），西部地区7个（乌兰察布—二连浩特、南宁、重庆、成都、西安、兰州、乌鲁木齐），东北地区1个（营口），涵盖陆港型、空港型、港口型、生产服务型、商贸服务型、陆上边境口岸型6种类型，区域、类型分布相对均衡，有利于支撑"一带一路"建设、京津冀协同发展、长江经济带发展、粤港澳大湾区建设、长三角区域一体化发展、西部陆海新通道等重大战略实施和促进形成强大国内市场。

下一步，国家发展改革委将会同有关部门通过召开现场会、推动建立国家物流枢纽联盟等方式，加强国家物流枢纽间的业务对接、标准协调和信息互联，加快构建联通内外、交织成网、高效便捷的"通道＋枢纽＋网络"物流运作体系，推动形成国家物流枢纽网络框架和基础支撑，促进区域均衡协调发展和全国统一市场建设，为经济高质量发展奠定坚实基础。同时，抓紧统筹做好2020年国家物流枢纽建设工作。

2019年国家物流枢纽建设名单（排名不分先后）

所在地	国家物流枢纽名称
天津市	天津港口型国家物流枢纽
山西省	太原陆港型(生产服务型)国家物流枢纽
内蒙古自治区	乌兰察布—二连浩特陆港型(陆上边境口岸型)国家物流枢纽
辽宁省	营口港口型国家物流枢纽
上海市	上海商贸服务型国家物流枢纽
江苏省	南京港口型(生产服务型)国家物流枢纽
浙江省	金华(义乌)商贸服务型国家物流枢纽
江西省	赣州商贸服务型国家物流枢纽
山东省	临沂商贸服务型国家物流枢纽
河南省	郑州空港型国家物流枢纽
湖北省	宜昌港口型国家物流枢纽
湖南省	长沙陆港型国家物流枢纽
广东省	广州港口型国家物流枢纽
广西壮族自治区	南宁陆港型国家物流枢纽
重庆市	重庆港口型国家物流枢纽
四川省	成都陆港型国家物流枢纽
陕西省	西安陆港型国家物流枢纽
甘肃省	兰州陆港型国家物流枢纽
新疆维吾尔自治区	乌鲁木齐陆港型国家物流枢纽
宁波市、舟山市	宁波—舟山港口型国家物流枢纽
厦门市	厦门港口型国家物流枢纽
青岛市	青岛生产服务型(港口型)国家物流枢纽
深圳市	深圳商贸服务型国家物流枢纽

（来源：中华人民共和国中央人民政府网站，2019-09-12.）

附录三　推进运输结构调整三年行动计划(2018—2020年)

国务院办公厅关于印发推进运输结构调整
三年行动计划（2018—2020年）的通知
国办发〔2018〕91号

各省、自治区、直辖市人民政府，国务院各部委、各直属机构：

《推进运输结构调整三年行动计划（2018—2020年）》已经国务院同意，现印发给你们，请结合实际，认真组织实施。

国务院办公厅
2018 年 9 月 17 日

推进运输结构调整三年行动计划（2018—2020年）

为贯彻落实党中央、国务院关于推进运输结构调整的决策部署，打赢蓝天保卫战、打好污染防治攻坚战，提高综合运输效率、降低物流成本，制定本行动计划。

一、总体要求

1. 指导思想

以习近平新时代中国特色社会主义思想为指导，全面贯彻党的十九大和十九届二中、三中全会精神，牢固树立和贯彻落实新发展理念，按照高质量发展要求，标本兼治、综合施策，政策引导、市场驱动，重点突破、系统推进，以深化交通运输供给侧结构性改革为主线，以京津冀及周边地区、长三角地区、汾渭平原等区域（以下称重点区域）为主战场，以推进大宗货物运输"公转铁、公转水"为主攻方向，不断完善综合运输网络，切实提高运输组织水平，减少公路运输量，增加铁路运输量，加快建设现代综合交通运输体系，有力支撑打赢蓝天保卫战、打好污染防治攻坚战，更好服务建设交通强国和决胜全面建成小康社会。

2. 工作目标

到2020年，全国货物运输结构明显优化，铁路、水路承担的大宗货物运输量显著提高，港口铁路集疏运量和集装箱多式联运量大幅增长，重点区域运输结构调整取得突破性进展，将京津冀及周边地区打造成为全国运输结构调整示范区。与2017年相比，全国铁路货运量增加11亿吨、增长30%，其中京津冀及周边地区增长40%、长三角地区增长10%、汾渭平原增长25%；全国水路货运量增加5亿吨、增长7.5%；沿海港口大宗货物公路运输量减少4.4亿吨。全国多式联运货运量年均增长20%，重点港口集装箱铁水联运量年均增长10%以上。

3. 重点区域范围

京津冀及周边地区包括北京、天津、河北、河南、山东、山西、辽宁、内蒙古8省（区、市），长三角地区包括上海、江苏、浙江、安徽4省（市），汾渭平原包括山西、河南、陕西3省。

二、铁路运能提升行动

1. 提升主要物流通道干线铁路运输能力

加快实施《"十三五"现代综合交通运输体系发展规划》《铁路"十三五"发展规划》和《中长期铁路网规划》，加快重点干线铁路项目建设进度，加快蒙华、京原、黄大等连接西部与华中、华北地区干线铁路建设和改造，提升瓦日、邯黄等既有铁路综合利用效率，实施铁路干线主要编组站设备设施改造扩能，缓解部分区段货运能力紧张，提升路网运输能力。（中国铁路总公司牵头，发展改革委、交通运输部、财政部、铁路局参与，地方各级人民政府负责落实。以下均需地方各级人民政府落实，不再列出）

2. 加快大型工矿企业和物流园区铁路专用线建设

支持煤炭、钢铁、电解铝、电力、焦化、汽车制造等大型工矿企业以及大型物流园区新建或改扩建铁路专用线。简化铁路专用线接轨审核程序，压缩接轨协议办理时间，完善铁路专用线共建共用机制，创新投融资模式，吸引社会资本投入。合理确定新建及改扩建铁路专用线建设等级和技术标准，鼓励新建货运干线铁路同步规划、设计、建设、开通配套铁路专用线。到2020年，全国大宗货物年货运量150万吨以上的大型工矿企业和新建物流园区，铁路专用线接入比例达到80％以上；重点区域具有铁路专用线的大型工矿企业和新建物流园区，大宗货物铁路运输比例达到80％以上。（交通运输部、发展改革委、自然资源部、生态环境部、铁路局、中国铁路总公司按职责分工负责）

3. 优化铁路运输组织模式

优先保障煤炭、焦炭、矿石、粮食等大宗货物运力供给。优化列车运行图，丰富列车编组形式，加强铁路系统内跨局组织协调，开发当日达、次日达等多种运输产品，实现车船班期稳定衔接。在运输总量达到一定规模的通道，开发铁路货运班列、点到点货运列车、大宗货物直达列车等多频次多样化班列产品，构建快捷货运班列网络。研究推进铁路双层集装箱、驮背运输产品开发，提升通道配套设施设备能力。充分发挥高铁运能，在有条件的通道实现客货分线运输。（中国铁路总公司牵头，交通运输部、发展改革委参与）

4. 提升铁路货运服务水平

深化铁路运输价格市场化改革，建立健全灵活的运价调整机制，发挥市场配置资源的决定性作用。完善短距离大宗货物运价浮动机制。规范铁路专用线代维收费行为，推动降低专用线共用收费水平。减少和取消铁路两端短驳环节，规范短驳服务收费行为，降低短驳成本。推动铁路运输企业与煤炭、矿石、钢铁等大客户签订运量运能互保协议，实现互惠共赢。推动铁路运输企业与港口、物流园区、大型工矿企业、物流企业等开展合作，构建门到门接取送达网络，提供全程物流服务。（中国铁路总公司牵头，发展改革委、市场监管总局、交通运输部、铁路局参与）

三、水运系统升级行动

1. 完善内河水运网络

统筹优化沿海和内河集装箱、煤炭、矿石、原油、液化天然气、商品汽车等专业运输系统布局，提升水运设施专业化水平。坚持生态优先、绿色发展理念，以流域生态系统性保护为前提，增强长江干线航运能力，推进西江干线和京杭运河山东段、江苏段、浙江段航道扩能改造，加快推进长三角高等级航道整治工程。加强长江、西江、京杭运河、淮河重要支流航道建设。加快推进三峡水运新通道等重大水运基础设施工程前期论证工作。（交通运输部牵头，发展改革委、生态环境部、水利部参与）

2. 推进集疏港铁路建设

加快实施《"十三五"港口集疏运系统建设方案》《"十三五"长江经济带港口多式联运建设实施方案》《推动长江干线港口铁水联运设施联通的行动计划》，着力推进集疏港铁路建设。加强港区集疏港铁路与干线铁路和码头堆场的衔接，优化铁路港前站布局，鼓励集疏港铁路向堆场、码头前沿延伸，加快港区铁路装卸场站及配套设施建设，打通铁路进港最后一公里。2020年全国沿海重要港区铁路进港率大幅提高，长江干线主要港口全面接入集疏港铁路。（交通运输部、发展改革委、自然资源部、财政部、生态环境部、铁路局、中国铁路总公司按职责分工负责）

3. 推动大宗货物集疏港运输向铁路和水路转移

进一步规范港口经营服务性收费，对实行政府定价的，严格执行规定的收费标准；对实行市场调节价的，督促落实价格法律法规和相关规定，不得违规加收任何价外费用。进一步加强煤炭集港运输管理，2018年底前，环渤海地区、山东省、长三角地区沿海主要港口和唐山港、黄骅港的煤炭集港改由铁路或水路运输；2020年采暖季前，沿海主要港口和唐山港、黄骅港的矿石、焦炭等大宗货物原则上主要改由铁路或水路运输。（交通运输部、中国铁路总公司、发展改革委牵头，生态环境部、市场监管总局、铁路局参与）

4. 大力发展江海直达和江海联运

积极推动宁波舟山港、上海港、深圳港、广州港、连云港港以及长江干线港口等江海直达和江海联运配套码头、锚地等设施技术改造。统筹江海直达和江海联运发展，积极推进干散货、集装箱江海直达运输，实现集装箱直达运输班轮化发展。制定完善以江船出海为主的江海直达船舶规范，重点推进江海直达散货船和集装箱船等船型研发及应用。（交通运输部牵头，工业和信息化部参与）

四、公路货运治理行动

1. 强化公路货运车辆超限超载治理

健全货运车辆非法改装联合监管工作机制，杜绝非法改装货运车辆出厂上路。加大货物装载源头监管力度，重点加强矿山、水泥厂、港口、物流园区等重点源头单位货车出场（站）装载情况检查，禁止超限超载车辆出场（站）上路行驶。严格落实治理车辆超限超载联合执法常态化制度化工作要求，统一公路货运车辆超限超载认定标准，加大对大宗物物运输车辆超限超载的执法力度。进一步优化完善公路治超网络，推广高速公路收费站入口称重检测，优化国省干线公路超限检测站点布局，完善农村公路限宽限高保护设施。加强科技治超，利用信息化手段加强车辆超限超载检测，实现跨区域、跨部门治超信息资源交换共享，落实"一超四罚"。继续加强信用治超，严格落实公路治超"黑名单"制度，对严重违法超限超载运输当事人实施联合惩戒。到2020年底，全国高速公路全面实施收费站入口称重检测，各省（区、市）高速公路货运车辆平均违法超限超载率不超过0.5%，普通公路货运车辆超限超载得到有效遏制。（交通运输部牵头，工业和信息化部、公安部、市场监管总局参与）

2. 大力推进货运车型标准化

巩固车辆运输车治理工作成果，稳步开展危险货物运输罐车、超长平板半挂车、超长集装箱半挂车治理工作。做好既有营运车辆情况排查，建立不合规车辆数据库，制定车辆退出计划，按照标准引导、疏堵结合、更新替代、循序渐进的原则强化执法监管，引导督促行业、企业加快更新淘汰不合规车辆，促进标准化车型更新替代。开展中置轴汽车列车示范运行，加快轻量化挂车推广应用。（交通运输部牵头，工业和信息化部、公安部、市场监管总局参与）

3. 推动道路货运行业集约高效发展

促进"互联网+货运物流"新业态、新模式发展，深入推进无车承运人试点工作，健全完善无车承运人法规制度，推动货运物流平台健康有序发展。到2020年，重点培育50家左右创新能力强、运营管理规范、资源综合利用效率高的无车承运人品牌企业。支持引导货运大车队、挂车共享租赁、甩挂运输、企业联盟、品牌连锁等集约高效的运输组织模式发展，发挥规模化、网络化运营优势，降低运输成本，有效整合分散经营的中小货运企业和个体运输业户。支持大型道路货运企业以资产为纽带，通过兼并、重组、收购、控股、加盟连锁等方式，拓展服务网络，延伸服务链条，实现资源高效配置，加快向现代物流企业转型升级。（交通运输部负责）

五、多式联运提速行动

1. 加快联运枢纽建设和装备升级

推进具有多式联运功能的物流园区建设，加快铁路物流基地、铁路集装箱办理站、港口物流枢纽、航空转运中心、快递物流园区等规划建设和升级改造，加强不同运输方式间的有效衔接。进一步拓展高铁站场货运服务功能，完善货运配套设施。有序推进货运机场建设，拓展完善机场货运服务功能。大力推广集装化运输，支持企业加快多式联运运载单元、快速转运设备、专用载运机具等升级改造，完善内陆集装箱配套技术标准，推广应用45英尺集装箱和35吨敞顶集装箱，促进集装化、厢式化、标准化装备应用。（交通运输部、发展改革委、铁路局、民航局、邮政局、中国铁路总公司按职责分工负责）

2. 加快发展集装箱铁水联运

鼓励铁路、港口、航运等企业加强合作，促进海运集装箱通过铁路集疏港。在环渤海、长三角、珠三角、北部湾和海峡西岸经济区等重点沿海区域和长江干线，打造"长途重点货类精品班列＋短途城际小运转班列"铁水联运产品体系。鼓励铁路运输企业增加铁路集装箱和集装箱平车保有量，提高集装箱共享共用和流转交换能力，利用物联网等技术手段提升集装箱箱管和综合信息服务水平。（交通运输部、中国铁路总公司牵头，发展改革委、铁路局参与）

3. 深入实施多式联运示范工程

加大对多式联运示范工程项目建设的支持力度，加强示范工程运行监测，推动运输组织模式创新。深入推进天津至华北、西北地区等六条集装箱铁水联运示范线路建设。鼓励骨干龙头企业在运输装备研发、多式联运单证统一、数据信息交换共享等方面先行先试，充分发挥引领示范作用。支持各地开展集装箱运输、商品车滚装运输、全程冷链运输、电商快递班列等多式联运试点示范创建。（交通运输部、发展改革委牵头，铁路局、民航局、邮政局、中国铁路总公司参与）

六、城市绿色配送行动

1. 推进城市绿色货运配送示范工程

引导特大城市群和区域中心城市规划建设绿色货运配送网络，完善干支衔接型物流园区（货运枢纽）和城市配送网络节点及配送车辆停靠装卸配套设施建设。鼓励邮政快递企业、城市配送企业创新统一配送、集中配送、共同配送、夜间配送等集约化运输组织模式。到2020年，在全国建成100个左右的城市绿色货运配送示范项目。加大对示范项目物流园区（货运枢纽）建设、新能源车辆推广应用、绿色物流智慧服务平台建设等支持力度。（交通运输部牵头，公安部、商务部、财政部参与）

2. 加大新能源城市配送车辆推广应用力度

加快新能源和清洁能源车辆推广应用，到2020年，城市建成区新增和更新轻型物流配送车辆中，新能源车辆和达到国六排放标准清洁能源车辆的比例超过50%，重点区域达到80%。各地将公共充电桩建设纳入城市基础设施规划建设范围，加大用地、资金等支持力度，在物流园区、工业园区、大型商业购物中心、农贸批发市场等货流密集区域，集中规划建设专用充电站和快速充电桩。结合城市配送需求，制定新能源城市配送车辆便利通行政策，改善车辆通行条件。在有条件的地区建立新能源城市配送车辆运营补贴机制，降低使用成本。在重点物流园区、铁路物流中心、机场、港口等推广使用电动化、清洁化作业车辆。（交通运输部、工业和信息化部牵头，公安部、财政部、自然资源部、生态环境部、铁路局、民航局参与）

3. 推进城市生产生活物资公铁联运

充分发挥铁路既有站场资源优势，完善干支衔接的基础设施网络，创新运营组织模式，打造"轨道＋仓储配送"的铁路城市物流配送新模式，提高城市生产生活物资运输中公铁联运的比例。在北京等大型城市组织开展城市生产生活物资公铁接驳配送试点，加快城市周边地区铁路外围集结转运中心和市内铁路站场设施改造，构建"外集内配、绿色联运"的公铁联运城市配送新体系，及时总结经验并推广应用。（中国铁路总公司、交通运输部按职责分工负责）

七、信息资源整合行动

1. 加强多式联运公共信息交换共享

加快建设多式联运公共信息平台，实现部门之间、运输方式之间信息交换共享。加强交通运输、海关、市场监管等部门间信息开放共享，为企业提供资质资格、认证认可、检验检疫、通关查验、违法违章、信用评价、政策动态等一站式综合信息服务。加快完善铁水联运信息交换接口标准体系，推进业务单证电子化，促进铁路、港口信息共享，实现铁路现车、装卸车、货物在途、到达预确报以及港口装卸、货物堆存、船舶进出港、船期舱位预定等铁水联运信息互联共享。到2019年底，沿海及长江干线主要港口实现铁水联运信息交换共享。到2020年底，基本建成全国多式联运公共信息平台。（交通运输部、发展改革委、中国铁路总公司牵头，海关总署、市场监管总局、铁路局、民航局、邮政局参与）

2. 提升物流信息服务水平

升级国家交通运输物流公共信息平台，促进铁路、港口、航运和第三方物流等龙头企业加强合作，强化货物在途状态查询、运输价格查询、车货动态匹配、集装箱定位跟踪等综合信息服务，提高物流服务智能化、透明化水平。（交通运输部、发展改革委牵头，铁路局、民航局、邮政局、中国铁路总公司参与）

3. 加强运输结构调整信息报送和监测分析

研究建立运输结构调整指标体系，探索相关分析方法。建立货物运输"公转铁、公转水"运行动态、多式联运发展状态、新能源车辆推广应用等信息运行监测和报送机制。（交通运输部牵头，工业和信息化部、生态环境部、铁路局、中国铁路总公司参与）

八、加大政策保障力度

1. 积极落实财政等支持政策

利用车购税资金、中央基建投资等现有资金，统筹推进公铁联运、海铁联运等多式联运发展，提升港口集疏运能力，加强物流园区、工矿企业等铁路专用线建设，为煤炭、矿石等大宗货物运输方式调整创造有利环境。鼓励社会资本设立多式联运产业基金，拓宽投融资渠道，加快运输结构调整和多式联运发展。鼓励各地对运输结构调整工作成效显著的工矿企业，在分解错峰生产任务时适当减少限产比例。贯彻落实《国务院关于印发打赢蓝天保卫战三年行动计划的通知》（国发〔2018〕22号）有关要求，对大力淘汰老旧车辆、推广应用新能源汽车的有关企业和人员依照有关政策及时给予经济补偿。（财政部、发展改革委、交通运输部、生态环境部牵头，铁路局、中国铁路总公司参与）

2. 完善用地用海支持政策

加大铁路专用线用地支持力度，将本行动计划支持的铁路专用线项目（不含物流园区），纳入占用永久基本农田的重大建设项目用地预审受理范围，按照相关规定办理用地手续。各省（区、市）要在国土空间规划指导下组织编制港口集疏运铁路、物流园区和工矿企业铁路专用线建设方案，保障用地指标。对急需开工的铁路专用线控制性工程，属于国家重点建设项目的，按照相关规定向自然资源部申请办理先行用地。加大对"公转水"码头及配建工程的用海支持力度，对纳入港口总体规划和运输结构调整计划的铁水联运、水水中转码头及配建的防波堤、航道、锚地等项目，列入国家重大战略的，在符合海域管理法律法规及围填海管理政策的情况下，重点保障用海需求。（自然资源部、交通运输部牵头，发展改革委、铁路局、中国铁路总公司参与）

九、加大督导考核力度

1. 加强组织领导

地方各级政府要切实加强组织领导，按照"一市一策、一港一策、一企一策"要求，组织编制本地区运输结构调整工作实施方案，细化分解目标任务，制定责任清单，健全责任体系，科学安排工作进度，出台配套政策，确保按时保质完成各项任务。交通运输部、发展改革委要加强统筹协调和组织调度，完善运输结构调整工作协调机制，及时研究解决运输结构调整中的重大问题。（交通运输部、发展改革委牵头，各有关部门参与）

2. 强化督导考评

加强对地方政府和有关部门运输结构调整工作推进落实情况的督查考核，结果向社会公布。

地方各级政府要建立健全动态评估机制,加强对铁路、港口、工矿等企业的督导考核,确保责任落实到位。(交通运输部、发展改革委牵头,各有关部门参与)

十、营造良好发展环境

1. 保障行业健康稳定发展

加强部门协同联动,强化货运市场和重点企业监测,及时掌握行业动态,加大政策支持力度,完善从业人员社会保障、职业培训等服务,积极培育拓展新兴市场,推动货运行业创新稳定发展和转型升级。(交通运输部牵头,各有关部门参与)

2. 做好政策宣传和舆论引导

加大对运输结构调整工作的宣传报道力度,加强正面引导,及时回应社会关切,为运输结构调整工作营造良好舆论氛围。(交通运输部、发展改革委牵头,各有关部门参与)

(来源:中华人民共和国中央人民政府网站,2018-10-09.)

附录四 实训活动参考资料

一、客户满意度调查

1. 客户满意程度调查表

客户满意程度调查表

_____公司:

首先,感谢贵公司在以往的物流合作业务中对我公司的大力支持!

倾听客户的宝贵意见并满足客户的需要是我们完善质量体系和提高服务质量工作的重要组成部分。在此,我公司恳请贵公司填写此份顾客满意程度调查表,欢迎贵公司在今后的合作中检查我们工作的改进情况,并监督、指导我公司的工作。

×××× 物流有限公司
年 月 日

客户名称(签字盖章)		电话		
通信地址		邮政编码		
调查内容＼满意程度	很满意	满意	基本满意	不满意	很不满意
货物安全性					
运输及时性					
交货状况					
单据交接					
信息传递					
服务态度					
其他(请注明)					
意见和建议					

注:1. 感谢贵公司支持我们的工作,请尽量填全。
   2. 如有不详之处,请与我们联系,电话:010-6888××××联系人:×××
   3. 填妥后请于 年 月 日前传真我公司或邮寄我公司。(传真:010-6888××××)
地址:××市××区××××大厦A座××××室   邮编:100000

2. 客户满意程度分析表

客户满意程度分析表

客户名称				电话		
通信地址				邮政编码		
满意程度 调查内容	很满意 （120分）	满意 （100分）	基本满意 （80分）	不满意 （60分）	很不满意 （40分）	分数
货物安全性(权重0.25)						
运输及时性(权重0.20)						
交货状况(权重0.15)						
单据交接(权重0.15)						
信息传递(权重0.15)						
服务态度(权重0.10)						
综合累积得分						
意见和建议						

说明：1. 根据各指标的重要性确定其权重系数，用各权重乘以选项分数得每一项指标得分，各指标得分累计相加后得综合分数。

2. 关于综合累计结果的等级评价，很满意为100～120分，满意为80～99分，基本满意为60～79分，不满意为40～59分，很不满意为40分以下。

3. 规定综合结果在80分以上为满意的一票，客户满意度（%）=满意票数/年度总票数。

3. "顾客至上"检查表

"顾客至上"检查表

姓名_____   年 月 日

	检 查 项 目	本人	上司
顾客至上	1. 对顾客一视同仁了吗		
	2. 电话铃响三声之内，拿起话筒了吗		
	3. 接电话时，首先自报家门告诉对方公司名称了吗		
	4. 迅速处理客户投诉了吗		
	5. 把顾客的意见要求记录下来，及时向上级汇报了吗		
	6. 用真诚的笑容，问候客户"欢迎光临"了吗		
	7. 交货延期时，拿出诚意处理问题了吗		
	8. 交谈中，用词恰当吗		
	9. 每次都向客户礼貌地打招呼吗		
	10. 对客户的要求认真倾听并全力应对了吗		
基本行为	11. 严守时间，没有不合理的缺勤和迟到吗		
	12. 热情问候，精神饱满地出席早会了吗		
	13. 遇到纸屑等落到地上时，捡起来了吗		
	14. 把商品当金钱那样对待了吗		
	15. 没有浪费办公用品和其他公物吗		
	16. 着装整洁大方吗		
	17. 时机恰当地进行汇报、联络和商榷了吗		
	18. 字迹清晰地填写各种票据和报告了吗		
	19. 信守诺言了吗		
	20. 被叫到名字时，立即回应了吗		
改善项目			

（注：○为合格 ×为不合格）

二、物流岗位职责

(一) 操作部职责范围与岗位职责

1. 操作部职责范围

(1) 项目操作

① 负责监督实施物流项目各作业流程、操作方法和费用控制。

② 不断完善作业流程，适时调整项目所属机构设置和人员安排。

③ 建立事故处理预案，确保作业安全，对可能出现的问题及早做出预测，有效防范并及时处理已发生问题。

④ 建立良好的沟通渠道，接受客户初级投诉，针对客户反馈的意见，制定合理的解决方案。

⑤ 确定配送作业车辆及其驾驶员，确保配送作业计划的完成，并提高作业效率。

⑥ 负责回单的校核、催收及其业务单证的单证存档与保管。

(2) 信息传递

① 利用现代通信手段，建立有效的作业跟踪制度，提高信息反馈的准确性与及时性。

② 按照规定使用管理好物流信息系统资源，及时、正确地做好信息处理工作。

(3) 项目统计

① 及时做好各项台账、原始凭证和有关报表的登录、统计工作并保证其准确与完整性。

② 按照规定的内容和时间，及时上报有关统计资料。

(4) 项目结算

按要求及时与客户对账，按照操作流程适时向财务领取发票，及时催收账款，确保及时结算。

2. 操作部经理岗位职责

① 负责监督并组织实施各个物流项目作业流程、操作方法和费用控制。

② 采取有效防范措施，最大限度规避风险，确保安全作业的实现。

③ 协调并布置解决项目操作中出现的任何问题，确保客户投诉率不超标。

④ 负责对部门员工进行日常管理，积极推进作业指南，严格执行质量标准，确保作业质量达标。

⑤ 掌握市场运输价格及信息，随时提供报价方案，配合市场部进行项目开发。

⑥ 根据项目统计报表，收集信息并汇总分析，及时向领导提供有关数据及建议。

3. 项目经理 (主管) 岗位职责

① 监督实施物流项目各作业流程、操作方案和费用控制，实施项目操作低成本、高效率进行。

② 对所负责项目作业过程的数据及出现的问题进行统计和分析，从而总结操作经验，不断优化作业流程，为领导决策提供依据。

③ 对项目具体人员进行培训，以实现员工能够按照项目作业流程的要求进行项目操作。

④ 在操作过程中与客户进行良好的沟通，接受客户初级投诉，针对客户反馈的意见及时汇报，提出整改建议，使客户对物流服务表示满意。

⑤ 关注客户业务动向，及时进行沟通，积极寻求现有业务的深度开发。

4. 仓储主管岗位职责

① 负责管理货物的入库、保管、移位、盘点、出库等组织管理与监督工作。

② 负责货物入库及在库货物出现差错和事故的妥帖的妥善处理。

③ 负责仓储作业人员的劳动调配和作业计划安排。

④ 负责仓库设施、设备的日常管理与维护。

⑤ 负责仓储作业安全操作与监督管理以及培训事项。

5. 仓库管理员（监装员）岗位职责

① 安排货物入库的准备工作，并按仓库货物码放规则正确操作。作业完毕后将相关单据交信息员，完成电脑录入和统计小结工作。

② 接出库信息后及时备货，并在规定时间内完成货物出库工作。作业完毕后将相关单据交信息员，完成电脑录入和统计小结。

③ 对仓库所有项目要建立档案，做好台账和出入库作业记录（定期检查），并保存好相关作业单据。

④ 保持库内整洁、存放合理，落实安全防火、防盗措施，并切实做好检查，防范工作。

⑤ 做好定期的清账、盘库工作，做到账、卡、物相符，并完成主管领导临时安排的其他工作。

⑥ 货物出库装车时，负责监督装车货物数量和装车质量，安排装货顺序，避免货物混乱。做好监装记录、拍照。签订协议等工作。

⑦ 根据需要申请使用车辆、机械驾驶员和装卸工人，就使用和向外部采购仓储设施向上级主管提出建议。

6. 仓储信息员岗位职责

① 根据有关人员提出的单据或信息，做好电脑系统的作业信息录入工作。

② 协助有关人员做好出、入库和发货工作，包括用扫描仪录下每件货物的产品条码。

③ 网络系统无法向客户传送数据信息或无法在网上进行查询时，应协助业务人员及时采用电话、传真、报表等方式将有关数据直接传送给客户。

④ 信息网络及电脑系统出现问题时应积极联系有关部门进行处理。

⑤ 在做好信息工作的基础上，还应该认真做好统计及统计数据分析工作，通过对比掌握业务发展变化的情况，从中发现问题，为主管领导决策提供依据。

7. 装卸搬运员岗位职责

① 严格遵守各项安全操作规程，确保人身和货物的安全，杜绝野蛮作业。

② 对装卸搬运的货物进行外包装和数量的检查，确保装卸货物包装完好、数量准确，如遇破损短缺，及时向主管领导反映。

③ 对装车货物进行合理码放，充分利用车辆装载容积。

④ 作业过程中对货物要轻拿轻放，严禁倒置和超高码放，按指定顺序搬运和装卸。

⑤ 作业过程中严禁用脚踩踏货物，严禁倚坐、挤靠货物。

⑥ 未经现场指挥人员同意，严禁私自拆装货物。

⑦ 装卸特种货物或危险品货物，应严格遵守专门的操作规程，并由专人监督指导。

（二）运输部职责范围及岗位职责

1. 运输部职责范围

（1）编制车辆运行作业计划

根据市场部提出的作业任务和操作部提出的运力需求，及时编制车辆运行作业及采购计划。

（2）车辆调度

按照操作部的用车计划，及时安排技术状况完好的（一级）车辆。

（3）车辆运营管理

① 选择最佳路线和合理使用车辆，确保运输安全，提高服务质量。

② 各司其职、紧密配合，采取有效措施，努力降低运营成本。

（4）专线与零担配载

在统一调度指令下，负责零担配载及专线运输车辆的优化组合与合理调配。

(5) 运输信息

负责调度中心运输信息的输入、输出与处理。应用信息系统，通过信息跟踪，强化回单反馈工作。

(6) 车辆档案

① 建立采购车辆资源库，记录、核实车辆资料并整理成档案。

② 建立自有车辆技术档案，逐车建档，要求各项记录真实可靠、连续有序、详细完整。

③ 对自有车辆定期进行技术鉴定，核定其技术状况等级，并据以制定车辆的检测、维护与修理计划。

2. 运输部经理岗位职责

① 根据各物流项目对运输的要求，科学编制运输计划，合理安排运力。根据需要，按照采购车辆的有关规定，合理采购社会车辆资源。

② 针对运输过程中出现的问题，及时做好项目经理、客户或承运商、承运车辆的协调工作，以确保任务的顺利完成。

③ 督导调度人员合理调度车辆，确保运输任务优质高效完成。

④ 根据物流业务发展的需要，对自由车辆的增减、更新、配套，提出合理化建议，作为领导决策的依据。

⑤ 根据运输部的人力资源计划，为新员工制定并组织实施业务培训计划。

⑥ 参与和运输相关的物流项目的竞标工作，并就运输的相关业务提出建议。

⑦ 及时发现和改进运输过程中存在的问题，不断改善车辆技术状况和运输服务质量，塑造企业良好形象。

⑧ 对运输途中车辆发生的事故及时采取积极有效的措施，力争减少事故造成的损失。

⑨ 对运输业务费用结算及运输信息工作进行有效监督。

3. 车辆调度员岗位职责

① 按照物流项目需求，调用技术状况完好的适用车型，确保车辆运输的安全和服务质量。

② 及时协调运输业务与其他物流服务环节的矛盾，保证运输作业通畅顺达。

③ 严格按照采购社会资源的程序采购社会车辆，通过逐级报批的流程选定实际承运商，并将相关资料交由行政部门存档。

④ 选择适合的运输路线，力争节约成本，提高运输综合效益。

⑤ 督导信息员按时接收上级和客户的指令，将作业情况及时输入信息系统，保证信息传递的及时和准确性。

⑥ 建立采购车辆档案，随时了解采购车辆的车况，保障运输任务的安全、准时和高效。

⑦ 协助财务及相关人员做好运费结算工作。

4. 配送主管岗位职责

① 负责区域物流配送及相关业务的协调与计划编制。

② 拟定配送方案及相关操作规程，不断降低配送成本，提高服务质量。

③ 每次配送计划编制完成后，要及时与客户取得联系，通知收货人发车时间、车牌号以及驾驶员姓名和预计到达时间等。

④ 货物发出后对配送车辆进行跟踪，发现车辆中途受阻或出现意外，应立即与客户取得联系，防止出现客户等待但又未得到明确通知的现象。

⑤ 及时催收配送车辆运输单据，并做好配送统计工作。

⑥ 协助财务人员按规定时间结算配送费用。

⑦ 经常保持与客户或代理的联系，聆听他们的意见和要求，为不断改进配送工作提出建议。

5. 运输信息员岗位职责

① 接收项目经理或客户有关运输的指令,及时将信息递交调度、配送主管,以便做好运力安排。

② 负责每天实时跟踪车辆在途信息,结合调度或配送主管提供的数据,随时做好信息的记录和录入工作,并根据作业流程规定通过网络系统将信息反馈给客户。

③ 网络系统无法向客户传送数据信息或无法在网上进行查询时,应及时采用电话、传真等方式将有关数据直接传送给客户,并接受客户对货物的查询。

④ 按规定时间完成回单的催收工作,及时向财务部门反馈信息。

⑤ 定期、按时完成各类报表、统计、分析及整理、存档等工作,积极提出运输工作改进建议。

⑥ 及时收集承运车辆或承运商的信息,为调度和配送主管编制运输计划做准备。

⑦ 对运输管理信息系统进行维护,保证信息系统的正常运行。

6. 业务员岗位职责

① 运输业务一般由驾驶员兼任,负责在车门口与客户交接货物。

② 严格按照物流项目对信息的要求,及时、准确反馈及货物在途中的动态信息。

③ 保证安全、优质、准确、及时地将货物送交收货人。

④ 负责货物的监装、监卸、认真清点,确保运单与货物相符,做好货物交接和签字手续。

⑤ 有权制止野蛮装卸作业,对货物的安全损益负责。

⑥ 正常情况下要保证运输车辆在预定时间内到达目的站,如遇特殊原因中途受阻而不能按时到达,要及时向运输部经理或调度、项目主管报告情况。

⑦ 发车前要认真做好车辆的检查、保养工作,使车辆始终保持整洁、完好状态,保证运输时效。

⑧ 严格遵守交通法规,确保行车安全,严禁酒后开车,疲劳驾驶。违章行车。

7. 装卸工岗位职责

① 严格遵守各项安全操作规程,确保人身和货物的安全,杜绝野蛮作业。

② 对装卸搬运的货物进行外包装和数量的检查,并确保装卸货物外包装完好、数量准确,如遇破损短缺,及时向主管领导反映。

③ 对装车货物进行合理码放,充分利用车辆装载容积。

④ 作业过程中对货物要轻拿轻放,严禁倒置和超高码放,按指定顺序搬运和装卸。

⑤ 作业过程中严禁用脚踩踏货物,严禁倚坐、挤靠货物。

⑥ 未经现场指挥人员统一,严禁私自拆装货物。

⑦ 装卸特种货物或危险品货物,应严格遵守专门的操作规程,并由专人监督指导。

(三) 配送岗位的岗位职责

1. 接单员岗位职责

① 接收订单资料。

② 在规定的时间内,对客户的订单进行确认和分类,并由此确定所要配送货物的种类、规格、数量及送达时间。

③ 建立用户订单档案。

④ 对订货进行存货查询,并根据查询结果进行库存分配。

⑤ 将处理结果打印输出,如拣货单、出货单等。

⑥ 根据输出单据进行出货物流作业。

2. 售货员岗位职责

① 组织人员卸货。

② 检验商品条形码，核对商品件数以及商品包装上的品名、规格等，对于件数不符的商品，查明原因，按照实际情况纠正差错。

③ 签章回单。

3. 仓库管理员岗位职责

① 熟悉物料品种、规格、型号、产地和性能，对物料标明标记、分类排列。

② 按规定做好出库验收、记账、发放手续，及时搞好清仓工作，做到账账相符、账物相符。

③ 随时掌握库存动态，保持材料及时供应，充分发挥周转效率。

④ 搞好安全管理工作，检查防火、防窃、防爆设施，及时消除不安全因素。

4. 盘点员岗位职责

① 通过点数计数查明商品在库存的实际数量，核对库存账面资料与实际库存数量是否一致。

② 检查在库商品质量有无变化，有无超过有效期和保质期，有无长期积压等现象，必要时还必须对商品进行技术检验。

③ 检查保管条件是否与各商品的保管要求相符合。

④ 堆码是否合理稳定，库存温湿度是否符合要求，各类计量器具是否准确等。

⑤ 检查各种安全措施和消防设备、器材是否符合安全要求，建筑物和设备是否处于安全状态。

5. 拣货员岗位职责

① 根据客户的订单要求，从储存的商品中将用户所需要的商品分拣出来，放到发货场指定的位置，以备发货。

② 熟练操作拣货作业，认真完成每日的拣货作业任务。

③ 做出拣货出库实际总结和报告。

④ 做好拣货设备的定期检查，设备出现不良状况时及时向保养人员报告。

6. 补货员岗位职责

① 根据以往的经验、相关统计方法或者计算机系统的帮助确定最优库存水平和最优订票量。

② 根据所确定的最优库存水平和最优订购量，在库存低于最优库存水平时发出存货再订购指令，以确保存货中的每一种产品都在目标服务水平下达到最优库存水平。

③ 根据拣货作业的要求，将存放在储存区的存货转移到拣货区。

7. 配货员岗位职责

① 分货。把拣货完毕的商品按用户或配送路线进行分类。

② 配货检查。根据用户信息和车次对拣送物品进行商品号码和数量的核实，以及对产品状态品质的检查。

8. 包装员岗位职责

对配好的货物进行重新包装、打捆，以保护货物，提高运输效率，便于配送到户时客户识别各自的货物。

9. 送货员岗位职责

① 根据车辆调度人员的送货指示执行送货作业。

② 根据配送计划确定的最优路线，在规定的时间及时准确地将货物运送到客户手中。

③ 在运送过程中注意加强运输车辆的考核和管理，协助收货单位将货品卸车，并与收货人员一起清点货物，做好送货确认工作。

④ 通知财务部门进行费用结算。

三、采购单制作

1. 海大公司耗材料购置申请单

填报单位：　　　项目：　　　年　月　日　　　料单编号：

序号	大类	物料编号	材料/配件名称	规格及型号	单位	数量	预算金额（含税）	到货时间	利库情况	备注
1	42	80618242	六角螺栓	M10×50\Q235\4.8\GB 5780/6170	件	60				配螺母、垫片/柔性大门用
2	9	80762253	通风管道	φ200	米	400				每根10米/钢丝骨架/三防布管身/可伸缩弯转//耐高温、酸碱、油酸且阻燃、绝燃/龙骨间距≤5mm
3	61	81037264	变径接头	DN500×DN200\防爆轴流风机\BT35-11NO.4	个	10				
4	60	80444780	裁纸刀片	10EA\80X\SNAP-OFF	件	10				
5	60	80229102	锡箔纸	78×2500	件	8				
6	43	80715213	62系列轴承	6202-2Z \ GB/T 276—1994	个	10				
7	21	80798203	滤毒盒	3M \385CN	个	40				
8	9	80221726	滚筒接线盘	3×2.5　30m	套	2				
9	6	81044125	十字槽凹穴六角头自攻螺钉	ST6.3×38\GB/T 9456—1988	百件	5				
10	6	81044124	十字槽凹穴六角头自攻螺钉	ST4.2×22\GB/T 9456—1988	百件	5				
11	21	80565450	胶皮手套	20.00	双	20				
12	6	80733643	传动链条	16A-1×120\40Mn\GB 1243—2006	件	1				配10个链节、10个卡子

送货地点：××开发区××路××号　　　利库确认：

制表：　　　项目经理：　　　生产管理部经理：　　　主管领导：

说明：1. "填报单位"应为分公司或职能部门，需细化到车间、船队的，需在括号中注明。

2. 请用户严格按照上表中所列内容填写。其中配件名称：若是进口配件，中、英文栏均须填写；国产配件无须填写英文栏。

3. 在备注中须注明配件所属设备名称（国产填中文、进口填英文）、型号、系列号、生产厂家（国产填中文、进口填英文）、国别、出厂日期；若为船舶配件需提供船舶制造厂家（国产填中文、进口填英文）。

4. 预算金额分项填写，并进行合计。金额冠以币种符号，如人民币￥123，美元＄123，欧元€123。

5. 料单提交采办单位前，必须去物资仓储部门进行"利库签字确认"，如有利库项，在"利库情况"一栏填写"利库"。

2. 询价单

天祥公司

地址：　　　　　　　电话：　　　　　　传真：　　　　　　邮编：
E-mail：

询　价　单

To：　　　　　　　　　　　　　　　　Attn：
Tel：　　　　　　　　　　　　　　　　Fax：
Our Ref. No：

序号	名称	规格或型号	单位	数量	单价	金额	备注
总合计:(RMB 含税)							
交货期:							
报价有效期:							
其他商务说明:	请报出含税(17%)含运费的最低价格,谢谢!						

询价人：　　　　　　　盖章：　　　　　　询价日期：　　年　月　日

3. 报价单

天祥公司

地址：　　　　　　　电话：　　　　　　传真：　　　　　　邮编：
E-mail：

报　价　单

To：　　　　　　　　　　　　　　　　Attn：
Tel：　　　　　　　　　　　　　　　　Fax：
Our Ref. No：

序号	大类	物料类别	名称	规格或型号	单位	数量	单价	金额	备注
		总合计:(RMB 含税)							
商务条款:									
交货期:					20 天				
报价有效期:					一个月				
其他商务说明:									

报价人：　　　　　　　盖章：　　　　　　报价日期：　年　月　日

4. 订货合同

天祥公司

地址：　　　　　电话：　　　　　传真：　　　　　邮编：
E-mail：

订货合同

供方：　　　　　　　　　　　　　需方：
联系人：　　　　　　　　　　　　联系人：
Tel：　　　　　　　　　　　　　Tel：
Fax：　　　　　　　　　　　　　Fax：
订货日期：　　　　　　　　　　　到货期：

① 产品名称、商标、型号、数（重）量、金额及供货时间。

序号	名称	规格或型号	单位	数量	单价	金额	备注
总合计：(RMB 含税含运费)							

② 质量要求、技术标准：按规格提供原厂产品，产品如有质量问题，卖方负责进行更换或退回货款，并全部承担由此给买方带来的损失。

③ 到货地点、到货方式：买方指定库房，卖方在发货前应通知买方，运费已包含在合同总价内。

④ 包装标准、包装物的供应与回收：捆装牢固，包装物不回收。

⑤ 环境保护、安全要求：卖方提供产品的包装，及在买方存放、安装调试、运行期间保证该产品对买方不造成环境污染、无任何安全隐患。

⑥ 验收标准、验收方法：按合同条款"1""2"执行，买方人员验收。

⑦ 结算方式及期限：货到全后买方一次性付清全款；总价中包含增值税发票（17%），含运费。

⑧ 违约责任：按《中华人民共和国合同法》执行，卖方延迟交货一周，支付合同总价7%违约金，超过5周，买方有权解除合同。如卖方不能供货，需向买方支付合同总价5%的违约金。同时，卖方应赔偿因违约给买方造成的超出违约金部分的损失。

⑨ 解决合同纠纷方式：协商解决。15日内协商不成，当事人双方同意由天津仲裁委员会仲裁。

⑩ 其他约定事项：本合同一式两份，双方各执一份，双方加盖合同章及签字后生效。本合同复印件有效。

四、仓储单据制作

某地刚成立了一家仓储企业，2008年4月20日A仓库来了第一份送货单（见下表），验收时发现螺栓少五件，请签单。2008年4月28日该货主取出其螺栓50个。请编制相应的入库单、进销存卡、出库单、物资库存月报表（注：本月本企业只发生一笔入库业务和一笔出库业务）。

送货单

NO:0804090

单位:宏大五金有限公司　　　　　　　　　　日期:2008年4月20日

品名	规格	单位	数量	单价/元	金额/元	备注
螺帽	20mm	个	100	1.00	100.00	
螺栓	20mm	个	100	1.00	100.00	
漏电保护器	3型	盒	20	10.00	200.00	

收货单位:　　　　　　　　制单:陈胜　　　　　　　送货单位:

经手人:　　　　　　　　　　　　　　　　　　　　经手人:

入库单　　　　　　NO:_____

送货单位:_____　日期:____年____月____日　入货仓库:_____

物资编号	品名	规格	单位	数量	检验	实收数量	备注

会计:　　　　　　　仓库收货人:　　　　　　　制单:

本单一式三联,第一联:送货人联,第二联:财务联,第三联:仓库存查。

进销存卡

物资名称:_____　规格:_____　单位:_____　单价:_____

年		送货(提货)单位	入库	出库	库存	经手人
月	日					

进销存卡

物资名称:_____　规格:_____　单位:_____　单价:_____

年		送货(提货)单位	入库	出库	库存	经手人
月	日					

进销存卡

物资名称:_____　规格:_____　单位:_____　单价:_____

年		送货(提货)单位	入库	出库	库存	经手人
月	日					

出库单

NO:_____

提货单位：_____ 日期：____年____月____日 出货仓库：_____

物资编号	品名	规格	单位	计划数量	实收数量	备注

主管审批：　　　　　　　提货人：　　　　　　　仓库发货人：

本单一式三联，第一联：仓库联，第二联：财务联，第三联：送货人存查。

物资库存月报表

日期：____年____月____日

物资编号	品名	规格	上月结存	本月入库	本月出库	本月结存	安全存量	备注

制表人：_____

五、运输单证制作

1. **海运提单（参考格式）**

托运人 Shipper	中国对外贸易运输总公司 CHINA NATIONAL FOREIGN TRADE TRANSPORTATION CORP GA 联运提单 COMBINED TRANSPORT BILL OF LADING RECEIVED the goods in apparent good order and condition as specified below unless otherwise stated here in. The Carrier, in accordance with the provisions contained in this document. ① undertakes to perform or to procure the performance of the entire transport from the place at which the goods are takes in charge th the place designated for delibery in this document. ② assumes liability as prescribed in this document for such transport. One of the Bills of Lading must be surrendered duly indorsed in exchange for the goods or delivery order.			
收货人或指示 Consignee or order				
通知地址 Notify address				
前段运输 Pre-carriage by	收货地点 Place of receipt			
海运船只 Ocean vessel	装货港 Port of loading			
卸货港 Port of discharge	交货地点 Place of delivery	运费支付地 Freight payable at	正本提单份数 Number of original Bs/	
标志和号码 Marks and Nos.	件数和包装种类 Number and kind of Packages	货名 Description of goods	毛重(公斤) Gross weight (kg)	尺码(立方米) Measurement(m³)
		以上细目由托运人提供 ABOVE PARTICCLARS FURNSHED BY SHIPER		
运费和费用 Freight and charges	IN WITNESS the number of original Bills of Lading stated above have been signed, one of which being accomplished, the other(s) to be void.			
	签单地点和日期 Place and date of issue			
	代表承运人签字 Signed for or on behalf of the Carrier			代理 as Agents

2. **铁路局货物运单/领货凭证**

GF—91—0403　　　铁路局　　承运人/托运人装车　　领货凭证

计划号码或运输号码：　　货物运单　　承运人/托运人施封　　车种____车号____

货位：　　　　　　　　　　　　　　　　　　　　　　　　货票第____号

货物指定于___月___日搬入　托运人→发站→到站→收货人　货票第___号　运到期限___日

运到期限____日

托运人填写			承运人填写			发 站	
发站		到站(局)	车种车号		货车标重	到 站	
到站所属省(市)自治区			施封号码			托运人	
托运人	名称		经由	铁路货车篷布号码		收货人	
	住址	电话				货物名称	件数　重量
收货人	名 称		运价里程	集装箱号码			
	住 址	电话					
货物名称	件数　包装　货物价格	托运人确定重量/公斤	承运人确定重量/公斤	计费重量	运价号	运价率　运费	
合计						发站承运日期戳	
托运人记载事项			承运人记载事项				
注：本单不作为收款凭证，托运人签约须知见后。			托运人盖章或签字 　　　　　年　月　日 到站交付日期戳			发站承运日期戳	注：收货人领货须知见后。

收货人领货须知
1. 托运人应及时将领货凭证寄交收货人，收货人接到领货凭证后，及时向到站联系领取货物。
2. 收货人领取货物已超过免费暂存期限时，应按规定支付货物暂存费。
3. 收货人到站领取货物，如遇货物未到时，要求到站在本证背面加盖车站日期戳证明货物未到。

托运人须知
1. 托运人持本货运单向铁路托运货物，证明并确认和愿意遵守铁路货物运输有关规定。
2. 货物运单所记载的货物名称、重量与货物的实际完全相符，托运人对其真实性负责。
3. 货物的内容、品质和价值是托运人提供的，承运人在接收和承运货物时并未全部核对。
4. 托运人应及时将领货凭证寄交收货人，凭此联系到站领取货物。

3. **包船运输合同**（合同范本）

托运方（甲方）：_____
地址：_____邮码：_____电话：_____
法定代表人：_____职务：_____
承运方（乙方）：_____船运公司
地址：_____邮码：_____电话：_____
法定代表人：_____职务：_____
乙方同意甲方托运_____货物，经双方协商一致，签订本合同，共同遵守执行。

第一条 运输方法

乙方调派_____吨船舶一艘,船名_____,编号_____,船舶有_____吊装设备,应甲方要求由_____港运至_____港_____号码头,按现行包船运输规定办理。

第二条 货物包装要求

乙方将货物用_____材料包装,每包体积_____米,重量_____吨。(或_____型号包装集装箱。)

第三条 货物集中与接收时间

甲方应____年____月____日至____月____日内将货物集中于____港____号码头。由乙方联系港口接收集货,货由甲方看守。

第四条 装船时间

乙方于____年____月____日将船舶抵达港,靠好码头,于____月____日时至____时将货物装完。

第五条 运到期限

乙方应于____年____月____日____时前将货物运达目的港码头。

第六条 启航联系

乙方在船舶装货完毕启航后,即发电报通知甲方做好卸货准备。如需领航时亦通知甲方按时派引航员领航,费用____元由____方负担。

第七条 卸船时间

甲方保证乙方船舶抵达目的港码头,自下锚时起于____小时内将货物卸完。

第八条 运输质量

乙方装船时,甲方派员监装,指导照章操作,保证安全装货,装完船封好舱,甲方派押运员一人押运,乙方保证原装原运。

第九条 运输费用

以船舶载重吨位计货物运费____元,空驶费按运费的50%计____元,全船运费为____元。

第十条 运费结算办法

本合同签订后,甲方应于____年____月____日前向乙方预付运输费用____元。乙方在船舶卸完后,甲方应于____年____月____日付清运输费用。

第十一条 甲方违约责任

① 甲方未按时集中货物,造成乙方船舶不能按时装货、按时起航,每延误一小时应向乙方偿付违约金____元。

② 甲方未能按时卸货,每延迟一小时应向乙方偿付违约金____元。

③ 甲方未按时付清运输费用,每逾期一天,应向乙方偿付未付部分运输费用_____%的违约金。

④ 甲方如不履行合同或擅自变更合同,应偿付乙方____元违约金。

第十二条 乙方违约责任

① 乙方未按期将货物运达目的港码头,每逾期一天,应偿付甲方违约金____元。

② 乙方船舶起航后未电报通知甲方准备卸船时间,所造成损失由乙方负责。

③ 乙方违章装、卸造成货物损坏,应赔偿实际损失,并向甲方偿付损失部分价款____%的违约金。

④ 乙方不履行合同或擅自变更合同,应偿付甲方____元违约金,并退还甲方的预付款。

第十三条 不可抗力

① 在装、卸货物过程中,因气候影响装、卸作业时间,经甲乙双方签证,可按实际时间扣除。

② 因____级以上风暴影响，不能按期履行合同，双方均不负违约责任。

第十四条　本合同执行中如发生争议，先由双方协商解决，协商不能解决，双方可按下列第（　）项解决：（1）申请仲裁机关裁决；（2）向人民法院起诉。

第十五条　本合同一式二份，甲乙双方各执一份。

甲方：_____　　　乙方：_____

代表人：_____　　　代表人：_____

____年____月____日　　　　　　____年____月____日

4. **包机运输协议书**（参考格式）

编号：_____

____（以下简称包机人）为包用飞机与中国民用航空____售票服务处（以下简称承运人）签订本协议书，双方同意遵守下列条款：

（一）包机人于____月____日起包用____型飞机____架次，其航程如下：

____月____日自____至____，停留____日

____月____日自____至____，停留____日

____月____日自____至____，停留____日

包机费用总共_____元。

（二）根据包机航程及经停站。可供包机人使用的最大载量为_____公斤（内_____座位）。如因气象原因或其他特殊原因需要增加空勤人员或燃料时，载量照减。

（三）包机吨位如包机人未充分利用时，空余吨位得由民航利用，包机人不得利用空余吨位，自行载运非本单位的客货。

（四）承运人除因气象、政府禁令等原因外，应依期飞行。

（五）包机人签订本协议书后，要求取消包机，应交付退包费每架次_____元。如在包机人退包前，承运人为执行协议书已发生调机等费用时，应由包机人负责交付此项费用。

（六）在执行协议书的飞行途中，包机人要求停留，按规定收取留机费。

（七）其他未尽事项，按承运人旅客、货物运输规则办理。

包机人：_____　　　承运人：_____

代表人：_____　　　代表人：_____

银行账号：_____　　　银行账号：_____

开户行：_____　　　开户行：_____

____年____月____日　　　　　　____年____月____日

5. **包机申请书**（参考格式）

____年____月____日

包机单位名称	
联系人	
本市地址	
包机事宜	
包机飞行日期	
包机航程	从_____经_____经_____到_____
旅客团体名称或货物品名	
旅客人数或货物总监书、总重量	

申请单位经手人_____

包机处理记录（由民航工作人员填写）					
上报及批准文电记录					
包机运输协议书编号				运输凭证号码	
座位数或载重量				飞机日期及机号	
包机费用	费率	里程	费用	留机费	合计
1. 包机					
2. 调机					

经手人_____

6. **货物运输合同（合同范本）**

托运方：_____
地址：_____ 邮码：_____ 电话：_____
法定代表人：_____ 职务：_____
承运方：_____
地址：_____ 邮码：_____ 电话：_____
法定代表人：_____ 职务：_____

根据国家有关运输规定，经过双方充分协商，特订立本合同，以便双方共同遵守。

第一条　货物名称、规格、数量、价款
_____

第二条　包装要求
托运方必须按照国家主管机关规定的标准包装；没有统一规定包装标准的，应根据保证货物运输安全的原则进行包装，否则承运方有权拒绝承运。

第三条　货物起运地点：_____
　　　　货物到达地点：_____

第四条　货物承运日期：_____
　　　　货物运到期限：_____

第五条　运输质量及安全要求
_____

第六条　货物装卸责任和方法
_____

第七条　收货人领取货物及验收办法
_____

第八条　运输费用、结算方式
_____

第九条　各方的权利义务
一、托运方的权利义务
① 托运方的权利：要求承运方按照合同规定的时间、地点、把货物运输到目的地。货物托运后，托运方需要变更到货地点或收货人，或者取消托运时，有权向承运方提出变更合同的内容或解除合同的要求。但必须在货物未运到目的地之前通知承运方，并应按有关规定付给承运方所需费用。

② 托运方的义务：按约定向承运方交付运杂费。否则，承运方有权停止运输，并要求对方支付违约金。托运方对托运的货物，应按照规定的标准进行包装，遵守有关危险品运输的规定，按照合同中规定的时间和数量交付托运货物。

二、承运方的权利义务

① 承运方的权利：向托运方、收货方收取运杂费用。如果收货方不交或不按时交纳规定的各种运杂费用，承运方对其货物有扣压权。查不到收货人或收货人拒绝提取货物，承运方应及时与托运方联系，在规定期限内负责保管并有权收取保管费用，对于超过规定期限仍无法交付的货物，承运方有权按有关规定予以处理。

② 承运方的义务：在合同规定的期限内，将货物运到指定的地点，按时向收货人发出货物到达的通知。对托运的货物要负责安全，保证货物无短缺，无损坏，无人为的变质，如有上述问题，应承担赔偿义务。在货物到达以后，按规定的期限，负责保管。

三、收货人的权利义务

① 收货人的权利：在货物运到指定地点后有以凭证领取货物的权利。必要时，收货人有权向到站，或中途货物所在站提出变更到站或变更收货人的要求，签订变更协议。

② 收货人的义务：在接到提货通知后，按时提取货物，缴清应付费用。超过规定提货时，应向承运人交付保管费。

第十条 违约责任

一、托运方责任

① 未按合同规定的时间和要求提供托运的货物，托运方应按其价值的_____％偿付给承运方违约金。

② 由于在普通货物中夹带、匿报危险货物，错报笨重货物重量等招致吊具断裂、货物摔损、吊机倾翻、爆炸、腐蚀等事故，托运方应承担赔偿责任。

③ 由于货物包装缺陷产生破损，致使其他货物或运输工具、机械设备被污染腐蚀、损坏，造成人身伤亡的，托运方应承担赔偿责任。

④ 在托运方专用线或在港、站公用线、专用线自装的货物，在到站卸货时，发现货物损坏、缺少，在车辆施封完好或无异状的情况下，托运方应赔偿收货人的损失。

⑤ 罐车发运货物，因未随车附带规格质量证明或化验报告，造成收货方无法卸货时，托运方应偿付承运方卸车等存费及违约金。

二、承运方责任

① 不按合同规定的时间和要求配车、发运的，承运方应偿付甲方违约金_____元。

② 承运方如将货物错运到货地点或接货人，应无偿运至合同规定的到货地点或接货人。如果货物逾期达到、承运方应偿付逾期交货的违约金。

③ 运输过程中货物灭失、短少、变质、污染、损坏，承运方应按货物的实际损失（包括包装费、运杂费）赔偿托运方。

④ 联运的货物发生灭失、短少、变质、污染、损坏，应由承运方承担赔偿责任的，由终点阶段的承运方向负有责任的其他承运方追偿。

⑤ 在符合法律和合同规定条件下的运输，由于下列原因造成货物灭失、短少、变质、污染、损坏的，承运方不承担违约责任：

不可抗力；

货物本身的自然属性；

货物的合理损耗；

托运方或收货方本身的过错。

本合同正本一式两份，合同双方各执一份；合同副本一式份，送____等单位各留一份。

托运方：_____　　　　承运方：_____
代表人：_____　　　　代表人：_____
　　____年____月____日　　　　　　　____年____月____日

7. 实训分析案例参考答案

解：方案一：成本＝(0.05×1100＋0.1×2)×500＋30×500×0.5＝27600＋7500元＝35100元；方案二：成本＝(0.05×37＋0.1×6＋0.006×1200＋30×2.5)×500＝42325元；方案三：成本＝22800元，可能追加成本＝(2.5/0.8－2.5)×30×500＝9375，最高成本为32175元。

答：最佳方案为方案三，因为该方案的成本最低。

六、实训活动参考资料

为什么牛奶装在方盒子里卖，可乐却装在圆瓶子里卖？

几乎所有软饮料的瓶子，都是圆柱形的，可牛奶盒子却都是方的。方形容器比圆柱形容器能更经济地利用货架空间。那么，为什么软饮料生产商坚持使用圆柱形容器呢？

原因之一可能是，软性饮料大多是直接就着容器喝的，所以，由于圆柱形容器更趁手，抵消了它所带来的额外存储成本。而牛奶却不是这样，人们大多不会直接就着盒子喝。

但就算大多数人直接就着盒子喝牛奶，根据成本效益原则，它们不大可能装在圆柱形容器里贩卖。虽然，方形容器的确能节约运输、库存和货架空间，但牛奶节约的空间，显然比软性饮料来得更划算。因为，超市里大多数软性饮料都是放在开放式货架上的，这种架子便宜，平常不存在运营成本。但牛奶则需专门装在冰柜里，冰柜很贵，运营成本也高。所以，冰柜里的存储空间相当宝贵，从而提高了用方形容器装牛奶的收益。

七、配送岗位操作流程与司机管理

1. 配送岗位的操作流程

（1）接单员的操作流程

步骤一　接收订单：通过电话、传真或电子数据传递等方式接收用户的订货资料。

步骤二　确认订单：接收到顾客订单以后，首先对用户的信用进行确认，看其应收账款是否已经超过信用额度，以确定继续或停止输入该订单。当订单通过信用检查后，便要继续确认订单的其他基本内容，包括订货的种类、数量、配送时间、价格、包装等。

步骤三　订单分类：将订单按照确认以后的交易类型进行分类，以便区别处理。

步骤四　设计订单档案资料内容：订单分类后，建立一个完整的用户订单档案，以便于本次交易的进行和以后与用户的长期合作。首先，根据实际要求设计订单档案资料内容，以符合后续作业所需。另外，用相关字段关键词把订单表头文件与订单明细文件加以连接，其中表头文件记录订单的整体资料，如订单单号、订单日期、客户代号；订单明细文件则记录每笔订货品种详细资料，如商品代号、客户名称、单价等。

步骤五　输入订单资料：将客户订单、客户电话、传真等基本订货资料输入订单处理系统。

步骤六　处理订单数据：利用用户订单的基础资料，在各子系统资料，如输配系统、存货系统、补货系统的资料等的支持下对订单数据进行处理。

步骤七　库存分配：订单资料输入并确认无误，相关支持数据也准备好后，便需要对大量的订货资料作最有效的汇总、分类、调拨库存。

步骤八　订单数据处理结果输出：将处理结果打印输出，如拣货单、出货单等，然后再根据这些输出单据进行出货物流作业。

（2）收货员的操作流程

步骤一　组织进货：当供应商的送货卡车到达收货站台时，组织卸货人员将货物卸到指定地点，并检验送货员递交的抽样商品、送货凭证、增值发票等。

步骤二　货品核对验收：选择合适的验收方法，核对商品条形码、商品的总件数、商品包装上的品名、商品规格及数量等。

步骤三　签盖回单：在核对单货相符的基础上签盖回单，并在收货基础联上盖章并签注日期。对于一份送货单分批送货的商品，将每批收货件数记入收货检查联，待整份单据的商品件数收齐后，签盖回单给送货车辆带回；对于使用分运单制度送货的商品，除分批验收签盖回单外，还要在货收齐后签盖总回单。

步骤四　标明件数：在货物堆齐后，将每一托盘的货物件数标明，并标明此商品的总件数，以便与保管员核对交接。

（3）仓库管理员的操作流程

步骤一　接单：接收总部的接货通知单。

步骤二　落实货位：按照通知单上的货物种类、体积大小等安排货位。

步骤三　验货点收：指挥装卸工卸货，并检验将入库货物的外包装的完好性、品名、规格、数量是否与入库凭证相符。

步骤四　库内堆码：在货物运入仓库后，指挥装卸工进行堆码作业。堆码过程中特别要注意"五距"、种类和批次。

步骤五　复核签收：对货物进行复核，在随货通行的入库单上大写签字，对于有问题的货物在入库单上注明。

步骤六　残损处理：如果在收货过程中发现货物有残损问题应认真调查，分清责任。对于卸货过程中，由于卸货员不慎而导致包装破损的货物应重新进行包装；而对于由于厂商不慎而导致引起的货物残损，应将其退还厂商。

步骤七　账务处理：建立台账、货卡，并保存入库单。

步骤八　保管：货物入库后，负责货物在库保养和库区的卫生，按规定每天如实记录温度、湿度，参加每天的货物巡查工作，及时上报并参与处理各类仓储事故和各类突发事件。

步骤九　接单：接收总部的送货通知单。

步骤十　备车检查：联系运输员，备车并对车辆进行检查。

步骤十一　单货核对：核对送货通知单所列的内容是否与货物一致，如发现问题，则及时纠正。

步骤十二　发货装车：指挥装卸工装车并清点单据，在装车时应注意不同品种、不同批次分开堆放。

步骤十三　复核余数：对货垛剩下的货物进行清点，核对余数与账目是否相符。

步骤十四　销账签证：在货车上销账，注明货物去向，在库存台账上销账，复核无误后，开出门证；要求司机在出库单上签收，并记下司机的身份证号码、车辆牌号；如果货物是分批出库，应在台账上、提货单上逐批做记录。

（4）盘点员的操作流程

步骤一　准备盘点：确定盘点的程序方法，配合财务会计做好准备，设计印制盘点用表单，结清库存资料。

步骤二　确定盘点时间：根据货品的性质确定不同的盘点时间。

步骤三　确定盘点方法：实际中常采用"账面盘点"和"现货盘点"并行。

步骤四　清理盘点现场：对厂商在盘点前送来的货物必须明确数目，储存区在关闭前应通知各有关部门，整理储存场地，预先鉴定废品、不良品；整理、结清账卡、单据、资料，进行预盘。

步骤五　盘点：现场进行盘点。

步骤六　盘点结果分析：通过分析差异，找出在管理流程、方式、作业程序、人员素质等方面要改进的地方，进而改善商品管理的现状，降低商品损耗，提高经营管理水平。

步骤七　盘盈盘亏的处理：经审核后，用更正表进行更正。

(5) 拣货员的操作流程

步骤一　生成拣选资料：将原始的传票转换成拣选单或电子信号以便进行更有效率的拣选作业。

步骤二　行走或搬运：通过人到货前和货到人前的方式来到货物前面。

步骤三　拣取：抓取和确认与拣选单或电子信号等拣选信息中所指的货物。

步骤四　分类与集中：将拣选出的货品按订单类别进行分类和集中。

(6) 补货员的操作流程

步骤一　确定现有存货水平：现有存货水平是从某产品的现货库存总数与在途订货量之和中减去为顾客保留的库存以及内部分支机构的转移订购量。

步骤二　确定订购点：订购点存货水平＝等待存货补充订货到达期间满足预计需求的数量＋应付供需变化的保守存货数量。当现有存货水平低于订购点，就需要补货。

步骤三　确定订货数量：根据以往的经验确定订货数量，或根据经济订货批量模型来确定订货数量。

步骤四　发出采购订单和进行补货作业：对需要补充库存的存货种类发出采购订单，进行补充库存的订货。根据拣货作业的要求，将存放在储存区的存货转移到拣货区。

(7) 配货员的操作流程

步骤一　分货：把拣货完毕的商品按用户或配送路线进行分类。

步骤二　配货检查：根据用户信息和车次对拣送物品进行商品号码和数量的核实，以及对产品状态品质进行检查。

(8) 包装员的操作流程

步骤一　装箱：将多个零散包装物品放入大小合适的包装箱中。

步骤二　标示：在外包装上书写或张贴产品名称、原料成分、重量、生产日期、生产厂家、产品条形代码、出运说明等。

(9) 送货员的操作流程

步骤一　接收送货指示：接收要求送货的指示。

步骤二　选择车辆配装：根据指示，选择车辆配装。

步骤三　按最优路线送货：根据配送计划确定的最优路线送货。

步骤四　送达服务与交割：协助收货单位将货品卸车，并与收货人员一起清点货物，做好送货确认工作，通知财务部门进行费用结算。

(10) 配送岗位操作流程总图

2. 司机培训案例

H公司是一家中小企业。老板用一辆2吨的货车开创了事业，辛辛苦苦地把公司发展到拥有30辆货车的规模。现在，公司成立20年了，主要运输附近地区的小笔货物，2吨货车是运输主力。G公司老板在日常工作中手把手地培训司机，进行所谓的公司内部培训。老板经常为司机中的一部分自私任性的家伙伤脑筋。有一次一名司机拿到工资后的当天，突然说："我想辞职，从明天起不干了。"突然说走就走，明天就只能停运，给客户也添了麻烦，"你再干一个月好不

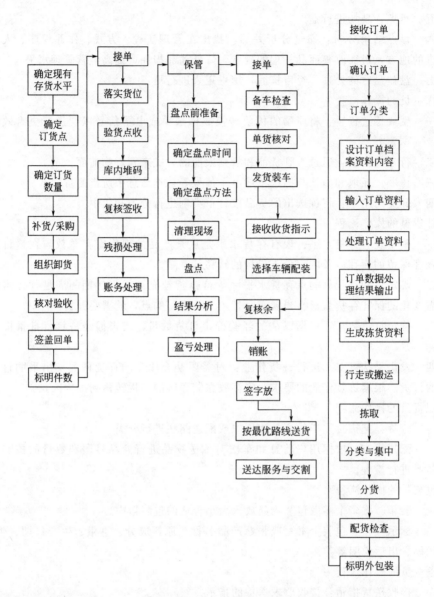

好?"老板极力挽留却无济于事。"我已经跟下一家公司讲好了。对不起,宿舍能不能让我住到月底?""你怎么只考虑自己,就不能替周围的人想想,再辞职吗?"

老板从新人进公司的那天起,就和新人一起上车,对新人进行驾驶方法、检查机器、填写驾驶日报、使用礼貌用语等常规的培训。他以身作则,见到司机一定打招呼。尽管付出很大的心血,依然出现了上面提到的那种司机。那一刻,他有一种背叛的感觉,于是简单地下结论:"我在用流水的兵,或者说是雇用流浪者在工作。司机归根结底就是极端自私任性,以自我为中心,甭管我们多么努力,到头来,不行的人还是不行。"

从创业到现在过了 20 年,也是流汗的 20 年。公司总经理早已从原来便宜的公寓中搬出来,如今拥有三处高级寓所、高尔夫会员证、奔驰车等高档物品一应俱全。就在这时,从创业起就和他同甘共苦的一名司机交了退休申请,只留下一句"我累了"的退休理由就离开了。H 公司经理一下子清醒过来,"我要把公司改造成一个让员工感到骄傲的地方。公司内部如果没有良好的人际关系和人人进取的风气,就不能培养出有价值的人才。如果开车是司机每天生活的全部,那么他只能是不断换公司的'流浪者',不可能对企业有信赖感,这样企业也得不到发展。我要让'流浪者'在公司找到自己的位置。"

H公司总经理原来总以为,司机教育无关紧要,费多大劲不行的人还是不行,"在生活中,他们也常是婚姻失败的不幸者。他们认为,靠一张驾照就能糊口。进了公司以后,工资少拿一分都会牢骚满腹。即使把他们简单地召集起来培训,也不过上是无聊地发发牢骚而已。"不过,从那个老司机拂袖离开公司的那天起,老板陷入了对自己人生的反思。"单纯地赚钱就是我的工作吗?我的人生目标是什么呢?"

H公司总经理开始体味经营一份事业的使命感。"工作不能光让自己感到满足,也要给员工带来幸福。为此,要诚心诚意地为顾客服务,使企业对社会有所贡献。"总经理开始投入到人才培养的工作中。他头脑中常常浮现出《西西弗斯的石头》和《冥河河滩》的故事。

《西西弗斯的石头》取材于希腊神话。西西弗斯把沉重的石头推向山顶,可是每次石头到了山顶后都会滚下山。于是他一次次地重复着,做着悲剧式的努力。

《冥河河滩》讲的是一个小孩死了后,他的灵魂到了难受的冥土。在冥土一条叫三途河的河滩旁,为供养父母,孩子的灵魂用河滩上的石头堆石造塔,可是却总遭到鬼神的不断破坏。这个传说的引申意义指无论怎样积累也是徒劳无功的。

"即使这样也得着手做。培养人才不能急功近利。在不断努力的过程中会打开局面的。"总经理下了决心。

禅宗有句话"担雪埋井",讲的是在漫长的修行中,在达到顿悟前的精神准备是需要付出把雪扛在肩上掩埋一口水井的努力的。因此不能灰心,不能绝望。

(1) 教育理念的确立

以创业20周年为契机,H公司明确了经营理念。以经营理念为基础,公司大力培养人才。H公司的经营理念有五大支柱。第一,顾客至上。有顾客才有公司,赢得客户信赖是公司发展的大原则。第二,实践至上。实践非常重要,不能纸上谈兵,从现场的挥汗中才能得到锻炼。第三,人性至上。提高每一个员工的人性。所谓人性,就是对他人的体贴、感恩之情。第四,安全第一。零事故是物流业的使命。第五,成长第一。成长第一是从中井先生那里听来的,他是多家连锁什锦煎菜饼店的总经理。他在一次演讲中说:"我的口头禅不是成功者,而是成长者。"他指出:优秀人才不是指名牌大学的毕业生。那种人太多了,社会不需要不努力的人。懂得如何扬长避短,具有真正饥饿精神的人员是人才。我原本是一个没有金钱、学历和才能的人,但却取得了今天这样的成就。有一段时间,别人说我们总雇用不良人才,但我从这些掉队的孩子身上磨炼出了培养人才的功夫。我常说我是修业不是修行,只要有爱,辛苦就会转化为修业。从这个意义上说,我感谢我的妻子、母亲和所有接受我的做法的人。

"保持一颗不断成长的心非常重要。"H公司的总经理深有同感。H公司的五大经营理念也是教育理念。在司机中实践这五大支柱的过程就是在培养人才。中井总经理说,他们曾雇用了许多不良少年,多是高中没有毕业的孩子,有的中途退学,还有的是暴走族成员。但中井先生却磨炼出了培养人才的技术,在顾客、实践、人性、安全、成长这些关键词中注入了企业灵魂。

(2) 司机教育培训的内容

H公司的总经理参加了各类培训后,开始考虑本公司的培训内容。在这时候,他得到了企业管理咨询师的帮助。最初他把司机分成四组培训,时间是两天一夜。考虑到实际业务状况,让全体员工同时接受培训不太可能,因此把他们分成四组,每三个月进行一次,周六、周日也灵活利用。赶上业务旺季进行时间调整颇费工夫。配车负责人也积极配合，尽量让参加培训的司机能按时出席。每次培训结束后，公司颁发培训证书，参加三次培训后，发给专业证书。参加过三次培训就意味着三年一直在同一家公司工作。

培训在周六早9点到周日中午12点这段时间进行，培训时，先由老板明确培训目的。有的司机不习惯参加培训，刚开始满脸乌云。"到明天中午12点时间太长了。我可从来没这么学习过。"总经理满怀热忱地讲解培训目的，打消了员工的不安情绪。接着是让员工在实践中思考五条经营理念。每个人都反省自己的日常工作，把感悟写在个人目标卡上（见附表）。

第一，顾客至上　有了顾客，才有公司，公司才能发给每个员工薪水。因此要做到不给顾客添麻烦，不让顾客产生不快情绪，赢得顾客的信任，让顾客满意。如何能做到这一点呢？要让司机明白服装和言谈举止非常重要，而且要小心谨慎地处理货物，避免误送，要认真工作。

第二，实践至上　现场是利润的源泉，不能轻视与货主直接打交道的现场。做好现场工作的每个细节，把地图装进脑子里，根据路况记住最近的路，尽快把货物送到货主手中。在装卸现场工作时应一丝不苟，熟练掌握各种基本操作动作。

第三，人性至上　让员工感到自豪的工作可以提高人性。体贴、感谢的心情是重点。换言之，要提高人格，不能成为没有品位的人。

第四，安全第一　一旦发生事故，将给顾客以致社会带来损失。如何避免事故发生呢？在司机中，有些人把自己的责任束之高阁，一味埋怨配车员或者路况。"配车员不合情理的配车会造成事故，有时急活儿很多，不知不觉地车就开快了，酿成了事故"，"发生事故是肇事者的责任"的观念必须深入到司机头脑中。

第五，成长至上　做一天和尚撞一天钟是苍白的人生。向着目标，积少成多。

把5条经营理念阐明后，开始小组讨论，检查这5条理念的实施情况，其中发现不足之处是重点。调整不足之处，充分发挥目标管理卡的作用。

从中午开始，进入打招呼的问候训练。声音洪亮、姿势正确是培训的重点。两人一组练习，直到合格。发现急慢和敷衍现象，马上给予严厉批评，使培训气氛保持严肃。接下来是训练推销型司机的基本作业规范，由配车员说明基本操作步骤。这项培训也要两人组成一组实际演示，相互检查基本动作是否合乎规范。

配送时的基本动作如下：
① 对照发货单验货（如发货人、收货人、货物数量、污损货物的确认和补救）；
② 自报家门（如声音洪亮地说："多谢您的照顾，我是H公司。"）；
③ 报告发货人和货物数量（如某某先生送来的两件货物）；
④ 确认货物摆放位置（如按照顾客要求，小心轻放）；
⑤ 让收货人签字盖章（如索要签字或印章）；
⑥ 确认预定出货的货物（如看见了货物一定要说一声，并确认出货时间）；
⑦ 打招呼（如声音洪亮地说："多谢！"）。

出货时的基本动作如下：
① 打招呼（如声音洪亮地说："多谢您的照顾！"）；
② 对照发货单验货；
③ 让发货人签字盖章；

④ 确认给其他运输公司的货物（如看见了货物一定要说一声）；
⑤ 确认追加货物；
⑥ 装载；
⑦ 打招呼（如声音洪亮地说："多谢！"）。

这一套基本动作是向物流大公司学习借鉴的。培训时两人一组练习，双方可以互相检查。

下午5点开始的韵律操活跃了培训气氛。领操的年轻教练让大家赏心悦目，自然而然地跟上了跳跃的节奏。

晚上7点开始制定个人目标卡。这是培训中最精华的部分，是在5条经营理念和推销型司机培训的基础上制定的。具体方法是，培训老师和参加培训的司机进行20分钟左右的个别谈话。每次有大约10名司机参加培训，所以谈话共用时3小时20分钟左右。没有轮到进行个别谈话的培训者，就埋头制定个人目标卡。写完后聚集在一间会议室里，开始认真思索。

第二天早上6点起床，进行5公里慢跑或走步锻炼。这些司机平日多是手握方向盘坐着工作，5公里跑下来已是气喘吁吁。这项培训的目的是让每个人切记健康的重要性。

7点半开始推销型司机及其作用的培训。用职务实演教育培训法进行推销、待客方法等的训练。防止发生车辆事故包括以下内容：
① 健康管理（生活节奏）；
② 开始工作前的各项检查；
③ 填写驾驶日报；
④ 公司规定车速；
⑤ 适应性监测；
⑥ 安全运行工作手册；
⑦ 事故报告的写作方法。

10点到11点，参加培训人员写培训心得，最终确认个人目标卡。最后是闭幕式。在闭幕式上，每人宣读个人目标卡，表明今后工作的决心，最后从公司老板那里接过培训证书。

进行两天一夜的员工培训对每个物流企业来说都不是件容易的事，一是没有时间，二是要花一定的经费。"企业不是学校，有必要进行这种规模的培训吗？"也许会有人这样说。只要企业的决策人肯下决心，相信培养人才的努力一定会有成效，这就是担雪埋井的精神。

H公司的总经理说："我希望我的员工能分清'利'和'理'的人。"利是利益，企业都在想增加利润，提高工资。而企业的存在意识、经营理念和使命感则是理。利和理分明、利和理平衡是培养人才的最终目的。

八、实训活动参考资料

案例讨论参考答案

1. 以请联运公司来承担此项任务为好，比较稳妥，联运公司是第三方物流服务企业。

2. 第三方物流服务供应商，根据是否拥有资产可分为资产基础供应商和非资产基础供应商，衡量的标准绝不是它有无实际的物流资产，而是看专业人才和货代经验，有资产价格可低些，但灵活性差；而非资产基础供应商，则可根据不同需要"量体裁衣"非常灵活。

3. 邀请第三方物流服务供应商，应该做好如下工作。
① 对该联运公司做必要调查，看看信誉度如何。
② 进行必要的合同磋商，解决好合同的执行标准、衡量标准、违约责任以及价格等。
③ 努力避免双方合作失败，既交货又派专人关心此事。
④ 讲明如果服务质量好，可考虑长期合作的可能性。

其他方案欠稳妥，无把握，风险很大。

附表：个人目标卡的具体事例

所属	职称	姓名	时间 自 年 月 日 至 年 月 日		盖章		
一班	班长				上司		

目标项目	①作为一名推销型司机努力获得货主企业的物流业务负责人的信赖			②努力做好汇报，联系和商榷工作		③节约燃料费	
具体措施	①声音洪亮地向货主企业的物流业务负责人问候 ②努力消灭延误、误送、货物破损等现象 ③装卸货物时，利用等待的时间，协助货主美化环境			①积极参加部门司机会议，针对如何改善工作提出建议 ②认真填写驾驶日报，向配车员报告每天的工作 ③如实向公司反映从货主那里得来的营业信息和投诉建议		①制定提高燃料效率的目标值 ②遵守公司规定的驾驶速度 ③遵守工作手册中的规定事项		
自我评价和反省	①能够按照工作手册的规定向货主企业的物流负责人问好 ②发生货物破损事件2起、误送2起、延误1起。分析原因、制定措施、努力实现零事故 ③美化环境，让货主满意			①提出了有效使用高速费的建议，在班组内实现了削减10%的目标额 ②能够报告工作状况 ③从A货货主那里得到了租用4吨卡车的订单，每月创收40万元		①达到了目标值 ②基本上能够遵守规定的驾驶速度 ③协助完善工作手册上的规定		
	A 努力	B 很努力	C 一般	D 不合格	A 努力	B 很努力	C 一般	D 不合格	A 努力	B 很努力	C 一般	D 不合格
上司的评语	B 作为一名推销型司机货主的信赖的典范			A 货根据该员工的工作表现，加深了对本企业的信任感，非常感谢为公司获得了新订单		A 对运行手册中的高速费内容提出了改进意见，并且协助改进工作。非常感谢		

参 考 文 献

[1] 孟建华．现代物流概论．北京：清华大学出版社，2004．
[2] 汝宜红．现代物流．北京：清华大学出版社，2005．
[3] 刘来平．物流运输管理实务．北京：化学工业出版社，2007．
[4] 何倩茵．物流案例与实训．北京：机械工业出版社，2008．
[5] 靳伟．最新物流讲座．北京：中国物资出版社，2003．
[6] 郑彬．物流客户服务．北京：高等教育出版社，2005．
[7] 崔介何．物流学概论．北京：北京大学出版社，2004．
[8] 袁长明．物流管理概论．北京：化学工业出版社，2007．
[9] 曹前锋．物流管理案例与实训．北京：机械工业出版社，2007．
[10] 川崎依邦．中小物流企业人员的培养．北京：电子工业出版社，2005．
[11] 陈志群．物流与配送．北京：高等教育出版社，2006．
[12] 武晓钊．物流公司岗位综合实训．上海：上海财经大学出版社，2006．
[13] 牛鱼龙．中国物流百强案例．重庆：重庆大学出版社，2007．
[14] 孙秋菊．现代物流概论．北京：高等教育出版社，2003．
[15] 梁金萍．现代物流学．大连：东北财经大学出版社，2003．
[16] 方仲民．物流系统规划与设计．北京：机械工业出版社，2005．
[17] 中田信哉等．物流入门．深圳：海天出版社，2001．
[18] 杨春．沃尔玛采购与物流配送．深圳：海天出版社，2007．
[19] [美] Stanley E. Fawcett，蔡临宁译．供应链管理从理论到实践．北京：清华大学出版社，2009．
[20] 郝大鹏．第三方物流实务．武汉：武汉理工大学出版社，2007．
[21] 朱仕兄．物流运输管理实务．北京：北京交通大学出版社，2011．
[22] 苏玲利．运输组织与管理项目式教程．北京：北京大学出版社，2013．
[23] 陈明蔚．物流运输组织与实务．北京：清华大学出版社，2009．
[24] 杨永明．物流信息系统管理．北京：电子工业出版社，2010．
[25] 董铁．物流案例分析．北京：清华大学出版社，2012．